当代中国金融学者思想库

中国的金融深化及风险防范

Financial Deepening and Risk Prevention in China

刘翔峰 / 著

经济管理出版社
ECONOMY & MANAGEMENT PUBLISHING HOUSE

图书在版编目（CIP）数据

中国的金融深化及风险防范/刘翔峰著. —北京：经济管理出版社，2013.9
ISBN 978-7-5096-2678-8

Ⅰ.①中… Ⅱ.①刘… Ⅲ.①金融自由化—研究—中国 ②金融风险防范—研究—中国
Ⅳ.①F832

中国版本图书馆 CIP 数据核字（2013）第 235482 号

组稿编辑：宋　娜
责任编辑：宋　娜
责任印制：杨国强
责任校对：陈　颖

出版发行：经济管理出版社
（北京市海淀区北蜂窝 8 号中雅大厦 A 座 11 层　100038）
网　　址：www. E-mp. com. cn
电　　话：（010）51915602
印　　刷：三河市延风印装厂
经　　销：新华书店
开　　本：720mm×1000mm/16
印　　张：23
字　　数：451 千字
版　　次：2013 年 9 月第 1 版　2013 年 9 月第 1 次印刷
书　　号：ISBN 978-7-5096-2678-8
定　　价：98.00 元

序 言

金融深化理论是美国经济学家罗纳德·麦金农和爱德华·肖在20世纪70年代提出的，该理论极大地推动了世界各国特别是发展中国家的金融自由化进程，被认为是对发展经济学和货币金融理论的重大贡献。该理论重点探讨了金融与经济发展之间相互作用的问题，将经济发展理论与货币金融理论融合，在对发达国家金融体系及现代经济重要性分析的基础上，以发展中国家为分析对象，将金融纳入发展中国家的经济体系，为金融发展理论开启了新篇章。

金融深化理论的实践给发展中国家的经济发展带来了生机，20世纪70年代以来，很多发展中国家和地区，如阿根廷、智利、乌拉圭、墨西哥等拉美国家，韩国、马来西亚、印度尼西亚、泰国、菲律宾等东南亚国家，以及中国台湾和香港地区，都进行了金融自由化和经济自由化的改革。这些改革对于消除金融抑制、促进经济发展起到了巨大的推动作用，但同时也带来了巨大的风险。20世纪80年代后，一些发展中国家为了获得金融深化的利益，短时间内迅速推进金融自由化，迅速放松金融管制，降低外资金融机构的准入门槛，推行自由外汇政策，金融深化过度且缺乏有效监管，以致金融危机在这些实施金融自由化的国家频繁发生。例如，在20世纪80年代初阿根廷和智利爆发了金融危机，1997年亚洲爆发了金融危机，此后金融自由化与金融危机的关系开始被认真思考。笔者认为虽然金融危机的导火索各异，但其根源都在于20世纪80年代的金融自由化改革。针对金融深化中出现的问题，托马斯·赫尔曼、约瑟夫·斯蒂格利茨等人提出了金融约束论，他们认为政府对金融部门选择性的干预有助于金融深化，并且指出金融程度较低的发展中国家应实行金融约束政策，通过调动银行部门的积极性，以银行部门的信息优势克服由于信息不完全引起的金融市场失灵问题，同时通过对存贷款利率加以控制，对市场准入、竞争及对资产替代等加以限制等措施来提高金融体系运行的效率。发展中国家在经历了金融危机后，开始注重对金融风险的防范。实践表明，金融深化过程是波浪式推进的，其理论也是在实践中不断发展的。金融深化的行进路线如下：金融管制放松，抑制消除，经济发展；金融放任过度，经济过热，通货膨胀，进行调整，金融管制加强；金融管制再放松，经济再发展，如此往复循环。

回顾中国金融市场化改革的历程，其与金融深化过程走过的路径非常相似。

中国金融在市场化改革的进程中也经历了金融放松管制、金融放任过度、进行金融整顿的起落过程。例如，1993 年我国经济运行出现了高投资、高货币投放、高物价、高进口以及金融秩序混乱、生产资料市场秩序混乱的“四高两乱”现象，尤其在金融领域出现了“乱集资、乱拆借、乱设金融机构”的“三乱”现象。对此，国家提出了 16 条调控措施，紧缩国内经济，平息海南和北海房地产泡沫；大力收缩货币，经过 3 年努力，将经济增长率从 13%降低到 8%；CPI 从 20% 降低到 6%以下，成功地实现了经济的软着陆，为 1998 年有效抵御亚洲金融危机奠定了基础。又如，2004 年中国又出现了经济过热的态势，其表现为投资需求过热、固定资产投资过热、房地产与城市化建设过热。钢铁工业投资增速达到 172.6%，水泥行业投资增速达到 133%，生产能力过剩，超出市场预期需求。其间国家推出了宏观调控措施，遏制了投资和信贷快速增长的势头。再如，2008 年爆发了全球金融危机，我国政府出台了 4 万亿元投资拉动计划，地方政府公布的配套投资计划高达 18 万亿元，几乎 3 倍于 2008 年全年的财政收入，这是扩张性调控。但这一过程从 2010 年就反转过来，开始实施紧缩货币政策，遏制通货膨胀，从 2010 年 2 月到 2011 年 6 月我国连续 11 次上调存款准备金率，使其高达 21.5%；从 2010 年 10 月到 2012 年 6 月我国 4 次提高存贷款利率；同时，加大公开市场业务操作，到 2013 年宏观调控仍在继续。因此，综观中国 30 多年的金融改革过程，经历的也是放开—调整—再放开—再调整的波浪式前进过程，但这个过程的每一次循环都不是转回到原点，而是螺旋式上升的，每一次循环都使中国经济登上了一个新的台阶。在一次次循环中，中国超过了日本成为世界第二大经济体。中国赶超美国也将在这一次次循环和攀升中实现。这个循环过程就是中国金融深化的过程。

中国金融改革的过程既是金融深化的过程，也是金融风险防范的过程。从历史上看，中国的每一次金融放松都伴随着经济的快速发展，而每一次金融调整都伴随着经济的调控和经济增速的放缓；每一次经济的快速发展，都伴随着金融风险的上升和积累，而每一次金融调控都是对风险的防范和消除。经济和金融的发展之所以有周期性，是因为风险的产生和积累有周期性。风险积累到一定时候就要爆发，为了应对爆发的金融风险，经济就要进行调整，调整得好就是软着陆，调整得不好就是硬着陆。因此，对经济和金融调整时机的把握就是对经济和金融风险的把握和判断，所以必须判断正确，把握精准，调控及时。如果调整迟滞就会给经济造成大的损失；如果调整过于超前，也会给经济和金融的正常发展带来伤害。这就是宏观调控的艺术，也是宏观调控的精髓。要把握好这个时机就要厘清金融深化、金融发展以及金融风险三者的关系，本书力图对这三者之间的关系进行如实的描述，以求能发现规律性的东西，并对现存的各种金融和经济现象作出客观的解释，对未来的发展趋势作出科学的预测。

本书贯穿了两条主线，一是金融深化，二是金融风险防范。这两条主线既是并行的，又是相互统一的。它们的出发点不同，一个要发展，另一个要规范，但都统一在金融改革的进程中。有金融深化就有风险，有风险就要防范，它们是互为依存、互为发展的辩证统一关系。

本书分为三篇：第一篇是金融深化与中国金融改革，主要描述了金融深化理论，概述了中国金融市场的发展、存在的问题及风险防范。第二篇是金融期货与风险管理，主要描述了中国金融期货市场的发展、问题和对策，对于防范股指期货风险、重启国债期货、推出人民币期货进行了探索性研究。第三篇是金融市场的国际化与监管合作，主要就中国对外金融资产负债结构、金融机构国际化、对外金融合作、上海国际金融中心、国际金融监管合作等受社会关注的问题进行了阐述，并提出了相关的政策建议。

笔者对于中国的金融深化及风险防范进行了深入思考，在未来研究中，将不懈探索，致力于研究金融实践问题，以理论指导实践，结合实际进行前瞻性研究。由于笔者能力有限，希望广大读者对于本书的不足给予批评指正！

笔　者

2013 年 1 月

目 录

第二篇 金融期货与风险管理

第三篇 金融国际化与监管合作

第一篇 金融深化与中国金融改革

金融深化理论是美国经济学家麦金农和肖针对发展中国家经济发展中存在的金融抑制问题于20世纪70年代初期提出的。中国金融改革是从20世纪70年代末开始的，中国金融改革的实质是金融深化，即去除金融抑制。从经历的过程来看，中国金融改革与世界上其他发展中国家的金融深化也大体相似。例如，拉美和东南亚国家的金融深化经历了放松金融管制、刺激经济发展、呈现金融危机、进行金融调整的过程。中国在金融改革时也同样经历了破除旧的金融体系、促进经济发展、出现金融风险、整顿金融秩序、完善金融风险防范体系的周期性过程。但中国作为世界金融深化进程的一部分，具有其特殊性和独创性。

第一章　金融深化理论与实践

金融深化不仅包括金融总量的增长，更为重要的是金融结构的优化（爱德华·肖，1988）。金融深化理论在各国金融改革中，特别是在发展中国家金融改革实践中不断发展。中国的金融改革属于渐进式改革，取得了巨大成就，也存在着严峻的问题。重新学习金融深化理论，汲取各国在金融发展过程中的教训，审视和推进金融改革进程，发展金融深化理论，具有重要的现实意义。

第一节　金融深化理论

一、理论背景

金融深化理论是由当代金融发展理论奠基人爱德华·肖与罗纳德·麦金农提出的。肖的代表作是《经济发展中的金融深化》，这是一部影响深远的金融著作，探讨了经济发展与金融业的密切关系，针对发展中国家特定的经济和金融环境，提出了以“金融深化”为核心的发展理论。[①] 斯坦福大学的经济学教授罗纳德·麦金

① 爱德华·肖（Edward S. Shaw），1908 年生于美国，1929 年在斯坦福大学获学士学位，1930 年获硕士学位，1936 年获博士学位，毕业后长期担任斯坦福大学经济系主任。1964~1966 年在布鲁金斯学会、美国财政部和联邦储备委员会任职，并作为国际发展机构的代表在韩国工作，经历了韩国金融改革，1967 年受福利特基金会委派在乌拉圭工作。这些经历使他对发展中国家的金融问题有着深切的体会及深入、独到的研究。1973 年前，肖的主要著作有与约翰·格利合作的《金融理论中的货币》。受上述理论和背景影响，1973 年，肖以《经济发展中的金融深化》一书轰动了经济理论界，成为金融深化理论的经典著作。它以全新视角对金融与经济发展的关系进行了开创性研究。

农著有《经济发展中的货币与资本》一书。[①]这两部著作共同构成了金融深化理论的基础。由此，经济发展理论与货币金融理论开始融合，为金融发展理论开启了新篇章。其理论核心是经济中的金融部门与经济发展息息相关，金融机制会促使被抑制的经济摆脱篇章徘徊局面，加速经济增长，但如果金融领域本身被抑制或扭曲，它就会阻碍和破坏经济发展。[②]该理论在对发达国家金融体系及现代经济重要性分析的基础上，以发展中国家为分析对象，将金融纳入发展中国家的经济体系。

金融深化理论的产生与当时的经济背景是密切相关的。1929年后，美国经历了一场经济大萧条，金融市场随之开始了一个管制时期。美国联邦储备委员会颁布了一系列金融管理条例，并且按照字母顺序为这一系列条例进行了排序，其中对存款利率管制的规则正好是Q项。因此，这一条例被称为Q条例。后来，Q条例就成为对存款利率进行管制的代名词。Q条例的内容是：银行对于活期存款不得公开支付利息，并对储蓄存款和定期存款的利率设定上限。Q条例的实施，对20世纪30年代美国维持和恢复金融秩序、40年代和50年代初美国政府筹措战争奖金、战后美国经济的迅速恢复，起到了积极作用。但到了60年代，这一条例的弊端逐渐暴露出来。20世纪60年代，美国通货膨胀率提高，市场利率明显上升，有时已经超过存款利率上限。随着证券市场不断发展，金融国际化、投资多样化又导致银行存款大量流向证券市场或转移至货币市场，造成金融中介的中断和金融脱媒现象的发生且愈演愈烈。Q条例约束和分业经营的限制，使银行处于一种不公平的竞争地位。各存款类机构都出现了经营困难，一些储蓄协会和贷款协会出现了经营危机，银行信贷供给能力下降，全社会信贷供给量减少。Q条例的存废问题提上日程。从70年代起，美国提出了解除利率管制的设想。1970年6月，根据美国经济发展和资金供求的实际情况，美联储首先将10万美元以上、3个月以内的短期定期存款利率市场化，后又将90天以上的大额存款利率的管制予以取消。同时，继续提高存款利率的上限，以此来缓解利率管制产生的矛盾。但是，这种利率管制放松的办法并不能从根本上解决Q条例限制带来的现实问题，短期资金仍然大量从银行和其他存款机构流出，金融脱媒现象没有

① 罗纳德·麦金农（Ronald I. Mckinnon），1935年生于加拿大的埃德蒙特。1957年获埃尔伯塔大学学士学位，1961年获明尼苏达大学博士学位。他长期执教于美国斯坦福大学经济系，1984年至今一直担任该系的国际经济学教授。长期为国际货币基金组织、世界银行、亚洲发展银行以及广大发展中国家政府提供货币政策和经济金融发展方面的专业咨询。麦金农教授是首先分析“金融压抑”对经济发展构成严重障碍的经济学家。其第一本著作《经济发展中的货币和资本》成功地分析了金融压抑的危害，成为了金融发展理论的奠基之作。他在《经济自由化的顺序——向市场经济转型中的金融控制》一书中给出了金融自由化的政策顺序，对发展中国家尤其是包括中国在内的计划经济国家的转型产生了深远影响。

② 爱德华·肖. 经济发展中的金融深化［M］. 上海：上海三联书店，1988.

得到有效遏制，现实要求政府和金融管理当局必须从法律上和制度上考虑利率的全面市场化。[①]由此可见，发达国家的金融深化也呈现出相似的规律，发达国家利率市场化的过程，为发展中国家提供了经验。

对于发展中国家经济发展迟缓的根源，人们一般认为是“资本匮乏”。因此，若要实现经济腾飞，必须提高储蓄率，或者引进外资，加速资本形成。在著名的哈罗德—多马模型中，资本积累被看做是经济增长的决定因素。刘易斯“二元经济结构论”也认为经济发展的核心问题是提高资本形成率。但是，用这些理论来解释实践还是显得力不从心。因此，肖和麦金农系统地提出了金融深化理论。

根据爱德华·肖的概括，金融深化是指如果政府取消对金融活动的过多干预，发展中国家货币金融与经济可形成金融深化与经济发展的良性循环。[②]金融深化理论极大地推动了各国金融自由化进程的发展。自20世纪70年代以来，很多发展中国家和地区，如苏联、韩国、中国台湾和香港地区，以及亚洲和拉丁美洲的许多国家，都进行了金融自由化和经济自由化的改革。这些改革对于消除金融抑制、促进经济发展起到了巨大的推动作用。但是，到80年代末90年代初，实施改革的这些国家都出现了不同程度的通货膨胀和金融体系的不稳定。对此，麦金农进一步提出了金融自由化理论，他指出：“金融自由化的次序即财政、货币和外汇政策如何排列顺序是至关重要的。”[③]麦金农与肖在论证金融发展与经济发展相互制约、相互促进的新辩证关系时，根据发展中国家的实际情况，提出了金融抑制理论，指出政府对金融市场的价格和数量管制扭曲了资源配置，阻碍了经济增长。但在很多国家和地区，尤其是在东亚地区，许多国家都存在着不同程度的金融抑制，但是经济却得到了迅猛发展。为了解释这种现象，赫尔曼、穆多克提出了“金融约束论”，试图对此进行解释。该理论认为，在经济自由化的进程中，劳动力和商品的自由流动比资本的自由流动更为重要，许多进行了自由化改革的国家出现金融危机的一个重要原因是没有对资本的自由流动进行有效管制。

---

① 1980年3月，美国政府制定了《存款机构放松管制的货币控制法》，决定自1980年3月31日起，分6年逐步取消对定期存款利率的最高限，即取消Q条例。1982年颁布的《加恩—圣杰曼存款机构法》，详细地制定了废除和修正Q条例的步骤，为扩大银行业资产负债经营能力，还列明了一些其他与利率市场化相关的改革。1983年10月，存款机构放松管制委员会取消了31天以上的定期存款以及最小余额为2500美元以上的极短期存款利率上限，并于1986年1月取消了所有存款形式对最小余额的要求，同时取消了支付性存款的利率限制。1986年4月，取消了存折储蓄账户的利率上限。对于贷款利率，除住宅贷款、汽车贷款等极少数例外，也一律不加限制。至此，Q条例完全终结，利率市场化得以全面实现。

② ［美］爱德华·肖.经济发展中的金融深化［M］.上海：上海三联书店，1988：10.

③ 罗纳德·I.麦金农著.经济发展中的货币与资本［M］.卢骢译，上海：上海人民出版社，1997：6.

二、相关理论

1. 金融抑制理论

麦金农在其著作《经济发展中的货币与资本》中，提出了金融抑制论，指出发展中国家往往不相信市场机制的作用，而采取一种过分干预金融活动，使资金分配条件向有利于筹资者的方向倾斜，希望刺激投资并带动经济增长的战略。这些国家压低存贷款利率，高估本币，进行信贷配给和外汇配给，以通货膨胀和高存款准备金为财政融资，结果是储蓄不足，投资效益低下，国民经济结构失调，抑制了经济发展。麦金农和肖均认为，发展中国家欠发达的原因在于其实际利率太低。低利率使金融市场的需求远远大于供给，政府被迫以“配给”方式提供信贷。在信贷配给制下，资金几乎是无偿使用，结果必然是资金使用粗放，投资效益低下。同时，低利率还阻碍了新增收入向投资转化，导致储蓄和投资缺口不断扩大，经济停滞不前。反过来又使储源萎缩，资金紧缺，迫使政府对利率进行更严厉的管制，形成了恶性的“经济涡流”。这种人为压低利率，造成金融体系和经济效率低下的现象，麦金农和肖称为“金融抑制”。通过研究，他们认为发展中国家的贫困不仅在于资本稀缺，更重要的是金融市场的扭曲造成了资本效率低下，经济增长受到抑制，即发展中国家经济增长缓慢甚至衰退的重要原因在于这些国家存在严重的金融抑制。

2. 金融深化理论

罗纳德·麦金农与爱德华·肖分别在其著作中论述了金融业发展对发展中国家经济发展所具有的重要意义。[①] 麦金农认为，金融中介的发展有利于动员和配置储蓄，促进经济发展，同时，经济增长和发展也会促进金融体系的不断发展和深化，这就是金融深化与经济发展之间的良性循环。在阐述这种循环关系时，麦金农对新古典综合派的哈罗德—多马模型进行了修正，并讨论了金融深化对经济增长的重要贡献。

最基本的哈罗德—多马模型概述为：G = S/K（增长率 = 储蓄率/资本产出比例）[②]。

哈罗德—多马模型，简要说明了 GNP 增长率是由国民储蓄率和资本产出比例共同决定的。GNP 的增长率与储蓄率成正比，与资本产出比例成反比。储蓄越多，投资越多，增长也就越快。当然，GNP 的实际增长速度也取决于投资的生产能力，其与收入水平、储蓄率和资本产出比例密切相关。从动态上看，储蓄转化

---

① 金中夏. 爱德华·肖和罗纳德·麦金农的金融深化理论的贡献与不足［J］. 世界经济，1988（6）.
② 海韦尔·G. 琼斯. 现代经济增长理论导引［M］. 商务印书馆，1999：69.

为资本，新的资本形成是新的产出增长的源泉，这种增长又成为了进一步扩大资本形成的基础。

在20世纪50年代和60年代初期，哈罗德—多马模型对经济发展，尤其是发展中国家的经济发展起到了重要的指导作用，受到了发展中国家的普遍推崇。发展中国家崇尚“唯资本论”，强调资本积累是经济增长的源泉，坚信只要有不断提高的资本率就有持续的经济增长。这种资本积累的直接结果实际上就是工业化进程的实现。[①] 但是，投资需求并非决定经济增长的唯一因素，其他因素如资本产出比率也同等重要。如果生产能力没有充分利用，不扣除闲置资本，资本产量比率会增大，这会缩小增长率。因此，要提高资本产出率，提高技术水平也同等重要。笔者认为，哈罗德—多马模型暗含了决定经济增长的因素也包含着技术因素，只是这方面没有被发展中国家所重视。在发展中国家的经济增长过程中，采用高积累的赶超性经济增长模式，虽然取得了经济高速增长的成就，但也留下了发展隐患。

在最基本的哈罗德—多马模型中，储蓄倾向被假定为固定不变，麦金农对这一模型的修正就在于他提出储蓄倾向并非常量，而是由经济增长和金融深化进程所决定的函数，且储蓄倾向随着经济增长率的提高和金融深化程度的提高而相应地提高。

即，S=S［G，Φ］，那么，修改后的经济增长模型为：

G=S［G，Φ］/K

其中，S为储蓄倾向；G为经济增长率；Φ为金融深化程度。

结论是：金融深化能够提高储蓄倾向，进而刺激投资，导致经济增长率的提高，而经济增长率的提高，又可以进一步增加储蓄，从而形成储蓄与经济增长之间的良性循环，而金融深化是促进这种良性循环得以实现的关键。

为了研究如何加快一国的金融发展，[②] 麦金农从发展中国家货币与资本间的关系入手提出了关于发展中国家的货币需求函数：

(M/P)=L（Y，I/Y，d－p′）

其中，(M/P)为实际货币需求；Y为收入，I为投资，I/Y为实际投资率，d为各类存款利率的加权平均数，p′为预期的未来通货膨胀率，d－p′为实际存款利率。

该理论的特点如下：

（1）强调I/Y变量，认为它与实际货币需求是正相关关系。原因是在经济相

---

① 例如，罗斯托的起飞阶段就是工业化的开始，罗森斯坦—罗丹（Rosensiten-Rodan）的平衡增长战略也是一种工业化战略。这种工业化过程，最重要的就是靠资本积累的推动。

② 金学群. 金融发展理论：一个文献综述［J］. 国外社会科学，2004（1）.

对落后的国家，大多是“分割”经济，即企业、政府机构和居民户等经济单位相互隔绝，土地、劳动力和资本等方面不存在统一的共同价格，各部门难以获得同等水平的生产技术。由于资本市场极为落后，间接金融机能较弱，因此众多的小企业要进行投资和技术改革，只有通过内源融资，即依靠自身积累货币的办法来解决。在投资不可细分的情况下，投资者在投资前必须积累很大一部分货币。计划投资规模越大，所需积累的实际货币余额就越多。因此，I/Y 对货币需求不仅影响很大，而且是正相关关系。

（2）强调变量 d－p′，即实际存款利率与货币的实际需求自然是正相关关系。如果 d－p′为正，就会引致实际现金积累不断增长，企业自源融资条件下的资本形成也会增多，这是一种良性循环。但是，假如货币的实质收益率超过某一限度，许多人就会以现金的形式保有货币而不将愿其转化为投资或实际资本，这样投资率反而会下降。

因此，货币需求函数的结论是：实际货币余额大量迅速地增长，会有助于投资和总产出的迅速增长。但在发展中国家，由于金融压制以及实行严格的利率管制，使 M/P 的增长相当有限，解决的途径则是金融自由化。其具体内容是：政府放弃对金融市场和金融体系的过度干预，放松对利率和汇率的严格管制，使利率和汇率成为反映资金供求和外汇供求对比变化的信号，从而有利于增加储蓄和投资，促进经济增长。

肖与麦金农提出的发展中国家进行金融体制改革的金融深化理论的内容包括：取消政府对存贷款利率的控制或人为干预；改变利率水平不反映真实货币供求均衡水平的状况；消除负利率现象；政府放宽对金融体系的管理；银行与资本市场真正担负起动员储蓄与引导生产性投资的功能；允许社会上金融机构的发展；政府要改变通货膨胀政策，不仅要以此刺激经济发展，而且要承担控制通货膨胀水平的职责；在财政上要取消利息税以鼓励储蓄，同时减少对企业的财政补贴；此外，政府还应消除对于外汇市场的管制，放弃对外汇汇率低估、对本币汇率高估的政策等，旨在通过上述改革，实现金融深化。

3. 金融自由化顺序理论

麦金农在其著作《经济市场化的次序》中，针对一些国家由计划经济向市场经济的改革，提出了如何安排经济市场化的最优次序的理论。金融自由化势在必行，但却不能同时放松所有管制；在金融深化过程中必须按照一个正确的顺序稳步进行。宏观经济稳定和财政收支平衡是金融深化改革的前提条件；对生产部门取消管制应在金融部门改革之前，国内金融改革应在对外金融开放之前。[①] 具体如下：

① 罗纳德·I. 麦金农. 经济市场化的次序［M］. 上海：上海三联书店，1997.

（1）平衡中央财政。减少或消除财政赤字，稳定国内价格水平，消除通货膨胀，实现宏观经济稳定，这是金融自由化的前提。既要限制政府直接支出，又要完善税收制度使政府有能力对企业和家庭征收基础广泛和较低的税收。由于税基广泛，政府能筹措到足够多的收入来减少财政赤字，而无须通过银行来过度发行国内基础货币，从而避免通货膨胀。在此基础上，逐步放开国内价格管制，使市场价格成为资源配置真实、可靠的信号，资金才可能合理有效地分配。

（2）逐步放开国内资本市场管制。使利率成为一种存款人能够得到、借款人能够支付的实实在在的实际（对通货膨胀作了调整）利率。为避免银行恐慌和金融崩溃，放松对银行和其他金融机构的管制必须与政府的稳定宏观经济的成就相适应，不能单兵突进。开始阶段政府必须采取强有力的措施来改革货币与信贷系统，使实际利率为正，强制长期负债企业偿还债务，严格限制信贷流动，直至价格水平稳定。只有价格稳定，财政赤字消失，企业和居民间的借贷才能正常进行。若价格不稳定，实际利率的变化会使接受储蓄的银行所进行的不受约束的借贷风险变得太大。

（3）国内贸易和金融自由化实现后，再相应调整外汇自由化。首先是外贸体制改革，发展中国家大多通过高关税、高配额保护民族工业，致使国内某些行业价格过高；对外贸体制改革，减少非关税壁垒，降低统一的关税，会使国内价格体系趋于合理、资金被高效使用。其次是统一经常项目下的汇率，避免多重汇率，使进出口能以相同的有效汇价进行，以提高对外贸易效率。最后，实行资本项目可自由兑换。只有在国内借贷能按均衡利率进行，通货膨胀受到明显抑制以致需贬低汇率时，资本项目可自由兑换的条件才算是成熟了。

4. 金融约束理论

20 世纪 90 年代，信息经济学的成就被广泛应用到各个领域。托马斯·赫尔曼、约瑟夫·斯蒂格利茨等人分析了在信息不完全前提下金融领域的“道德风险”、“逆向选择”等问题，在金融深化理论基础上，他们在 1996 年提出了金融约束论，认为政府对金融部门选择性地干预有助于金融深化，并指出金融程度较低的发展中国家应实行金融约束政策，通过调动银行部门的积极性，以银行部门的信息优势来克服由信息不完全引起的金融市场失灵问题，同时通过对存贷款利率加以控制、对市场准入、资产替代等加以限制等一系列措施来提高金融体系运行的效率。[①] 赫尔曼、穆多克和斯蒂格利茨等人提出的金融约束策略不同于强调解除政府干预、放开金融市场的金融深化策略，但是也强调金融约束并不等于金融抑制。根据其观点，金融约束是一种动态的政策工具，政府干预金融市场的广度和强度将随着金融深化不断发展而下降，这似乎更贴近发展中国家的实际。从实践

① 谈儒勇. 金融抑制和金融约束［J］. 金融研究，1998（12）.

来看，金融约束策略也存在不足。它强调政府干预金融市场，通过为银行部门设租来激励银行，这种“优薪养廉”的方式会加剧许多发展中国家业已普遍存在的金融垄断，会进一步降低金融效率。①

三、相关概念

1. 金融深化

金融深化是指通过金融自由化，让供求关系决定利率和汇率水平，使金融资产实际收益率上升，金融机构间竞争加剧、金融技术改进，当金融机构和投资者在市场中积累起更多的经验和信息时，储蓄的规模和期限将变长，金融结构将合理化，金融效率将得到提高。

2. 金融自由化

金融自由化就是针对金融抑制，减少政府干预，确立市场机制的基础作用，本质是政府在金融领域行为方式的转变。从内容上看，金融自由化包括国内金融自由化（废除利率管制和信贷配给）和国际金融自由化（废除资本流动管制和外汇兑换限制）。

3. 金融效率

金融效率的本质是金融功能的充分发挥。② 西方经济学家对于金融效率的表现予以了阐释。Robinson 和 Wrightman 认为，金融效率分为操作效率和配置效率。操作效率以金融过程中的相对成本来衡量，摩擦越小、中介成本越低的金融体系越有效率。配置效率是把储蓄资金引向生产性用途的有效性，资金越能引向高效率生产的金融体系越有效。Bain 把金融效率分为微观和宏观两个方面。微观效率包括：①提供多样化金融工具以满足储蓄者和投资者的多样化偏好；②金融体系转移资金的灵活性大，能高效配置资源使之发挥最大效益；③规模与风险，金融体系效率的一个重要方面是为大规模投资动员储蓄，有效率的体系在决定投资收益时只考虑无风险收益与风险溢价，不会因筹资规模大而产生更多的溢价；④运行效率，指中介成本的高低；⑤动态效率，即进行金融创新和其他变革以适应环

---

① 帅勇. 金融深化的第三条道路：金融约束 [J]. 经济评论，2001 (5).

② 金融在现代经济中有六大功能：一是转化功能，即通过各种金融商品和有组织的金融运作，将消费基金转化为投资，实现积少成多，打破投资所受到的资金来源、规模和流动性约束，促进资本形成，推动经济增长；二是配置功能，在资金转化过程中识别、发掘出具有更高效率的资金使用者，使资源配置优化；三是改频功能，即加快了资金再分配和再生产的速度；四是调节功能，即通过资金价格的变化调节消费、投资的规模和结构，使供需在总量上和结构上平衡；五是分散风险功能，通过金融体系将风险分散或转嫁、对冲，使投资者、筹资者的风险减少，激励了储蓄和投资；六是指示功能，即金融市场上的各种价格、数量显示了资金供求状况，为宏观调控提供了依据。

境的能力。宏观效率包括：①动员的储蓄与投资的水平；②市场稳定性，即调动的储蓄和投资在量上和价上的稳定性；③结构稳定性，即金融体系应有较高的风险抵御能力，能在各种环境下担负起为经济发展提供资金的任务；④对宏观经济稳定的贡献，即调节储蓄与投资减少经济波动的能力。

4. 金融自由化与金融深化的关系

金融自由化与金融深化既有联系又有区别。金融自由化是手段，提高金融效率是目的，金融深化则是通过金融自由化和其他措施实现金融效率提高的过程，是金融自由化和金融效率提高的统一。金融自由化是金融效率提高的必要条件，只有消除政府对金融的过多干预，实现市场机制在金融过程中的主导作用，金融效率才能提高，金融深化才能实现。

第二节　发展中国家的金融深化危机

发展中国家在去除金融抑制，提高金融效率的金融深化过程中，如果金融自由化推进过快就有可能会出现一系列金融风险，甚至会爆发金融危机。

一、从金融抑制走向金融深化

东盟国家的金融改革与发展的理论基础是麦金农和肖的金融深化论，其国内背景是东盟各国的经济战略转型，国际背景是全球的金融自由化浪潮，各国的金融自由化改革的特征是放宽政府管制、开放金融市场、加速金融国际化。其措施不尽相同，成效也各有差异。与这些国家的经济战略转型相联系，金融自由化伴随着进口替代转向出口替代的过程，由金融抑制走向金融深化。①

“二战”后到20世纪60年代末，东盟国家推行进口替代，发展工业带动经济增长和结构多元化，实行贸易保护限制进口，金融保护则体现为外汇和投资管制，通过贸易与金融保护来减少对民族经济的冲击。当时外汇管制严格，目的在于将有限的外汇用于最急需的经济领域和重点部门，采取币值高估或复汇率制，名义汇率与实际汇率背离，以利于进口替代工业所需机器设备和原材料的进口。投资重点在进口替代工业，在优先发展部门，利用财政投资加减免税或利率补贴，以促使其较快发展。

从20世纪70年代初起，东盟国家相继从进口替代转向出口导向，普遍进行

① 因为金融抑制是内向型经济的典型特征，而金融深化则是外向型经济的客观要求。

了金融自由化改革。其出口导向战略，旨在利用比较优势（尤其是劳动力优势），引进外国资本与技术，发展面向国际市场的出口加工业，放宽贸易、金融管制，放宽或取消外汇管制，促进出口，吸引外国资本，带动国内经济增长。在外汇政策方面，放宽外汇管制，允许资本流动相对自由，制定相对合理的汇率，取消复汇率制，改变本币高估和促进本国产品出口。在投资方面，为出口企业提供减免税收、投资补贴等优惠，放宽对外资持股比例和投资部门的限制。这一阶段，其他的金融抑制政策逐渐放宽，转向更为市场导向的政策。但是，东盟各国金融自由化改革的进程也不尽相同。新加坡实行进口替代战略的时间最短，保护程度低，政府对金融市场的干预少，金融政策更趋于市场导向，因此率先实现了经济转型和金融改革。马来西亚推行进口替代时间较短，国内市场较开放，实现经济调整和金融改革的步伐也比较快。印度尼西亚、菲律宾实施进口替代战略时间较长，贸易保护和金融管制较严，国内金融抑制色彩较浓，经济转型和金融改革相对滞后，难度也大。

20世纪80年代后，东盟主要国家的金融自由化改革十分迅速。新加坡调整了经济发展方向，大力发展金融业，在注重金融监管的同时，更多地利用政策优惠和金融创新来推动金融业发展，加强了其国际金融中心的地位。马来西亚在20世纪80年代中期后加快了其国内经济和金融市场化改革，放松了利率控制，放宽信贷限制。泰国的金融改革以1979年颁布的商业银行法为先导，1980年起其利率政策开始松动，允许商业银行调整其存贷款利率结构，从1990年开始泰国实施了空前的金融自由化改革，包括解除与资本项目有关的外汇管制，全面取消银行存贷款利率的限制，建立曼谷国际金融机构（BIBF）等。印度尼西亚1983年开始了金融自由化改革，1988年10月又制定了一套新的全面金融改革方案，放弃了对存贷款利率和限额规定，允许银行自定存贷款利率，削弱了国有银行的垄断地位，放宽了对国内私人银行的限制，放宽了对外资银行的限制，允许外资持有印度尼西亚上市国有或私营银行不超过49%的股权，积极推动资本市场发展，放宽了公司股票上市标准，简化了上市公司审批手续。菲律宾1980年在国际货币基金组织的指导下，进行了大规模金融改革，取消了外汇管制，取消了银行存贷款利率限制，扩大了银行等金融机构的经营范围，放宽了外资银行进入限制，加快了资本市场发展，合并了马尼拉和马卡蒂证券交易所。

20世纪90年代中期，各国经济逐渐步入转型期，一些国家的金融改革与经济转型不相适应，金融自由化进程过快，金融改革政策失误，最终酿成了严重的金融危机。

二、金融深化过度导致金融危机

20 世纪 80 年代后，金融危机在实施金融自由化的国家频繁发生，[①] 尤其是 1997 年亚洲金融危机爆发，金融自由化与金融危机的关系开始被认真思考。虽然各国爆发危机的导火索各异，但根源都在 80 年代的金融自由化改革。金融改革促进了金融业和金融市场的快速发展，但缺乏监管，金融机构风险加大，发展中国家为了获得金融深化的利益，短时间内迅速推进金融自由化，金融深化过度，导致了金融危机。[②] 其具体原因分析如下：

1. 金融市场过度开放

第一，迅速放松金融管制。对于放松金融管制的结果，出口部门受益不多，经常项目赤字加剧，国际资本尤其是国际短期资本大量流入房地产等高风险部门，金融风险加大，陷入恶性循环。金融深化实际上并非简单地放松政府管制，而应逐步减少管制，逐渐与经济体系完善相结合的过程。欧美国家金融市场自由化程度较高，但其推进金融自由化和国际化采用的是渐进式推进战略，在发展中国家，以金融深化理论为指导，并没有把握好节奏，许多国家国内金融并不成熟，却采取了激进式战略，如泰国、马来西亚、墨西哥等国，短时间内突然对外开放金融业，大幅度解除金融管制，许多数据都可以说明这些国家金融深化过度。

第二，外资金融机构准入门槛大大降低。金融深化过程中，发展中国家都实施了对外资金融机构开放的措施，外国银行、保险、证券、信托、融资租赁等金融机构均可进入并设立分支机构，给予其国民待遇，允许境外证券商和共同基金在本国的证券交易所开设分支机构等。这种外汇管制的放松或取消大大提高了资本自由兑换程度，短期投机资本大举进入。这些投机资本分支机构都与母公司相联通，资金调用便捷，容易造成外汇市场和证券市场波动而放大金融风险。资料显示，大多数的投资机构都是按照地理区域分散投资，一旦某国状况异常，整个地区资金会以超常规模波动，危害其他国家。例如，亚洲金融危机中，泰国出现危机，韩国、马来西亚等国也相继被冲击。

第三，推行自由外汇政策。外汇管制放松方便了外国资本自由进出，金融自

---

① 例如，1982 年 8 月，墨西哥因宣布无力偿还到期外债而爆发了债务危机。1987 年 10 月，黑色星期一，美国股市大跌，道琼斯工业平均指数下跌至 508 点，当日下跌了 22%。1994 年，政府行为失当，国际融资冲击，墨西哥比索汇率狂跌、股票价格暴泻，发生金融危机。当时不仅拉美股市暴跌，欧洲股市指数、远东指数及世界股市指数都出现下跌。1995 年，巴林银行风暴，由于金融监管不力，里森炒作金融衍生工具发生了巨大亏损。1999 年大和风波，因金融监管不力，井口俊英在美元债券投资中让大和银行损失巨款。

② 王勤. 东南亚国家的金融深化理论及其比较［J］. 南洋问题研究，2001（1）.

由化政策超越了经济体制基础，一些国家的大银行、大企业及非银行金融机构相继破产，危机相继发生。各国金融创新不断涌现，加大了政府监管的难度，政府急于求成，对金融深化改革疏于监管，金融危机的出现也就难以避免。

2. 金融改革不配套

这些国家的金融自由化改革与其经济转型不适应。一国经济步入转型期后，结构性矛盾突出，外向型经济受到来自劳动成本上升和邻国竞争的压力，出口减缓而进口不断扩大，出现经济项目逆差并居高不下。但金融改革并未真正促进出口工业技术的升级和产业更新，大量资金涌向非生产性部门，政府希望通过实施金融对外开放政策吸引外资流入以弥补国际收支逆差，但在高汇率和高利率政策下，大量短期外资流向证券市场和房地产市场。在经济调整与金融改革中没有适时处理经常项目逆差，资本项目举债过多以及固定汇率制调控能力有限，成为引发金融危机的直接原因。①

除新加坡外，东盟其他国家的商业银行与非银行金融机构迅速发展，中央银行直接控制和管理的金融资产不断下降，中央银行的调控能力被削弱。利率自由化改革中商业银行经营规模与业务迅速扩大，信贷盲目扩张，贷款过度集中于非生产性部门尤其是一些高风险部门，金融运行风险大大增加，从而累积了较大的金融风险，造成了银行呆坏账剧增，引发银行危机。

东盟主要国家放宽了金融管制，包括取消外汇管制，提高外资在上市公司的持股比例，放松外资银行准入条件等，加快了金融市场开放，外国资本大量涌入，缺乏有效监管。这些国际短期资本流动性大、投机性强，对其金融市场带来较大冲击，酿成金融危机。

从东盟国家金融自由化过程中可以看出金融改革措施不配套。这表现在其国内金融市场开放与中央银行调控能力不适应，放宽银行金融机构限制与加强金融风险管理相脱节，汇率与利率政策调整滞后于资本项目开放，银行自由化改革与国有企业私有化不同步等。这些缺乏系统性的金融改革措施，降低了金融改革成效，更易于引起金融动荡。金融危机爆发后，东盟国家实施了大规模的金融重组与调整，这实际上是对以往金融自由化进程过快的修正，也是对金融政策改革失误的调整。

3. 利率市场化对资本形成的负面效应

提高利率对资本会形成双重影响。麦金农和肖的金融深化理论，实际上是以提高实际利率为核心的金融自由化理论。因此，大多数发展中国家都将消除利率限制和提高利率作为金融制度改革的切入点。从亚洲和拉美一些发展中国家放松利率限制的效果看，一方面，银行贷款资金数量与实际利率水平呈正相关关系，

① 吴元. 金融深化过度［J］. 国际金融研究，1998（2）.

即金融机构的资金供给量由于实际利率提高而扩大；另一方面，由于实际利率提高，投资成本增加，导致投资需求下降。那种人为的低利率下存在的过度资金需求的现象消失了，随着金融制度改革深化，利率水平高低开始成为影响投资水平的重要因素。可见，利率提高对资本形成的影响是双重的，既促进投资增长，又减少投资需求。如果没有其他相关的改革配套措施以及政府在宏观上的正确引导，利率自由化不一定会导致投资水平提高，利率市场化必须先有或者同步进行金融体系市场化或完善化，这是金融深化理论一个很重要的前提。然而一些发展中国家诸如阿根廷、智利等国，无视本国金融体制改革的完善化程度，急于推行利率市场化，由银行等金融机构根据借款人对贷款出价的高低来决定储蓄分配的流向，致使许多储蓄资源被用于非生产项目或高风险生产项目，对资本形成与经济增长影响消极。尽管伴随着自由化改革，许多发展中国家掀起了生产建设高潮，但是资本形成的质量和资本有效使用率十分低下，许多项目投资出现了后面开工利用率不足或原料无来源、产品无市场的困境，经济损失巨大。一些发展中国家通过金融自由化改革拓展储蓄渠道，增加了储蓄规模，但由于没有建立有效的运行机制，储蓄资源的利用效率十分低下。①

4. 金融自由化的顺序不当

东盟各国相继推行的放松银行业管制的金融改革措施，确实曾对经济增长起了巨大的促进作用，但其在金融改革中未能处理好改革与金融体系长期稳定的关系，未能实行渐进有序的金融自由化战略。其在国内金融改革尚未完成之前，仓促开放本国金融市场，必然引起金融动荡。

金融监管放松，使得资金过多进入高风险部门，导致呆账剧增和金融机构破产。当时泡沫经济普遍存在，特别是泰国，其经济增长主要靠房地产投资拉动，有40%的房地产贷款成为呆坏账，银行资金周转困难，以致出现支付危机。② 同样，新加坡、马来西亚、印度尼西亚等国银行分别有33%、20%、20%的贷款因投向房地产业而成为呆坏账，房地产业不景气影响了经济增长，为刺激经济增长，各国大规模投资，国内财政赤字剧增，通货膨胀率上升。

汇率制度改革滞后，使得经常项目赤字剧增。各国普遍实行钉住美元的汇率

① 对银行危机和金融自由化的关系实证检验发现，金融自由化增加了经济中的不稳定因素，导致银行体系脆弱性增加。自由化侵蚀了利差并重新配给信贷，银行存贷利差减少，缺乏动力扩展存贷款数量和对贷款资产组合实施严格监控，一些严重依赖贷款的企业由于利率提高破产，政府"准税收"收入减少，融资难度增加。尽管利率波动是对市场调整的一种正常反映，但其波动反映了利率决定的不确定性因素的增加，金融机构竞争加剧，整个市场信贷额度增加，宏观经济不稳定，经济过热，高通货膨胀和名义利率降低等，墨西哥危机就是例证。

② 1998年3月，泰国最大地产商Sompradong Land因得不到银行贷款而宣布不能履约偿还利息，最大金融公司Finance One因坏账问题被迫与银行合并，一系列金融公司因对房地产业过度贷款而陷入困境。

制度，美元于1995年开始升值，与美元挂钩的这些国家的货币也相对升值，若以1990年为100，到1996年底，马来西亚、新加坡、泰国货币各升值10%，印度尼西亚则升值20%，菲律宾升值30%。币值上升，使各国出口竞争力下降，国际收支逆差出现，经常项目赤字严重。[①]

过快开放金融市场特别是证券市场，过早实行资本项目自由兑换，过度依赖外资弥补经常项目逆差，由此造成了贸易赤字剧增，金融风险加大。金融市场对外开放是吸引外资、平衡国际贸易的重要途径。由于国内金融市场狭小，发展中国家在金融国际化特别是对外开放证券市场时一定要谨慎。东盟各国为吸引外资，弥补经常项目赤字，过早对外开放了证券市场，20世纪80年代后相继推行了自由外汇制度。以泰国为例，泰国对汇入而用于证券投资的外币没有限制，外币可自由兑换泰铢，允许任何时间都可将证券投资所得汇出，只需得到泰国证券交易委员会的证券经纪人认可即可。其他许多发展中国家的外汇制度与其类似。结果国际游资涌进泰国证券市场投机经营，股市产生动荡，而获利丰厚的外资则在此时抽资外逃，直接导致金融危机爆发。

第三节　对金融深化理论的再思考

经济全球化是不可逆转的趋势，发展中国家融入全球化不可避免，问题的存在促使发展经济学家进一步深入研究了金融深化问题，更深入地反思了金融深化理论。

一、利率市场化改革一定要正确发挥作用

金融深化理论的隐含假设是，银行体系贷款的供给取决于其存款。提高利率能增加储蓄，增加贷款资源，但是利率提高能否真正增加储蓄有待进一步验证。

银行的信用创造能力——贷款供给不仅取决于存款，也取决于贷款需求。利率并非是决定储蓄的唯一因素。收入水平低、恩格尔系数高、资本市场不健全、缺乏可替代的金融工具等因素，都会对储蓄产生影响。利率对储蓄也存在着方向相反的替代效应和收入效应，利率变化时，储蓄增减取决于替代效应与收入效应

① 早在1996年8月，经济学家戈尔茨坦在英国《经济学家》周刊的文章中就提醒东南亚国家：如果经常项目赤字持续保持在占GDP的5%以上水平，那就是在玩火，而1996年经常项目赤字额占GDP的比例，泰国为8%，马来西亚为10%。

间的比较。金融深化理论强调提高实际利率对储蓄的积极作用，但其在发展中国家的作用被过于理想化了。

市场并不必然是自发均衡的。发展中国家的利率市场化改革，由于去除利率管制导致利率提高，会产生一系列降低社会总需求的效应。高利率将抑制投资，从而抑制储蓄。投资缩减通过乘数作用会降低经济增长率。[①] 实际利率提高，边际储蓄可能增加，居民边际消费会下降，社会总需求将减少。高利率会增加公司成本，降低投资收益率，抑制公司的投资动机。金融自由化往往伴随贸易和资本流动的放松或自由化，如果高利率使外资流入时追求高收益，这样会导致汇率高估，抑制出口，减少有效需求。利率高还会加重政府债利息，财政赤字将增大，公共投资计划可能被取消，从而减少有效需求。银行一般短借长贷，利率提高可能导致银行减少投资项目融资或者从事高风险项目贷款，从而增加了金融业的不稳定。[②] 因而，在利率市场化改革中，要充分考虑在放松利率管制、提高储蓄倾向和促进经济发展之间形成良性循环。

二、适当的金融约束可以避免市场失灵

市场失灵者主张国家适度干预与管理，因为金融市场的重要作用之一是收集、整理信息，把信息用于合理分配资金和监督其使用。放任金融市场自由化会造成市场失灵，金融体系动荡。金融市场实际存在着下面多种市场失灵。其一，监督银行需要完备信息，但实际往往信息不灵，监督不力，导致银行从事高风险投资；其二，如果银行破产导致存款人心存恐惧，会发生银行挤兑的连锁反应，酿成金融危机；其三，如果银行贷款给某公司帮助其发行股票，投资者会误认为银行监督的这家公司财务良好，事实并非如此。众多的市场失灵需要政府干预。如果政府不放任银行危机危及社会而进行救助，政府就会成为保险商，银行会有恃无恐，从事高风险高收益贷款或投资，这样就会造成金融体系不稳定。然而放任金融自由化可能导致市场失灵，因此更需要政府干预和建立规章制度。[③]

---

① 利率对投资的影响，从投资量和投资效率两方面来分析。不是储蓄决定投资，而是投资决定储蓄。

② 发展中国家的经济结构是分割的，市场是“不完全的”。发展中国家金融结构失衡的重要表现之一就是：大量的小企业和住户被排斥在正式信贷市场之外。利率再低，投资需求也得不到有效满足，只能靠内源融资或非正式信贷市场融资。如果放弃信贷管制、实现利率市场化，即使利率有所提高，投资总量却可能因这些投资需求的大量介入而增加。

③ 政府干预的特点是：一是有强制和禁止的权力。二是政府对其活动有限制能力，政府作为保险人可以使用激励或限制行为加以干预，比如增加银行的资本充足率要求。斯蒂格利茨甚至认为适度的金融压制在信息不完整的情况下是有益的。金融压制可以改善资本分配效率：第一，降低利率可以改善相互担保的集群贷款申请者的平均质量。第二，可以降低资金成本，增加公司的净资产。第三，可以与鼓励出口联系，加速经济增长。第四，信贷直接管制可鼓励向高科技产业投资。

麦金农和肖的金融深化理论把金融体系和金融政策置于发展中国家经济发展的核心地位，深刻剖析了发展中国家的金融抑制状况，切中了发展中国家金融发展滞后阻碍经济发展的要害。[①] 它强调解除政府干预、实行利率市场化的必要性和重要性，为发展中国家制定全面的发展战略、促进经济健康发展提供了理论依据。但是却过分强调市场机制作用，忽略了发展中国家市场不健全、结构失衡及有效制度短缺等经济现实的弊端。因此，要把金融深化的基本思想与金融深化现实区分开来。金融深化并非要让金融业完全放任自由，政府必须加强管理和引导，对金融体系的安全性和稳健性进行谨慎监督，提高金融业的运作效率。

三、金融深化的科学顺序

针对发展中国家的经济与金融发展问题，以金融深化为战略核心的发展理论对发展中国家的金融改革颇具影响。国际货币基金组织也以此来指导发展中国家制定经济与金融改革方案，它成为了东南亚国家金融发展与改革的理论基础。[②] 实际上，发展中国家的社会、经济具有复杂性，从货币资本向生产资本的合理转化，要比理论上对单纯信贷行为的分析复杂得多，所以仅仅确立市场中金融杠杆的导向作用，是难以把握发展中国家经济发展的主要方面的。要从各国自身资源优势和条件出发，确立适宜的产业基础和贸易格局，在此基础上才能考虑合适的金融体系和金融政策。

在金融深化过程中要避免利率过分人为扭曲。金融深化理论未考虑发展中国家的具体条件，对金融行为本身的分析也存在问题。[③] 例如，利率对储蓄、投资的调节作用与各国收入、市场、经济结构等不无关系，在不同国家，利率弹性区间的差别很大，利率变化的作用效果可能完全不同。忽视利率作用的前提条件，很可能会“失之毫厘，谬以千里”。[④] 金融深化理论主要是在封闭条件下考虑发展中国家的金融增长，在当今各国处于开放的情况下，金融自由化发展会对各国贸

① 提高场外金融市场利率会提高物价水平，因为它增加了流动资本的成本。他们认为价格是成本加成决定的，此外提高场外金融市场贷款利率会抑制投资、减少产量，所以提高存款利率也会减少流动资金的供应总量，抑制经济增长。流动资金供应由银行系统和场外金融市场共同供应。

② 金融深化理论将发展中国家的经济发展归因于金融发展，其政策主张过分倚重于建立有效的信贷市场，却忽视了对经济发展的根本影响因素即科技发展、生产力和生产关系的分析。

③ 一般来说，发展中国家都有金融抑制、宏观经济不完善的特点。

④ 金融深化理论对发展中国家经济发展的分析，相对于传统理论只是换了一个角度，其政策主张仍深深根植于传统的自由主义经济理论思想中。其基本逻辑是，在发展中国家存在较多政策干预，造成这些国家经济发展缓慢，因此应该放弃干预，走向自由化，由市场调节。政府干预和市场调节非此即彼。殊不知，即使在发达国家，市场也不可能起到万能的调节作用，适当的政府干预正是自由放任市场经济发展的结果，两者间可起到相互补充的作用。

易格局、外资流出流入，进而对各国通货膨胀、产业发展等产生巨大的冲击。这些影响和作用必须纳入到一个系统中综合考察才能得到比较合乎实际的结论。[①]

为纠正对金融业的过度干预，政府应放弃对金融业的干预，使利率和汇率充分反映资金和外汇的供求，以提高银行分配资金的效率。[②] 金融自由化虽然势在必行，但不能同时放松所有管制。东南亚国家在国内经济不稳定、利率未放开、汇率受管制的情况下，过早地开放了资本市场，实行资本项目的可自由兑换，为东南亚金融危机埋下了伏笔。[③] 所以，笔者认为金融深化过程必须按照下面的正确顺序稳步进行：

（1）先平衡财政，改革价格体制，消除通货膨胀，实现宏观经济稳定，使资源配置合理、产业结构优化，这是金融自由化的前提。

（2）逐步放开国内资本市场，使存款人能够得到、借款人能够支付实实在在的实际（对通货膨胀作了调整）利率。用自由利率分配资本。

（3）在前面的改革未成功时，应该用贬值本币的办法扩大出口。平衡贸易，而不应该用放开资本市场的方法来弥补外汇短缺。国内贸易和金融（成功地）自由化以后，外汇自由化要进行适当推进。

发展中国家的金融深化政策应包括以下几方面：

1. 利率政策

资金的价格是利率，价格扭曲的最基本形式是利率扭曲，利率问题是金融深化的首要问题。肖认为，要使人们持有的实际货币有较大的增长，必须取消对存款利率的限制，让利率真实地反映资金的供求状况，促进储蓄和投资的增加，提高实际利率可从提高名义利率着手，也可以从降低通货膨胀考虑。

2. 汇率政策

在金融深化过程中，汇率政策的重要性在于理顺外贸关系，促进外贸发展，在利率上升条件下保持物价稳定。汇率政策的核心是让汇率自由浮动，实行外币

---

① 如何提高政府工作效能和信息完备性，改进政策的执行效果，是发展中国家实行必要的政府干预政策时需要加强研究的问题。

② 关于货币与实物资本互为补充的观点，是麦金农提出的与传统理论不同的重要论点。这是麦金农从与传统不同的角度来认识这两者之间关系的结果。但资本在货币资本、生产资本和商品资本三种形态上同时并存和相互转化应是对立统一的，这样才能维持生产持续、正常的运转，只从某一角度看待其关系会有失偏颇。

③ 很多国家的财政赤字严重，大约占该国 GDP 的 20%，政府的财政赤字通过银行系统直接提供货币来弥补，假如银行的货币发行额不变，这种措施会挤占私人投资资本，造成产出下降；如果政府增加货币发行量，会造成通货膨胀。如果通货膨胀，实际存款利率往往为负，会减少储蓄。发展中国家关税及非关税壁垒很高，汇率常被高估，出口部门会受影响。对外汇的管制使国内货币、资本市场与国际市场相分离。受国家干预，金融系统把大部分信贷资金分配给国营企业或机构，而集体企业和私有企业要靠自有资金或转向非银行资本市场的高利贷者。

自由兑换，再配以外贸体制改革实现外贸自由化。

3. 取消补贴信贷

尤其是对国有部门补贴信贷，扩大私人部门贷款。促使资金流向高效部门，因私人投资并不能保障最佳效果，指导性信贷成为提高绩效的有效措施。但指导性贷款不以直接的经济效益为目标，导致效率损失。可见，政府指导性贷款不能取代私人信贷，而应是补充私人信贷且政府应对指导性贷款实行监督。

4. 改革国内金融体系

采取国有银行私有化、放宽准入限制和减少政府干预，促进国内金融体系的竞争，实施国有银行私有化，向私人部门开放金融领域，取消利率限制，建立竞争性金融体系，促进资源配置效率的提高。在金融改革初期，政府应对银行采取适度保护，以避免金融市场的剧烈波动。

5. 发展资本市场

发展资本市场的动因在于资本市场的筹资和资源配置功能，有助于企业的结构重组与业绩改善，提高社会资金的配置效率，打破单一的金融市场结构。

金融深化要达到的目标如下：①储蓄效应：实际利率的提高可增加私人及政府的储蓄和国际资本流入。②投资效应：金融市场的扩大和多样化可优化储蓄分配和提高投资效益，以来自储蓄的融资取代财政分配。③就业效应：储蓄增加、投资和就业扩大、资本借贷成本提高使投资倾向劳动密集型产业，从而增加劳动就业。④收入分配效应：在落后经济中，劳动力对资本替代弹性高，利率与汇率均衡可提高就业及工资收入。金融自由化可减少管制中的特权收入。

总之，金融自由化的主要目标是用市场代替官僚机构，减少对金融业的干预，让其自由发展，促进经济稳定增长。但是金融深化改革的前提和顺序性是至关重要的，宏观经济稳定和财政收支平衡是金融深化改革的前提，是金融改革的第一步。生产部门取消管制应先于金融部门改革，国内金融改革应先于对外金融开放，经常账户放开应先于资本账户可兑换。

四、金融创新是促进金融深化的工具

创新通常是指引进了为市场所接受的新产品或引进了现有产品的新生产方式。金融领域也是一样。金融创新既可以是新金融工具的广泛应用，也可以是新的金融市场、金融机构或金融业务的出现。但是，如同一般产品市场一样，只有当新金融工具、金融市场、金融机构或金融业务被社会广泛接受时，金融创新才算实现。

如同其他行业一样，金融业的产品也有供应和需求，正是在供求的互动中，金融产品才得以创造。同其他行业不同的是，金融业一向是一个受管制最严的行业，因此规避这些法规和管制的限制便成为金融创新的重要因素。[①] 金融创新的引入可以实现金融机构提高流动性、规避风险和达到信用创造和股权创造的目的，从而影响金融深化。

进行金融制度创新，可以确保金融资产发展的规范化。按照新制度金融学的观点，金融制度可看作是各金融主体进行博弈的游戏规则，游戏规则的完善是保证游戏得以公平、公开、公正进行的基本前提。发展中国家金融体制正处在由“行政金融”向“市场金融”的转轨过程中，金融资产发展的规范化的主要障碍来自两方面：一是行政对金融的干预根深蒂固；二是银行垄断的存在，缺乏竞争。利用金融制度创新规范金融资产发展的基本思路可分为以下几点：首先，应构建一整套金融法规，并形成一些开放性的金融危机处理机制；其次，要确保中央银行的完全独立地位，央行的金融宏观调控措施应由专家组根据实际经济形势而制定，不受行政干涉；再次，建立完全意义上的商业银行，允许银行所有制的多样化；最后，加强监管体系建设，形成中央银行宏观监管、同业公会同向约束、金融机构自我监管相结合的三级监管体系，确保央行宏观调控的有效性。

进行金融市场创新，可以优化金融资产的内部结构。发展中国家经济的实际证券化率在10%以下，与发达国家差距较大，优化金融资产内部结构应以证券市场上的创新为重点，提高证券化比率，促进金融资产的多样化，并扩大证券市场的规模。

金融创新是防范金融风险的有效途径。[②] 金融创新是市场经济发展到一定阶段的必然选择，就整个金融体系而言，有效的金融创新实际上提供了一种完全基于市场的风险化解和防范机制。金融创新必然伴随着金融机构和金融工具的日益丰富，从而使金融机构可以根据对市场的预期及风险的偏好程度，选择适合自己的金融创新产品来消化经营风险，这与冲销呆坏账相比无疑是一个积极的方法。而且金融创新的基本方向是融资的证券化、金融运行的市场化，使融资工具拥有很强的流动性，价格随市场状况不断波动，而这种波动对金融运行具有调节功能，能有效引导金融部门实现最优经营。因此，金融创新能推动资本市场向前发展，从而实现风险的社会分散化。

① 纷繁复杂的金融创新可以划分为需求引导型、供给促进型和规避管理型三类。
② 宾建成，陈柳钦.金融创新与中国金融业的发展［J］. 现代管理科学，2003（2）.

第二章　中国金融市场化改革及评价

金融深化的核心是放松金融管制，提高金融效率。中国金融改革 30 多年来，取得了巨大成就，根据新时期经济转型的要求，进一步推进金融市场化改革是大势所趋。通过金融市场化改革，中国建立了适应商品经济发展的金融市场体系，取得了历史性成就。中国金融改革过程遵循了这样的原则：谨慎推进利率市场化以避免利率自由化快速推进带来的严重后果；促进金融组织多元化发展包括合理引进境外金融机构和鼓励民间金融机构发展；拓宽直接融资渠道和优化金融机构；保持宏观经济稳定，完善金融监管。本章从金融市场、金融机构、金融调控等方面进行回顾，深化对金融市场化的认识。

第一节　金融市场的发展

金融市场是融通资金、买卖有价证券的场所。按照金融工具所约定的期限，金融市场通常分为货币市场与资本市场两部分。虽然货币市场与资本市场在金融体系中的功能和作用不同，但是两个市场相互关联和互动。中国目前已经形成了较为完备的货币市场，资本市场也在完善过程中。货币市场与资本市场从根本上是一个统一的市场，没有空间的区别，只有时间期限上的区别。

一、货币市场的发展及评价

货币市场指能够迅速转换成狭义货币（M0 或 M1）的短期（一年以内）金融工具的市场。中国货币市场开始于 20 世纪 80 年代，1981 年，上海市率先开展票据承兑贴现，人民银行试办票据再贴现并在全国倡导推行“单票一卡”（汇票、本票、支票和信用卡）以推动支付清算体系建设。1985 年，中国开始重点发展银行间同业拆借市场，以票据发行、承兑、流通、贴现和再贴现为内容的票据市场开始启动，表明以媒介银行短期头寸为主要功能的市场化资金配置机制进入了中国的金融体系。目前，中国已形成较完善的货币市场运行机制，包括票据市场、同业拆借市场、短期债券市场、大额可转让存单市场、货币市场基金市场等（见图 2-1）。[①]

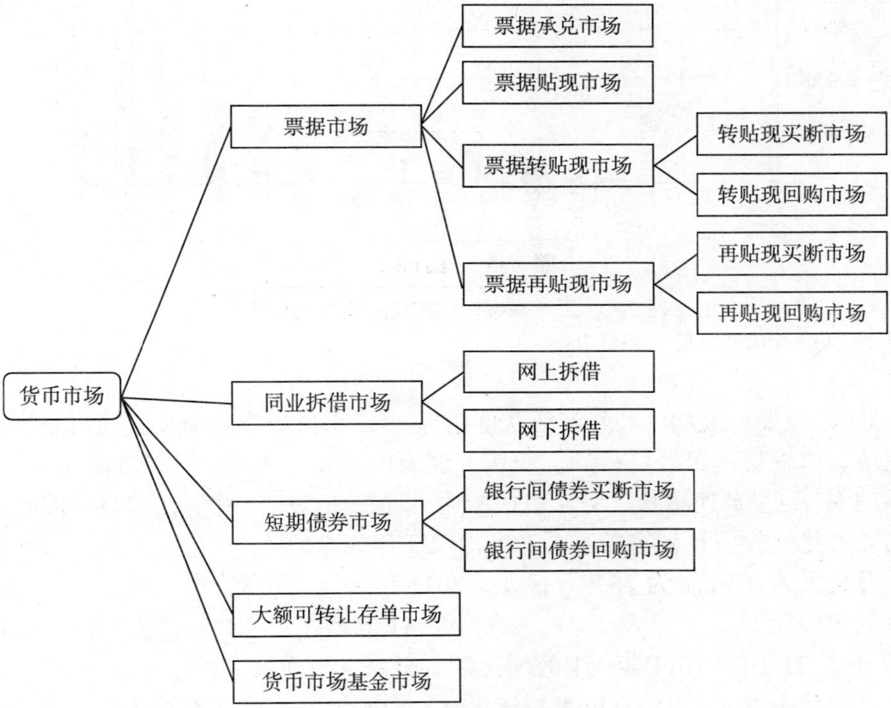

图 2-1 中国货币市场构成

中国银行间市场发展迅速（见图 2-2）。尤其是中国银行间债券回购市场规模发展迅速，根据数据统计，其年度成交量 15 年来增长了近 5000 倍。银行间债券回购市场年度成交量从 1997 年的 309.87 亿元增加到 2012 年的 151.7 万亿元。其参与主体日益丰富，从市场成立之初的 16 家商业银行增加到包括银行、保险、证券、信托、基金等金融机构和部分非金融机构投资者共 2200 余家。目前，中国债券回购市场已经成为市场参与者进行短期融资、流动性管理的主要场所，并且成为了央行进行公开市场操作、实现货币政策传导的重要平台。银行间回购利率也已成为反映货币市场资金价格的市场化利率基准，为货币政策的决策提供了重要依据，在利率市场化进程中扮演了重要角色。[②]

① 目前中国货币市场主要有两部分，一是上海的银行间市场，二是各银行组成的信贷市场。

② 我国银行间债券回购市场年成交量 15 年增长 5000 倍. 新华网，http：//news.xinhuanet.com/fortune/2013-01/21/c_114447161.htm.

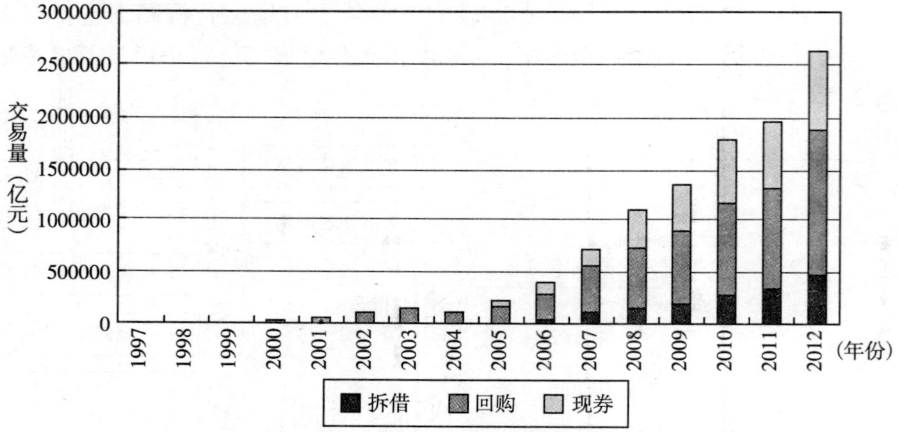

图 2-2　近年来银行间市场成交量变化情况

资料来源：全国银行间同业拆借中心。

M1 是重要的流动性和经济活跃度指标。[①] 货币供应量的增长必须与经济增长相适应，以促进国民经济持续、快速、健康地发展。随着中国经济的快速发展，中国的 M1 也呈加速增长之势。最快增速出现在 2009~2010 年，这与中国政府推出的 4 万亿元投资计划有关系。2008 年 M1 年底余额为 16.7 万亿元，2009 年为 22.0 万亿元，2010 年为 26.7 万亿元，2011 年为 29.0 万亿元，2012 年年底余额已达到 30.9 万亿元（见表 2-1）。2008 年 M1 的增速为 9.1%，2009 年为 32.4%，2010 年为 21.2%，2011 年 M1 的增速明显放缓为 7.9%，2012 年为 6.5%（见表 2-2）。虽然中国 M1 经济活跃度持续提高，说明投资者信心不断增强。但是，中国 2009~2010 年，M1 的增速都高于 20%，远远超过了经济增长 10%左右的速度。1990 年，广义货币 M2、狭义货币 M1 和流通中现金 M0 的余额分别为 1.53 万亿元、6950 亿元和 2644 亿元，到 2012 年分别达到了 97 万亿元、31 万亿元和 5.5 万亿元，短短 20 多年，分别增长了 62 倍、43 倍和 20 倍。M1 的发行呈现出陡峭的上升之势（见图 2-3）。就 M2 与 GDP 之比来说，中国恐怕也是全球最高的国家之一，相比美国和日本而言，中国的 M2/GDP 达到了 2.5，美国只有 0.6~0.7，日本只有 1。[②]

---

① M1 指银行系统之外的货币总额加活期存款（但不包括中央政府的活期存款）。M1 即通常所说的狭义货币量，流动性较强，是各国中央银行重点调控的对象。

② 唐志军. 中国货币超发盛况. 财经网，http：//comments.caijing.com.cn/2012-12-04/112333438.html.

表 2–1 货币供应量（年底余额）

单位：亿元

年份	货币和准货币（M2）	货币（M1）	流通中现金（M0）	活期存款	准货币	定期存款	储蓄存款	其他存款
1990	15293.4	6950.7	2644.4	4306.3	8342.7	—	—	—
1995	60750.5	23987.1	7885.3	16101.8	36763.4	3324.2	29662.2	3777.0
2000	134610.3	53147.2	14652.7	38494.5	81463.1	11261.1	64332.4	5869.7
2007	403442.2	152560.1	30375.2	122184.9	250882.1	46932.5	172534.2	31415.4
2008	475166.6	166217.1	34219.0	131998.2	308949.5	60103.1	217885.4	30961.1
2009	606225.0	220001.5	38246.0	181755.5	386223.5	82284.9	260771.7	43166.9
2010	725851.8	266621.5	44628.2	221993.4	459230.3	105858.7	303302.5	50069.1
2011	851590.9	289847.7	50748.5	239099.2	561743.2	166616.0	352799.4	42329.7
2012	974148.8	308664.2	54659.8	254004.5	665484.0	195940.1	411362.6	58181.9

注：①2001 年 6 月起，将证券公司客户保证金计入货币供应量（M2），含在其他存款项内。
②货币供应量已包含住房公积金中心存款和非存款类金融机构在存款类金融机构的存款。
资料来源：《中国统计年鉴》。

表 2–2 货币供应量同比增长率

单位：%

年份	货币和准货币（M2）	货币（M1）	流通中现金（M0）	活期存款	准货币	定期存款	储蓄存款	其他存款
1991	26.50	24.20	20.20	26.70	28.50			
1995	29.50	16.80	8.20	21.50	39.40	71.10	37.90	29.30
2000	12.30	16.00	8.90	18.90	10.00	18.80	7.90	18.30
2007	16.74	21.10	12.20	23.47	14.30	21.20	6.77	63.20
2008	17.82	9.06	12.65	8.17	23.15	28.06	26.29	–1.45
2009	27.68	32.35	11.77	37.69	25.16	37.74	19.68	39.42
2010	19.73	21.19	16.69	22.14	18.90	28.65	16.31	15.99
2011	13.61	7.85	13.76	6.67	16.83	18.05	16.17	17.68
2012	13.80	6.50	7.70	6.20	18.50	17.60	16.60	37.40

资料来源：《中国统计年鉴》。

货币市场在金融体系中发挥着重要作用，货币市场利率具有“基准”利率作用，被作为其他债务工具及银行存贷款利率确定的重要参考，用以贯彻货币政策的意图。但是，货币市场的各子市场相对割裂，货币市场与资本市场也相对割裂，不同市场上的利率不同导致货币政策的传导机制大打折扣。利率不统一导致

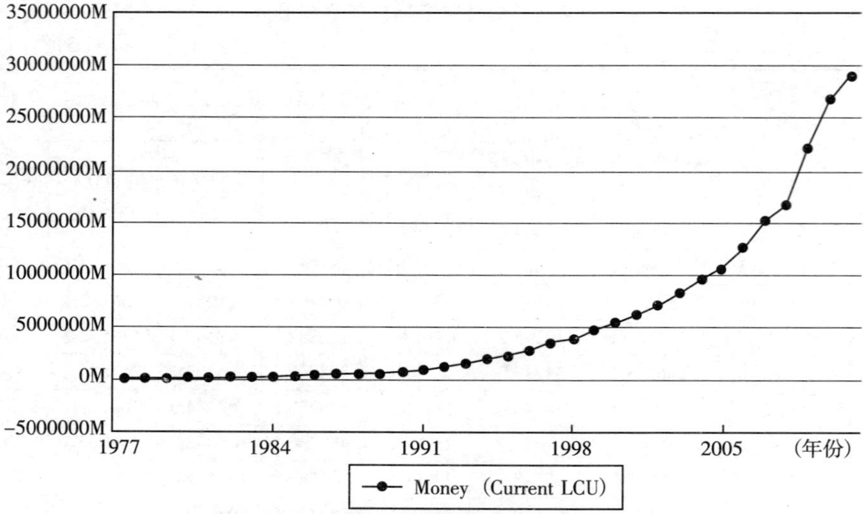

图 2-3 世界银行的中国过去 35 年 M1 变化

资料来源：新浪财经，2012 年 9 月 7 日，http://www.sina.com.cn.

资金利用效率较低，不能真实地反映资金余缺。因此，在培育多元化市场主体时，保证各货币市场间的相通与相容性，以利率统一为切入点才能推进各货币市场的统一，资金才能在各市场自由流动。

实际上，货币市场与资本市场从根本上是一个统一的市场，没有空间的区别，只有时间期限上的区别。货币市场主要是各种短期票据、债券、证券，中国规定，禁止银行资金流入股市、期货、股本投资、信托等。再加上银监会、保监会、证监会本身分业监管，所以中国货币市场和资本市场割裂得厉害。如果取消分割，政府想调控市场就只能依赖公开市场操作，然而中国目前货币市场的深度和广度还达不到这个要求。假设资本自由流动，两个市场的利率应该是趋于一致的，但是目前由于市场割裂造成了利率不同。银行主要是一个资金融通的机构，(信贷市场）利率管制导致了银行不能起到桥梁作用，名义利率低于实际利率(货币市场的市场利率)，以致人们有钱不想存，而想贷款的人或企业很多，国有企业可以得到低利率，小企业却往往无法满足贷款需求。如果市场统一，公平和效率就应该能够得到体现。

二、资本市场的发展及评价

随着 1979 年后中国金融体系的构建，以银行为中介的间接融资市场首先发展，随后以货币市场和资本市场为主体的直接融资市场开始出现。1985 年后，利用债券和股票筹集资金的企业开始增多，银行开始发行债券，金融市场在中国逐渐产生。

1. 股票市场

它是随着股份制企业的发展而产生的。1986 年股票流通市场在中国恢复和起步。1990 年上海证券交易所成立，1990 年中国证券交易自动报价系统（STAQ 系统）建立，1991 年深圳证券交易所成立，这些成为了中国证券市场重新建立的标志。1992 年第一只 B 股在上海证券交易所上市，1993 年第一批 9 家 H 股试点企业中有 6 家在中国香港上市。股票试点从沪深向全国推广，股票发行市场稳步发展。2004 年《关于推进资本市场改革开放和稳定发展的若干意见》中首次明确阐述了发展资本市场的指导思想和任务，并对资本市场的发展进行了整体部署。2004~2007 年，股权分置改革基本完成。为建设多层次市场，2004 年中小板在深圳启动，2009 年创业板开启，2010 年股指期货正式推出，A 股由于引入做空机制而进入了双边市时代。2012 年包括发行体制、退市制度、促进行业和产品创新等改革措施也密集出台。中国 A 股市场筹资额于 2010 年曾达到 9606 亿元，受国内经济放缓影响，2012 年为 4251 亿元（见表 2–3）。

表 2–3　股票发行和筹资情况

年份	股票发行量（亿股）	A 股	H 股，N 股	B 股	股票筹资额（亿元）	A 股		H 股，N 股	B 股
							# 配股		
1991	5.00	5.00	—	—	5.00	5.00	—	—	—
1992	20.75	10.00	—	10.75	94.09	50.00	—	—	44.09
1993	95.79	42.59	40.41	12.79	375.47	276.41	81.58	60.93	38.13
1999	122.93	98.11	23.05	1.77	944.56	893.60	320.97	47.17	3.79
2000	512.04	145.68	359.26	7.10	2103.24	1527.03	519.46	562.21	13.99
2007	637.24	413.27	223.97	—	8680.17	7722.99	227.68	957.18	—
2008	180.29	114.91	65.38	—	3852.21	3457.75	151.57	317.26	—
2009	415.96	260.38	155.58	—	6124.69	5004.90	105.97	1073.18	—
2010	928.37	561.33	367.04	—	11971.93	9606.31	1438.25	2365.62	—
2011	367.19	258.82	108.37	—	5814.19	5073.07	421.96	741.12	—
2012	—	—	—	—	4251.50	3127.50	121.00	1003.00	0.00

资料来源：《中国统计年鉴》。

2. 债券市场

中国 1981 年恢复国债发行。1994 年国债发行量突破了 1000 亿元，如表 2–4 所示，2012 年国债发行为 1.6 万亿元，余额达到 7.2 万亿元。金融债券随着金融体制发展而产生，国家开发银行 1994 年发行政策性金融债券，1998 年发行了第一期 50 亿元一年期金融债券，开始了市场化筹资，2000 年政策性金融债券由计划发行转变为市场发行，2012 年发行 2.1 万亿元，期末余额 7.9 万亿元。企业债券发展尤其迅速，1997 年颁布了《可转换公司债券管理暂行办法》，从法律上为企业发行可转换债券提供了依据，2012 年企业债发行额为 3.7 万亿元，期末余额达到 7.5 万亿元。其他短期融资券、中长期商业票据等相继推出，企业债市场不断壮大。中国债券市场规模已升至全球第 4 位，至 2012 年底，从全球范围看，中国政府债券占比为 35%，低于全球 46%的平均水平；中国金融债券占比为 40%，略低于全球 44%的平均水平；中国企业债券占比为 25%，高于全球 10%的平均水平。可见，中国的债券发展已相对成熟。

表 2–4　历年全国债券发行情况汇总（1990~2012 年）

单位：亿元

时期	国债			金融债			企业债			公司债		
	发行额	兑付额	期末余额	发行额	兑付额	期末余额	发行额	兑付额	期末余额	发行额	兑付额	期末余额
1990	197.2	76.2	890.3	64.4	50.1	84.9	126.4	77.3	195.0	—	—	—
1997	2412.0	1264.0	5509.0	1432.0	30.0	3629.0	255.0	220.0	521.0	—	—	—
2000	4657.0	2179.0	13020.0	1645.0	709.0	7383.0	83.0	0.0	862.0	—	—	—
2007	23139.0	5847.0	48741.0	11913.0	4134.0	33343.0	5059.0	2881.0	7683.0	—	—	—
2008	8558.0	7531.0	49768.0	10823.0	4064.0	36686.0	8435.0	3278.0	12850.0	—	—	—
2009	17927.0	9745.0	57950.0	11678.0	3745.0	44819.0	15864.0	4309.0	24406.0	638.0	—	1038.0
2010	19778.0	10043.0	67685.0	13193.0	5648.0	52363.0	15491.0	5099.0	34672.0	603.0	—	1641.0
2011	17100.0	10959.0	73827.0	19973.0	7317.0	65019.0	21851.0	10216.0	46457.0	1253.0	51.0	2843.0
2012	16154.0	17987.0	71993.0	21414.0	7522.0	78910.0	37365.0	14746.0	74623.0	—	—	—

注：因统计制度调整，表中“企业债”替换为“公司信用类债券”，包括企业债券、公司债、短期融资券、超短期融资券、中期票据、中小企业集合票据、非公开定向融资工具、资产支持票据、可转债、可分离债、中小企业私募债。2012 年上市公司债为 2250 亿元。

资料来源：《中国统计年鉴》、《2013 年中国金融稳定报告》。

3. 基金市场

1997 年《证券投资基金管理暂行办法》出台，对证券投资基金全面规范，确立了其法律地位，中国基金业进入了一个新阶段。《证券法》于 1999 年施行，明确了以证监会为监管机构，对证券市场的长远发展有着积极作用。2012 年全国基金规模已达 2.87 万亿元（见表 2–5）。2012 年底中国修订了《证券投资基金法》，2013 年 6 月 1 日起开始实施。该法首次明确了“公开募集”与“非公开募集”的界限，将私募基金作为具有金融属性的金融产品纳入规制范围。自 1998 年至今，基金行业经过 10 多年的发展，在资产管理规模、持有人认可度、产品线维度等方面均取得了突破，其运作机制、专业人才和监管框架成为推动中国理财市场发展的基本要素。随着银行理财产品、保险、信托等理财行业的快速发展，基金占A股流通市值和理财市场的比重均逐年降低，基金业的发展面临着一些困境。

表 2-5 中国证券投资基金情况

名 称	2005年	2006年	2007年	2008年	2009年	2010年	2011年	2012年
证券投资基金只数（只）	218	301	346	439	557	704	914	1173
证券投资基金规模（亿元）	4714.18	6020.67	22339.80	25741.79	26767.05	24228.35	26510.37	28661
证券投资基金成交额（亿元）	773.15	2002.65	8620.09	5831.06	10249.58	8996.00	6347.41	8667

4. 信托业

包括信托公司在内的理财服务供给仅仅在近10年才得以快速发展（见图2-4），但还是远远不能满足巨大的理财需求。[①] 2013年第2季度数据表明，就8.91万亿元的资金信托投向看，其主要分布在五大领域：一是工商企业。其规模为2.62万亿元，占比高达29.40%，而2012年底则为1.86万亿元的规模，占比26.65%，这说明信托公司抓住了经济结构大调整的机遇，加大了对实体经济的支持力度。二是基础产业。配置规模达到2.39万亿元，占比26.84%，2012年底为1.65万亿元的规模，占比23.62%；政信合作业务规模为8041.88亿元，2012年底为5015.50亿元。基础产业信托和政信合作业务的发展是得益于政府的持续性融资需求以及国家规范政府融资行为后信托公司的产品创新，但也应高度警惕政府过度融资背后的风险。三是证券投资。其规模达9765.85亿元，占比10.96%，比2012年底的9022.18亿元增长了8.24%。四是金融机构。其主要方式是存放同业。资金信托对金融机构的运用规模为9512.86亿元，占比10.68%，比2012年底的6362.03亿元同比增长49.53%，这种较大增长是信托公司加强信托产品流动性和安全性管理的结果。五是房地产。房地产信托规模为8118.63亿元，相比2012年底的6880.69亿元，增幅达到了17.99%，但占资金信托的比例则从9.85%下降到了9.12%，这表明信托公司对房地产行业的谨慎。从信托功能来看，信托公司的信托业务目前仍然以理财信托为主，包括融资类信托和投资类信托。融资类信托规模为4.59万亿元，占比48.52%；投资类信托为3.11万亿元，占比32.94%；服务信托为1.75万亿元，其占同期全行业信托资产规模的比例提升到

① 规范的信托法律制度和灵活的信托财产经营体制使信托业总能适应不同的市场环境，适时创新信托产品，从而使信托业在保护投资者利益、满足投资者多层次的理财需求方面总能赢得相对的竞争优势。

了 18.54%。[①]

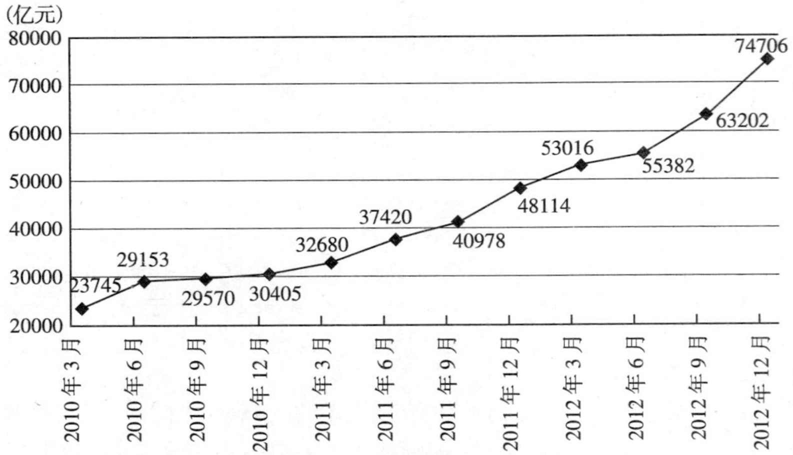

图 2-4　信托资产余额

注：本表数据为当季末存量概念。

资料来源：Wind 和信托业协会。

5. 保险市场

中国保险市场快速发展，保险业务范围逐步扩大，保费收入较快增长。商业保险已成为中国社会保障体系的重要组成部分。寿险市场、财险市场、再保险市场都得到了较快发展。1998 年，中国保监会成立。2002 年，中国保险资产总额为 0.63 万亿元，而 2012 年保险资产总额达 7.35 万亿元（见表 2-6）。在中国保险资金投资渠道中，银行存款和债券占比显著高于其他国家，2012 年，银行存款比例为 32%，债券比例约 62%，股票投资的比重则相对很低，只有 5.3%（见表 2-7），这在一定程度上反映了中国金融结构的现状，也反映了中国资本市场不发达和风险高的特点，是中国保险资产管理行业竞争力提升的不利因素。但是，保险资产管理公司的投资渠道正逐渐拓宽，除受托管理保险资金外，还可受托管理养老金、企业年金、住房公积金和其他企业委托的资金，且经有关金融监管部门批准，可开展公募资产管理业务；另外，券商、基金则可以用定向资管或专户形式受托管理保险资金。这标志着传统的行业壁垒将被彻底打破，保险资产管理行业将面临与银行、证券、信托和基金等金融行业的“同台”竞争，竞争压力将大大提高，这对保险资产管理行业的投资能力、风险管理能力都提出了全新的要求。[②]

① 周小明. 2013 年 2 季度中国信托业发展评析. 中国信托业协会网站，2013-08-05. http：//www.xtxh.net/sjfx/16925.html.

② 2013 年我国保险资金运用现状调查分析. 中国行业研究网，2013-02-06.http：//www.chinairn.com.

表 2–6 保险公司资产情况

单位：亿元

年 份	总资产	财产险公司	寿险公司	再保险公司	中资公司	外资公司
2002	6320.00	948.00	5161.00	211.00		
2007	28912.78	3880.51	23249.16	877.26	27656.26	1256.51
2008	33418.83	4687.03	27138.45	994.45	31893.93	1524.91
2009	40634.75	4892.62	33655.05	1162.01	38582.37	2052.39
2010	50481.61	5833.52	42642.66	1151.79	47860.49	2621.12
2011	59828.94	7919.95	49798.19	1579.10	56822.12	3006.83
2012	73545.70	—	—	—	—	—

注：自 2011 年起，保险业根据财政部《企业会计准则解释第 2 号》调整了保险收入确认原则，按照新口径统计保费收入，故 2011 年起保费收入不能与往年进行比较。

资料来源：《中国统计年鉴》。

表 2–7 保险公司资金运用情况

单位：亿元

年份	资金运用余额	银行存款	国债	金融债券	企业债券	证券投资基金
2004	10778.62	5071.10	2618.44	1026.25	639.73	666.32
2007	26647.81	6503.44	3956.56	4897.84	2799.76	2519.41
2008	30552.83	8087.49	4208.26	8754.06	4598.46	1646.46
2009	37417.12	10519.68	4053.82	8746.10	6074.56	2758.78
2010	46046.62	13909.97	4815.78	10038.75	7935.69	2620.73
2011	55192.98	17692.69	4741.90	12418.80	8755.86	2909.92
2012	73545.70	23446.00	4795.02	—	—	3625.58

资料来源：《中国统计年鉴》。

6. 外汇市场

1994 年 4 月，全国统一的银行间外汇市场在上海建立，其效率不断提高，规模不断扩大，外汇交易体系和外汇品种齐全，市场化的外汇汇率形成机制较为合理。经常项目可兑换已经实现，正向资本项目可兑换迈进。外汇市场的健康发展为稳定人民币汇率、吸引外资、防范国际游资冲击奠定了重要的市场基础。2010 年，中国外汇市场每天的交易额已达 4.5 万亿美元，其规模已远远超过股票、期货等其他金融商品市场，成为了当今全球最大的市场。

7. 期货市场

1990 年 12 月，中国郑州粮食批发市场成立，期货市场试点阶段开始。1998 年，原 14 家期货交易所合并为大连、郑州、上海三家。1999 年，国务院颁布了《期货交易管理暂行条例》，强化了证监会对其的统一监管。2006 年金融期货市场建立。2012 年中国期货市场总成交额已经达到 171 万亿元（见表 2–8）。期货市场的出现使整个市场体系结构中增加了回避价格风险的保险市场，但其功能发挥还要受到现货市场及整个市场体系状况的影响和制约。在国内外充满不确定的情况下，期货及其衍生产品作为管理国民经济风险的基础工具，其重要性进一步凸显。①

表 2–8　中国期货市场的情况

单位：亿元

年　份	期货总成交量（万手）	期货总成交额（亿元）
2005	32287.41	134463.38
2006	44950.82	210063.37
2007	72846.08	409740.77
2008	136395.97	498177.25
2009	215751.76	1305142.92
2010	312890.02	2959480.02
2011	105413.75	1375162.44
2012	145052.57	1711269.36

资料来源：2012 年《中国统计年鉴》及中国证监会网站。

8. 产权交易市场

20 世纪 90 年代初，中国股份制改革迅速发展，虽然沪深交易所相继产生，但远远无法满足企业融资的需求，产权交易所应运而生。1998 年在整顿金融秩序、防范金融风险的要求下，产权交易被明令禁止。90 年代中后期，由于高新技术产业的许多成果需要寻找创业资金和风险投资，技术成果交易与融资功能相结合的技术产权交易市场应运而生。21 世纪初，产权交易市场的发展有了重大转机。一是国有资产经营公司接受债转股后需要寻求退出机制，主板市场不能满足要求，产权交易市场成为了关注对象；二是风险投资公司对进入和退出机制有迫切要求，其目光也投向了产权交易。国家对于产权交易市场的政策已经开始放宽，一个更为完整的产权交易体系开始迅速建立。从产权交易发展的长远趋势来看，产权交易市场将逐步走向规范化。由于产权交易尚属市场经济的新事物，因此需要制定一部规范化的、适应市场经济发展需要的《产权交易法》，用立法形式来引导和控制产权交易。产权交易市场制度创新也将不断出现，产权交易市场将逐步形成一个多层次、立体型的市场网络协作系统，即以全国性产权交易中心为核心，以区域性产权交易市场为骨干的全国产权交易市场网络体系。

① 胡俞越. 期货市场助力经济战略转型［J］. 中国金融，2013（3）：49.

三、利率市场化改革

中国1995年提出利率市场化改革，思路是先放开货币市场和债券市场利率，再逐步推进存、贷款利率市场化；存贷款利率的市场化按照“先外币，后本币；先贷款，后存款；先长期、大额，后短期、小额”的顺序进行。其总体方向是，建立由市场供求决定的利率形成机制，中央银行通过运用货币政策工具引导市场利率。既不断加大市场机制作用，培养金融机构定价能力，又要维护宏观稳定、保障中央银行宏观调控能力。从“九五”计划起，国家开始将一些资金置于市场中，通过市场机制来确定其价格，实现资金定价的市场化。

目前，包括银行同业拆借市场、银行间债券市场、贴现转贴现和再贴现市场在内的货币市场利率基本实现市场化（见表2-9）。国债市场、金融债券市场和企业债券市场等的债券市场利率已基本实现市场化（见表2-10）。外币市场利率的市场化基本实现。存款利率的下限和贷款利率的上下限已经放开。2012年6月，中国宣布金融机构存款利率上限可上浮至1.1倍，贷款利率下浮扩大至基准利率的0.8倍。自2013年7月20日起，中国全面放开金融机构贷款利率管制，取消金融机构贷款利率0.7倍的下限，由金融机构根据商业原则自主确定贷款利率水平。

中央银行从放松利率管制、完善利率调控体系及推进金融机构定价机制建设等多层面均衡推进改革，金融制度改革取得了显著成效。

表2-9 货币市场利率的市场化进程

时 间	主要内容
20世纪80年代中期	银行票据承兑贴现业务出现
1984年	银行同业拆借形态的交易出现
1986年	规定专业银行资金可以相互拆借，拆借期限和利率由借贷双方协定；中央银行开展票据再贴现业务
1987年	商业银行进行贷款利率市场化的尝试
20世纪80年代末期	各省建立融资中心，成为本地区促进资金横向融通的交易市场
1991年	引进回购交易机制
1996年	全国统一网上拆借市场形成；银行间同业拆借市场利率放开；中央银行首次运用公开市场业务操作
1997年	银行间债券市场形成，采取一对一询价报价的场外交易方式
1998年	中央银行放开贴现和转贴现利率；政策性银行以市场化利率发行金融债券成功；农村信用社的贷款利率最高上浮幅度由40%扩大到50%，金融机构对小企业的贷款利率的浮动幅度由10%扩大到20%

续表

时间	主要内容
1999年	县以下金融机构贷款利率最高上浮30%，商业银行对中小企业贷款利率上浮幅度扩大为30%；财政部通过银行间债券市场以利率招标方式发行国债成功；对保险公司大额定期存款实行协议利率
2000年	人民银行宣布利率市场化的步骤为“先外币后本币，先贷款后存款，先大额后小额”；外币贷款利率放开；国家开发银行和财政部相继发行浮动利率金融债券和国债，利率形式更加丰富
2002年	将境内外金融机构对中国居民的小额外币存款纳入人民银行的小额外币存款利率管理，中国金融机构在外币利率政策上待遇相同；债券回购交易额突破10万亿元，国债回购收益率成为市场化程度高的利率形式；扩大农村信用社利率浮动幅度并扩大其利率改革试点范围
2003年	准许试点地区农村信用社的贷款利率上浮不超过贷款基准利率的2倍
2004年	人民币存款利率首次允许下浮；商业银行贷款利率上限放开，城乡信用社贷款利率上浮不超过贷款基准利率的2.3倍；实施再贷款浮息制度和差别存款准备金制度
2005年	人民银行发布《稳步推进利率市场化报告》，利率市场化改革核心在于建立风险与收益对称的定价机制
2006年	人民币利率互换试点推出，打开了利率衍生产品的创新空间
2007年	“上海银行间同业拆放利率”（shibor）正式运行，为培育中国货币市场基准利率体系奠定了良好基础
2008年	全面推出利率互换业务；银行间债券市场全面实现券款对付结算方式
2009年	完善shibor形成机制，推动以shibor为基准定价或参照来定价金融产品；开展跨境贸易人民币结算试点
2010年	增强人民币汇率弹性；允许境外中央银行等使用依法获得的人民币资金投资银行间债券市场
2012年	宣布金融机构存款利率上限可上浮至1.1倍，贷款利率下浮扩大至基准利率的0.8倍
2013年	7月20日起全面放开金融机构贷款利率管制

表2–10 债券利率市场化进程

时间	主要内容
1991年	国债发行开始使用承购包销的方式
1995年	财政部试行招标方式发行国债
1996年	国债市场化发行，财政部通过证券交易所平台，采用利率、收益率、划款期等招标方式；同时根据市场供求和发行数量采取单一或多种价格招标
1998年	国家开发银行通过人民银行债券发行系统以公开招标方式发行金融债，中国进出口银行也以市场化方式发行金融债
1999年	财政部在银行间债券市场以利率招标方式发行国债
2001年	发行15年、20年和30年的长期国债，国债拍卖发行收益率的市场化进程加快；外币存贷款利率由银行公会核定
2008年	发改委发布《关于推进企业债券市场发展、简化发行核准程序有关事项的通知》将企业债发行由审批制改为核准制
2011年	推进新发关键期限国债做市制度，完善了市场价格发现机制

第二节 金融机构市场化改革

中国的金融机构主要分为银行业金融机构和非银行业金融机构。中国金融市场化改革始于2002年，主要致力于改革微观金融机构，使金融机构逐渐成为真正的市场主体。

一、银行业金融机构

1. 国家商业银行

中国农业银行于1979年成立，中国银行和中国建设银行分别从中国人民银行和财政部分离，中国工商银行于1984年从中国人民银行分离，四大专业银行在农村、外汇、基建和工商业四领域的业务严格区分，各居垄断地位。1985年专业银行的企业化改革开始，推行责、权、利相结合的企业化管理，强化银行的资金约束，打破了银行间的业务限制。1993年，国务院《关于金融体制改革的决定》提出要把专业银行办成真正的商业银行。《中华人民共和国商业银行法》以法律形式规定了商业银行的权利和义务，商业银行进入了法制化发展轨道。2003年银监会成立，四大国有独资商业银行开始股份制改造及上市，股份制改造成为其改革的核心。

2. 股份制商业银行

1986年中国第一家以股份制形式组织起来的商业银行——交通银行重建，1987年，第一家由企业集团发起设立的银行——中信实业银行出现，后又陆续成立了光大、招商、华夏、民生、浦发、兴业、广发、深发、渤海等11家股份制商业银行。股份制银行不断推出消费贷款、股票质押贷款等新业务，开展“网上银行”，发展中间业务，重点服务民营企业、中小企业和股份制企业，是金融创新的“先锋”，提高了金融行业整体服务水平。

3. 政策性银行

1994年中国相继成立了国家开发银行、中国农业发展银行和中国进出口银行，政策性银行体系建立，支持了国家基础设施、基础产业和支柱产业建设，促进了大型成套设备和机电产品出口，促进了农业和农村经济发展。

4. 城市商业银行

20世纪80年代，城市私营、个体经济蓬勃兴起，城市信用社也迅速发展，形成了地方性小商业银行，1995年国务院发布《关于组建城市合作银行的通知》，组建由城市企业、居民和地方财政投资入股的地方股份制性质的城市合作银行。在112家城市商业银行中，资产规模超100亿元的有34家，其中上海银行、北京市商业银行的资产总额都已突破1000亿元，其竞争对象为国有商业银行、股份制商业银行、外资银行。

5. 农村信用社

作为农民入股，为社员提供金融服务的地方性金融组织，农村信用社的服务对象是农民，区域在农村。1996年农村信用社管理体制改革，农村信用社目前已成为农村金融的主力军，有些发展成为农村商业银行。

6. 城市信用社

第一家城市信用社于1979年出现，20世纪80年代中期，作为一种主要为城市集体经济和个体经济服务的金融机构，城市信用社迅速发展，成为中国金融体系的一个重要组成部分。条件成熟的城市信用社发展成为城市商业银行。

二、非银行金融机构

非银行金融机构是指以发行股票和债券、接受信用委托、提供保险等形式筹集资金，并将筹集的资金用于长期性投资的金融机构。

1. 证券机构

1991~1995年，多层次证券经营体系建立，由专业证券公司、兼营证券业务及代理证券业务的金融机构组成。券商逐渐产生。1998年前，券商主要包括证券公司和兼营证券业务的信托公司，1998年后指专业性的证券公司。1998年《证券法》颁布，证监会发布《关于加强证券经营机构股票承销业务监管工作的通知》。中小券商只有通过增资扩股、合并重组才能达到要求，信托投资公司只有通过增资扩股、重组转化为证券公司才能继续从事证券业务。证券业开始了大的并购和重组，券商数量减少，资产规模和质量提高。

2. 信托机构

1979年10月，中国第一家信托投资公司——中国国际信托投资公司（中信公司）成立。中国人民银行1980年颁布《关于积极开办信托业务的通知》、1986年颁布《金融信托投资机构管理暂行规定》，信托业发展非常快。2001年，国务院颁布《信托法》，中国人民银行下发《信托投资公司管理办法》和《信托投资公司资金信托管理暂行办法》，“一法两规”为信托业规范发展提供了法律依据。信托机构已成为金融体系的重要组成部分，由银监会监管。

3. 其他非银行金融机构

①金融租赁。中国东方租赁公司于1981年成立，而后中国租赁有限公司也相继成立，标志着融资租赁业的开端，融资租赁业进入中国金融体系。《中华人民

共和国合同法》和《金融租赁公司管理办法》出台，将租赁业发展纳入法制化轨道。融资租赁为企业提供了大量的先进技术设备，促进地方经济发展和培育特色经济。②财务公司。1987 年，以企业集团为依托的财务公司开始出现。③投资基金。中国银行和中国国际信托投资公司联手首创“中国投资基金”，标志着中国投资基金市场的诞生。1990 年 11 月，法国东方汇理银行在中国建立了第一只共同基金——“上海基金”。④中小企业信用担保机构。1999 年中小企业信用担保机构开展试点，分为全国性、省级和地市中小企业信用担保机构三个层次，由政策性信用、非营利性互助和营利性民营商业的担保机构三种类型构成。

三、金融机构的市场化改革

2004 年以来的金融改革主要以金融机构的改革为主，以增量改革推动存量改革，通过对外开放和新设股份制机构，以外部竞争推动国有大型金融机构改革。

2004 年 1 月，中国银行和中国建设银行实施股份制改造，至 2010 年 7 月，四大国有银行先后完成了股份制改造并上市，金融机构资产质量大幅提高、盈利能力和风险控制能力显著增强。2002 年底，四大国有银行不良贷款率达 25%，平均资本充足率仅 4.25%。四大银行建立了相对规范的公司治理架构和市场化的资本金补充机制，资本市场对现代金融企业制度的监督作用得以发挥。2011 年末，四大银行不良贷款率仅为 1.1%，工、农、中、建的资本充足率分别达到 13.17%、11.94%、12.97%、13.68%。四大商业银行改善了内部财务数据、公司治理架构和市场约束机制，以股改为契机，四大行跻身于全球银行前列。

随着银行业金融机构体系日益完善，非银行金融机构体系，如证券公司、基金管理公司、保险公司也得到长足发展。经过十多年的改革发展，多元化、多层次的金融机构体系的框架基本建立。

中国金融机构从资产状况来看，仍以银行业为主，2012 年银行业资产占金融总资产的 95%。其他证券和保险合计才约占 5%。中国以银行业为主的间接融资体系特征非常明显。金融机构包括银行业金融机构和非银行金融机构，银行业金融机构总资产为 133 万亿元，而非银行金融机构则为 2.6 万亿元（见表 2-11）；税后利润则分别为 1.5 万亿元和 598 亿元（见表 2-12）。可见中国仍然是以银行业为主的金融发展模式。

四、民间金融的发展

随着金融改革的推进，民间资本日趋活跃，竞相进入金融领域。2005 年颁布的“非公经济 36 条”，是民营资本进入金融领域的纲领性文件，允许其进入金

表 2-11 金融机构总资产情况

单位：亿元

机 构	2007 年	2008 年	2009 年	2010 年	2011 年	2012 年
银行业金融机构	—	631515	795146	953053	1132873	1336224
政策性银行及国家开发银行	42781	—	69456	—	—	111380
大型商业银行	—	—	407998	468943	536336	600401
股份制商业银行	—	—	118181	—	—	235271
城市商业银行	33405	—	56800	—	—	123469
农村商业银行	—	—	18661	—	—	62557
农村合作银行	—	—	12791	—	—	—
城市信用社	—	—	272	—	—	—
农村信用社	43434	—	54945	—	—	73848
非银行金融机构	—	—	15504	—	—	—
外资银行	—	—	13492	—	—	24582
新型农村金融机构和邮政储蓄银行	—	22163	27045	—	—	—

资料来源：《中国统计年鉴》。

表 2-12 金融机构税后利润统计

单位：亿元

机 构	2007 年	2008 年	2009 年	2010 年	2011 年	2012 年
银行业金融机构		5833.6	6684.2	8990.9	12518.7	15000
政策性银行及国家开发银行	489.3	—	352.5	—	—	812
大型商业银行	—	3542.2	4001.2	5151.2	6646.6	—
股份制商业银行	—	—	925.0	—	—	—
城市商业银行	248.1	—	496.5	—	—	—
农村商业银行	—	—	149.0	—	—	—
农村合作银行	—	—	134.9	—	—	—
城市信用社	—	—	1.9	—	—	—
农村信用社	193.4	—	227.9	—	—	—
非银行金融机构	—	—	298.7	—	—	598.0
外资银行	—	—	64.5	—	—	163.4
新型农村金融机构和邮政储蓄银行	—	6.5	32.2	—	—	—

资料来源：《中国统计年鉴》。

融服务业，参与银行、证券、保险等机构的改组改制。2012 年 9 月《金融业发展和改革“十二五”规划》中，鼓励和引导民间资本参与银行、证券、保险等金融机构的改制和增资扩股，支持民间资本参与设立村镇银行、贷款公司、农村资金互助社等新型农村金融机构和小额贷款公司。目前，在银行、证券、保险、信托、金融租赁、投资银行、基金领域都有了民营资本的身影。①民间资本进入银行业最为普遍。至2011年底，在股份制商业银行中，民间资本占比为42%，如民生银行就是民间资本控股。在城市商业银行中，民间资本在总股本中占股54%，如浙江11家城市商业银行中，2009年民间资本占比达73.27%，其中占比超过90%的有3家，为浙江泰隆商业银行（100%）、浙江稠州商业银行（100%）和浙江民泰商业银行（95%）。在农村中小金融机构中，民间资本占比为92%。2012年中国的800家村镇银行中，民间资本占比也超过了82%。②民营资本要控股证券公司很艰难。目前中国对证券公司的设立有诸多限制，民营资本要进入很难。现在100多家证券公司中有民营背景的证券公司，包括上市的湘财证券、民生证券，才有5~10家，而其竞争对手未来可能是全球的顶级券商。目前，民营企业纷纷退出了证券业。③民营资本进入基金业很艰难。首先审批过程漫长，如长安基金历时两年才拿到基金牌照。基金公司股权结构多元化，目前基金规模不断萎缩，经营较为艰难，有控股需求的民营资本，通过控股的证券公司发起设立基金公司更可行。④民营资本大举进入广义的产业投资基金市场。广义产业投资基金指包含创业投资基金的股权投资基金，狭义则指政府作为基金发起人，以实现产业政策为原则，向特定对象募集资金针对未上市企业进行的集合投资基金。有人认为总规模为200亿元的渤海产业投资基金是产业投资基金的起点，也有人认为1985年中国新技术创业投资公司是中国产业投资基金诞生的标志。⑤民营资本从期货业撤退迹象明显。格林期货、永安期货、南华期货、新湖期货等期货公司都出自民间资本。目前，100多家期货公司中，66家是券商系期货公司，国债期货推出后，银行很可能进入期货业并成为大股东，民营期货公司实在难以在资金实力、客户网络方面与国有金融机构竞争。

第三节 金融危机的启示：调控与监管

一、中国的金融调控与监管

1978年之前，中国的人民银行是信贷、现金和结算中心，银行信贷纳入国家经济计划，实行统存统贷。当时专业银行和其他金融机构并存，但是没有金融市场，银行也不是真正的银行，仅是会计出纳和货币发行公司。中国金融体制改革从1978年真正开始，目标是建立符合现代市场经济要求的金融体制，把银行办成真正的银行。以1993年为界，改革分为两个阶段。

1979年中国开始突破高度集中的金融机构体系，朝多元化体系方向改革，核心是发挥市场在宏观调控和资源配置中的作用。计划和市场调节并存。中央银行开始注意发挥利率调节资金供求的杠杆作用，1987年央行尝试提高法定存款准备金率、调高对专业银行的存贷款利率、回收再贷款等间接调控手段，注重对基础货币供应的调控。这成为中央银行宏观调控开始由直接向间接转换的标志。再贷款逐渐成为调控基础货币的主要手段。

1994年以后，中国金融体制进入全面改革阶段，目标是建立以中央银行为领导、政策性和商业性金融相分离、以国有独资商业银行为主体、多种金融机构并存的现代金融体系，围绕“分业经营、分业管理”的原则推进。一是中国人民银行对商业银行实行贷款限额控制下的资产负债比例管理，从1998年起，取消对国有商业银行贷款限额的控制，在推行资产负债比例管理和风险管理的基础上，各商业银行对资金来源与资金运用实行自求平衡，其商业化和独立性大大增加。二是货币政策的操作手段逐步由以贷款规模控制为主转变为以运用多种货币政策工具调控基础货币为主。1996年中国人民银行开办了公开市场业务，一套完整的金融间接调控机制基本建立。

1997年，证券经营机构划归证监会统一监管，1998年保监会负责监管全国商业保险市场，2003年银监会统一监管银行、金融资产管理公司、信托投资公司等金融机构。2003年中国人民银行的职责被明确为制定和执行货币政策、维护金融稳定和提供金融服务。“一行三会”的监管框架确立。金融监管紧跟金融市场对外开放，积极参与国际金融监管合作，资本监管的理念逐步在金融业内深入。银行监管以第三版《巴塞尔协议》的实施为契机，构建与国际接轨、适合中国国情的银行业全面风险管理框架，保险和证券也都分别建立了净资本监管的框架。

二、国际金融危机对中国金融市场化的启示

从国际看，金融危机暴露出了自我循环式金融发展的风险和弊端。2008年以来的国际金融危机和欧债危机，为中国正在进行中的金融改革提供了难得的经验与启示。对本轮金融危机的根源、传导和监管进行总结，认识金融脱离实体经济发展的风险，以及衍生产品杠杆率过高缺乏金融监管的教训，对中国发展资本市场以及资产证券化有非常重要的借鉴意义。

启示一：要加强对金融创新的风险监管。

美国2003~2004年的联邦基准利率为1%，流动性过剩，房价攀升，2006年

次级抵押贷款为6000亿美元，约占住房贷款的20%。即使全部违约，其在美国GDP中也只占5%。但是，由于资产证券化过度发展，这种资产证券化和信用衍生化把风险从银行转移到了资本市场，结构化投资工具长期隐藏于银行表外，投资银行高杠杆膨胀远超出其风险承受限度。由于面对公众的金融创新产品偏离了经济学原理，信用衍生产品的基础产品违背了银行信贷可偿还性原则。客户无法充分了解金融风险，风险无限积累而超出了市场承受范围。同时，金融监管部门对移出表外的证券化产品没有约束。金融监管与金融创新不相适应，金融市场失去了平衡。结构化投资工具长期隐藏于银行表外，重新并表造成银行业巨额亏损和投资者信心危机，引发了整个金融体系的系统性危机。

启示二：金融严重脱离实体经济发展将酿成危机。

本轮国际金融危机、日本10年衰退及欧洲债务危机，根源都在于金融业的过度膨胀导致虚拟经济快速发展严重脱离了实体经济。2008年之前，发达国家服务业主导的实体经济不断提升，作为货币经济的金融服务业过度发展，在后工业化社会，其膨胀并没有实体经济基础支撑，只是金融业的自我循环，过程看似复杂和高级，但本质上不是进步和升级，只是泡沫。金融业与实体经济之间的发展显著失衡，交易活动越来越多发生在金融机构之间，金融交易演变成了纯粹的投机活动，社会资金大量从真实价值创造领域流出，损害了实体经济部门的可持续增长。金融市场规律说明，如果金融市场高度发展，虚拟经济被过度关注而脱离实体经济，这种失衡会导致金融危机发生。金融危机是一种破坏性的平衡，可以迫使金融回归到为实体经济服务上来。

启示三：没有“大而不倒”的金融机构。

2008年金融危机时，雷曼倒掉，高盛模式破产，美林、贝尔斯登被收购，这些巨星企业纷纷倒台，人们才发觉曾以为大而坚固的堤坝早已漏洞累累，倾倒是其必然结局。美国前财长鲍尔森在总结金融危机的教训时讲到，“大而不倒”这个词过去属于银行，因为只有银行才有足够大的资产规模，现在这个词属于所有将杠杆用足的金融机构，不管它是不是银行。它可以是一家投资银行如雷曼兄弟，也可以是一家对冲基金。本轮金融危机表明，在金融体系将要崩溃时，再大的机构也会倒。政府不可能也没有能力救助所有机构。政府为保证整个金融体系垮掉，只能忍痛清算那些实际上已经破产的机构。这个教训必须吸取。

第三章　金融市场化面临的重大问题

这些年，中国集中资源解决制约经济发展的关键问题，创造性地进行改革路径选择，用国际标准和准则审视中国金融业，促进了金融业的历史性转变。但中国金融业发展中仍然存在金融抑制和不少相关问题，需要重点分析，以便能加快转型步伐，提高金融运行效率。虽然金融管制不断放松，但是中国仍存在一些金融抑制的表现。最典型的是，货币市场仍然处于初级阶段，规模小、参与主体少，利率市场化改革未完成，存在市场分割，资金配置效率低。利率仍然不能真正反映市场上资金的稀缺程度。目前，银行业的垄断程度仍然很高。随着金融改革的不断推进，银行业多元化格局初步形成，但实质上国有独资银行占据了相当大的市场份额，非国有金融机构，尤其是地方中小金融机构的发展空间受到限制，银行业面临很高的壁垒，城市和农村金融分割现象严重。重要的是，资本市场发展仍然滞后。中国资本市场仍然由政府主导，国家对股票市场的行政干预过多，资本市场偏袒于支持国有企业的发展，对民营企业、中小企业等设置了诸多障碍。这些问题都对中国的金融改革提出了新的要求。

第一节　市场分割与利率市场化改革

一、货币市场与资本市场仍然割裂

中国资本市场相对货币市场发展落后的重要原因之一是这两个金融市场相对割裂，相互连通并不顺畅。两个市场从法律法规上基本是分割的。其合规的连通渠道有限，表现在有限的投资主体交叉；融资渠道只限于证券公司、基金管理公司等可以进入银行间货币市场和证券公司可以向银行申请股票质押贷款；跨市场产品主要是证券投资基金和跨市场国债产品。由于中国的金融市场过去长期实行金融业“分业经营、分业管理”的体制安排，这种政策和制度为货币市场与资本市场间的沟通设立了人为的障碍和约束。从表面上看，中国信贷市场、货币市场与资本市场间的资金流动受到阻碍，两个市场的割裂和不均衡状态已经破坏了中国金融市场发展的整体协调性。然而，出于逐利目的的资金通过各种渠道正在打通这些阻碍，使两个市场相互联系、相互沟通，在事实上形成了资金在货币市场和资本市场间的相互流动。

目前，同业拆借币场、短期借贷市场、票据贴现市场、国债回购市场以及商业银行的改制，成为资金在两个市场间流动的主要路径。灰色的资金则通过证券回购、委托理财、银行贷款等大量进入资本市场，隐藏着巨大风险。通过对两个市场资金和价格连通的实证分析能看出，银行间同业拆借和回购市场与沪深股市的联通程度很低，金融机构贷款与沪深股市的关联性较高，说明灰色渠道的资金甚至高于正当渠道。检验中国同业拆借市场与股票市场之间的联动关系，表明中国货币市场和资本市场存在一定的联动关系，但价格信号从货币市场到资本市场的传递相对迟缓，说明中国金融市场的两个子市场之间实际上还存在一定的分割性。

总的来看，货币政策对股票市场的影响很小；债券市场收益率与股票市场收益率不相关，两个债券市场利率期限结构割裂，资本市场的两个子市场也严重分割。中国货币市场与资本市场割裂发展，导致资源配置效率低下。一方面由于货币市场与资本市场的联通不畅，使得部分资金无法通过合法的渠道流向需求市场，从而影响了资金的配置效率。另一方面市场割裂制约了企业资金使用效益的提高，容易造成资金的浪费，不利于货币政策发挥作用。公开市场操作是中央银行进行微调的主要手段，其实效性取决于债券市场体系的市场成熟度、系统完整性及其运作效率。货币市场与资本市场处于割裂状态必然影响货币政策的效果。货币市场与资本市场的联通不畅使得证券价格的信号功能不强，公司的真实价值得不到反映。在这种市场状况下融资主体可以不通过提高企业的内在价值来降低筹资成本而是通过一些非经营手段制造假消息、假并购题材等来拉抬价格从中获利，可能的金融违法问题突出。在缺乏有效的风险定价机制和金融监管时，利益驱动与监管缺位容易导致非法金融和地下金融活动产生金融诈骗和犯罪等问题。目前，中国货币市场和资本市场处于割裂、不均衡状态，这种状态破坏了金融市场发展的整体协调性，所以疏通货币市场与资本市场之间的联结渠道，促进货币市场与资本市场的协调发展是提高中国金融市场体系运作效率的当务之急。

二、利率市场化改革需要深化，基准利率体系亟待建设

基准利率是利率市场化机制形成的核心，是在多种利率并存条件下起决定作用的利率。中国的基准利率选择，到底是以国债利率为基准还是以银行间同业拆借利率为基准，并不确定，这就提出了一个基准利率体系的建设问题。如果以上

海银行间同业拆借利率（Shanghai Imerbank Offered Rate，Shibor）和国债收益率曲线为核心的基准利率体系初步建立，就能为市场提供从隔夜到50年期限结构完整的定价基准，为各类金融产品提供直接定价参考。但是，目前中国的利率仍以行政干预为主，不能反映资金的真实市场价格，基准利率体系亟待建设，同时存在以下两方面的问题：

1. Shibor不能体现中长期市场利率

上海银行间同业拆借利率于2007年推出，其定价基准作用得以发挥，但是也面临许多问题。一是从货币市场交易结构看，同业拆借多为3个月以下，尤其以隔夜和7天品种为主，Shibor报价与回购利率和同业拆借利率高度吻合，3个月以上的中长端交易数量少，严重影响了Shibor中长期利率的基准性及在中长期利率产品定价中的应用。二是Shibor只是单纯报价型利率而非兼具报价与交易的利率，缺乏实际交易约束。金融机构可对Shibor报价，但无成交义务，报价可能会体现利益诉求，而不是资金供求，Shibor的公正性受损。三是利率市场分割。债券发行利率、央行利率、货币市场利率、存贷款利率和理财产品市场利率等诸多利率市场存在严重分割，Shibor不能有效地传导，中央银行通过Shibor来贯彻货币政策的效果不明显。由于债券市场发展滞后，较难发挥作为连接货币市场和存贷款市场的桥梁作用，这种滞后性使得利率信号在由货币市场向信贷市场传导时失去一个重要桥梁，必然影响到中长期Shibor的基准性。在实践中，Shibor的波动难以影响到存贷款利率，反而常常受到存贷款利率的影响。

2. 国债收益率曲线的基准作用及问题

由于国债发行的目的在于国家预算赤字筹措，对国债收益率曲线的完善关注不够，较为集中发行中长期品种，半年以内和10年以上的国债发行频率偏低、各种期限的债券规模和交易量不均衡。国债收益率曲线的样本数据存在两端缺失、中间集中的现象，期限结构不健全，难以形成完整、平滑的收益率曲线。国债收益率曲线的完整性和稳定性需要改进，尤其是半年以内和10年以上的国债基准性有待提高。

第二节　融资结构失衡，银行业垄断程度高

一、间接融资比重过高

间接融资包括银行贷款、信托贷款及各类贷款。2012年全社会间接融资比

重为 84.1%，比重仍然过高。从结构看，如图 3–1 所示，银行贷款占同期社会融资规模的 52.1%，比 2011 年降低 6.1%；外币贷款占比 5.8%，同比高 1.3%；委托贷款占比 8.1%，同比低 2%；信托贷款占比 8.2%，同比高 6.6%；未贴现的银行承兑汇票占比 6.7%，同比低 1.3%。

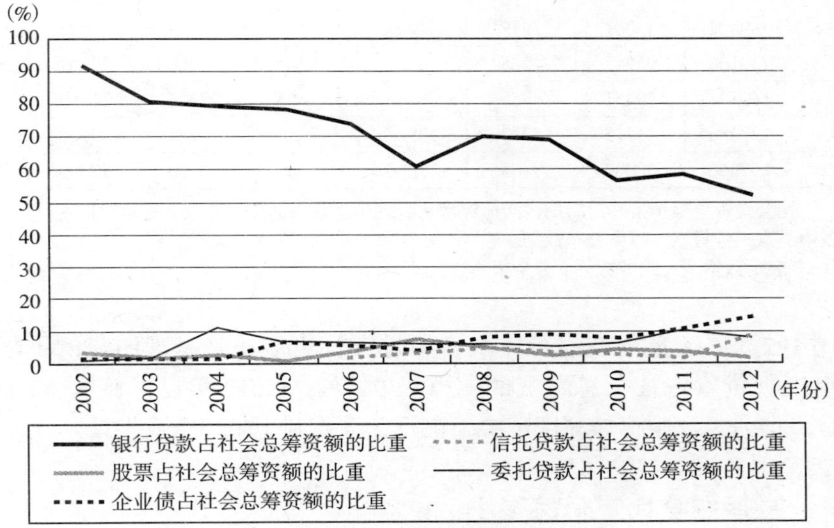

图 3–1　社会总融资构成比重

从数量看，如表 3–1 所示，2012 年全年社会融资规模为 15.76 万亿元，比 2011 年多 2.93 万亿元。其中，人民币贷款为 8.2 万亿元，同比增加 7385 亿元；外币贷款折合人民币为 9163 亿元，同比增加 3451 亿元；委托贷款为 1.28 万亿元，同比减少 125 亿元；信托贷款为 1.29 万亿元，同比增加 1.09 万亿元；未贴现的银行承兑汇票为 1.05 万亿元，同比增加 229 亿元。

表 3–1　2002 年以来的社会融资规模

单位：亿元

年份	社会融资总规模	其中：						
		人民币贷款	外币贷款（折合人民币）	委托贷款	信托贷款	未贴现的银行承兑汇票	企业债券	非金融企业境内股票融资
2002	20112	18475	731	175	—	–695	367	628
2003	34113	27652	2285	601	—	2010	499	559
2004	28629	22673	1381	3118	—	–290	467	673
2005	30008	23544	1415	1961	—	24	2010	339
2006	42696	31523	1459	2695	825	1500	2310	1536

续表

年份	社会融资总规模	其中：						
		人民币贷款	外币贷款（折合人民币）	委托贷款	信托贷款	未贴现的银行承兑汇票	企业债券	非金融企业境内股票融资
2007	59663	36323	3864	3371	1702	6701	2284	4333
2008	69802	49041	1947	4262	3144	1064	5523	3324
2009	139104	95942	9265	6780	4364	4606	12367	3350
2010	140191	79451	4855	8748	3865	23346	11063	5786
2011	128286	74715	5712	12962	2034	10271	13658	4377
2012	157600	82000	9163	12800	12900	10500	22500	2508

注：①社会融资规模是指一定时期内实体经济从金融体系获得的资金总额，是增量概念。
②表中的人民币贷款为历史公布数据。
③“—”表示数据缺失或者有关业务量很小。

中国融资渠道集中在银行体系，不过银行贷款还是呈现明显的下降趋势。2002 年银行贷款占社会总融资的比重为 91.9%，2012 年已下降到 52.1%（见图 3-1）。但是，风险仍然高度集中于银行，且不利于中小企业发展。

二、直接融资比重仍然很小

2012 年，中国的直接融资比重为 4.9%，2012 年上升到 15.9%。但比重仍然过小。

股票市场和债券市场交易是资本市场中互为补充、互相促进的两个组成部分，作为金融产品，其收益、风险属性不同，只有两者协调发展才是资本市场发育成熟的标志。但是，中国资本市场不仅发展较慢，资本市场结构也明显失衡。[①]因此，直接融资结构也是非均衡发展的。企业债发展速度快于股票市场。如图 3-2 所示，企业债由 2002 年的 1.8%上升至 2012 年的 14.3%。2012 年企业债券净融资 2.25 万亿元，同比多 8840 亿元；企业债券占比 14.3%，同比高 3.7%。股票市场的筹资功能仍然很弱。2002 年股票融资比重为 3.1%，而 2012 年为 1.6%。股票市值占社会筹资总额的比重不升反降，占 GDP 几乎始终不到 1%的比重（见图 3-2）。股票市场的筹资功能非常弱。

① 易纲. 中国的金融资产结构分析及政策含义［J］. 经济研究，1996（12）.

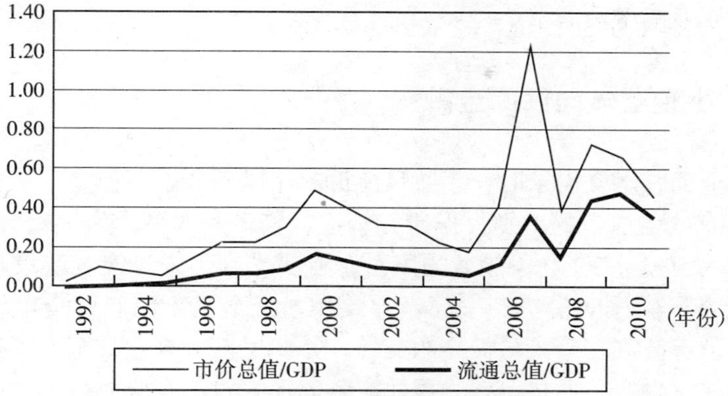

图 3–2　股票市值占 GDP 的比重

资料来源：国家统计局.《中国统计年鉴》(2012).

第三节　中小企业融资难

一、中小企业融资难的现实

中国当前的金融体系在服务于小微企业群体等方面离实际需求还有巨大的差距。[①] 以国有大商业银行为主导的金融体系、银行监管从紧，有助于金融系统稳定，但信贷资源却容易向大中型企业倾斜，向有抵押低风险的行业和政府项目倾斜，中小企业在中国的金融体制中处于弱势地位，中小企业难以向银行融资。[②] 银行作为营利性机构，追求利润最大化，为了风险可控，如果银根收紧，就会及时回收小企业贷款，转而投向风险系数小的大型企业。在这种特殊的金融环境中，银行可以赚取高额利差，更不愿意选择风险系数高、稳定性差的民营企业进行信贷投入。

中国现有的资本市场基本上是一个单一层次的证券交易市场，即只有沪、深证券交易所（主板市场）为合法的证券发行和交易的场所，直接融资渠道单一，缺乏像美国等发达国家那种从功能、服务对象到上市规则、监管制度都各不相同的多层次的资本市场体系。由于证券市场长期低迷，债券市场发育滞后，只能满

① 巴曙松. 将小微企业作为改革重点［J］. 中国金融，2013（1）.
② 刘曼红. 中国中小企业融资问题研究［M］. 北京：中国人民大学出版社，2009.

足少数大企业的融资需求。

二、小企业转向民间金融

小企业面临融资需求时，多数只能诉求于民间金融。但是，正规金融和民间金融利率有数倍以上的差别，据研究，银行贷款利率平均为8%，而民间利率则高达20%~25%。完全竞争领域的民营企业，受到了来自宏观政策和经营成本提升的双重挤压。民间借贷利率高，导致大量资金流入民间借贷市场追求利差收入，甚至从事高利贷等风险极高的交易。一些民营大企业甚至为了逐利，以低成本从银行系统融资，通过信托、委托贷款等形式对小企业放款，收取高利息，使小企业雪上加霜。根据调查，在将可周转资金进行放贷的企业家中，约35%的企业家将可周转资金放贷作为再投资，61%投资过股市，68%投资过基金，42.3%投资过期货或期权。这种市场需求助长了民间融资的资本投向出现短期化、虚拟化和投机化特征，资金从实体领域转向投机领域，一旦资金链断裂，则造成破产和“跑路”的发生。

三、民间金融的发展难题

中国银行业改革在制度上排斥民间资本进入，四大银行的股份制改革，引进战略投资者时更是没有民间资本的任何参与空间，迫使一部分民间金融走上了一条在地下与正规金融开展竞争的道路。笔者认为中国银行业既没有增强国际竞争力，也没有在制度上给各类经济体的发展提供足够的信贷产品，特别是不愿给急需资金的农业和中小企业提供融资服务，令中小企业资金缺乏，对给中小企业提供融资服务的民间金融也形成了打击。

随着金融改革的加快，从温州金融综合改革试验区到浙江丽水农村金融改革试点，再到金融“十二五”规划鼓励民营资本投资入股银行、金融、保险等金融机构，民间资本才深层次地参与到了金融改革当中。“新36条”实施细则为民间资本进入金融行业进一步清除了障碍。民间资本进入金融领域，有利于金融业的竞争和优化金融机构的体系结构。从政策和法律层面来看，民营资本进入金融业并没有明文规定的制度障碍，但是相对外资进入中国金融业，民营资本仍难享受“国民待遇”，对其过度管制和制度歧视还较多。首先，存在有形和无形的障碍。对于民营资本缺乏明确的金融市场准入条件的规定，也没有针对其进入金融业的支持和保障措施，而各国经验表明，这些支持和保障措施都是民营金融机构发展初期所必需的。由于缺乏明确规则，民营资本要进入金融业常常遭遇无形阻碍，各种隐性管制依然存在。在金融机构引进战略投资者时，引入国有资本尤其是央企时很容易获批，而引入民营资本则会遇到监管层更多的疑虑。其次，要控股很难。民营资本想要在金融机构获得控股地位，实际上较难获得批准。证券业对民营资本的开放度很低，虽有参股，但少有控股，证券机构经过上一轮并购整合后，门槛提高，虽然民营资本进入并没有政策层面的障碍，但民营资本仍难以进入证券行业，这与之前的失败经历不无关系。基金公司中虽不乏民间资本的影子，但总体而言，这一领域民间投资的规模和比例都非常小，进入难度较大。当然，世界各国对于金融业的资本和机构进入都有严格的规则，这里强调弱化金融业对民营资本的制度障碍而并非是放松合理监管。

第四节 金融脱媒给银行业带来挑战

一、金融脱媒

金融脱媒是指从使用中间人服务向一个没有金融交易存在或金融交易是最终的储蓄者和投资者的直接交易的体系转变。

1. 从储蓄分析金融脱媒的影响

中国银行的资产负债在迅速上升，如图 3–3 所示，其利润增长却很平缓，可见银行资产收益率较低。居民储蓄存款是中国商业银行主要的资金来源。近年来，随着多样化金融产品的不断创新，居民可供选择的理财产品和渠道增多，储

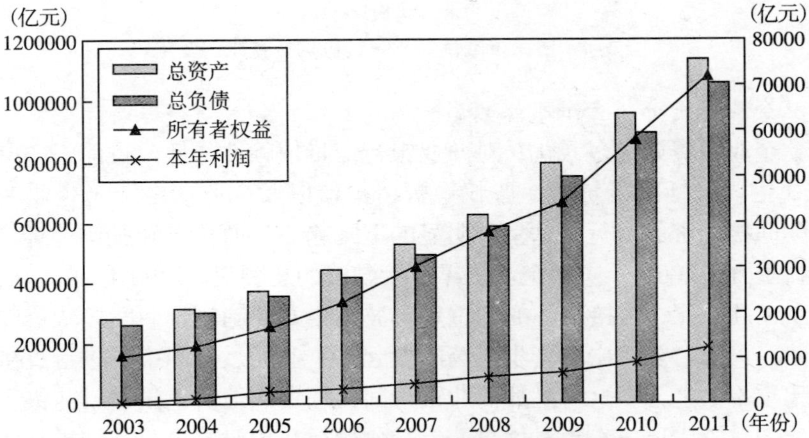

图 3–3 中国银行业的主要指标规模变化趋势

资料来源：银行公司治理的中国式问题：反思与启示 [D]. 中国银监会工作论文，2013 (3).

蓄存款出现大量分流。图 3-4 显示了 1999~2010 年中国金融机构居民储蓄存款的变化情况。可以看出，储蓄存款占银行存款余额的比重从 1999 年的 55%下降到 2010 年的 42%，下降了近 13%，呈现明显的下降趋势。这说明在金融脱媒背景下，中国商业银行居民储蓄存款增速放缓，出现了明显的分流现象。

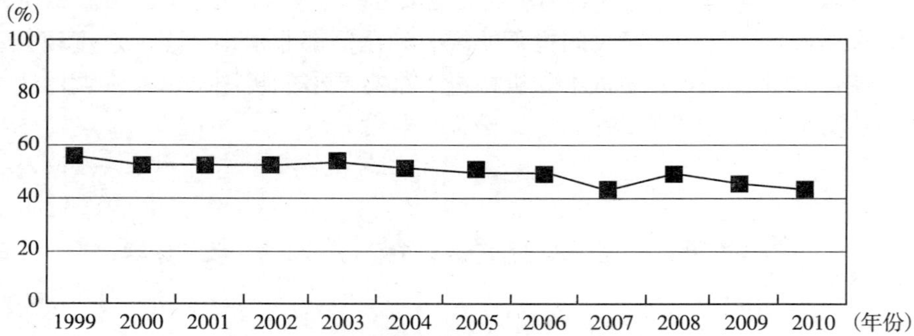

1999~2010 年居民存款情况

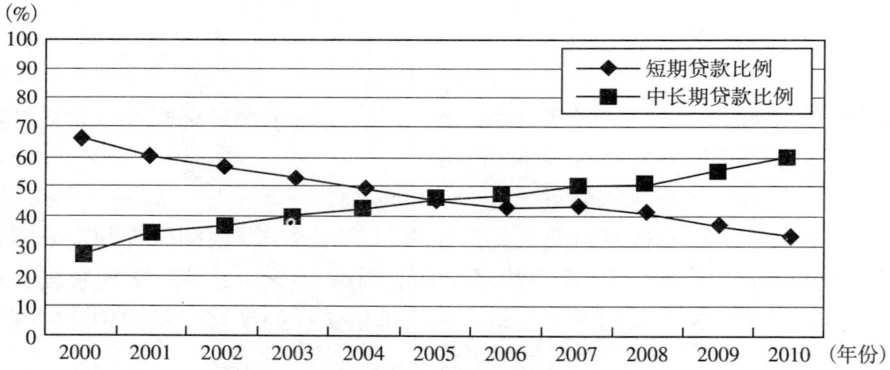

2000~2010 年银行机构贷款比例变化

图 3–4　居民贷款情况和银行机构贷款比例变化

2. 从企业融资分析金融脱媒的影响

借款企业融资渠道多元化，对商业银行信贷依赖性降低。目前，中国企业的融资方式主要包括银行贷款、股权融资、国债以及企业债融资。企业融资结构中，作为间接融资的银行贷款呈现明显的下降趋势，而债券和股票等直接融资的比重明显上升。2001 年中国企业依靠直接融资的总额仅为 398 亿元，到 2012 年已增至 2.2 万亿元，直接融资的比重呈现波动上升的趋势，而间接融资却呈缓慢下降态势。可见，随着中国资本市场的崛起，企业通过资本市场进行直接融资的规模与比重不断上升，这将挑战商业银行间接融资的地位，虽然目前银行贷款在整个企业的融资中还占有绝对优势，但是份额却在相对减少。其结果是商业银行赖以生存的贷款业务减少，利息收入降低，流动性风险逐步增大。[①]

3. 从银行贷款结构分析金融脱媒的影响

商业银行贷款结构失衡压力突出，中国的金融脱媒呈现期限失衡的特点。图 3–4 显示了中国金融机构的短期贷款在全部贷款中的占比从 2000 年的 66.16%下降为 2010 年的 34.69%，中长期贷款则从 2000 年的 28.11%上升到 2010 年的 60.29%，无论从增幅还是增速来看，中长期贷款都远远高于短期贷款，说明了当前商业银行长期贷款资金脱媒程度要远低于短期资金。这表明中国尚未建立起银行体系以外的长期资金筹集渠道，短期资金更多通过非银行渠道交易。这样，脱媒风险和期限错配风险融合在一起，使商业银行贷款结构失衡的压力更为突出。

现阶段金融脱媒在不断加速，其表现是：一些大企业的中长期资金需求越来越多地通过股权和债券融资方式解决，而中小企业集合票据、中小企业私募债等创新直接融资工具也在推出，新的直接融资渠道也在出现。“影子银行”迅猛发展，使原本属于银行的客户资源和客户融资需求被大量分流，商业银行履行的一些金融职能也被取代；依托电子信息化支付清算平台形成的第三方支付市场交易规模迅速扩大，在很大程度上削弱了银行的“支付中介”功能，而 P2P 网络借贷的崛起，则颠覆了传统银行贷款模式，使资金供求双方可以通过网络自行配对达成交易。置身于这样的金融环境下，面对庞大的金融产品和服务的创新需求，商业银行只有主动适应市场变化和客户需求，加快金融创新，才能在激烈的竞争中赢得客户和市场。

二、金融脱媒后的资金流向

近年来，中国的金融脱媒现象日益显著。伴随着金融脱媒而来的是金融资产结构的重大变化。迅速发展的理财产品和信托产品是其主要表现。[②]研究发现，这些从银行等正规金融中介机构消失的资金并没有向股票市场和基金市场等直接融资市场转移，而是流向了其他渠道，这些渠道大体可分为如下几种：

一是收益率较高的理财产品。据统计，截至 2011 年 10 月，银行理财产品规模达 14.63 万亿元，比 2010 年的 7.05 万亿元翻了一倍。

二是民间借贷，在温州，据《温州民间借贷市场报告》统计，仅温州一地就有大约 89%的家庭个人和 59%的中小企业参与了民间借贷，民间借贷市场规模约 1100 亿元，增长了 40%。

三是购买保值物品，如黄金、钻石、翡翠等。

---

① 祁斌. 全球金融危机下的中国资本市场发展［J］. 中国金融，2009（1）.

② 刘菲. 金融脱媒的动力和影响［M］. 中国金融，2012（19）.

通过前两种渠道转移的资金最终大部分流向了急需资金而又很难得到银行信贷资金的社会部门，如中小企业。这与发达国家的脱媒过程不同，发达国家的脱媒过程会迫使银行等金融机构将贷款服务对象不断转向个人及中小企业，即使国际性的大银行也开始将包括中小企业金融服务在内的零售银行业务作为战略重点，这是金融体系功能不断健全的表现。而中国却不同，由于外部经济环境和前期经济刺激政策导致实际存款利率水平为负，金融脱媒突然加速，银行等金融中介机构在脱媒背景下没有像发达国家银行一样加大对中小企业的贷款服务，而是将有限的信贷资源投放到了大企业尤其是大型国有企业、政府平台公司等所谓优质客户身上。

其中的原因有两个：一是中国资本市场不发达，优质的大型企业通过资本市场融资还存在一些障碍，迫使其仍以银行信贷资金为主要资金来源，这就挤掉了中小企业在银行信贷市场中的份额。二是由于中国金融体系功能不健全，金融产品不丰富，中小企业直接融资的渠道太少，只能从非正规金融市场以高于银行贷款利率几倍的高利贷融资。

第五节　私募基金的发展与监管

私募基金作为资金组合，是一种金融工具。私募基金是中国资本市场的重要参与者。2013 年 6 月 1 日起实施的修订后的《中华人民共和国证券投资基金法》首次明确了“公开募集”与“非公开募集”的界限，将私募基金作为具有金融属性的金融产品纳入规制范围，实施适度、有限的监管。业内人士认为，虽然私募股权基金的监管并未进入《证券投资基金法》，但相关安排还是为证监会统一监管私募股权基金留下了法律空间，证监会可通过配套立法形式介入 PE/VC 监管。[①]

---

① 广义的私募股权投资为涵盖企业首次公开发行前各阶段的权益投资，即对处于种子期、初创期、发展期、扩展期、成熟期和 Pre-IPO 各个时期企业所进行的投资，相关资本按照投资阶段可划分为创业投资（Venture Capital）、发展资本（Development Capital）、并购基金（Buyout/Buyin Fund）、夹层资本（Mezzanine Capital）、重振资本（Turnaround），Pre-IPO 资本（如 Bridge Finance），以及其他如上市后私募投资（Private Investment in Public Equity，PIPE）、不良债权（Distressed Debt）和不动产投资（Real Estate）等（上述概念也有重合部分）。狭义的 PE 主要指对已经形成一定规模并产生稳定现金流的成熟企业的私募股权投资部分，主要是指创业投资后期的私募股权投资部分，而这其中并购基金和夹层资本在资金规模上占最大的一部分。在中国 PE 多指后者，以与 VC 区别。

风险投资基金简称 VC，在一些风险投资较为发达的国家，风险投资基金主要有两种发行方法，一种是私募的公司风险投资基金，另一种是向社会投资人公开募集并上市流通的风险投资基金，目的是吸收社会公众关注和支持高科技产业的风险投资，既满足他们高风险投资的渴望，又给予了高收益的回报。这类基金，相当于产业投资基金，是封闭型的，上市时可以自由转让。

一、私募基金的发展状况

私募基金是一种特殊的投资基金，它主要是相对于公募基金而言的，私募基金一般只在“小圈子里”（仅面向特定的少数投资者）筹集资金，私募基金的保密度较高，私募基金一般不得利用公开传媒等进行广告宣传，即不得公开地吸引投资者。

1. 分类、特征和组织形式

（1）分类。私募基金主要分为证券投资私募基金、产业私募基金和风险私募基金。

1）证券投资私募基金。这是以投资证券及其他金融衍生工具为主的基金，量子基金、老虎基金、美洲豹基金等对冲基金即为典型代表。这类基金基本上由管理人自行设计投资策略，发起设立为开放式私募基金，可以根据投资人的要求结合市场的发展态势适时调整投资组合和转换投资理念，投资者可按基金净值赎回。它的优点是可以根据投资人的要求量体裁衣，资金较为集中，投资管理过程简单，能够大量采用财务杠杆和各种形式进行投资，收益率比较高等。

2）产业私募基金。该类基金以投资产业为主。由于基金管理者对某些特定行业如信息产业、新材料等有深入的了解和广泛的人脉关系，它可以有限合伙制形式发起设立产业类私募基金。管理人只是象征性支出少量资金，绝大部分由募集而来。管理人在获得较大投资收益的同时，亦需承担无限责任。这类基金一般有 7~9 年的封闭期，期满时一次性结算。

3）风险私募基金。它的投资对象主要是那些处于创业期、成长期的中小高科技企业权益，以分享它们高速成长带来的高收益。其特点是投资回收周期长、高收益、高风险。

（2）私募基金的特征。私募基金的销售、赎回等运作过程具有私下协商和依靠私人间信任等特征；私募基金的投资起点通常较高，无论是自然人还是法人等组织机构，一般都要求具备特定规模的财产。私募基金的基金发起人、基金管理人通常也会以自有的资金进行投资，从而形成利益捆绑、风险共担、收益共享的机制。私募基金的信息披露要求不严格，私募基金的监管环境相对宽松，即政府通常不对其进行严格规制。私募基金的反应较为迅速，具有非常灵活自由的运作空间；私募基金的投资回报相对较高（高收益的几率相对较大）。其中，私募股权基金是私募基金最常见的方式。其运作方式是股权投资，即通过增资扩股或股份转让的方式，获得非上市公司股份，并通过股份增值转让获利。股权投资的收益十分丰厚。与债权投资获得投入资本若干百分点的孳息收益不同，股权投资以出资比例获取公司收益的分红，一旦被投资公司成功上市，私募股权投资基金的获利可能是几倍或几十倍。①

（3）组织形式。私募基金的组织形成一般分为公司式、契约式、虚拟式、组合式、有限合伙制和信托制。

1）公司式。公司式私募基金有完整的公司架构，运作比较正式和规范。目前公司式私募基金（如“某某投资公司”）在中国能够比较方便地成立。半开放式私募基金也能够以某种变通的方式比较方便地进行运作，不必接受严格的审批和监管，投资策略也就可以更加灵活。比如：第一种，设立某“投资公司”，该“投资公司”的业务范围包括有价证券投资。第二种，要求“投资公司”的股东数目较少，出资额都要比较大，既保证私募性质，又要有较大的资金规模。第三种，“投资公司”的资金交由资金管理人管理，按国际惯例，管理人收取资金管理费与效益激励费，并打入“投资公司”的运营成本。第四种，“投资公司”的注册资本每年在某个特定的时点重新登记一次，进行名义上的增资扩股或减资缩股，如有需要，出资人每年可在某一特定的时点将其出资赎回一次，在其他时间投资者之间可以进行股权协议转让或上柜交易。该“投资公司”实质上就是一种随时扩募，但每年只赎回一次的公司式私募基金。②

2）契约式。契约式基金的组织结构比较简单。具体的做法可以是：第一种，证券公司作为基金的管理人，选取一家银行作为其托管人。第二种，募到一定数额的金额开始运作，每个月开放一次，向基金持有人公布一次基金净值，办理一次基金赎回。第三种，为了吸引基金投资者，应尽量降低手续费，证券公司作为基金管理人，根据业绩表现收取一定数量的管理费。其优点是可以避免双重征税，缺点是其设立与运作很难回避证券管理部门的审批和监管。

3）虚拟式。虚拟式私募基金表面看来像委托理财，但它实际上是按基金方式进行运作。比如，虚拟式私募基金在设立和扩募时，表面上是与每个客户签订委托理财协议，但这些委托理财账户是合在一起进行基金式运作的，在买入和赎回基金单元时，按基金净值进行结算。具体的做法可以是：第一种，每个基金持有人以其个人名义单独开立分账户。第二种，基金持有人共同出资组建一个主账

① 股权投资伴随着高风险。股权投资通常需要经历若干年的投资周期，而因为投资于发展期或成长期的企业，被投资企业的发展本身有很大风险，如果被投资企业最后以破产惨淡收场，私募股权基金也可能血本无归。股权投资可以提供全方位的增值服务。私募股权投资在向目标企业注入资本的时候，也注入了先进的管理经验和各种增值服务，这也是其吸引企业的关键因素。在满足企业融资需求的同时，私募股权投资基金能够帮助企业提升经营管理能力，拓展采购或销售渠道，融通企业与地方政府的关系，协调企业与行业内其他企业的关系。全方位的增值服务是私募股权投资基金的亮点和竞争力所在。

② 不过，公司式私募基金有一个缺点，即存在双重征税。克服这一缺点的方法有：第一，将私募基金注册于避税的天堂，如开曼、百慕大等地；第二，将公司式私募基金注册为高科技企业（可享受诸多优惠），并注册于税收比较优惠的地方；第三，借壳，即在基金的设立运作中联合或收购一家可以享受税收优惠的企业（最好是非上市公司），并把它作为载体。

户。第三种，证券公司作为基金的管理人，统一管理各账户，所有账户统一计算基金单位净值。第四种，证券公司尽量使每个账户的实际市值与根据基金单位的净值计算的市值相等，如果二者不相等，在赎回时由主账户与分账户的资金差额划转平衡。①

4）组合式。为了发挥上述三种组织形式的优越性，可以设立一个基金组合，将几种组织形式结合起来。组合式基金有四种类型：第一种，公司式与虚拟式的组合。第二种，公司式与契约式的组合。第三种，契约式与虚拟式的组合。第四种，公司式、契约式与虚拟式的组合。

5）有限合伙制。有限合伙企业是美国私募基金的主要组织形式。2007 年 6 月 1 日，中国《合伙企业法》正式施行，一批有限合伙企业陆续组建，这些有限合伙企业主要集中在股权投资和证券投资领域。

6）信托制。通过信托计划，进行股权投资或者证券投资，也是阳光私募的典型形式。

2. 募集现状

私募基金可划分为私募证券投资基金和私募股权投资基金。私募证券投资基金指投资于二级证券市场的基金，未来有一部分将成长为对冲基金；私募股权投资基金包括天使基金（AC），向创业阶段的企业提供融资服务的创业投资基金或风险投资（VC），向成长型企业投资的股权投资基金（PE）。2012 年私募基金募资，共完成基金 266 只（见图 3–5），募资完成规模达 275.35 亿美元，相比 2011 年的 503 只基金募资 494.06 亿美元，分别下降 47.1%和 44.3%（见图 3–6）。

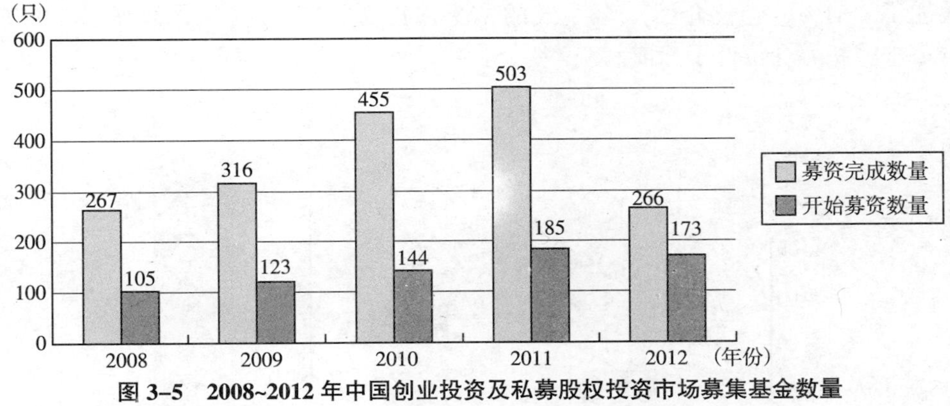

图 3–5 2008~2012 年中国创业投资及私募股权投资市场募集基金数量

资料来源：www.chinaventure.com.cn。

① 虚拟式的优点是，可以规避证券管理部门对基金设立与运作方面的审批与监管，设立灵活，并避免了双重征税。其缺点是依然没有摆脱委托理财的束缚，在资金筹集上需要法律上的进一步规范，在资金运作上依然受到了证券管理部门对券商的监管，在资金规模扩张上缺乏基金的发展优势。

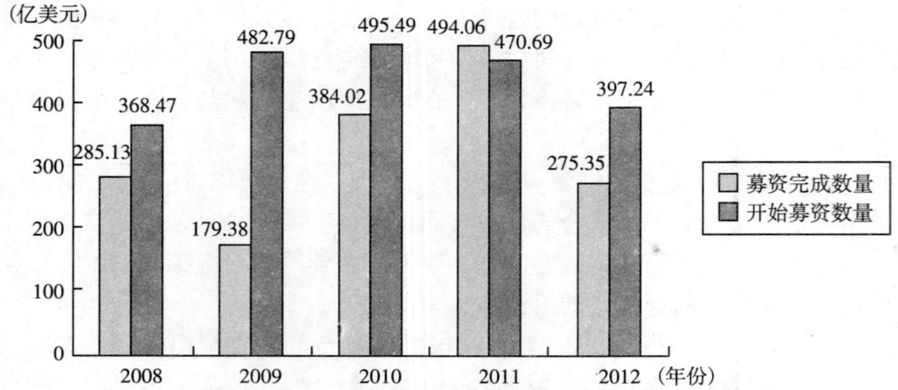

图 3–6　2008~2012 年中国创业投资及私募股权投资市场募集基金金额

资料来源：www.chinaverture.com.cn。

根据清科集团旗下私募通统计，目前活跃于中国市场的私募股权机构超过了 6000 家。2012 年共有 369 只可投资于中国内地的私募股权投资基金完成募集。2007~2012 年，中外创投及私募股权投资机构可投资于中国内地的资本总量逐年增长，年均增长率达 30.1%，2012 年创投及私募股权投资机构可投资于中国内地的资本总量是 2007 年的 3.15 倍。

从私募基金的经营状况来看，2013 年 7 月，从私募基金的持仓来看，7 月私募基金公司的股票平均仓位小幅提高，从 6 月的 60.33%上升至 7 月的 65.71%，增长了 5.38%。如图 3–7 所示，仓位在七成以上的私募占比为 57.14%，较 6 月增加了 3.81%；仓位介于三至七成的私募占比 28.57%，较 6 月提高了 1.90%；14.29%的私募仓位低于三成。

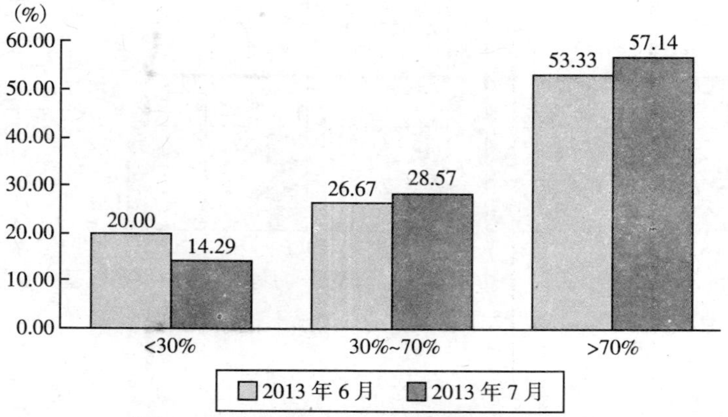

图 3–7　2013 年 6 月、7 月的私募基金仓位

资料来源：好买基金研究中心，数据截止日：2013 年 8 月 5 日。

从私募基金行业配置的资金比例来看，排名前五位的行业依次为医药生物、信息设备、家用电器、食品饮料和金融服务，占比分别为 16.13%、12.90%、9.68%、9.68%和 9.68%（见图 3–8）。2013 年 7 月，私募基金在医药生物和信息设备行业的配置比例有所提升，巩固了其重仓行业地位。

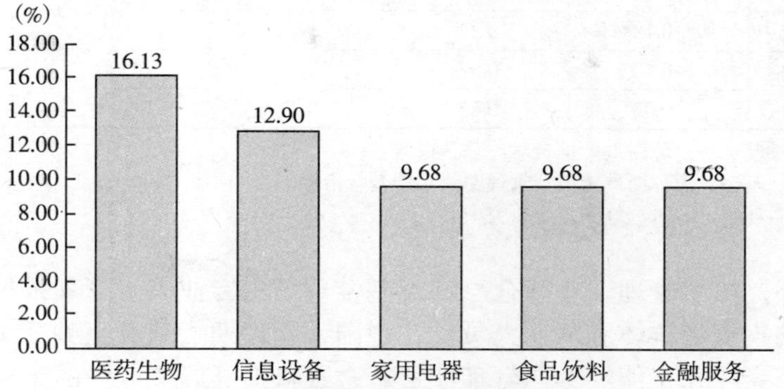

图 3–8 2013 年私募基金重仓行业

资料来源：好买基金研究中心，数据截止日：2013 年 8 月 5 日。

3. 期货私募基金的兴起

近两年国内股市处于下降通道，无论公募基金还是私募基金，都未能为投资者赚钱，导致投资者逐渐对权益类市场失去信心。一些新型的对冲基金脱颖而出，其中以商品期货为投资标的管理期货私募在 2013 年的表现引起了市场关注。

管理期货基金是对冲基金中的一类，也被称为 CTA 基金（Commodity Trading Advisor，商品交易顾问），这类基金一般通过投资期货和期权来管理基金资产。管理期货基金所投资的期货，既包括以证券、债券、汇率和利率等为标的的金融期货，也包括金银在内的贵金属、基础金属、能源、农产品、化工原料为标的的商品期货。因此，这类基金的投资范围很广，标的分散，不依赖于单一市场。同时，由于期货存在杠杆机制，管理期货基金能以 1 倍的本金撬动数倍的投资，如果某管理期货基金在此轮金价波动行情中做空，将能轻易地获取 20%以上的收益。当然也可以通过调整仓位来降低风险。因此，在管理期货基金中，既有风险收益极高的基金，也有走势相对稳健的基金。管理期货基金具有卓越的资产配置价值，其投资标的物与一般基金有较大差异，与股票、债券、货币等传统资产类别几乎没有长期相关性。

从美国近 19 年（1994 ~2012 年）的不同资产相关性来看，管理期货基金和对冲基金、大宗商品相关性小于 0.2，相关性很低；管理期货基金与股票市场更是具有负相关性（见表 3–2）。因此，在股票或商品价格表现不佳的市场状况下，管理期货基金的业绩表现能够独立于股票、商品的走势，为投资组合提供了优良的下跌保护措施。海外管理期货基金的主要客户包括金融机构、大型基金会、退休基金、避险基金、企业资金以及高资产个人。

表 3-2 资产类别的相关性（1994~2012 年）

相关性	管理期货基金	对冲基金	高盛商品指数	标普 500 指数	道琼斯世界指数
对冲基金	0.19	1.00	0.37	0.57	0.62
高盛商品指数	0.18	0.37	1.00	0.26	0.37
标普 500 指数	-0.10	0.57	0.26	1.00	0.93
道琼斯世界指数	-0.03	0.62	0.37	0.93	1.00

注：①对冲基金：道琼斯瑞士信贷对冲基金指数。
②管理期货基金：道琼斯瑞士信贷管理期货对冲基金指数。
资料来源：Hedge index；好买基金研究中心。

在国外，虽然管理期货基金（CTA 基金）已由专业人士管理了超过 40 年而拥有广泛的投资者群体和从业人员。在中国，管理期货基金直到 2010 年才刚刚起步，投资者才真正能够参与管理期货基金，目前开展该业务的私募基金不多，产品仍在少数。根据好买基金研究中心的不完全统计，目前管理期货基金超过 20 只。根据前 10 位的管理期货基金在 2013 年 5 月的净值（见表 3-3），这些基金 2013 年收益呈现巨大分化，首尾业绩差距超过 50 个百分点。

表 3-3 中国前 10 位的管理期货基金

基金名称	管理人	成立日期	最新净值日期	最新净值（元）	2013 年以来的收益率（%）
凯丰基金	凯丰基金	2010-09-08	2013-05-10	12.485	48.06
淘利趋势 2 号	淘利资产	2013-01-04	2013-04-25	1.305	30.52
颉昂商品对冲投资三期	颉昂	2012-11-08	2013-04-15	1.048	16.25
莞香一号	莞香	2012-12-21	2013-04-19	1.140	14.01
鸿鼎保利 1 号	鸿鼎资本	2012-07-02	2013-05-10	1.155	9.47
鸿鼎永富 1 期	鸿鼎资本	2011-11-03	2013-05-10	1.183	6.77
淘利趋势 1 号	淘利资产	2012-07-23	2013-05-17	2.344	5.30
颉昂商品对冲 1 期	颉昂	2011-09-23	2013-04-22	2.450	5.28
鸿鼎先行 2 期	鸿鼎资本	2011-08-10	2013-05-10	1.386	1.02
富达二期	德源富锦	2012-02-01	2013-04-19	1.266	-9.13

资料来源：好买基金研究中心，2013 年 5 月 22 日。

期货交易者只需按期货合约价格的一定比率缴纳少量资金作为履行期货合约的财力担保便可参与期货合约买卖，期货投资的风险收益特征不同于传统股票的投资。期货合约价值与所要求的保证金的比值称为最大杠杆倍数。虽然不同期货品种、不同期货公司对保证金的要求可能略有不同，不过最大杠杆倍数通常在 7 倍左右。也就是说，使用 1 倍的资金就可以撬动 7 倍资金的投资。这种高杠杆性为期货投资者带来了大幅回报率，同时也可能导致风险敞口的显著扩大。[①] 目前，中国的期货私募还处在起步的阶段。受法规的限制，国内的期货私募无法像股票型私募那样通过信托公司发行产品，往往采用有限合伙的形式。虽然目前来看，有限合伙形式私募的基金净值的公信度可能不及信托发行的产品，但随着期货公司资产管理业务的放开以及基金行政管理人的介入，该类产品在市场的接受度方面具有很大的提升空间。另外，管理期货是一种重要的对冲策略，其投资品种广泛、投资策略多样。选择不同的市场、策略可以使期货投资不依赖于市场的走势，基金经理的投资能力也可以更好地得以体现。而且，由于期货采用保证金制度，采用高杠杆的期货基金在投机交易中可表现出高风险高收益的特征，有利于丰富风险偏好型投资者的投资选择。

二、中国私募基金的监管及存在的问题

2013 年 6 月颁布的新基金法中第十章对私募基金作了原则规定，包括基金管理人的注册和登记制度，合格投资者制度，私募基金的注册豁免，私募基金合同要件。此外，其他细则和暂行办法也对私募证券基金业务的管理予以了规定。私募证券投资基金首次被纳入监管，但其余的私募基金不在监管之列。例如，商业银行、保险机构、信托公司等从事的私募基金业务活动。在基金管理人登记方面，《暂行办法》要求证券资产规模超过 1 亿元的到基金业协会登记，包括 PE、VC 机构。合格投资者规定为：个人或家庭合计不低于 200 万元人民币或最近 3 年个人年均收入不低于 20 万元人民币或最近 3 年家庭年均收入不低于 30 万元；公司、企业等机构需满足净资产不低于 1000 万元。合格投资者投资于单只私募基金不得低于 100 万元人民币。对私募基金募集方式、财产托管、信息提供、从业人员、管理人及内控和风控等原则性规定及处罚。

新基金法的管理核心放在委托人和受托人的约定权利和义务上，针对过去无监管，是一大进步。法律没有严格其资金投向，而是依靠合同解决其投向，尊重了出资人的选择自由，以及管理者组合基金和投向的自由，希望以此来更好地保护投资人的利益。对于投资人则采用“合格投资者”制度。所谓合格投资者，是指有自我保护、风险识别和风险承受能力的投资者，管理层默认这部分投资者有相应的谈判能力约束对冲基金行为。

---

① 好买基金研究中心. 管理期货：私募基金中的新起之秀［OL］. http：//www.howbuy.com/opinion/2012-10-26/34162.html.

2013年7月5日，证监会宣布，将成立私募基金监管处，准备出台与公募基金管理办法相对应的私募基金管理办法，近期将重点推进制定法规、明确监管分工架构、建立部际协作三方面工作，准备正式将私募的证券投资基金和私募股权基金纳入统一监管框架。管理层也在征求证券法修订建议，私募证券监管也受到了关注，多家券商收到了相关监管部门关于征集证券法修改意见的通知，私募证券制度的建立和监管等问题被重点关注。但是，仍有以下六方面的问题尚待解决：

一是并非所有私募基金都包括在监管范围内，例如，PE和VC，则不在监管之类。但是从现实来看，PE、VC游离于监管体系之外，其离岸化发展，大量金融衍生工具出现，网络金融业务等金融创新，使得系统性风险加剧。

二是私募基金的监管机构尚未统一。虽然授权国务院金融监管机构制订私募基金的管理人的管理办法，但是，多头监管明显，私募基金的成立注册由工商部门负责，涉及外资的私募基金由商务部监管，保险公司、银行或证券公司等的私募基金则由保监会、银监会、证监会来负责，私募基金投资企业上市的由证监会负责审批。

三是以自律为主。私募基金着重于对投资者、管理人的资格限制，对信息披露要求低。

四是私募基金的风险。私募基金由来已久，种类繁多，对中国金融市场影响巨大。虽然中国现在还没有真正意义上的对冲基金，但是已经出现雏形，对冲基金杠杆比例高，操作手段多变，如果不受约束的投机攻击性涉及股市、债市、汇市等领域，可能会引发与经济基本面不相符的金融动荡或货币危机。

五是私募股权投资基金迅速扩张，中小企业融资对这种金融工具有巨大需求，作为一种连接资本市场和投资市场的规则化平台，至今仍未建立系列化的法律法规，必然影响私募股权资本市场的系统化及发展规模，制约其对中小企业的投资。

六是私募基金发行人享受注册豁免，不必向投资者承担全面、详细的信息披露义务。但是其运作专业性强，目前多为有限合伙制，有限合伙人（LP）不参与基金管理，一般合伙人（GP）负责基金的运作管理，凭专业知识和管理经验及时作出判断。但是，投资人不能监控基金运作的具体情况，投资者权益保障存在风险。

第六节 中国金融脱离实体经济的后果

一、货币超发严重

中国的货币超发从2006年开始，2007~2011年呈现快速增发，增速超过任何时期，在2012年接近100万亿元（见图3-9）。货币扩张在对于一个处于工业化进程中的经济体是必要的，但必须是货币增发与经济增长相适应，如果社会财富没有达到，货币超发超过了经济承受能力，只能导致通货膨胀。如果在不同阶段上比较中国和美国、日本的货币扩张，中国的扩张明显带有自身的特色。日本的经济扩展不是来自经济增长的内生动力，而是来自为应对经济衰退而实施量化宽松货币政策的被动结果，2008年国际金融危机后，美联储实施量化宽松政策引导货币政策快速扩张，M2/GDP从2007年的0.518推升至2011年的0.612，但是货币扩张的经济增长效应并不明显。中国的货币扩张则有很强的机构特色，内部是投资需求驱动贷款投放而导致货币扩张，外部是贸易顺差导致外汇占款激增而导致货币扩张。金融危机期间，国内贷款快速扩张，再次成为货币扩张的第一因素，到2011年下半年，货币扩张的空间已经相对较小。[①] 从更长的时间来看，货币扩张显然不能也无法持续下去。货币扩张最终反映为物价上涨。在工业化完成的西方国家，同样可以看到因货币快速扩张导致严重通货膨胀乃至金融危机的

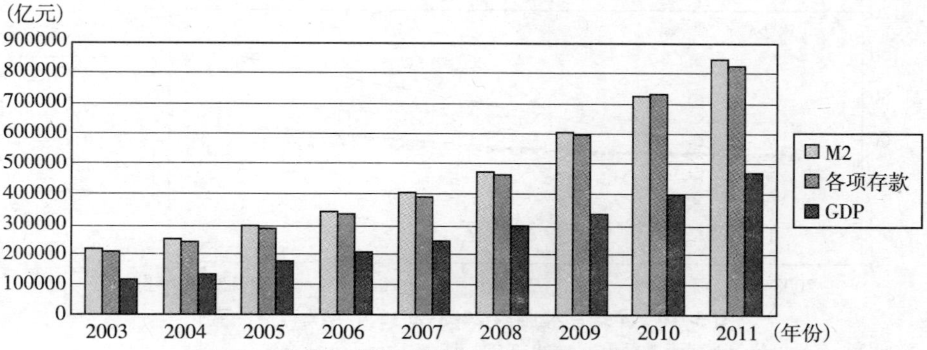

图3-9 中国历年经济增长、货币环境及银行业存款

资料来源：银行公司治理的中国式问题：反思与启示［D］. 中国银监会工作论文，2013 (3).

① 陈希凤. 货币扩张的经验比较［J］. 中国金融，2013 (3).

现象，从亚洲金融危机和当前国际金融危机都可以找到危机爆发的货币和信贷扩张因素。

金融危机爆发的2008~2012年的5年时间里，中国M2增量新增每年均保持在12万亿元左右的水平，只用了4年，中国货币供应量就激增了50万亿元，存量翻番（见图3-10）。2012年，中国货币发行总额接近GDP的2倍，可见货币超发非常严重。截至2012年末，全球货币供应量余额已超过366万亿元人民币。从存量上看，如图3-11所示，中国货币量已领先全球。根据央行数据，截至2012年末，中国M2余额达到97.42万亿元人民币，居世界第一位，接近全球货币供应总量的1/4，是美国的1.5倍，比整个欧元区的货币供应量（约75.25万亿元人民币）还大。从新增货币供应量上看，在全球范围内，中国已连续4年贡献约一半（见图3-11）。根据渣打银行2012年的报告，金融危机爆发以后的2009~2011年，全球新增的M2中，人民币贡献了48%，2011年贡献率为52%。这样的增长规模和态势在世界各国经济发展史上都是少有的。2012年，中国继续“巨量印钞”，新增M2达12.26万亿元，在全球新增M2中占比仍高达46.7%（见图3-12）。货币超发很容易引起通货膨胀。中国广义货币供应量增长最快的时期是1992年（31.30%）、1993年（37.30%）和1994年（34.50%），那个时候发生了极为严重的通货膨胀。当时货币供应增速过快，而中国缺少能够吸纳这些超发货币的领域，房地产和股市都处于起步阶段，规模有限。货币只要一超发，没有任何缓冲，立即就在市场中显现出来，推动物价上涨，而越来越多的领域实行货币化，住房改革、医疗改革、教育改革开始展开，吸纳了超发货币。通过改革，原本应该由公共财政承担的职责，相当一部分转嫁给了公众。

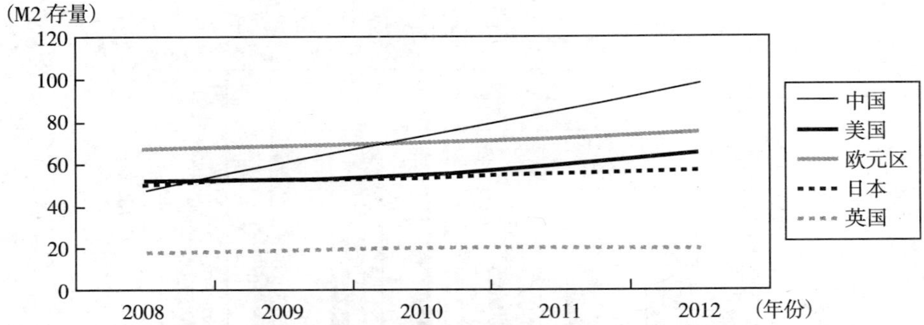

图3-10 全球主要国家2008~2012年M2存量的变化

注：M2存量单位为万亿元人民币，按2013年1月25日盘后汇率兑算。

资料来源：各经济体央行、同花顺金融数据端。

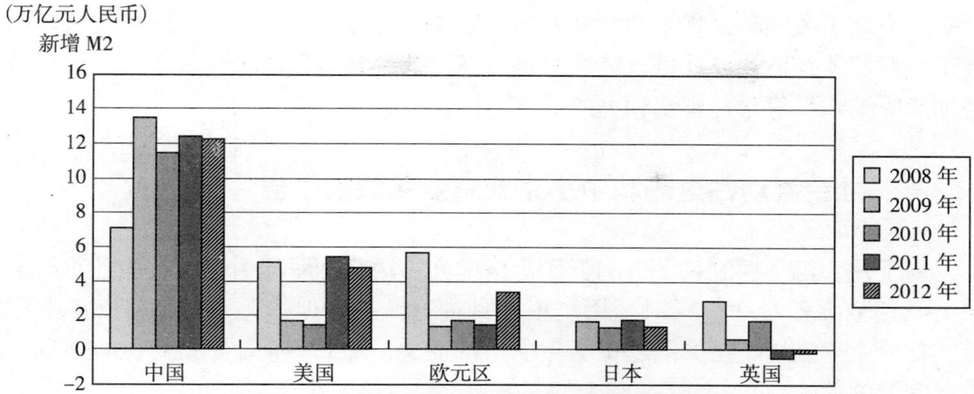

图 3-11　全球主要国家 2008~2012 年新增 M2 情况

注：日本 2008 年数据缺失（不影响分析）。
资料来源：各央行。

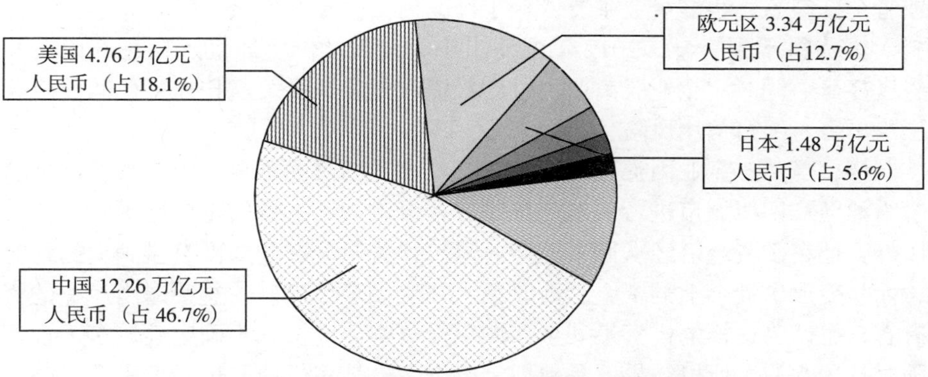

图 3-12　主要国家或地区 2012 年新增 M2 分布情况

注：欧元区的数据统计截至 2012 年 11 月末。
资料来源：各央行。

二、投机性资本非理性膨胀，对实体经济投资形成挤出效应

近年，由于投资渠道狭窄，社会闲置资金及热钱投资欲望强烈，各类投机性行为不断出现，造成投机性资本的非理性膨胀。例如，投机性资本先后进入房地产、农副产品、古玩字画、贵金属等领域，过多的资金短期内涌入，不仅造成市场供求失衡，还对实体经济投资形成挤出效应，资源配置不合理问题突出。从房地产市场来看，房地产等资产价格上涨速度过快，形成泡沫，房价收入比不断扩大。2009 年全国新增房地产贷款 2 万亿元，占各项贷款新增额的 21.9%，比 2008 年高出 11.1 个百分点，同比多增 1.5 万亿元。2010 年新增房地产贷款 2.02 万亿元，占全部新增贷款的 25.4%，房地产资金占用比例逐年上升。房价的连年

上涨，充当了吸纳超发货币的巨大海绵。其弊端是容易引发资金从实体经济流向楼市，对实体经济造成抽血效应，影响经济可持续发展，中国房价飞速上涨，与房地产吸纳超发货币是密切相关的。

三、社会流动性过剩和中小企业资金稀缺的矛盾

由于社会流动性过剩，引起资产价格虚高，通货膨胀压力加大，为此央行多次上调存款准备金率，同时运用利率工具进行调控。但是，实体经济却融资困难，部分企业资金不足的问题长期存在，特别是一部分小企业，融资困难已到了难以为继的境地。

2013 年以来，小微企业融资难、融资贵的状况并没有得到根本性的改变。2013 年第 1 季度，有融资需求的小微企业中只有 40%的企业可以从银行获得部分或者全部贷款，很多企业主要依赖于民间借贷。民间借贷已经成为事实上的高利贷。因为得不到资金，2012 年温州市小企业破产倒闭风潮还在逐渐向浙江其他省区蔓延。同时，企业脱离业主过度投资或过度涉及关联担保、民间借贷等现象层出不穷，银行信用风险呈高发态势。

同样，虽然小企业因资金链断裂破产，大量的民间资金却因为找不到好项目而纷纷涌向三四线城市进行房地产开发。社会流动性过剩的重要原因除了货币超发以外，还在于资金已经从原来的产业退出，这部分资金并没有投到新的行业中去，而是变成了社会上的资金，炒股票、炒房甚至炒煤矿。这些退出产业的资金持有者，也认为这样的投资最安全，如果投资实体经济，不确定性较多，投资可能随时打了水漂，所以结果就是他们宁愿去海外炒房炒地，也不把资金投向实体经济。

第四章　中国金融市场改革的方向

“十二五”时期中国经济进入转型期，需要扩大内需和消费，提高经济发展质量，发展新兴产业，推动城镇化建设。围绕经济转型，金融必须为实体经济服务，为新兴产业服务，为城镇化建设服务，围绕居民资产配置需求多元化和人口老龄化的现实做好变革。需要继续进行利率市场化改革，发挥市场配置资源的主导性作用，发展民间金融，发展多层次资本市场。未来金融改革的重点将从以金融机构改革为中心逐步转移到构建制度、完善市场、创新产品上来。经济复苏的不确定性和不平衡将使金融改革变得更加重要。

第一节　金融改革的目标及措施

一、制度改革——利率市场化

金融是现代经济社会中配置社会资源的核心工具，从某种意义上说金融的市场化程度决定了整个经济的市场化程度，因此推动利率市场化对于发挥市场配置资源的主导作用至关重要。只有建立基准利率体系，放松利率管制，才能实现利率市场化改革的目标。建立基准利率体系应从两个方面着手：

1. 推进基准利率体系建设

基准利率收益率曲线是利率市场化的核心。收益率曲线是反映收益率与债券剩余到期期限两者之间数量关系的曲线，是分析利率走势和进行市场定价的基本工具。发达资本市场通常以国债利率或联邦基金利率作为基准利率，由不同期限的基准利率构成“基准利率曲线”。基准利率曲线是各类金融资产的定价基础，以基础利率为基准，考虑不同类别金融资产的风险溢价，便可得到最适宜的资产价格。有效的基准利率收益率曲线是一个发达资本市场的基石，也是利率市场化的核心。建立以 Shibor 为代表的短期基准利率和以国债收益率曲线为代表的中长期基准利率体系推动利率市场化的完全实现，核心就是市场基准利率体系的建设。因此应继续培育 Shibor，树立其货币市场基准利率的地位，同时不断完善国债收益率曲线，以期为市场提供期限完整、价格有效的无风险基准利率。

2. 用国债期货寻找基准利率收益率曲线

中国国债市场在量上已有长足发展，但仍存在交易成本过高导致市场对利率变动迟缓、国债市场人为分割扭曲价格等问题，这成为了构建国债市场基准利率收益率曲线的“瓶颈”。基准利率体系存在的不足，可通过建立国债期货市场尝试解决。首先，通过期货市场的价格发现功能，为基准利率体系寻找合理的远期利率参照标准。一些实证研究与国外经验均表明，要建立一条合理有效的收益率曲线需要五个市场的互动与制衡，即债券现货市场、期货市场、回购市场、远期利率协议市场与利率互换市场。国债期货为利率风险提供了动态、主动管理的风险管理模式，将成为国债市场上理想的“避风港”。通过国债期货，可以由市场参与者的保值与套利需求为银行间市场补充不足的流动性，另外，这种远期利率发现机制会通过期货、现货与回购之间的套利活动，理顺基准利率收益率曲线期限结构，使得曲线形态更多地表现为对远期收益率的无偏估计。

二、发展资本市场，提高直接融资比重

“十二五”规划提出，在“十二五”末期中国直接融资要占社会总融资的15%。为达到此目标，必须进行市场化改革。

应推进多层次资本市场发展，提升直接融资比重，构建以直接融资为主的金融市场体系，使股票、债券、基金、期货、金融衍生品以及其他资本市场工具全面发展、市场结构更加平衡。要培育一批具有国际竞争力的证券公司、现代财富管理机构及中介服务机构，使金融服务水平全面提高。国家发展新兴产业、推动城镇化建设需要巨额的、期限较长的资金支持，而目前以银行贷款为主的融资格局无法满足其资金需求，因此要发展多层次的资本市场，扩大直接融资比重，推动融资格局由间接融资为主向直接融资为主转变。

要推进股票市场改革，改革新股发行体制；应扩大“新三版”试点范围；要改革股市分红和退市制度；要增强股票定价约束机制，激发股票市场的活力，使股市由少数人圈钱的市场变为多数人赚钱的市场。

要发展债券市场，推进债券市场统一互联，推动债券市场基本制度的统一规范；要推动债券市场的品种创新，加快国债期货的上市步伐；要重点发展企业债券，特别是要研究推出中小企业债券，适当抑制地方政府债券的发行。

要发展规范投资基金，促进基金管理公司向现代财富管理机构转型，支持各类长期资金通过资本市场实现投资运营和保值增值。

三、加快民间资金进入金融市场的步伐，发展小微金融

虽然储蓄率和消费率降低，但各类理财产品的爆发式增长和另类投资品市场持续高温，反映出金融市场产品供给与居民资产配置需求间的巨大缺口。民间资本参与金融市场不够，中小企业特别是小微企业融资难问题始终未能有效解决。民间资本多而投资难、中小企业多而融资难，鼓励民间资金进入资本市场就是要解决这个矛盾。

首先要解决鼓励民间资金进入资本市场的投资环境问题。例如，股市已经让民间资金遭受了重大损失，造成广大散户的巨大心理恐惧，鼓励民间资金进入资本市场必须要让广大投资者有安全感。政府必须规范市场秩序，采取相应措施：要丰富资本市场的金融产品，给民众以广泛的选择机会。要培育广大投资者的识别风险能力，为投资者提供避险投资产品和工具。要严厉打击欺诈，打击“庞氏”骗局，打击向市场销售经过包装升级的“有毒”产品，打击操纵市场等违法行为。让中国的资本市场成为最规范、有活力、投资者有高收益的市场。

要继续鼓励民间资本进入银行业等各种金融机构，凡是外国资本可以进入的，民间资本都可以进入，让中国的民众真正享受国民待遇。民间资本的进入有助于金融机构形成股权多元化的治理结构，增强各类金融市场主体的活力，更好地发挥以市场为导向、以客户需求为出发点的正向激励作用。

鼓励民间资本开办小微金融。大力发展与中小企业金融需求相匹配的金融机构，在风险可控的前提下，进一步加大民间资本参与小微金融的力度。把大量闲置的民间资本通过资本市场的平台集聚起来，支持中小企业发展，促进经济增长，增加就业，打破银行信贷资源过度向大企业和大项目倾斜、国有资本垄断金融资源的局面。近些年，各地的城市商业银行大力支持小微企业，越来越多的小门点、小摊位获得了大量的资金支持，这得益于许多城商行大力引进民营企业入股、改善股权结构。民间资本根植于民营经济是民营企业利润积累的表现，如果能够顺利进入金融服务领域，势必会促进金融机构业务转型，主动把资金向中小企业配置。鼓励民间资金进入资本市场还有利于促进民间金融规范操作，减少“地下钱庄”等非法金融组织的高利贷行为。

四、银行将走向全能银行

中国的金融业仍处于较低发展阶段，仍然需要一个强大的银行业。过去存贷款利差是银行主要的收入来源，利率市场化以后，息差收窄，银行业未来也应该更多地参与资本市场业务，发展其全能银行模式。

全能银行=商业银行+投资银行+保险公司+非金融公司股东。全能银行的融资范围从传统的贷款业务到私人债券、国际债券及各类股票发行，服务对象面向社会所有行业，包括贸易、工业、各种类型的公司、个人和公共部门。其本质是能利用一个综合业务平台为客户提供高效、全面的金融服务。其优势在于能够快速适应市场，“金融百货公司”可以提供全方位的金融服务，可降低服务成本，向顾客提供包括存贷款、投资、发债、资产管理、咨询、抵押、保险等内容的全方位综合金融服务。随着国内资本市场的发展，股票和债券融资已成为社会融资的重要方式，也分流了银行资金。银行要保持资金优势就必须融入资本市场，开展资本市场服务业务，为直接融资提供更好的服务，由专业性银行向全能银行转变。

为促进全能银行发展，要建立统一的金融网络平台，投资者可以用同一个账户，在不同的金融市场如股票市场、债券市场、货币市场、外汇市场、商品期货市场进行交易，能改变目前对金融市场的人为切分，降低交易成本，提高交易效率。

五、推动金融创新

金融创新是金融改革与发展的不竭动力。只有不断创新，才能保持旺盛的生命力和竞争力，使金融业在创新中发展。

（1）建立有利于创新的金融体制，要允许和鼓励金融企业对新产品或新路径进行探索，允许试错，给创新以适当的空间。监管要有弹性，对于超出现有监管范围或监管规定没有明文禁止的新的金融产品或方法，只要不损害投资者的利益、不影响金融系统安全，就允许尝试，监管部门在监测中应总结经验，确定是禁止还是推行,比如影子银行，既有引发风险的一面，又有突破现行体制、为中小企业解决资金困难的一面，不能一概否定，要在防范风险的前提下促使其健康发展。

（2）金融创新可以成为新一轮改革的突破口。目前，金融业面临的许多问题要靠改革来解决，但改革从何处入手往往成为了难题。金融创新恰恰可以成为改革的突破口，先行先试，不断探索，不论成功与失败都为改革做了有益的尝试。当前中国经济正处于转型期，金融如何为转型经济服务，这一过程中会遇到许多新的问题，监管部门要允许金融企业大胆尝试，在探索中找出解决问题的方法，走出符合市场规律的道路。比如，在资本市场，要支持证券公司开展产品创新，特别是在固定收益、资产管理、金融衍生品等方面的创新；要积极发展期货市场，率先推出原油期货、国债期货、人民币期货；要研究期货公司试点资产管理，境外期货经纪业务等创新业务。

（3）中国金融业要通过创新形成核心竞争力，缩小与发达国家金融业的差距。改革开放以来的30年，我们的金融业主要是学习西方发达国家的先进经验和做法，奠定了今天的金融基础。今后的30年，我们不但要学习西方发达国家的经验，还要自主创新，在某些方面超过西方发达国家，形成有中国特色的金融创新体系。

六、金融为经济实体服务

先要确立金融为实体经济高质量服务的标准。一是看实体经济的融资是否便捷，防止金融自我循环式发展。二是看实体经济的融资规模是否能满足其需要。三是看实体经济的融资成本是否可以承受。四是看实体经济的融资结构是否合理，不断提高市场主体的资本形成能力和融资能力。

1. 金融要为中小企业服务

中小企业产值占全国GDP的60%，就业人口占80%，金融是否支持中小企业是检验其是否支持经济实体的试金石。应加快民营资本进入金融业，使其成为为小微企业提供服务的小微金融机构。

2. 金融要为新兴产业服务

新兴产业一般都是高科技企业，中国经济能否成功转型，取决于新兴产业的发展。要创新金融产品来支持新兴产业，向新兴产业注入资金。使金融资源向新兴产业倾斜，向高科技产业倾斜，向高端产业链倾斜，向自主创新产业倾斜，形成以市场为主导的资源配置模式。

3. 金融要为城镇化建设服务

城镇化建设是今后中国经济发展的一个新的增长点。城镇化建设需要巨额资金，没有金融支持则无法实现。围绕城镇化加速推进的现实要求，应创新融资方式，提高金融服务的覆盖面。中国处于城镇化快速发展阶段。2012年城镇人口占总人口比重为51.27%，首次超过农村人口，这仅是中国城镇化进程加速的中期阶段。到21世纪中叶，城镇化率将达到70%以上，意味着将有数亿人口陆续离开繁衍生息的农村土地，走向城镇生活。城镇化的深入推进，一方面带动城镇基础设施建设的加快发展和居民消费水平的大幅提高，另一方面带来的是产业结构的变迁和小微企业、个体工商户数量的显著增加。这对金融体系的进一步丰富、多元提出了更高的要求。一是基于目前的金融结构和金融体制的约束，如何通过多样化的融资手段满足城镇基础设施建设的资金需求；二是过去重点围绕大机构、大城市的金融体系要更多向满足小城镇发展、小微金融发展的金融需求倾斜。

第二节 未来五到十年的金融改革目标

未来十年的金融战略是：全面推动金融改革、开放和发展，显著增强中国金融业综合实力、国际竞争力和抗风险能力，显著提高金融服务实体经济的水平，着力完善金融宏观调控和监管体制，形成种类齐全、结构合理、服务高效、安全稳健的现代金融体系，全面参与金融全球化进程，创造有利于中国和世界经济发展的国际金融环境，把中国打造成为世界金融强国。

一、未来五年金融改革与发展的主要目标

（1）金融总量保持平稳较快增长。全面发展金融服务业，“十二五”时期，金融服务业增加值占国内生产总值比重保持在5%左右，社会融资规模保持适度增长。

（2）金融结构调整取得明显进展。到“十二五”期末，非金融企业直接融资占社会融资规模比重提高至15%以上。银行、证券、保险等主要金融行业的行业结构和组织体系更为合理。

（3）市场在金融资源配置中的基础性作用进一步增强。利率市场化改革取得明显进展。人民币汇率形成机制进一步完善。人民币跨境使用稳步扩大。在信息监测及时有效、风险可控的基础上，人民币资本项目可兑换逐步实现。银行、证券、保险业市场化水平显著提升，多层次金融市场体系进一步完善，市场机制建设取得重要进展。

（4）金融机构改革进一步深化。大型金融机构现代企业制度逐步完善，创新发展能力和风险管理水平明显提升。证券期货机构规范发展，保险机构创新服务能力进一步加强。金融机构国际竞争力进一步增强。

（5）金融服务基本实现全覆盖。坚持金融服务实体经济的本质要求，确保资金投向实体经济，坚决抑制社会资本脱实向虚、以钱炒钱，防止出现产业空心化现象。支持科技创新和经济结构调整的力度进一步加大。对“三农”、小型微型企业等领域的贷款增速超过全部贷款平均增速，资本市场体系建设基本完善，功能进一步发挥，保险覆盖面和服务领域明显拓宽。

（6）金融风险总体可控。主要银行业金融机构资本质量和水平保持较高标准，不良贷款率继续保持较低水平，风险管理能力持续提升。证券业风险防范机制进一步完善，期货市场风险预警和监测机制不断健全。保险业资本实力和偿付

能力明显增强。外汇和国际收支风险防范能力显著提高。系统性金融风险防范预警体系、评估体系和处置机制进一步健全，存款保险制度等金融安全网制度基本建立。

二、未来十年金融改革与发展的主要目标

（1）未来十年，金融服务业增加值占国内生产总值比重显著增加，达到6.5%左右，接近日本现有的水平，社会融资规模保持适度增长，使中国金融业基本形成与世界第二大经济体发展相适应的金融市场、金融机构和金融产品体系。

（2）未来十年，金融结构调整取得明显进展，非金融企业直接融资占社会融资规模比重提高至30%以上，让非金融企业直接融资有一个质的飞跃。银行、证券、保险等主要金融行业的行业结构和组织体系更为合理。

（3）未来十年，市场在金融资源配置中起主导作用。完成利率市场化改革。形成市场化的人民币汇率机制。在风险可控的前提下，实现人民币资本项目完全可兑换。人民币跨境使用稳步扩大，初步确立人民币区域货币的地位。银行、证券、保险业市场化水平显著提升，多层次金融市场体系进一步完善。按照国家金融战略要求运营国家外汇储备，切实提高对外金融资产负债收益水平。上海国际金融中心的地位初步确立。

（4）未来十年，金融风险基本可控。银行业资本质量和水平保持巴塞尔协议规定的标准，风险管理能力持续提升。证券业风险防范机制接近或达到欧美国家标准，期货市场风险预警和监测机制不断健全。保险业偿付能力明显增强，成为社会投资的主渠道之一。系统性金融风险防范预警体系、评估体系和处置机制健全，存款保险制度等金融安全网制度完善。金融宏观调控体系和监管体系进一步完善。

（5）未来十年，确立适合大国经济要求的、形成以人民币离岸市场为载体、人民币国际化为核心的、有序的金融开放格局；促进上海国际金融中心建设，为战略过渡期结束后的中国金融大开放做好准备；调整外汇储备管理体制，增加战略性收益，基本形成适应金融大开放的调控监管体系；主动推进国际金融合作，营造有利于中国经济稳定增长的外部金融环境。

为保证中国五到十年金融改革与发展目标的实现，必须进一步扩大对外开放，借鉴国际先进经验，使中国的经济体制、金融体制与全球接轨。必须进一步深化金融改革，探索在新时期金融深化的新路径，把中国经济发展推上一个新的台阶。同时，要严格防范在改革与发展中出现的各种金融风险，特别是要防范金融系统性风险的发生。

第五章 中国金融市场化的风险及防范

目前中国金融市场化改革过程中，面临着一些主要风险，包括影子银行、地方债、民间金融、银行业风险、监管缺失等，人们必须充分认识这些风险，加强风险防范，从而避免金融系统性风险的出现。

第一节 影子银行的风险及防范

一、中国式影子银行风险

在中国，广义的影子银行指在常规银行体系之外的实体及其活动所组成的一个信贷中介系统，即泛指银行体系以外的金融中介活动，如银信合作理财、小额信贷、典当行、地下钱庄、民间金融、私募投资等。[①]采用影子银行的最窄口径，只包括银行理财和信托产品。如表5-1所示，2006年底，银行理财业务资产规模不到5000亿元；截至2012年底，该规模已经上升至7.10万亿元。再如表5-1所示，2010年底中国信托业管理资产规模为3.04万亿元，2012年底该规模已经飙升至7.47万亿元。[②]国际评级机构惠誉的估算则大得多。2010年中国银行理财产品规模约为4万亿元，2011年底上升至8.5万亿元，到2012年底超过13万亿元。

影子银行存在以下两种潜在风险：

1. 期限错配造成的流动性风险

影子银行体系的一大风险是资产方与负债方的期限错配。从负债方来看，影

---

① 祝红梅，王亮亮. 客观看待影子银行体系的风险［J］. 中国金融，2013（4）.

② 张明. 中国影子银行体系研究报告［R］. 中国社科院世经政所国际金融研究中心课题组，2013年4月22日.

表 5-1 影子银行（银行理财+信托）的规模

单位：10 亿元人民币

	2006 年	2007 年	2008 年	2009 年	2010 年	2011 年	2012 年
银行理财产品规模	467	1327	960	1015	2500	5000	7100
银行理财产品规模同比增速（%）	n.a.	184	–28	6	146	100	42
信托业管理资产规模	n.a.	n.a.	n.a.	n.a.	3040	4811	7471
信托业资产规模同比增速（%）						58	55
合计					5540	9811	14571
占 GDP 的比率（%）					13	22	29

资料来源：Wind，银监会，中国信托业协会。

子银行产品短期化趋势明显。如表 5-2 所示，期限在 1~3 个月的银行理财产品占所有期限理财产品的比重，2006 年为 15.7%，2012 年提高至 60.2%；2012 年银行理财产品期限均在 1 年以内的占 97%。从资产方来看，为获得更高收益率，影子银行资金投向倾向于中长期项目。例如，2012 年影子银行体系重要投向是城投债，城投债的期限平均为 5~8 年。这种期限错配表明，为保证资产方获得较高收益率，影子银行必须依靠短期理财产品的滚动发行（发新还旧）来应对，由期限错配导致的周期性流动性压力很大。一旦旧的理财产品到期，而新理财产品不能足额发行，影子银行体系就只能紧急出售中长期项目债权来还本付息，这无疑将会遭遇较大损失。这种集中运作模式使得资金池业务变成了一个“黑匣子”，相关信息披露严重不足。购买商业银行理财产品的投资者并不清楚投入的资金究竟被用来购买了何种资产，以及需要承担的风险。具体理财产品与特定基础资产之间的一对一匹配关系被打破。因此，一旦资金池所投资的部分高风险资产出现了亏损，就可能导致理财产品投资者对整个资产池的安全性失去信心，甚至引发

表 5-2 中国银行理财产品的期限结构

单位：%

	2006 年	2007 年	2008 年	2009 年	2010 年	2011 年	2012 年
1 个月以内	2.6	1.7	13.7	24.0	31.0	36.6	5.0
1~3 个月	15.7	19.8	27.4	26.8	30.0	30.2	60.2
3~6 个月	35.5	23.2	26.1	22.5	18.1	18.9	21.9
6~12 个月	29.8	27.5	22.0	21.0	17.8	11.9	10.0
12~24 个月	14.3	18.8	5.5	3.3	2.0	1.5	1.0
24 个月以上	1.9	5.6	2.4	1.9	0.6	0.4	0.3
其他	0.3	3.3	2.8	0.6	0.5	0.6	1.7
合计	100.0	100.0	100.0	100.0	100.0	100.0	100.0

资料来源：Wind。

集中赎回的风险。资金池理财产品要用发新偿旧来满足到期兑付，其从本质上而言是一种“庞氏骗局”。

2. 信用违约风险

中国式影子银行发行相关产品的收益率普遍较高，而一旦投资项目出现问题，回报率不能保证，可能出现信用违约。目前，影子银行的资金运用集中在三个领域，即工商企业、基础产业与房地产，它们都有不同程度的问题。一是中国工商企业普遍面临产能过剩。过去10年间，高投资率使得很多制造业行业形成了庞大产能。在全球金融危机后，全球真实需求萎缩，过去可通过出口消化部分产能，现在则表现为突出的产能过剩现象。除了钢铁、水泥、电解铝等传统行业外，连光伏、风电等新兴行业也面临产能过剩。这种产能过剩会使企业利润率下降，企业可能无法按期还本付息，导致相关影子银行产品违约。二是基础设施行业也面临“产能过剩”的困扰，表现为建成的基础设施使用率不足。2008年以后，在4万亿元财政刺激方案与天量人民币信贷下，出现了一轮基础设施投资浪潮。在部分地区，基础设施建设过于超前，使用率不高，这些投资企业（特别是各地的地方融资平台）可能难以按时还本付息，相关影子银行产品可能因此违约。三是中国房地产宏观调控仍在持续。一大批中小开发商可能会因为资金链断裂而破产，或者出售土地或楼盘来获得流动性，这为大开发商提供了收购兼并的机会。中国房地产行业重新洗牌、提高行业集中度的过程，也是一些以中小开发商为融资对象的影子银行产品出现相继违约的过程。

二、应对影子银行风险

影子银行是在金融抑制环境下金融机构的一种主动创新，具有积极意义，是利率市场化的有机成分，也是金融服务边界的扩展。政府应该积极引导相关金融创新来服务实体经济，防范影子银行体系的潜在风险，促进非传统银行业务发展，加强监管与提高透明度。

要明确金融机构应承担的法律责任边界，厘清影子银行体系参与方的权责关系，允许影子银行产品（特别是非保本型银行理财产品与信托产品）出现违约。这可以促进影子银行产品更准确的市场定价，有助于提高信用评级的真实性，还有助于打破投资者心目中可能存在的中央或地方政府对影子银行产品提供的隐性担保，增强其风险意识。

影子银行游离于常规监管体系之外，强化对其监管，是本轮全球金融危机爆发之后的大趋势。中国应加强对银行表外业务和非银行金融机构的审慎监管，为避免过度的期限错配与收益率错配，要将银行的表外信贷项目显性化。为避免由于影子银行产品不透明而产生的风险隐患，要加强对影子银行体系的信息披露要求，做到对资金投向与投资收益的定期披露。

要减少影子银行产品存在的合理条件。第一，增强人民币基准存贷款利率的弹性，加快推进利率市场化改革。第二，应努力改变市场分割的格局，推动市场整合来提高其整体流动性与深度。例如，目前三分天下的企业债市场应整合为统一的企业债市场。第三，分业监管造成的市场割裂与监管标准不统一，由于多种监管政策叠加使银行的合规成本过高而去求助于影子银行业务，因此要加快金融大部制建设来形成统一的监管格局，完善监管体系，降低监管真空与制度套利的空间。第四，货币金融调控方式应由一刀切的数量调控，逐渐转变为更市场化的价格调控。

第二节　地方债风险可能形成系统性风险

国家审计署的地方债务统计报告披露，2010 年末中国地方债余额为 10.7 万亿元。中国社会科学院金融所刘煜辉认为，截至 2012 年底，估计平台贷款为 9.3 万亿元，城投债存量为 1.77 万亿元，信政合作为 5016 亿元，保险资金基础设施债权投资为 3240 亿元，中央代发地方债为 6500 亿元，上级财政借款为 6800 亿元，其他借款为 1.59 万亿元，2012 年地方政府债务金额累计达到 15.3 万亿元，占 GDP 的比重近 30%。地方债务的两大隐患在于：地方负债率过高，新增负债有增无减；财政使用效率低，无法偿还债务本息。

一、地方债风险

1. 地方债的来源

一是借新债还旧债。从制度上说，中国的地方债只能由财政部代理发行，地方债享受低息。地方债发放规模对于地方财政的债务属于杯水车薪，没有有力监管，发债规模越大，债务风险越大。二是转移支付。地方政府几乎所有投资都源自举债，中央的专项转移支付同时要求地方配套更大规模的资金，地方财政不堪重负。[①] 三是贷款融资。来自三种资金：第一种，地方债主要通过大型国有商业银行贷款，2010 年前融资规模急剧膨胀，银监会已明确下文要求各商业银行“不得新增”贷款，严控地方债务，如今一些银行表内资产地方债务类贷款占比已下降。第二种，城商行贷款，目前数额激增，大都是政府贷款，违规贷款根本不会

① 李砚忠，李铁军. 地方政府债务的内源性探析与解决路径［J］. 当代中国论坛，2007（4）.

上报。第三种，各地融资平台公司，地方政府通过其向商业银行贷款，绕道影子银行继续融资，如城投债、信托等理财产品，由于有政府的隐性担保，投资者争相购买。2012 年下半年为了“稳增长”，地方出台万亿元刺激方案，为推进城镇化，地方政府的城投债券发行规模在巨额增长，见图 5-1，前几年发出的债券在 2013 年将迎来偿债高峰，借新还旧，地方债的压力越来越大。

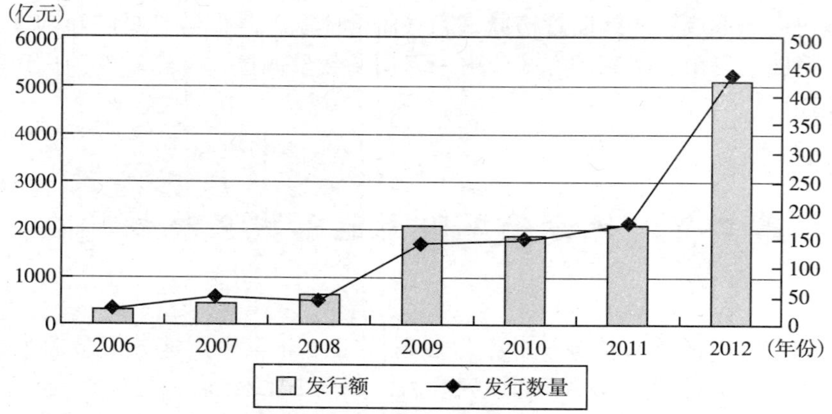

图 5-1　城投债新增发行规模

资料来源：中国社科院世经研所. 中国影子银行体系发展状况研究，2013.

城投债作为一种“准市政债”，虽然目前在地方债务中比例较小，但增长较快。随着中国城镇化建设的推进，它会成为最重要的形式（见图 5-2）。在 2008 年以前，城投债发行规模在企业债中的占比不到 50%，2009 年之后，城投债迅速成为企业债的主体，发行规模占比始终超过 60%，2011 年更是高达 84%。目前，中国中央政府正在加强对地方政府债务风险的监控，商业银行对地方融资平台贷款的规模有所紧缩，但是与此同时，银行却成为城投债的最大持有者，如表 5-3 所示。城投债中短期化的趋势较为显著。① 2012 年底，中国城投债的平均到期期限是 5.7 年，仅为美国市政债平均到期期限的 35%。这种期限错配，也会导致风险。但是，笔者认为由于城投债是政府偿还，目前规模较小，在中国尚无风险。截至 2013 年 1 月 18 日，债券市场未到期的城投债数量为 1444 只，未清偿余额为 18397 亿元。② 然而未来其规模会越来越大，风险则可能会增加。

2. 地方债的使用

财政部明确规定，投资项目资金使用主要包括：保障性安居工程，农村民生

① 贾康. 地方债危机的体制性成因［J］. 上海国资，2011（7）.

② 董云峰. 城投债应由当地投资者持有一定比例［N］. 第一财经日报，2013-05-07.

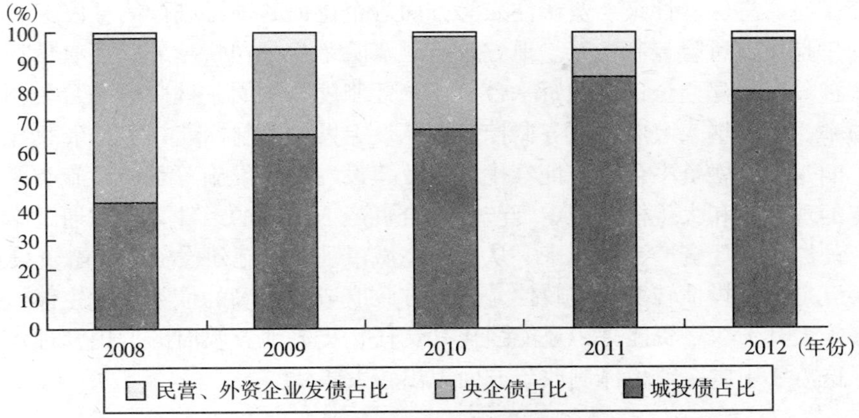

图 5-2　各类企业债发行规模比较

资料来源：中国社科院世经研所. 中国影子银行体系发展状况研究，2013.

表 5-3　城投债的持有结构

全国性商业银行	城市商业银行	农村商业银行	农村合作银行	外资银行	村镇银行
61.9%	20.1%	15.8%	1.1%	1.0%	0.1%

资料来源：中国债券信息网。

工程，社会事业基础设施，地震灾后恢复重建项目等。但审计结果证明大部分资金流入了旧有的基建项目。2009 年信贷大规模扩张，使这些开工的基础设施建设得以维持。未来如果货币紧缩，不能借新偿旧，这些项目则不能继续，其潜在风险较大。

二、加强监管化解地方债危机

从 2009 年起，中央开始整顿地方融资平台。在 10.7 万亿元的地方融资平台负债中，有 70%是银行信贷。《关于制止地方政府违法违规融资行为的通知》(463 号文件)，又把整顿扩大到地方政府与财务公司、信托公司、金融租赁公司等非银行金融机构的合作业务，即“影子银行”业务上来，压缩了地方政府融资渠道，抑制了地方债增长。[①] 笔者关于未来化解危机，加强监管的建议如下：

一是总量控制。既要满足地方政府的融资需求，也要防止城投债融资规模的过快增长。

二是信息披露。要如实反映地方债的用途，从资产负债率、偿债保障、募集

① 陈伟. 关于地方债发行风险防范机制的探讨［J］. 宏观经济观察，2010（10）.

资金投向、担保、评级、资产注入等方面对企业债的发行进行信息披露。

三是建立风险控制体系。地方政府融资除平台公司贷款外，还有信托、债券等多种渠道，建立全口径融资平台负债统计制度，全面掌握政府平台公司真正的负债率，将其纳入政府性债务监控范围，设定风险控制标准并实行余额管理。

四是推动融资平台资产证券化。市政建设、交通设施等基础设施类企业拥有稳定的现金流和大规模的固定资产，符合资产证券化的条件，可以通过融资平台资产证券化，让资产流动起来，从而拓宽城市基础设施建设资金的融资渠道。

五是把城投债转变为市政债，让地方政府成为明确的债券发行主体，这不仅能够扩大其债权融资能力，还能强化其责任，提升地方政府的信用管理水平。当然，这需要中国在财税体制改革方面迈出较大步伐。

第三节　民间金融的风险及防范

大量的民间资金在经济建设中发挥了重大作用，但运用不当也会有风险。

一、民间金融风险

1. 民间借贷引发债务危机

近年来，中国对民间资本如担保公司、小额贷款公司及民间融资机构缺乏严格监管，其与高利贷、非法集资、地下钱庄、非法证券等联系密切，潜在风险突出。温州部分民营企业深陷民间借贷的泥沼，企业资金链断裂。鄂尔多斯等地因民间借贷引发债务危机，局部地区金融风险加剧。以温州为例，中国人民银行温州支行 2011 年的《温州民间借贷市场报告》显示，温州民间借贷极其活跃，89%的家庭及个人和 59.67%的企业参与其中，规模高达 1100 亿元。这些资金，40%没有进入生产投资。近年因房地产调控，高利贷利润走高，闲置资本从房地产投资转移到民间借贷上，收益丰厚。因此，将自有房产抵押贷款，再将其进行民间放贷获取利差在温州相当普遍，其风险也成倍增长。

2. 民间资本投入虚拟产业，导致实体产业空心化

第一，民间资本进入产能过剩行业和房地产等投机领域。据调研，温州地区 170 家涉及银行授信的企业中，因介入产能过剩行业和房地产等投机领域，涉足民间借贷等导致信贷资金出现风险的超过 70%，其中 90%的贷款反映为不良。2012 年上半年浙江数据显示，温州市 3998 家规模以上企业中，2012 年已停产企业有 140 家，产值同比下降企业有 2776 家，下降面达 57%，60.43%的规模以上

企业出现减产停产。甚至有不少企业反映，在生产经营中遇到的困难比2008~2009年国际金融危机期间的更大、更持久，小微企业面临的困难正向大中企业传导。第二，民间资金链断裂，表面上看是民间资本发放高利贷，变成热钱和游资，但实际上是实体经济空心化。例如，温州大量做实体经济的企业将实业平台的融资流向非实体经济领域，变成炒资产的游资，企业精英大量移民或外迁，实体经济发展的要素严重流失。

3. 民间借贷危机正向银行体系扩散

据浙江省银监局调研报告显示，受产业空心化和资本虚拟化趋势影响，浙江的民间借贷相关信用违约风险正向银行体系蔓延。因产业空心化和资本虚拟化带来的民间借贷危机正向银行体系扩散，催贷之风也很快席卷了温州民企之间庞大的互保圈。互保联保模式，被认为是有效控制温州中小企业贷款风险的模式。由于浙江从事实体经济的民营企业尤其是中小企业，可抵押物较少，银行为控制风险，要求企业追加担保单位或者企业法人个人无限连带责任担保。但是这种风险控制模式却一夜间引发了捆绑式的链条危机。浙江民企不良贷款率上升，主要是担保网络出现断点，如浙江天煜建设有限公司因非法集资被立案，为其互保、联保的上百家企业受牵连。这种互保"断点"，一家企业出现问题造成关联企业脱保，银行担心贷款风险而采取收贷行为，引起其他银行跟风收贷。有些企业本想利用民间借贷缓解资金周转，却因民间借贷高利率而陷入了更大危机。这种危机传导到金融体系将导致银行新增不良贷款持续上升。

二、控制民间资本风险

（1）加快向民间资本的市场开放。中国金融市场过于垄断，应加快向民间金融开放，一是降低市场准入，二是价格保护，三是对于金融管制的开放。应制定更加切合现实、利于吸引民间资本进入的准入制度，并根据小型信贷机构的不同性质或规模，采取不同的监管措施。

（2）为民间资本开放垄断性行业。大量民间资本集中在房地产、资源类商品、股票上，是因为有前景、高回报产业的垄断门槛高筑，如果能充分利用巨大的民间资本，引导其进入各种实体经济投资领域，这对于解决投资资金不足、振兴地方经济将有着重要意义。

（3）设立创投引导基金。将分散的民间可投资资金有效转化成推动经济发展的资金是我们面临的重要课题。这里建议设立民间创业投资引导基金，规范与引导其流动，加大引导力度，为促进经济发展做贡献。

（4）政府积极引导民间资本合理流动。要引导民间资本进入实体经济领域，市场准入应实行同等标准，不得对民间资本单独设置附加条件，创造公平竞争、平等准入的市场环境。支持民间资本以 BT（建设—移交）、BOT（建设—经营—移交）、TOT（转让—经营—移交）方式参与基础设施建设。鼓励民间资本投资经营主体积极参与市政公用事业实行特许经营，将符合条件的民营企业及其产品列入政府采购目录，提高政府采购民营企业产品、工程和服务的比例。引导民间资本投资生物、新能源、新材料、先进设备、节能环保、新能源汽车、核电关联等战略性新兴产业，在项目用地、财政资助等方面给予重点倾斜。支持民间资本利用现有土地和厂房，加快传统特色行业的技术改造和升级。鼓励民营企业增加科技研发投入，建立技术研发中心，研发核心技术和先进适用技术。重点支持民营企业技术创新、结构调整、节能减排、开拓市场等。

（5）鼓励民间资本进入金融领域。引导和规范民间资本进入金融领域，不断发展和完善“草根金融”。加快民间投资进入金融服务领域的步伐，优化中小企业融资环境，用改革创新的办法解决民间资本的市场准入和退出、区域布局和风险防范等问题。

第四节　私募基金的监管经验及风险防范

一、私募基金监管的国际经验

1. 美国经验：不断加强监管

美国对私募基金的监管主要通过一系列豁免条款实现。大多数私募基金都按这些豁免条款（注册、投资者资格、投资者数量的规定）设计，不用到监管当局注册登记，也无强制性信息披露要求，投资策略和运作方式由管理人和投资者双方商定。满足相应法定条件的集合投资工具可“游离”于法律监管框架之外，证券行业受《证券法》、《投资公司法》、《投资顾问法》和《证券交易法》四部核心法律监管。例如，关于投资者数量监管豁免，《投资公司法》规定，一是受益权人不超过 100 人，且采取非公开发行方式发行；二是只向“合格投资者”采取非公开方式发行私募基金，且无数量限制。再如，关于私募基金的投资顾问。《投资顾问法》规定美国投资基金管理人一般为投资顾问，须满足以下要求：①在过去 12 个月中必须少于 15 个客户；②不能对外公开声称是投资顾问；③不能担任《投资公司法》下注册的投资公司的投资顾问。美国就是这样通过对投资者资格、投资者数量予以规定，对投资顾问进行管理来间接管理私募基金的。之所以间接监管，是因为监管者为保证市场效率和节约监管资源，对弱小投资者保护，而对有识别能力的投资者要求其自我保护，这是对对冲基金也是对其交易对手监管的间接监管理念。因此，美国私募基金早期倾向于规避监管，依据例外和豁免条件设计其架构，这些豁免和例外条款成为了其私募基金监管的主要法律内容。

但是金融危机的一个重要根源源自私募基金，基金规模迅速膨胀，金融创新不断发展，即使大的投资者依靠自我识别而自我保护也变得越发困难。私募基金的立法基础已经改变，对私募基金监管的缺失将不利于系统风险防范和投资者利益保护，监管内容、监管模式必须调整，美国 2009 年提出了全面的金融监管改革方案，2010 年 7 月签署了《多德—弗兰克法案》，其中与私募基金监管相关的有两项。一项是专门针对对冲基金和私募基金的若干监管规则，即《2010 年私募基金投资顾问注册法案》，其中首次对“私募基金”定义，“私募基金指通过发行基金成立的投资公司”。该法案还直接删除了私人投资顾问的豁免条款，这样大部分私募基金都需要进行注册。另一项是沃尔克规则（Volcker Rule）。《多德—弗兰克法案》对 1956 年银行控股公司法案进行了修订，将投资业务与商业银行业务分离，限制银行对基金的投资。

很明显，金融危机后，美国对私募基金在注册、信息披露、向监管部门报告、监管检查等方面均进行了全面监管。国际上对私募基金的监管，基本原则是保护投资者权益、稳定市场。如果金融自由化程度高、金融体系完善，那么对私募基金的监管会相对宽松，体现效率原则，注重自律监管。但是，金融危机后，发达国家对私募基金以自律为主转为注重安全性的全面监管。

2. 英国经验：自律与政府监管

金融危机前，英国没有对私募基金的监管规定。2000 年《金融服务和市场法》规定，一是严格限定投资者资格，二是发起人和管理人资格限制，一般的集合投资计划的发起人限于“被授权人”和“经财政部豁免的人”两类，私募基金发起时不受监管，但管理人只能由基金管理公司担任，基金公司受监管机构严格监管。

但是，次贷危机中，对冲基金等金融机构在欧洲一级杠杆市场中份额约 40%，承担了次贷危机 25%的投资损失。危机后，英国私募基金规模突破了 3610 亿美元，其对冲基金规模居全球第二位，约 35 家大对冲基金控制了英国对冲基金近 50%的资产。英国因此更重视其安全性及实施约束管理，2008 年 1 月颁布了《对冲基金标准管理委员会标准》，基于加强信息披露、可行与灵活的监管措施及文明的投资人这三大支柱，通过信息披露、股价限制、风险管理、基金治理等手段规范基金经理的投资行为，同市场违规和内幕交易做斗争。第一，信息披露制度，包括投资策略、基金合同商业性条款、业绩评估的披露等。第二，对冲基金投资交易市场上的活动必须遵守交易细则及规定。上市的对冲基金必须遵守上市规则。第三，基金经理必须建立风险管理框架，强化内部制约机制，接受对冲基金工作组的审核方能执行。

可见，金融危机后，英国对包括对冲基金在内的私募基金的监管更加重视，着眼于基金市场准入阶段的限制和约束，对运作和交易过程以强制信息披露为主。

二、完善对私募基金的有效监管

借鉴美国和英国监管私募基金由宽松到严格的经验，中国应加强对私募基金的监管。①

1. 保护投资者利益是监管准则

发达国家对私募基金监管的核心是对投资者的保护，严格规定投资者资格，局限于有能力和经验进行风险识别从而达到自我保护的群体。注重事前介入监管，因为私人诉讼成本相当高而且是事后监管执法，极不利于投资者利益保护及证券市场稳定，美国监管者可根据实际变化了的情况，在预见到损害程度很严重时，主动行使立法权以规范市场行为，可以对违法者主动提起诉讼，如美国《证券交易法》就赋予 SEC 为了社会公共利益或者保护投资者利益制定规则和规章的权力。中国金融自由化程度低、金融体系不完善，应以安全原则为先，积极探索事前主动介入的监管措施。

2. 全面监管私募基金

私募基金的重要组成部分，投资于未上市股权的基金（VC 和 PE），仍在监管之外。中国应借鉴美国经验，将全部私募基金纳入监管体系，防范风险，彻底解决私募基金发展的制度障碍，私募基金合法化以后，通过规范发展和证券监管部门的扶持培育，与公募基金并行发展，可有效降低投资者风险，维护投资者利益。

3. 统一监管

基于私募基金的属性和灵活多变的投资特点，中国确立证监会为主监管机构，以事前监管和事中监管。中期目标是，证监会发放牌照，基金业协会自律，私募基金阳光化，阳光基金制度化。长期目标是，在证监会、银监会、保监会之外，必须进行金融政策协调，实施功能的统一监管，同一法律关系下的金融产品，按统一标准监管，充分利用现有监管资源，便于全面掌握私募基金信息，保证国家金融安全、保护投资者并完善资本市场。

4. 监管手段趋严

第一，注册。美国通过对投资顾问监管，使大部分基金公司都要注册。中国采取的是事后报备，在私募基金设立时，向监管部门注册，注重对私募基金的设

① 刘翔峰. 私募基金监管的国际经验［J］. 中国金融，2013（10）.

立实行实质审查，让法律监管适度地介入私募基金的设立和运作。第二，建立对私募基金管理人资格审查和注册制度。由监管机构审查基金管理人资格，符合条件的准予注册。出现违规时，可吊销其执业资格。使私募基金管理人的行为纳入法律规范的范畴，利于基金管理人市场的建立和完善。第三，信息披露。中国要借鉴英国和美国的做法，从保护投资者的角度出发，要求私募基金定期向投资者和监管方报告基金投资情况及基金公司的资产状况，定期就投资、资产组合和资产状况向监管部门备案。这种信息披露可以起到市场监督作用，提高私募基金的透明度和公信力。第四，私募基金的主要组织形式是有限合伙人制。中国目前尚未就此作出详细的法律规定，私募基金发起人（LP）与管理人（GP）是私募基金运作的核心，在募集、设立、投资、退出等方面扮演重要角色，国务院金融监督管理机构依照新基金法应尽快制定相关细则。第五，建立私募基金托管制度，使投资基金托管人与管理人互相监督，督促基金管理人履行管理基金的职责。中国的私募基金中，大多数私募基金并未采取托管制度。借鉴美国金融监管法案，中国引入托管制度是必须的。

5. 完善立法

第一，制定补充条例。对私募股权基金等敞口风险补充立法，制定条例，待条件成熟后再行立法。第二，对冲基金的监管，可提前考虑。因投资于二级证券市场的基金，最有条件发展成为对冲基金。将对冲基金纳入监管范围，是金融危机后发达国家普遍采取的制度改革措施，证监会应该提前研究，进行统一监管，促使其更快发展。第三，对投资者资格、基金管理人限制、信息披露制度等的细则条例可以使用于全部私募基金，要将监管落到实处。第四，《投资监管法》也应该在未来时机成熟时予以推出。通过制定《投资基金法》，将私募基金全部纳入投资基金法的监管范畴，将基金管理人的注册、信息报告及托管制度等予以明确。采取不同组织形式的，应依据有关立法进行监管。例如，采用有限合伙形式的，应同时遵守《投资基金法》和《合伙企业法》的有关规定。

6. 监管和自律相结合

中国对私募基金已经实行分级监管，如达到一定资金门槛的要在监管部门注册，门槛之下的需加入协会，实行自律管理。但是与英美相比，中国私募基金正处于成长阶段，在规范性上有很大空间，应加强对其进行政府监管和引导，发挥基金业协会的作用，做到政府监管与行业自律相结合。

第五节　银行业的风险及防范

一、风险

1. 利率市场化导致息差缩窄给银行业带来挑战

利率市场化会导致净息差下降。美国 1970~1986 年推行利率市场化，在最初三四年，银行净息差下降 75 个基点，降幅达 18.9%。日本经验也显示，利率市场化的最初几年，净息差下降了 10%~20%。在中国，净息差下降也是不可避免的，上市银行利息净收入占总收入比重的百分之七八十，部分城商行等其他银行的利息净收入比重更是超过 90%。如果息差减小将对银行业的利润造成较大冲击。瑞银证券分析称，2012 年存款利率有 1.1 倍的浮动空间将使银行息差率降低 10~15 个基点，预示着银行业利润将有 5%~10%的损失。以 2011 年银行业 1.04 万亿元的利润计算，银行业一年利润则将减少千亿元。

2. 间接融资结构使风险过度集中于银行体系

2012 年底，中国的金融资产总规模约 150 万亿元，其中银行业为 133.7 万亿元，保险业为 7.4 万亿元，证券业 1.7 万亿元，凸显了中国金融市场以银行间接融资为主的现实，再从直接融资占总融资额比重看，2012 年，美国直接融资占总融资额的 89.7%，日本为 40%多，欧元区为 76.7%，而中国仅为 15.9%，与发达国家相比有很大差距。中国将整个经济的发展重任集中在银行业上，实际也是将经济和金融发展的风险集中于银行系统，中国银行承担了短期流动性和长期资本性融资功能，贷款资产流动性相对较低，银行体系对外转移和分散风险需要很高的交易成本，过度集中于银行体系的风险很难转移和分散，对金融业的整体稳定形成了挑战，银行业的风险可能导致金融业以致整个国家经济陷入风险之中。

以银行贷款为主的间接融资比例过高带来的问题是经济风险和金融风险过度集中在银行体系内部。如果不扩大直接融资比例进行稀释，显然不利于分散金融风险。融资渠道和融资体系过于单一，融资渠道过于集中在银行体系，而货币由银行贷款出去，由于乘数效应，银行资产扩张（如发放贷款、购买债券和外汇等）会派生存款，增加全社会货币供给，会过度投放流动性。要平衡“稳增长、调结构、控通货膨胀、防风险”四者的关系，就必须有效控制信贷增长，防止银行过度扩张。

表 5-4 金融业资产（本外币）

单位：万亿元

项 目	资 产
金融业	171.53
中央银行	29.45
银行业金融机构	133.62
证券业金融机构	1.11
保险业金融机构	7.35

资料来源：《中国金融稳定报告》2013 年。

3. 银行间竞争加剧，挑战银行原有经营模式

美国利率市场化对银行业的冲击大多来自外部，金融市场创新所导致的金融脱媒大幅压缩了银行业的生存空间。但在中国，金融市场并未给商业银行造成太大的威胁，而且随着银行间市场的发展，商业银行甚至也成为了金融市场的主导力量。在这种背景下，表面上的金融脱媒并不是来自银行业外部的冲击，更多的是来自银行同业间的竞争。在银行间的竞争中，实现了综合化经营的大型银行必然会对业务单一的小银行形成较大的挤压。

在实践中，金融机构已经通过各种方式，或明或暗地突破了限制，推动着隐性“利率市场化”的发展，对商业银行原有的经营模式形成了相当大的挑战。

第一，从负债业务变化看，2003 年以来，通货膨胀压力逐步加大，储户不再满足于偏低的名义存款利率，因此一些商业银行推出了理财产品作为储蓄存款的替代并迅速发展。这样一种隐性的“利率市场化”创新，对商业银行的存款及负债结构影响明显。商业银行的储蓄存款增长速度持续下降，从 2003 年的 20%以上，一路降低到 2008 年初的 5%左右，之后受金融危机波及，增速在短期内有大幅反弹，但在 2009 年之后再次下滑。受利率市场化影响，商业银行的存款增速显著放缓，同时各类理财产品发行数量猛增。2004~2011 年，中国银行理财产品的发行数量由最初的十几款迅速增至 24148 款，年均复合增长率高达 78%。理财产品已成为中国商业银行突破存款利率上限限制、开展客户竞争和业务转型的重要手段。

第二，从资产业务的变化看，银行间市场直接金融工具（短期融资券、中期票据等）的发展，使许多大型企业客户转向市场融资，对商业银行的贷款形成了一定挑战，推动了商业银行对贷款结构的调整，加大了对中小企业和居民部门的贷款力度。同时，商业银行对居民的贷款也显著增加，零售贷款业务已逐渐成为商业银行业务拓展的重点，其占全部新增贷款的比重从 2004 年的 15%逐步上升到目前的 25%左右。从社会融资结构看，信贷资产占比有明显下降的趋势。在过去的 10 年中，银行贷款占社会融资总量的比重从 2002 年的 90%以上，大幅下降

到了 2011 年的 60%左右。银行的信贷业务正面临越来越大的"脱媒"压力。

第三，从利差与收入结构变化看，利率市场化对银行利差及收入结构产生了影响。因市场竞争加剧，银行的实际净利差水平产生了较大波动，2007 年之后大幅度下降，2010 年由于宏观紧缩政策，净利差水平才又稳步回升。在利差收窄的趋势下，各家商业银行纷纷拓展中间业务和非银行业务以增加新的利润来源，监管当局也逐步放松了这方面的限制。近年来，大型商业银行综合化经营程度不断提高，积极涉足各种非银行金融领域，中间业务收入以及非利息收入占比有大幅提高。截至 2011 年末，大型银行该比重已提高到 20%左右，中型银行也提高到 10%左右，但大量小型区域性商业银行和农村金融机构占比仍在 5%以下。

4. 混业经营的风险关联性上升

混业经营体现在银行、证券、保险机构通过协议约定，实现不同功能的金融服务之间融合而提供的金融商品。

银行业是全社会的资金调配中心，所有类型的风险都与其有着千丝万缕的联系，加上风险积聚又相互关联，一旦爆发，危害性很大。这突出表现在民间借贷、非法集资对银行体系的冲击以及因理财产品亏损造成的群体性上访等方面。银行混业经营的模式已经确立，银证、银保、银信、银资间的合作，已从传统的融资交易不断深化为兼具投融资、销售代理、支付清算、财富管理、托管等多种业态，金融产品和服务的跨行业、跨市场、跨境特征明显增强，风险关联性上升。例如，德国的全能银行以及美国的金融控股公司，经营业务横跨银行、证券、保险等多个金融部门的市场主体，涉及多个金融部门，形成了融资、购并、上市、再购并、再融资的资金循环链条，营运存在着巨大风险。一旦资金链条断裂，各金融机构之间最先受到风险的传递，进而在各个子市场蔓延，造成不良后果。其表现如下：

第一，跨行业关联。民间借贷风险向银行体系传导，产业结构调整过程中信贷风险不断放大。

第二，跨市场关联。货币市场、资本市场的风险向银行体系传导，从持续不断的挂钩资本市场理财产品的兑付事件，到承销中小企业集合债，暴露出银行对金融市场信用风险管理力量的薄弱。银行间市场债务工具基本为银行机构主承销，表明债券市场风险并未有效分散到银行体系之外。

第三，表内外关联。影子银行风险向银行体系传导，普遍存在的银行业金融机构对融资性理财提供信贷兜底承诺，以及理财产品风险揭示不充分、资产池期限错配等问题，加剧了表外风险向表内的传递。此前被认为风险积聚的房地产和平台企业，不良贷款并没有预想的增长，除了银行加强了风险管控外，一定程度上也是影子银行直接融资接盘的结果，银行面临的风险更趋隐蔽。一是多头融资，风险延迟暴露。2012 年以来，一些地方政府融资平台在财政收入增速下滑、土地出让收入下降以及银行贷款受控的情况下，改变原有融资模式，通过信托、理财、债券等非传统融资渠道筹集资金。一些贷款偿还出现困难的中小企业为实现“还旧借新”，借助小贷公司、担保公司或民间高利贷的搭桥贷款作为短期替代。二是隐性担保，银行承担兜底责任。为拓展和维系客户关系，银行或资产管理公司为融资性理财提供隐性担保作为产品发行的前提条件，甚至为一些产品违规提供信贷兜底承诺并已成行业惯例。当这类资金接力式的融资无法进行下去的时候，承诺的一方将承担实际的代偿或兜底责任。

第四，境内外关联。其突出表现为国际化战略带来的跨境风险传递，近年来，国内银行通过新设和并购机构，积极参与国际金融市场竞争，通过创新融资、结算产品，为境内企业和个人的境外业务需求提供避险和理财套利服务，风险的境内外关联更趋敏感。

二、化解银行业风险

从对金融危机的研究中人们得出了一个重要结论，那就是银行危机通常都处于金融危机的核心位置。金融危机可以由银行业危机触发，银行业危机的后果显而易见。即使银行业危机是银行以外的因素触发的，但银行业危机往往紧随而至，对实际经济造成的危害更大。银行业的危机会影响金融危机的深度和广度。目前金融体系的各种风险，背后隐藏的几乎都是可能出现银行危机，尤其对中国以银行业为主的间接融资体系来说，保持银行业稳定是维护金融稳定的关键。

为缓解融资风险过度集中于银行的压力，可分三个层次来调整现有社会融资结构。第一个层次是改变直接融资与间接融资的不平衡，提高直接融资比例；第二个层次是在直接融资方式中改变债券市场与股票市场发展的不平衡，优先发展债务资本市场；第三个层次是在债券市场中改变政府债券市场与公司债券市场发展的相对不平衡，大力发展公司债券市场。当前最主要的任务就是减少对金融产品创新的管制，实质性地降低直接融资的管制成本；加强金融市场基础设施建设和市场制度建设，降低直接融资的交易成本；持续改善金融生态，降低直接融资的信用风险、管制风险和法律风险等。

第六节　金融系统性风险及防范

一、监管缺失的风险

中国目前仍然是“一行三会”的金融业分业监管格局。其中，中国人民银行负责制定和实施货币政策，并对银行间市场进行监督管理；银监会监督管理银行业金融机构，证监会监督管理证券业、期货业金融机构，保监会监督管理保险业金融机构。面对货币市场与资本市场日益融合的趋势，这种监管模式逐渐不再适应形势的需要，容易产生监管盲点，主要体现在以下三方面：

第一，新的市场主体产生监管盲点。近年来，中国出现了一大批金融控股公司，从事跨市场的经营活动。然而，目前的监管格局对金融控股公司母公司缺乏明确的监管主体、监管标准和相应的风险防范手段，而且对一些由产业资本控股的金融集团也不在金融监管范围之内，存在监管主体缺位现象，不利于风险控制。货币市场和资本市场连通后，跨市场的经营主体也将纷纷涌现，如银行的表外业务等，对这类跨市场金融主体的监管对现有金融监管模式提出了新的挑战。

第二，交叉业务和产品产生监管盲点。目前金融机构的跨市场、跨行业的产品与业务缺乏科学的监管分工，存在监管真空和重复监管现象，形成了事实上的监管权竞争和责任盲区，降低了监管效率，提高了监管成本。

第三，金融创新给监管带来的压力。规避监管是金融创新的动力之源，而金融创新后又会产生新的监管技术和模式。金融监管和金融创新如影随形，在金融创新日新月异发展的今天，金融监管无疑面临着更为被动的局面。

二、金融系统性风险及防范

本轮国际金融危机表明，监管不善会导致金融风险累积。上述的影子银行、地方债务、利率市场化过程中的风险控制、经济转轨期的重大问题等，如处置不当，都可能酿成系统性危机，必须预先研判，及时设防，加强监管。

第一，加强资本市场与货币市场的联结互动，要规范发展资本市场，在证券市场功能定位上要尽快实现由“筹资型”向“资源配置型”的转变。由于债券市场具有跨越资本市场和货币市场两个市场的独特功能，应大力发展债券市场。同时要加速发展货币市场，进一步扩大货币市场交易主体，研究开发与股票和债券相关的新品种及其衍生产品，加大风险较低的固定收益类证券产品的开发力度，为投资者提供储蓄替代型证券投资品种，积极开发资产证券化品种。在拓宽和加强资本市场和货币市场的联结上，要扩大投资主体的连通程度，赋予其跨市场投资的权利，拓宽两个市场的融资渠道，实现资金合规流动，大力发展跨市场产品来推动两个市场的进一步连通，要构建四方联合监管机制以促进两个市场的协调发展。

第二，加强研究，避免一些风险向银行体系积聚。一是加强对经济形势的预判分析，最大限度地降低行业、企业风险向银行转移。2012 年第三季度以来国内经济出现了回暖迹象，但仍是乍暖还寒。过剩行业加速洗牌、传统行业转型升级、跨业风险向银行业传导的压力短期内难以化解。要继续加强对宏观经济中重点行业、重点领域的跟踪监测，分析对银行业可能的影响和风险，引导前瞻性监测和管理。二是加强对地方平台公司贷款风险及地方政府债券风险的管控，防止政府债务风险向银行转移。金融机构间业务合作、交叉销售使地方政府债务融资方式日趋多元、复杂，银行等金融机构为地方政府所影响的情况仍然存在。要督促银行业继续推进平台贷款清理规范，全面监测平台企业的融资行为，即通过债券、信托、理财等途径融资，以及具有平台特征而又在名单外的企业向银行融资或承接平台债务的情况。督促银行业将持有的平台企业风险敞口纳入统一授信管理，避免政府债务风险过于向银行体系集聚。

第三，加强防范转轨时期的金融风险。经济转轨期，中国经济总量和结构的矛盾十分突出，金融业信贷投放的难度和风险加大。[①] 一是金融业在大力支持新兴产业时，要避免形成新风险，对于光伏等新兴产业，要全面分析，既不盲目支持，也不在其困难时匆忙撤出。信贷资金的投放，要依据市场法则，按照新兴产业的特点，有步骤地予以支持。二是对于新型城镇化建设的金融机遇，坚持“商业运作，持续发展”原则，充分挖掘城镇化机遇，建立激励约束机制和风险控制体系，落实银监会“三办法一指引”的规定，做好贷款资金监管工作。对于还款资金来源于土地出让收益的城镇化建设项目，应明确包括项目资本金、信贷资金及用于项目还款的土地拍卖收入等归集与支付，接受贷款行监督，确保项目资金的来源与运用清晰可查。三是对于发放出去的贷款和投资，落实贷后管理责任人制度，确保贷款本息和投资按约定收回。

第四，对金融创新加强监管，避免监管真空。在金融监管和金融创新之间会存在时间滞后问题，要把金融市场发展中需要纳入监管范围的产品或机构及时添加进来。随着资金脱媒的深化，金融企业与非金融企业，银行、证券、保险机构

---

① 肖崎. 金融体系的变革与系统性风险的累积 [J]. 国际金融研究，2010（8）.

之间泾渭分明的业务边界在一些领域日益模糊，各种业态相互渗透，监管真空问题愈发突出。要坚持“成本可算、风险可控、提高透明度”的原则进行金融创新，把金融创新的风险置于可控范围内。借鉴其经验，中国需要重新审视中国资本市场创新的路径。金融创新在正常市场环境下会发挥资本市场优化配置和价格发现等功能，实现风险定价、转移和分散，但监管松懈、过度创新却使其最终沦为金融危机的导火索和放大器。因此，要循序推动市场结构、投资产品和交易机制等多环节的金融创新，为资本市场服务，为实体经济需求服务，从审核监督、信息披露等方面发挥监管优势和提高透明度。

第五，构建跨市场金融风险监测预警体系。要加强监管协调，防范跨市场风险转移。分业监管向统一的功能性监管转换，重点关注金融机构的业务活动及其基本功能。实行审慎监管，既要管住，又不能管死，要有利于金融创新。建立“一行三会”即人民银行、银监会、证监会、保监会的协调监管机制，在统一的监管信息平台上交叉监管，定期召开联合监管会议，联合监管重大事项和突发事件，实施跨产品、跨机构、跨市场的监管协调。要建立金融监管制衡机制。加强监管部门间的协调，防范监管套利和影子银行的风险向银行转移。为此，银、证、保监管机构应加强交流，规范交叉性金融业务的标准，统一监管政策，减少监管套利；建立定期沟通机制，及时掌握影子银行业务的规模和投向，督促金融机构在制度、流程、系统等环节有效落实“防火墙”机制。加强跨市场合作业务规范，规避直接融资风险向银行体系转移。不论是监管部门还是银行业，对跨市场合作以及金融市场业务的认识和管理仍存在差距，对潜在转移风险和系统性风险隐患的重视不够。为此，要尽快将跨市场合作业务纳入常规监管统计体系，实现风险的可监测、可计量、可预警；要明确跨市场合作业务规范，明晰信息披露要求，规范各参与主体的权责关系，防范风险跨市场传递。为了应对可能出现的跨市场金融风险，“一行三会”应密切配合，对相关金融风险进行细分和归类，并建立起宏观金融风险预警系统和微观金融风险预警系统，统一险预警模型、风险预警指标、风险预警方法；加快研究交叉型金融工具的风险传导机制和风险传染路径，在充分调查和评估的基础上，制定有针对性的控制措施；及时对各种风险进行跟踪和检测，实现对金融风险持续、动态、全方位的监督；除此之外，应建立金融监管信息共享和交换平台，提高对系统性金融风险的预测和监控能力。

第二篇

金融期货与风险管理

金融期货在中国还刚刚起步，2009年推出股指期货，2013年重启国债期货，人民币期货也在准备之中。这标志着中国资本市场的发展进入了一个新的阶段。从现货交易跨越到期货交易，就像资本市场的两只手，相互依存，相互推动，规避风险，稳定发展，具有深远意义。金融期货是市场经济发展的必然结果。只要存在价格波动，就有对规避风险的需求，就有发展期货市场和金融期货的内在动因，它是在汇率、利率和股票价格等金融指标发生剧烈波动的背景下产生的，是为了满足规避金融风险的需求而出现的一项重大金融创新。探索和发现金融期货发展的规律，保证金融期货市场健康持续发展，是中国金融改革的一项重要任务。金融期货的基本功能就是发现价格和风险管理。股指期货、国债期货、汇率期货既可以发现股票市场、债券市场、外汇市场的价格，又作为这些市场的风险管理工具而存在。运用得当，可以控制和管理风险；运用失当，则会造成巨大危害。因此，必须借鉴国际经验，结合中国资本市场的发展，处理好虚拟经济和实体经济的关系，发挥金融期货的重要功能，有效管理风险，为中国资本市场的成熟和完善发挥积极作用。

第六章　国际金融期货

金融期货具有风险管理和价格发现的功能。外汇期货、利率期货、股指期货代表了国际金融期货市场演变的顺序，与世界经济发展的进程密切相关。国际金融期货市场以利率期货为核心产品、以北美为主要市场，呈快速发展态势，期货品种成功与否，与市场交易量有关，也与善于利用后发优势有关。因此，各区域的金融期货市场特点及路径选择不同，总结金融期货市场发展的经验与教训，探索中国金融期货市场的发展道路，要重视制度变迁对金融期货交易的作用。只有以风险控制为中心，掌握金融期货的运行规律，慎重选择金融衍生品市场的发展路径和监管政策，才能积极推动中国金融期货市场的发展。

第一节　金融期货的概念、功能和种类

金融衍生品市场包括：交易所市场（ETD）和场外交易市场（OTC）。交易所市场交易，指有固定的交易场所，交易所内多采用经纪人制度，多方公开竞价，合约标准化。场外交易市场则是一个分散的无形市场，没有固定的、集中的交易场所，由许多各自独立的证券经营机构分别进行交易，依靠电话、电报、传真和计算机网络联系成交。因此，OTC 市场较 ETD 市场规模要大很多。据国际清算银行（BIS）的数据，截至 2012 年底，ETD 市场未清偿名义金额为 52 万亿美元，OTC 市场为 633 万亿美元（BIS，2013）。ETD 市场主要包括商品期货、金融期货、金融期权等交易品种，本书的研究对象为金融期货市场，分析的是交易所市场的金融期货交易。

一、概念和功能

金融期货是指买卖双方在指定场所内，按约定时间、约定价格进行买卖某些标准化金融工具的期货合约。其特点是，以金融资产（如有价证券或外币）为交

易标的物，交易对象是金融期货合约，交易须在特定的交易所内进行，实行公开叫价、保证金与每日清算制度。

金融期货作为金融衍生品的一种类型，必须在指定的交易场所按约定价格进行买卖某些标准化金融工具的期货合约。与商品期货相比，其交易对象是金融期货合约，标的物是传统的金融商品，如证券、货币、汇率、利率等。因此，金融期货可分为三类：外汇（汇率）期货、利率期货和股指期货。[①] 交易所市场同时受到行业协会和政府的严格监管，这样能够保证金融期货实现其风险管理和价格发现的两大基本功能。由于2008年世界金融危机爆发，疏于监管的场外交易的CDS的风险迅速蔓延，而交易所交易则以严密的监管性成为了金融衍生品发展的主要品种，反而受到各国更多的重视，得到了更快的发展。金融期货是商品期货的延伸和发展，在期货交易所里对规定品种、数量的金融证券的买和卖，买卖成交同实际交割之间有一段时间间隔，在约定的日期按协议价格进行交割的契约。这种契约并不表示金融证券实物的真实转让，而是买卖双方约定承担了在若干日后买入或卖出该项金融资产的义务和责任。作为期货交易中的一种，金融期货具有期货交易的一般特点，但与商品期货相比较，其合约标的物不是实物商品，而是传统的金融商品，如证券、货币、汇率、利率等。

世界金融之父利奥·梅拉梅德（Leo Melame）将金融期货的重要经济功能归结为三方面：

第一，风险管理。金融期货的目标是保护现存利润而不是创新利润，规避现货市场风险是其基本功能，也是金融期货创立的初衷。通过套期保值或运用期权工具，将现货市场风险从厌恶风险的人转移到愿意承担风险的人身上。

第二，价格发现。买者和卖者持有各种金融期货合约，通过类似于拍卖的方式确定交易价格，基本反映了金融商品的价格预期和供求状况，通过电子通信技术及时传播至全球各地，对投资者有指引作用，也为其他相关市场提供了参考。这种独特的价格发现功能，可以实现和传播价格信息，对于整个市场运行发挥着重要作用。

第三，交易效率。如果产品流动性不强，交易成本高昂，就会妨碍投资和阻止资本的积累，但是衍生品可以有效增加市场的流动性，提高交易的效率，降低筹资成本。

金融期货的独特功能在市场经济运行中发挥着重要作用。首先，金融期货市场是市场经济运行的必要条件。期货市场作为高度组织化的市场，集中交易、公

---

① 由于交易所市场的期货交易具有盯市制度，投资者须在账户内根据要求存入一笔保证金，如保证金低于应维持的水平，就将被强制平仓。这一制度很好地保证了期货交易的安全性，违约现象被有效遏制。

开竞价，可以创造真正公平竞争的环境；期货交易吸引了大量参与者，可以打破区域界限，形成大市场；期货市场作为现货市场的矫正和补充，对完善市场体系、规范市场秩序都具有重要意义。其次，期货市场是市场经济发展的内在稳定器。从微观来看，期货交易有利于稳定企业的生产经营。其价格发现功能有助于生产决策合理化，其套期保值功能为企业提供了规避风险的手段。活跃的期货交易可以减缓现货市场价格波动的幅度，降低或消除价格波动的风险。

作为标准化金融商品期货合约，其交易是在有严格规则的金融期货交易所进行的。其特征为：第一，交易标的是虚拟化了的证券、货币等金融商品，不包括实物商品。第二，标准化合约交易。金融商品的收益率和数量都具有标准性，如币种、交易额、清算日期、交易时间等都有规定，唯一不确定的是成交价格。第三，公开竞价方式决定买卖价格，交易市场效率高、透明度高。第四，会员制度。非会员要参与金融期货交易须通过会员代理，交易在会员之间进行，会员同时又是结算会员，交纳保证金，交易的信用风险较小，安全保障性高。第五，交割期限规格化。交割期限一般是 3 个月、6 个月、9 个月或 12 个月，最长的是 2 年。

金融衍生品市场风险包括企业特定风险（Firm-specific Risk）和系统性风险（Systemic Risk）。企业风险有五种：第一，市场风险，指衍生品的价格发生逆向变动而带来的价值风险。第二，信用风险，即交易对手不履约的风险。第三，流动性风险，比如，如果市场业务量不足，则交易者无法平仓；如果用户流动资金不足，则合约到期无法履行支付或无法追加保证金。第四，操作风险，指由于技术问题或价格变动反映不及时导致的风险。第五，法律风险，指合约内容在法律上有缺陷或无法履行，这种风险经常出现。金融衍生品市场的系统性风险是指金融体系抵御经济动荡的脆弱性。由于金融衍生品本质上是跨越国界的，有极大的渗透性，所以金融系统风险不断增大。近 30 年来，金融衍生品市场的超乎寻常的增长，出现了一系列由于衍生品交易造成巨额亏损以及客户指控银行失误等事件，原因包括衍生品的复杂性、信息披露的不透明、监管跟不上市场发展等，但衍生品市场的参与机构的内控及交易系统漏洞是造成这些事件的根本原因之一。2008 年金融危机的根源在于美国房地产泡沫破裂，对场外金融衍生品的不当使用和对金融创新的监管缺失，导致危机扩散。因此，中国选择金融衍生品市场发展路径和监管政策时应格外慎重，应优先发展场内金融衍生品市场。

二、种类

20 世纪 70 年代初，国际金融领域发生了两次深刻变故：一是美元汇兑本位货币体系的布雷顿森林体系解体，固定汇率制逐渐取代了浮动汇率制；二是随着凯恩斯主义经济政策失灵，在严重的通货膨胀压力下，西方国家各中央银行纷纷实行新货币政策，从控制利率水平转向控制货币供应量，相继放宽了利率管制。上述因素共同作用导致了金融市场的利率、汇率急剧波动，风险剧增，严重影响了公司、金融机构和证券投资者的资产价值和负债成本。在此背景下，各国生产者和贸易商避免外汇、利率、股价风险的愿望增强，金融期货正是这种国际金融环境变迁下，顺应时代而产生的。金融期货按其产生顺序，最早出现的是外汇期货，接着是利率期货，最后是股票指数期货。下面分别予以介绍。

1. 外汇期货的产生和发展

美国芝加哥期货交易所的国际货币市场于 1972 年 5 月创立，旨在将农产品期货方式用于外汇，转移贸易和金融风险。外汇期货是指协约方在未来某一时期，据约定价格——汇率，买卖一定标准数量的某种外汇的可转让的标准化协议。币种包括：日元、英镑、德国马克、瑞士法郎、荷兰盾、法国法郎、加元、美元等。交易所包括芝加哥商业交易所、中美洲商品交易所、费城期货交易所等。

外汇期货合约是“二战”后世界经济格局变化的产物。1944 年的布雷顿森林协定规定，每 1 美元币值相当于 1/35 盎司黄金含量，并规定各国的中央银行将本国的货币汇率与美元含金量相挂钩，将汇率波动幅度限制在上、下 1%之内。但是到 20 世纪 60 年代，固定汇率制度已经开始动摇，西方主要工业化国家重新调整汇率，纷纷采取浮动汇率制，国际金融市场中的外汇汇率处于动荡不定之中，西方发达国家为适应宏观经济政策目标的需要，交替推行膨胀与紧缩的政策，利率大幅度波动。这样，就使从事国际贸易者和资金借贷者又面临着汇率风险，如美元汇率下跌，则交货付款时进口方就会得利，出口方就要遭受经济损失；反之亦然。同样，汇率变化，使国际借贷者也面临风险，如借贷的外币汇率上升，借款人便需筹集更多货币还债；反之亦然。为了保证国际贸易和国际资金借贷业务的正常进行，就要规避因汇率变化造成的汇率风险。与国际结算有关的各国货币，规范划一，符合期货交易商品的客观要求，并且 100 多年来的商品期货交易实践表明，期货市场是规避价格风险的最有效途径之一，所以汇率进入了期货市场交易。美国于 1972 年 5 月在芝加哥商品交易所首先成立了一个国际货币市场，这是世界上第一个专门经营外汇期货交易的金融期货市场。以后，外汇期货交易的范围不断扩大。

目前，世界主要货币都在期货交易所内进行着交易，美国芝加哥国际货币市场（IMM）交易的品种就有德国马克、英镑、日元、加元、瑞士法郎等外汇期货品种。此外，诸如欧洲货币单位、美元指数期货、澳元期货、英镑期货、加元期货、荷兰盾、新西兰元和墨西哥比索等品种都在各期货市场上进行着交易。外汇期货交易首创的主要目的是要将农产品期货方式用于外汇方面，使世界上从事贸易和金融者能够转移风险。其功能也不外乎套期保值和价格发现，所谓外汇期货套期保值就是利用外汇期货交易确保外币资产或外币负债的价值不受或少受汇率变动带来的损失，其完整的交易过程是在现货市场上买（卖），期货市场上卖（买），然后在现货市场上卖（买），在期货市场上买（卖），一个市场受的损失由另一个市场来弥补，而期货市场上的风险将转嫁给众多的投机者。以多头（买入）套期保值为例，假设美国某进口商要从德国进口500万马克的货物，在3个月内结算，现货市场上汇率为每马克0.6868美元，但他面临美元对马克贬值的风险，就在期货市场上以0.7015的期货汇率买入40张马克合约，价值500万马克。3个月内现货汇率升到0.7120，期货汇率升到0.7210，那么现货汇率的变化使其损失12.6万美元［(0.7120－0.6868)×500］，期货交易盈利9.75万美元［(0.7220－0.7015)×500］，通过期货交易使其损失由12.6万美元减少到2.85万美元（12.6－9.75）。

2. 利率期货的产生和发展

利率期货是在某一日期按约定条件买卖一定数量的某种长短期信用工具的可转让的标准化协议，包括长期国库券、政府住宅抵押证券、中期国债、短期国债等。交易所包括芝加哥期货交易所、芝加哥商业交易所国际货币市场分部、中美洲商品交易所等。套期保值是利率期货的基本功能，包括多头和空头利率两种。利率期货对银行资产负债管理作用很大。

在市场经济中，利率起着重要的导向作用，大部分经济活动都受货币价格的影响，20世纪70年代初期，美国利率开始波动不定，整个70年代优惠利率变动130次，仅1980年就变动了39次。利率波动较大，银行就会发放浮动利率贷款，把利率风险转嫁到客户身上。在金融市场上，利率提高会使有固定收入的债券价格下跌，给投资者带来严重损失，这些人包括投资者、证券商及承担银行转嫁利率风险的银行客户。利率频繁波动时，就需要一种保护工具，避免因货币价格突然和不可预料的变化而造成的损失。1975年10月，芝加哥谷物交易所开始使用政府国民抵押协会的抵押证券签订合约，标志着利率期货交易的开始。

利率期货套期保值是金融市场上的借贷者采取与其现货市场相对的立场买卖利率期货，以确保现在拥有或将要拥有、或将要买卖的金融凭证的价格。套期保值是利率期货的基本功能，包括多头利率套期保值和空头利率套期保值。以多头利率套期保值为例，如某银行在6月预计9月会有多头头寸200万美元，决定用这200万美元到9月买进美国短期国库券（6月预计收益率7%），为防止届时利率上升、国库券价格上涨，在6月15日买进两份9月期国库券期货，价格是93.00（收益率7%）。到9月10日，该银行用200万美元在现货市场买进收益率为5.6%（价格94.4）的国库券，同时在期货市场上以94.08（收益率5.92%）卖出两份国库券期货对冲。交易结果是现货市场损失7000美元［(94.4－93)×

$\frac{2000000}{100}$万美元×3/12]，期货市场盈利5400美元［(94.08－93)/×$\frac{2000000}{100}$×3/12]。这样，损失减少到1600美元，实际收益率为6.68%。

利率期货交易对于银行资产负债管理来说作用很大，1980年美国联邦储备银行理事会就颁布了银行从事期货、远期及担保合约交易的操作规则。商业银行及储蓄贷款协会等金融机构成为了期货市场的积极参与者，这些金融机构持有大量的利率敏感性资产和负债。利率的变动除影响其利息收入和支出外，对所持有的长期资产的价值也将造成大幅度波动，进而影响其收益的大小，利率期货正好为银行提供了利率避险工具。

3. 股指期货的产生和发展

股指期货是按约定价格在某一时期买卖股票指数的可转让的标准化合约。其中最有代表性的有美国道琼斯股票指数、标准普尔500种股票指数、英国金融时报工业普通股票指数、香港恒生指数和日本日经指数等。交易场所包括芝加哥期货交易所、芝加哥商业交易所、纽约证券交易所、堪萨斯期货交易所。股指期货交易以股票指数作为买卖对象，协议方同意承担股票市场上价格波动的收益和损失。1982年2月，美国堪萨斯农产品交易所开始按1700种股票指数进行期货业务后，股指期货就不断发展，至今在世界20多个证券交易所、期货交易所有40多种股指期货、期权合约。股指期货为股票共同基金、退休基金、人寿保险基金等机构投资者使用，被用作资产管理的手段，后来被各种金融机构用于简易、低成本调整资产分配。股指期货在资产投资领域有非常大的作用。

股票指数期货是近年来股市剧烈波动的产物。1977年，能源危机使石油价格暴涨，通货膨胀肆虐，世界股票市场动荡，企业的实际收益大幅度下降，投资者信心也大受打击。为了拓展当时新兴的金融期货市场，美国于1982年2月首创一种商品，即根据股票指数的起落而买卖的期货合约，受到热烈欢迎，这是股票指数期货的雏形。1982年4月，芝加哥商品交易所推出标准普尔500指数的期货合约。这种指数代表了在纽约证券交易所、美国证券交易所和场外交易（散户）买卖的500种普通成分股和加权平均指数，它以全新的概念开拓了大量新的投资机会和领域，使世界各地的证券交易所竞相仿效。

股指期货是以股票指数作为买卖对象的期货，买卖双方同意承担股票市场上价格波动带来的收益和损失。股票价格的升降，不仅对股票持有者存在风险，而且对想要购买股票的人也存在风险。要想避险，在期货市场上做期货交易就是一种最好的办法，即在股票的现货市场与股价指数的期货市场做相反的操作就可以抵消要出现的风险。也就是说，拥有股票将要卖出者，为避免股票价格下跌的损失，应在期货市场上做空头；将要购买股票者，应做多头，以收获股票价格上涨带来的收益。举例说明，某银行承购包销一家公司发行的24万股普通股，每股

45美元，该银行预计价格走势下跌，在购入后立即卖出与购入成本大致相等的150份3个月后交割的价值线股价指数期货，价值为500美元×145.48×150，即1091万美元。卖出期货后，股价果然下跌，该银行在3天内以平均价格143.38美元将150份指数期货买入平仓。现货市场总收入为1072万美元，期货市场总收入为1075.35美元（500美元×143.58×150），现货市场亏损8万美元，期货市场盈利15.75万美元，净盈利为7.75万美元。股价指数期货在一开始只是为股票共同基金、退休基金、人寿保险基金等机构投资者使用，后来运用范围逐步扩展，比如机构投资者用其作为资产管理的手段，进行较高预期利润的多样化投资，简易、低成本调整资产分配。可见，股指期货在投资领域具有非常大的作用。

第二节 国际金融期货市场的最新发展

一、概况

国际金融期货市场从2000年以后发展快速（见图6-1），在2008年金融危机时也遭受了打击，但在危机后期迅速回升。这是由于金融期货属于场内衍生品，由于金融市场的波动性加剧反而出现了大幅上扬的原因是，场内交易在金融风暴中由于交易对手的风险上升而广受投资者的青睐，其保证金盯市制度和中央

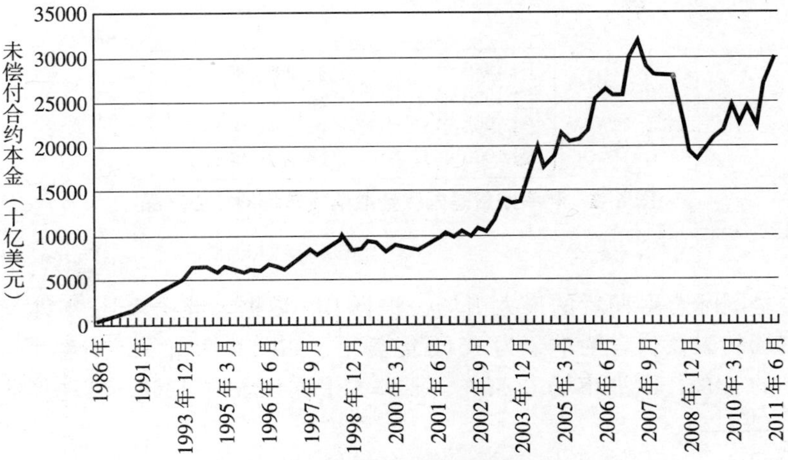

图6-1 国际金融期货市场走势

资料来源：BIS. http：//www.bis.org/statistic（访问日期：2013年8月2日）。

清算制度都在交易中极大地降低了交易者的风险，因而在金融形势和经济情况的剧烈变化下成为衍生品使用者的首选对象，场内衍生品的地位得到了巩固，国际金融期货市场也相应地快速发展。如图 6-1 所示，2011 年 6 月，国际金融期货市场的未偿付合约本金达到了 30 万亿美元，与 2007 年 6 月的最高值基本持平。

利率期货是国际金融期货市场的核心产品，如图 6-2 所示，国际金融期货市场的发展以利率期货为主，根据国际清算银行 2011 年 6 月的数据计算，利率期货的未偿付名义本金为 28 万亿美元，占到 95.3%，外汇期货占 0.6%，股指类期货占 3.96%。[①] 可见，利率期货是金融期货的核心。利率期货是以国债为主要标的资产的衍生品，总的来说，这种地位是与其标的资产——国债在金融市场中的重要性分不开的。国债因为具有安全性和高度流动性而成为债券市场的主力品种。同时，国债利率作为基准利率，对金融市场乃至实体经济有巨大影响。正是国债市场的繁荣催生了利率期货的蓬勃发展。

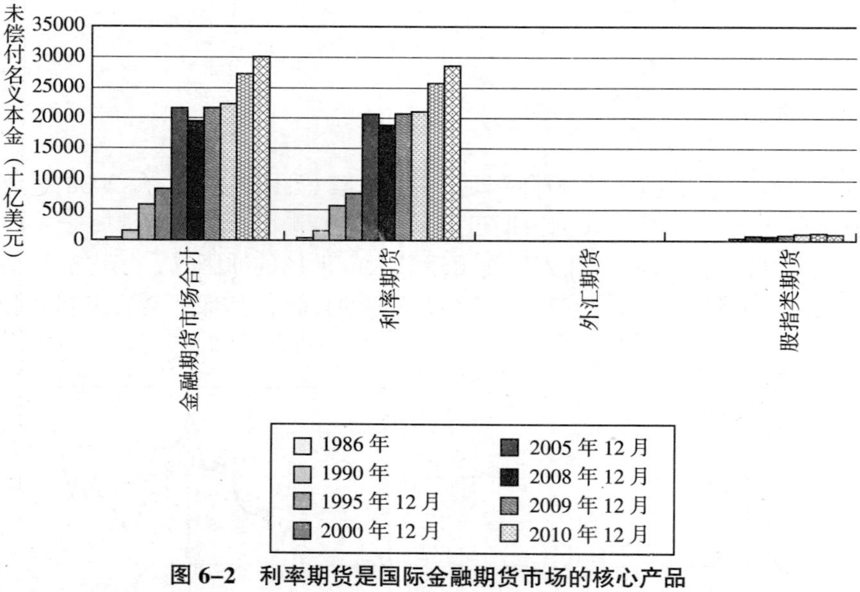

图 6-2 利率期货是国际金融期货市场的核心产品

资料来源：BIS。

北美是国际金融期货的最大市场，根据 BIS 数据，北美市场 2011 年 6 月金融期货市场的未偿付合约本金为 16 万亿美元，如图 6-3 所示，占整个国际金融期货市场的 54%，欧洲市场占 30%，亚洲太平洋地区占 13%，其他地区占 3%。

① Bank of International Settlements (BIS), Statistical Release: OTC Derivatives Statistics at end-December 2012, May 2013.

北美市场仍然是主要市场，如图 6–3 所示，几乎一直占据 50%以上的比例。北美地区的金融期货市场不仅是全球最大的，其市场监管也是全球最严格的。北美地区的增长速度仍然很快，2011 年第二季度比上一季度增长了 10%。

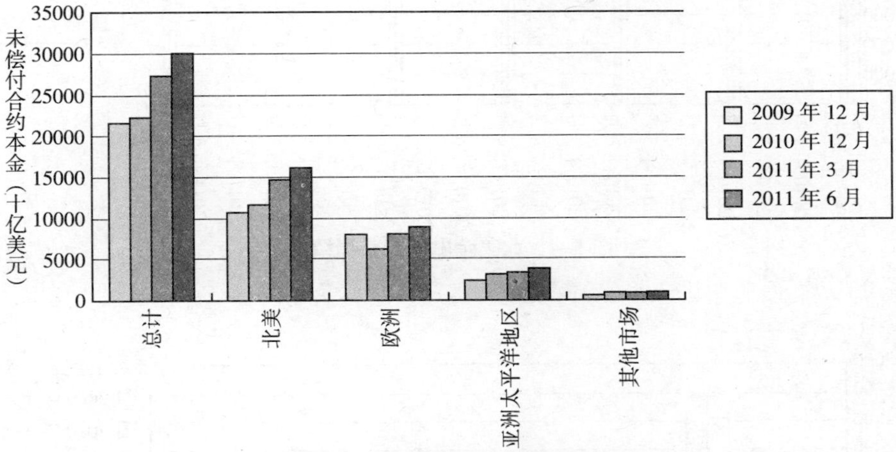

图 6–3 国际金融期货市场区域分布

资料来源：BIS。

二、各国金融期货市场的发展及路径选择

金融期货由三大类别组成，按其出现的先后顺序，分为外汇期货、利率期货及股指期货，但是各国的发展路径并不一样。

1. 北美的金融期货市场发展及路径选择

（1）北美金融期货市场的主要特点。北美市场主要以利率期货为主（见图 6–4），占 95%以上；同时它也是国际利率期货市场的最大市场（见图 6–5），占全球利率期货市场的 55%；是国际外汇期货市场的最大市场（见图 6–6），占全球市场的 62%。北美利率期货的巨大成功，离不开美国国债现货市场的巨大容量，而芝加哥商品交易所（CME）外汇期货的巨大成功，也得益于美元的世界货币地位。北美是国际金融期货的主要市场，在交易所排名中，世界前五大交易所分别是芝加哥商品交易所（CME）、芝加哥期权交易所（CBOE）、芝加哥期货交易所（CBOT）、伦敦国际金融期货期权交易所（LIFFE）和欧洲期货交易所（EUREX），美国占了其中的三个。

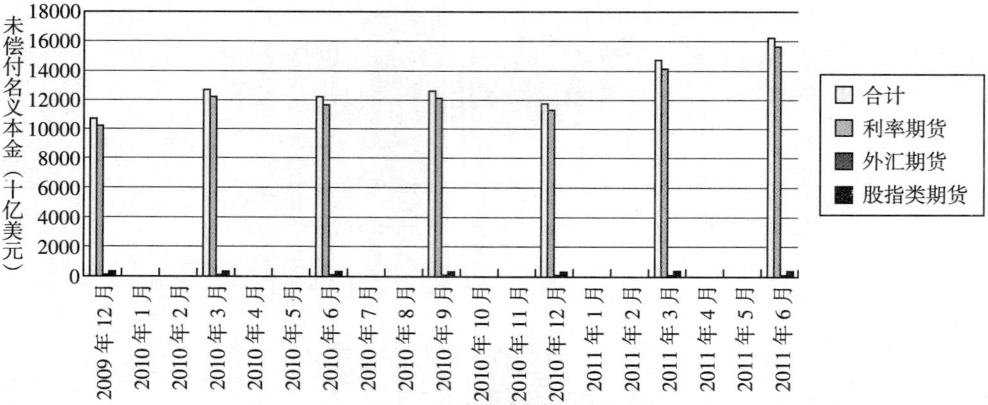

图 6-4 北美金融期货市场结构

资料来源：BIS。

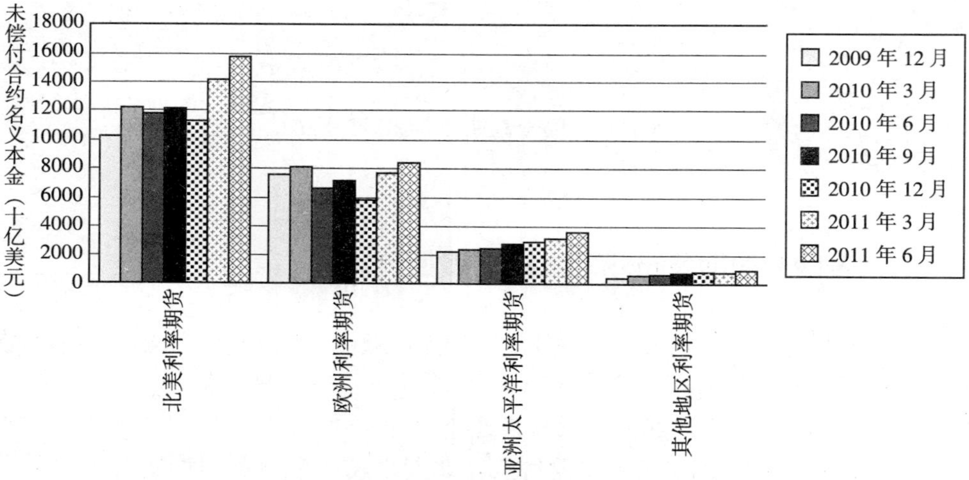

图 6-5 国际利率期货市场分布

资料来源：BIS。

（2）美国金融期货的发展路径。美国作为金融期货的发源地以及世界规模最大、创新最活跃的金融期货市场，引领着世界各地金融期货的发展趋势。美国金融期货走了一条从外汇期货到利率期货再到股指期货的金融期货起源之路，并相应开发了各种期权互换产品。因而考察美国交易所金融期货的发展路径（见表6-1），能够准确地把握发达国家金融期货的推出顺序和条件，对中国推出金融期货的品种也有重要的参考意义。1972年5月，随着以固定汇率为主要内容的布雷顿森林体系的崩溃，浮动汇率取而代之，汇率的不稳定给国际贸易和投资活动带来了很大风险，对利率和股市也产生了剧烈的影响，为适应时代需求，芝加哥

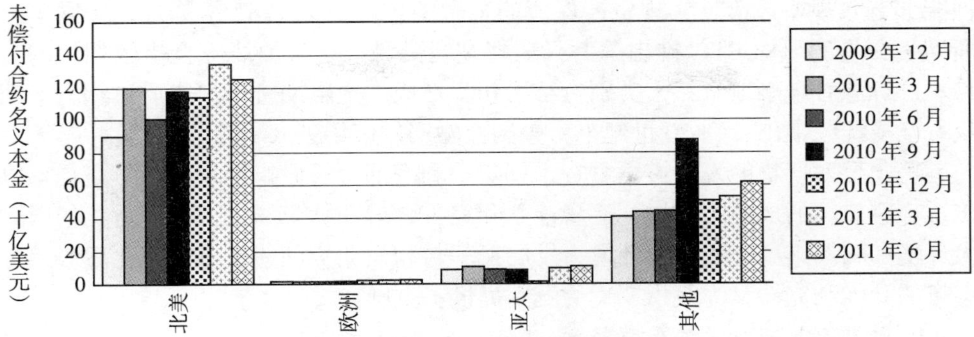

图 6-6 国际外汇期货市场分布

资料来源：BIS。

表 6-1 美国金融衍生产品市场选择路径

时　间	金融衍生品
1972 年	外汇期货
1973 年	股票期货
1975 年	抵押债券期货、国库券期货
1977 年	长期政府债券期货
1979 年	场外货币期权
1980 年	货币互换
1981 年	股票指数期货
1983 年	外汇期货期权、股票指数期货期权
1985 年	欧洲美元期权、互换期权
1987 年	平均期权、复合期权
1989 年	利率互换期货
1990 年	股票指数互换
1991 年	证券组合互换
1992 年	特种互换

资料来源：《全球衍生品市场发展趋势与中国的选择》，百家出版社，2003。

商品交易所（CME）推出了第一个金融期货品种——外汇期货合约，以规避汇率风险。1975 年 10 月，CBOT（芝加哥期货交易所）率先推出第一张利率期货合约（GNMA）——政府国民抵押协会抵押凭证期货合约。不久，为满足市场管理短期利率风险的需要，美国芝加哥商业交易所的国际货币市场（IMM）在 1976 年 1 月推出了 90 天期的美国国库券期货合约。利率期货市场的出现是市场对利率频繁波动的反应，是通货膨胀环境下的产物，也是对通货膨胀和利率的突然变动进行调整的一种尝试。随着 20 世纪 70 年代西方各国受石油危机影响，经济发展十分不稳定，利率波动剧烈，导致股票市场价格大幅波动，股票投资者迫切需要一种能够有效规避风险、实现资产保值的金融工具。于是 1982 年 2 月，美国堪萨斯期货交易所（KCBT）推出第一只股指期货品种——价值线综合指数期货的交易。这标志着金融期货三大类别的结构初步形成。金融期货推出之后，相应的期权、互换陆续推出，到 20 世纪末，美国金融期货市场进入了繁荣期。

美国金融期货的发展遵循着货币期货—利率期货—股指期货的基本路径，以传统金融市场的成熟为前提，逐步建立和完善金融期货市场。汇率自由化的国际大环境和利率市场化的国内环境为发展汇率与利率期货创造了条件，此后股票等市场的壮大和完善又为股指期货的诞生提供了土壤。

2. 欧洲期货市场的发展路径

（1）欧洲是国际股指期货的主要市场。欧洲一直是北美地区的有力竞争者。欧洲金融期货市场，在全球市场中的比重自 1996 年以来一直占 30%左右，2011 年 6 月仍为 30%，落后于北美。据其金融期货市场业务量来看，利率期货比重最大（见图 6-7），超过 90%以上，其次是股指类，占 4%左右。不过，就全球股指期货市场的分布来看，欧洲市场最大（见图 6-8），占 47%，而北美占 36%，2011 年 6 月的未偿付合约名义本金，欧洲市场要比北美市场多 1000 多亿美元。如图 6-8 所示，股指期货市场主要集中在欧洲，这主要由于欧洲的证券市场很发达，2002 年泛欧交易所（Euronext）完成了对伦敦国际金融期货期权交易所（LIFFE）的战略收购，按交易额计算，目前已经成为全球第二大衍生品交易所。同时，欧洲是全球最先采用电子平台的地区，电子平台降低了交易成本，方便了交易。而且，欧洲股指期货市场最为发达，也与其发展路径密切相关。

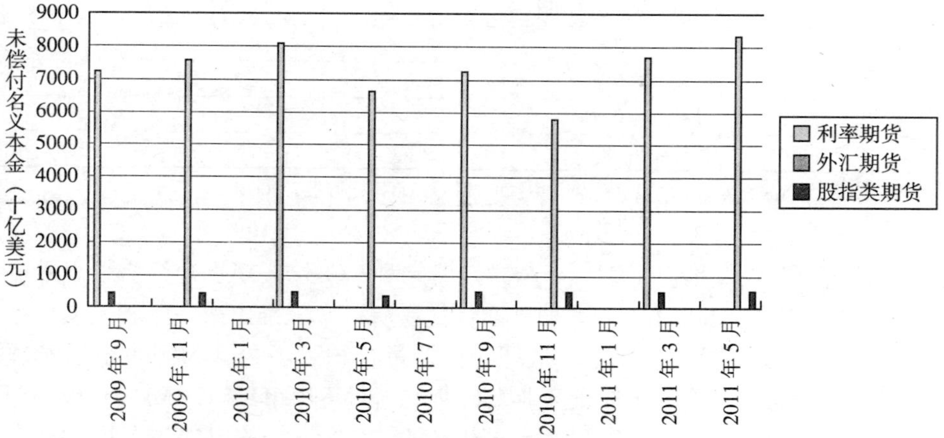

图 6-7 欧洲金融期货市场结构

资料来源：BIS。

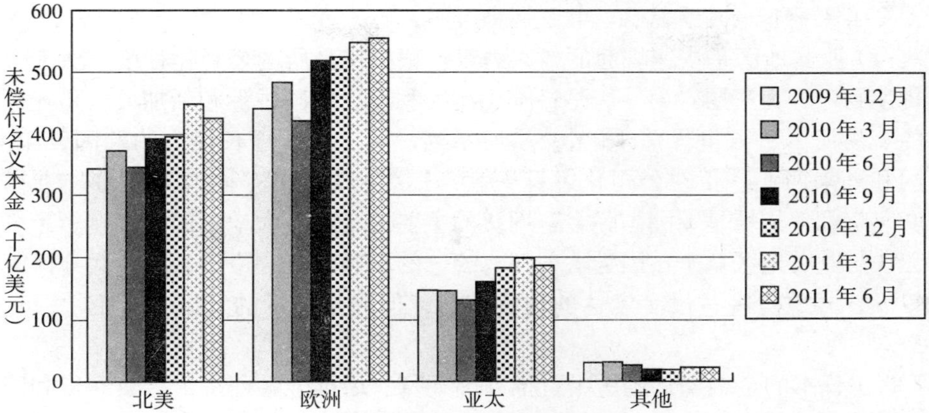

图 6–8 国际股指期货市场分布

资料来源：BIS。

（2）英国等欧洲国家的金融衍生品发展路径。英国伦敦国际金融期货期权交易所（LIFFE）于 1984 年 1 月推出了两种股指期货交易（见表 6–2），即金融时报 100 指数期货和金融时报欧洲股票价格指数；1990 年，英国引进了 3 个月欧洲马克利率期货，这是第一个 3 个月欧洲货币利率期货，使交易量大增；2001 年 1 月，英国推出了全球股票期货（USF），引起了巨大反响。和英国一样，欧洲其他各国也主要以股指期货为主，法国期货交易所（MATIF）于 1988 年 6 月推出了法国证券商协会 40 指数期货（CAC40）；荷兰阿姆斯特丹金融交易所（FTA）于 1988 年 10 月推出了阿姆斯特丹股指期货（EOEI）；德国期货交易所（DTB）于 1990 年 9 月推出了德国股指期货（DAX）；西班牙衍生品交易所（MEFFRW）于 1992 年 1 月推出了西班牙股指期货（IBEX35）等。可见，欧洲发达国家走出了一条与美国不同的道路，这也是欧洲各国根据自身发展需要，利用后发优势，选择以股指期货为突破点，然后发展其他种类的金融衍生品，充分体现了先简单后复杂的思路。

表 6–2 欧洲金融期货期权市场的选择路径

时　间	金融衍生品
1984 年	金融时报 100 指数期货、金融时报欧洲股票价格指数期货
1985 年	金融时报指数期权
1989 年	平均期权、复合期权
1989 年	德国政府期货、3 个月英镑利率期权
1990 年	欧洲马克利率期货、欧洲马克利率期权
2001 年	全球股票期货

资料来源：伦敦国际金融期货和期权交易所网站。

3. 亚太地区的发展路径

（1）亚太地区是快速崛起的新兴力量。根据交易所的公司化程度，亚太金融期货市场可分为三层：第一级是日本、澳大利亚、中国香港和新加坡，是亚洲主要的交易所，进入世界前16名交易所系列。第二级是增长最大的韩国、印度、中国和马来西亚，正在公司化过程中。第三级则是泰国、印度尼西亚、菲律宾等。东京和新加坡是亚洲国际金融期货的主要地区。亚太地区的金融期货市场仍然无法与欧美地区竞争，因为欧美都有统一的联盟和统一市场，而亚太地区则发展较晚，开放也晚，没有发达的现货市场，但股指期货的发展相对很快（见表6-3）。

（2）日本的金融期货经历了首推商品期货、后推金融期货，指数期货和国债期货齐头并进的发展历程。1950年日本推出日经225商品期货；1971年日本推出10年期国债；1985年日本东京证券交易所（TSE）推出了10年期日本国债期货（见表6-3）；1987年大阪推出了SOE50指数期货合约等（见表6-3）。日本也向英国等发达国家一样，开展金融期货的时间交易晚于美国，但是由于后发优势且出于对本国经济环境的考虑，这些国家没有按照美国的路径演进，而是适时地推出了适应本国市场需求的产品。首先推出股指期货，同样体现了先简单后复杂的思路。

表6-3 日本金融衍生产品市场的选择路径

时　间	金融衍生品
1981年	日本修改商法，让公司可以开始发行附认股权证的公司债
1985年	日本政府允许公司债和认股权证拆开分别交易
1985年	日本东京证券交易所（TSE）推出了10年期日本国债期货，并分别在美国芝加哥期货交易所和伦敦国际金融交易所（LIFFE）上市
1986年	日本开始标售短期国债；新加坡SIMEX推出了Nikkei 225指数期货合约
1987年	日本开始销售10年及20年期国债
1987年	大阪推出了SOE 50指数期货合约
1988年	大阪推出了Nikkei 225指数期货合约
1988年	东京推出了Topix指数期货合约
1992年	发行了10年期指标国债

资料来源：The Journal of Futures Market，Vol.20 No.7，p.663.

（3）新加坡金融期货市场的发展路径相当独特，充分体现了金融衍生产品的创新性和灵活性。其首先选择上市别国的股票指数为期货交易标的，并把继续上市以周边国家股票指数为标的的期货合约作为发展策略（见表6-4）。1986年，新加坡抢先推出了日经225指数期货合约，1997年抢先推出摩根士坦利台湾指数期货，这两种期货合约导致了后来日本和中国台湾地区该指数合约的被动，成交量一直落后。此外，新加坡充分利用优越的地理位置——时差位于纽约和伦敦之间，成为衔接美国和欧洲金融衍生品交易的桥梁，新加坡交易所和芝加哥商品交易所、国际石油交易所建立了对冲系统。通过对冲系统，在一个交易所交易的合约可以在另外一个交易所进行对冲，延长了交易时间，提高了市场的流动性。新加坡交易所的会员有80余家，国际化程度非常高，其中新加坡占16%，日本占32%，美国占25%，英国占16%，其他占11%。其交易系统和清算系统都是世界上先进的电子化交易，清算平台、风险监管体制也较为完善，交易量逐年增大，已成为新兴金融期货市场最具代表性的交易所。

表6-4 新加坡衍生品市场

时 间	事件及金融衍生品
1973年	新加坡股票交易所（SES）成立
1977年	开始买方期权交易
1984年	新加坡国际金融交易所（SIMEX）成立
1984年	欧洲美元期货、西德马克期货
1986年	日经255指数期货
1987年	推出新加坡股票交易所自动报价系统（SESDAQ）
1988年	SES与美国的全美证券交易商协会（NASD）建立了双方市场间的一个联接机制，促成了部分纳斯达克交易所（NASDAQ）股价和交易信息的传递交流
1993年	开始部分证券的卖方及买方期权交易
1996年	SES外国市场指数、SES主板市场指数和SES电子股指数
1996年	商业时报新加坡区域指数（BT-SRI）
1997年	中国台湾股票指数期货
1999年	SES与新加坡国际金融交易所（SIMEX）合并为新加坡交易所（SGX），成为亚太地区首个非互助化的综合性证券和衍生商品交易所

资料来源：根据新加坡证券市场资料整理而得。

（4）韩国金融期货的发展也颇具特色。1999年，韩国证券交易所推出股指期货（见表6-5），满足了为指数交易进行保险的市场需求。其后短短几年，在这个人口只有5000万左右的国家，其期货交易量迅速增加，交易额在2005年达到91亿韩元，其中KOSPI 200股指期货在2001年一跃成为当年全球期货交易量第一的品种，可以说是国际衍生品市场上史无前例的黑马。其小型股指期货获得了巨大成功，使得CBOT等交易所纷纷效仿。从整体来看，韩国的期货品种发展也非常迅速，其发展模式备受瞩目。

（5）中国香港则经历了一个从商品期货到金融期货、从股权类到货币类再到利率类期货的发展路径，见图6-6。1977年5月挂牌买卖棉花、原糖、黄豆、黄金期货合约，但不成功，相继关闭；1986年5月，中国香港期货交易所推出香

表 6–5　韩国衍生产品市场发展路径

时　间	事件及金融衍生品
1987 年	韩国期货市场建立
1992 年	韩国股票交易所 KSE 推出 KOSPI 200 股价指数期货
1995 年	韩国的期货交易法颁布
1996 年	KOSPI 200 指数期货上市
1997 年	推出了 KOSPI 200 指数期权
1999 年	韩国期货交易所成立
2004 年	KOSPI 200 指数期货和期权移至韩国期货交易所

资料来源：根据韩国证券市场资料整理而得。

表 6–6　香港地区衍生产品选择路径

时　间	事件及金融衍生品
1973 年	香港开始发行认股权证
1976 年	香港商品交易所有限公司成立
1977 年	棉花、原糖、黄豆、黄金期货合约
1982 年	设立金融期货筹备委员会
1985 年	香港期货交易所有限公司成立，由原来的香港商品交易所易名成立
1986 年	香港恒生指数（HangSengIndex）期货合约
1990 年	港元利率期货
1991 年	工、商业分类指数
1991 年	地产、金融、公用事业分类指数
1993 年	恒生指数期权合约
1995 年	上市股票期货合约（汇丰、香港电讯）
1995 年	上市股票期权
1995 年	日转期汇
1996 年	长期恒生指数期权
1996 年	英镑滚动外汇期货
1997 年	恒生香港中资企业指数（红筹股指数）期货合约
2000 年	小型恒生指数期货合约
2001 年	MSCI 中国外资自由投资指数期货
2001 年	国际股票期货及国际股票期权
2001 年	3 年期外汇基金债券期货
2002 年	道琼斯工业平均指数期货

资料来源：香港联交所网站。

港恒生指数期货合约；1990 年 2 月推出港元利率期货；1993 年 3 月推出恒生指数期权合约。值得注意的是，香港地区本来要走的是常规的道路，但由于商品期货的失败，改为推出指数期货，并获得成功，于是香港地区走上了“金融化”轨道，这说明金融期货与商品期货并不存在时序上的必然联系，也说明了期货品种的选择必须与现实经济发展步调一致。

（6）中国金融期货的发展也颇多波折（见表 6–7）。1992 年，中国开始外汇期货、国债期货试点，1993 年，股指期货试点，但是由于投机性极强或由于严格管制而陆续停止。直到 2010 年 4 月，中国开始推出股指期货，但只有沪深 300 股指期货，目前处于初步发展阶段。

表 6–7 中国金融期货试点情况

品种	持续时间	品种	交易情况	关闭原因
国债期货	1992 年 12 月 ~ 1995 年 5 月	针对 1992~1994 年发行的大部分 2 年期、3 年期、5 年期可流通国债设计的合约	1993 年 10 月 25 日正式向投资者开放后，1994 年迅猛发展，总交易额达到 28000 亿元，全国出现空前的国债期货热	以“3·27 国债事件”为代表的一系列恶性违规事件，导致正常交易无法进行，监管部门宣布暂停
外汇期货	1992 年 6 月 1 日~1996 年 6 月 1 日	美元、英镑、德国马克、日元、港币	在当时的双轨汇率制下，外汇期货价格难以反映对汇率变动的预期，加之对外汇现货交易的许多严格的附加条件，买卖难以自由及时地进行，因而缺乏需求，市场交易冷淡	因交易需求长期不足，1996 年 3 月 27 日，央行和外管局宣布《外汇期货业务管理试行办法》无效
股指期货	1993 年 3 月 10 日~1993 年 9 月	以深证综合指数为标的的 3 月、6 月、9 月和 12 月交割的 4 种合约和深证 A 股指数为标的的另外 4 种合约	投资人认知度较低，成交清淡，最高日成交量仅百余手。由于深证股市当时规模较小，股价因股票供不应求处于相当高位，股指期货不仅难以发挥避险作用，实际上还成为一种投机性极强的工具	1993 年 9 月，深圳平安保险公司福田证券部出现大户联手交易，打压股价指数的行为，监管部门宣布停止交易
认股权证	1992 年 6 月 ~ 1996 年 6 月 30 日	以飞乐权证、宝安权证、金杯权证、申华权证为代表	由于定价和机制设计上的不合理以及投资者的认识不足，大多数权证市场反应较为平淡	1996 年 6 月 30 日后，证券交易所不再有认股权证上市，中国证券交易实行现货交易的观点占据主导地位

资料来源：根据《中国证券史》相关资料整理。

第三节　国际金融期货市场的成功经验

一、经济发展阶段与期货品种的关联性

从大类别看，期货分为农产品期货、金属与能源期货、金融期货，这些品种相继出现，代表了国际期货市场的演变。世界经济发展也经历了传统的农业经济、工业经济、金融服务业经济三个阶段。可见，规避风险是期货品种创新的根本动力，世界期货市场发展史与世界经济进程密切相关。

第一阶段，农业经济与农产品期货。美国期货发展史表明，农产品期货是农业经济时代希望规避农产品价格波动风险的必然产物。即使是农业经济时代，市场经济的整体风险也是由不同行业的风险构成的，期货市场的作用是为不同行业提供相应的风险管理工具。随着市场经济的发展，需要进行风险管理的行业越多，就越需要品种丰富、功能齐全的期货市场来分散和转移风险。目前美国有 6 家交易农产品的期货交易所，上市交易的农产品期货合约多达 27 种。

第二阶段，工业经济与金属、能源期货。金属期货出现于工业经济初级阶段，最早的金属期货交易诞生在英国，这是由英国的工业经济先驱地位所决定的。工业革命后，英国国力迅速上升，制造业高度发达，1860 年英国制造业占世界经济总量的 19.9%，对各种工业原料有着庞大的需求量，特别是金属铝和铜，英国当时虽然是世界最大的生产国，但仍然存在缺口，要从南美、非洲和远东地区进口，当时远洋运输成本高，风险也很大，于是金属商们从在一些高级咖啡馆里聚会，制定远期合约进行交易，演变到 1880 年成立伦敦金属交易所（LME），经历了先远期合约后标准化的过程。现在，LME 的期铜合约是同类品种中最有影响的。美国的金属期货交易要晚得多，1933 年成立的纽约商品交易所（COMEX）最具代表性，从时点上看也与当时美国工业经济的快速发展并后来居上相一致。能源期货在工业经济的高级阶段出现，高度发达的工业经济对石油、天然气等能源的依赖越来越大，为规避能源价格波动的风险，能源期货应时而生。1973 年以前，国际石油市场长期处于平稳状态，20 世纪 70 年代的两次石油危机打破了当时原油市场上脆弱的供求平衡关系，石油等能源产品价格波动剧烈，石油期货等能源期货应运而生。1974 年，纽约商业交易所（NYMEX）尝试推出了交割地为鹿特丹的燃油期货，1978 年又推出了以纽约港为基准的 2 号取暖油期货，目前 NYMEX 已是世界上最具影响力的能源产品交易所。

第三阶段，后工业经济与金融期货。在后工业经济时代，金融成为了现代经济的核心。当国民经济的货币化程度达到一定水平，机构投资者和普通大众持有越来越多的金融资产，如何规避金融资产价格波动的风险就至关重要，这种现实需求推动了金融期货的诞生。和以往的商品期货不同，金融期货是以金融工具或金融产品为标的物展开期货交易。金融期货按其先后顺序，依次为外汇期货、利率期货及股指期货（包括股票期货）。布雷顿森林体系崩溃，浮动汇率制度取代了固定汇率制，国际贸易和投资的汇率风险加剧，芝加哥商业交易所（CME）专门成立了一个国际市场分部 IMM，推出了 7 种外汇期货合约，创造性地将期货交易机制应用于金融领域。金融期货一经诞生，就爆发出强大的生命力。针对日益加剧的利率风险和股票投资风险，利率期货和股指期货品种就相应开发出来。金融期货产生的历史虽短，但发展非常迅猛，诞生后几年成交规模便超越了商品期货。目前，全球金融期货在全部期货交易中所占的比例高达 85%以上。其中，主要是因为金融期货较好地迎合了现代经济的虚拟性特征。值得一提的是黄金期货，尽管黄金期货归于商品期货，但由于黄金具有货币属性，严格意义上应该属于金融期货。COMEX 在 1974 年最早推出了黄金期货合约，至今在国际市场上仍有着较大影响，这又与当时美元价值与黄金脱钩、金价波动加剧的现实背景相吻合。

二、金融期货品种成功的优势及规律

美国的期货交易所共推出了超过 500 种合约，约 10%的品种能够最终保留下来。一个期货品种能否成功的决定因素如下：

1. 高度的风险规避需求和比较优势

市场中任何现象的背后都是人的行为，期货品种交易活跃，说明该品种满足了市场的某种需求。套期保值是人们参与期货交易的目的。套保者的参与使市场有了基本的流动性，能吸引投机者进入。投机者越多，交易越活跃，场外资金会不断进入，形成良性循环，交易品种就会成功。所以，期货品种能够成功的基础首先在于有好的现货基础，只有在一国大量生产或消费的品种，才可能成为该国成功的期货品种。因为一种商品只有大量生产或大量消费，生产商、贸易商和加工商的数量众多，市场交易量才相对巨大，套期保值的需求才多。这样，参与期货交易的潜在资金量充裕，期货市场的流动性好，才能吸引国外资金更多进入，成为全球交易中心。以美国为例，美国具有全球最发达的现代农业，其小麦、玉米、棉花、大豆的产量和贸易量都居世界首位，有国际比较优势，由于多采用机械化生产，农业产品标准化程度高，给期货交易带来了极大便利，上述优势使美国成为了主要农产品的期货交易中心。澳大利亚的悉尼交易所虽然交易总量无法同美国抗衡，但畜牧业非常发达，羊毛期货的交易量在世界上首屈一指，这些比较优势成为了其期货交易成功的基石。金融期货合约的成功也同样受这一规律制约。CME 的外汇期货之所以能取得巨大成功，美元的世界货币地位和布雷顿森林体系的崩溃是根本原因。利率期货的巨大成功除了利率市场化带来的利率避险需求，同样离不开美国国债现货市场的巨大容量。

2. 先发优势

新加坡国际金融交易所成立于 1986 年，喜好抢先推出以别国股票指数为标的期货和期权产品，如日经 225 股票指数期货和期权、MSCI 香港股指期货、MSCI 台湾股指期货等。新加坡推出这些离岸股指期货，一度获取了指数所在国证券市场的指数期货定价权，部分产品的交易量甚至超过了指数所在国的同类产品。为夺回定价权，日本大阪交易所和东京交易所后来推出了日经 225（Nikkei 225）指数期货和东证综合指数（Topix）指数期货，经过十几年的努力，在流动性和交易量上超过了新加坡市场，夺回了主动权。但研究表明，新加坡的日经 225 指数期货至今仍然引导着日经 225 指数和大阪证券交易所日经 225 指数期货的价格。同样，中国台湾地区股市与期市则一直受制于新加坡交易所的晚场交易，成了新加坡市场的“影子市场”。可见，交易品种合约的成功与否，具有“先发优势”是重要的影响因素。2006 年 9 月 5 日，新加坡国际金融交易所推出了“新华富时 A50 中国指数期货”，这是第一个基于中国 A 股的指数期货合约，是在中国尚无股指期货的情况下抢先推出的离岸股指期货，很明显是要抢占 A 股离岸股指期货的“先发优势”。中国金融期货交易所在“新华富时中国 A50 指数期货”推出后的第三天于上海成立，当时计划推出沪深 300 股指期货，但由于种种原因直到 2009 年 4 月才推出。应对离岸股指期货，中国需要从日本和中国香港、台湾的做法中汲取经验，在致力于国内市场环境的建设的同时，也要采取必要的行政和法律措施，如限制离岸指数期货对在岸市场数据的及时获得、协调离岸市场与在岸市场的监管等，以抑制离岸股指期货的发展。

3. 金融期货品种——本土优势+后发优势

在期货合约的成功要素中，本土优势是很明显的，毕竟期货市场和现货市场有着不可分割的联系，一国现货市场的宽度和深度一定程度上决定了该国期货市场的发展空间。特别是金融期货与期权品种，依赖更灵活、有针对性的合约设计，具有“后发优势”，亚洲国家和地区期货市场的快速兴起佐证了这一点。中国香港期货市场，针对不同投资主体的灵活合约设计，例如恒生指数期货针对机构投资者，而小型恒生指数期货针对个人投资者，结果在投资者结构中，投机者占据了市场半壁江山；同时因为他十分重视开发海外投资者，这些特点决定了香港期货市场辐射面比较广阔，确立了其亚洲金融中心的地位。韩国期货市场则不同。韩国于 1996 年开始进行期货交易，交易对象是 KOSPI 200 指数期货合约。

1997年推出以来，成为全球成交量最大的期货期权合约，远远超过成交量第二大的合约（CME的欧洲美元期货合约），是后者成交量的5倍还多。中国台湾地区期货市场也有自己的特点。台湾期货交易所成立于1997年9月9日，虽然新加坡1997年抢先上市了台湾股指期货合约，但台湾地区也紧接着于1998年7月21日推出第一个期货合约，充分发挥本土优势和后发优势，不断为外资放松市场管制，提高外资参与度，以国际化的眼光拓宽其期货市场在世界范围内的辐射面。近年来，台湾期货交易所以金融衍生品为市场基石，其期货及期权成交量逐年翻番。

三、金融期货需要渐次推进

1. 要从国家战略高度认识发展金融期货市场的重要意义

从世界范围来看，金融期货市场作为成熟资本市场的重要组成部分，正逐步成为新兴市场发展与壮大本国资本市场和提高综合国际竞争力的重要手段。韩国、新加坡及中国台湾地区均在金融产品创新、金融市场对外开放上取得了长足进步。积极发展金融期货市场，掌握金融资源定价权，维护本国本地区金融安全，已成为共识。作为理想的风险管理工具，金融期货突破了基于现货的风险管理的局限性，带来了20世纪最伟大的风险管理革命。风险是客观存在的。金融期货表现出了优越的价格发现和风险转移两大微观经济功能，以及由此产生的促进资本形成、优化资源配置、提高社会福利和稳定经济的宏观经济功能。

2. 新兴市场应优先发展金融期货

新兴市场国家，由于信用风险高等原因，重点发展交易所市场更容易取得成功。韩国就是重点发展交易所产品并取得成功的典范。墨西哥则相反，过早开放了场外金融衍生品市场，迟迟未能建立交易所衍生品市场，以致在1994年金融危机中一败涂地。中国金融衍生品市场刚起步，优先发展场内衍生品市场，可以在监管严格、风险控制完备的环境下稳步推进场外衍生品市场的发展。优先发展场内衍生品市场，为场外衍生品市场发展提供借鉴。通过交易所或清算所充当场外衍生品的中央对手方来解决场外衍生品市场信用风险。中央对手方清算制度是场内交易的重要基本制度，金融期货交易的成功运作可为场外金融衍生品交易提供风险控制经验。在交易所成熟运作的能够确保交易所市场稳健发展的风险控制措施被场外市场使用，比如当日无负债结算制度、结算担保金制度、信息披露制度、各项风险处置制度等。

3. 产品推出次序对于金融期货市场的成败关系极大

不同国家金融衍生品的路径不同。成熟市场经济国家以农产品为开端，然后自然演进到金融期货，一般遵循着货币、利率和股指的顺序，新兴国家一般是先发展股指期货和股指期权，再逐步推出货币或利率期货。尽管路径不同，但产品推出都充分考虑了现实需要。就制度变迁看，产品推出、次序选择及路径安排对于降低金融衍生品创新成本乃至整个金融期货市场的成败都关系极大。亚洲国家一般是从股指期货切入，再到其他期货产品，不同于美国的先货币、后债券、指数的道路。欧洲、日本及新兴国家的路径切入点由股指期货开始有其必然性：第一，股指期货发展具备了满足条件，市场规模大，价格波动频繁，尤其是新兴国家的经济高速增长，国际资本大量流入，经济的自由化、证券化程度日益提高，使股票市场的规模日益增大。第二，股票市场波动和利率、汇率波动有极强的关联度，股票期货交易能够为利率、汇率风险提供避险渠道，而新兴市场国家普遍实行开放的自由化经济政策，汇率、利率受国内国际因素影响而波动频繁，股市系统性风险加大，股指期货不仅为股票市场投资者提供了避险工具，也为规避利率、汇率风险增加了一种选择。

第四节　中国发展金融期货市场的思路[①]

一、优先发展金融期货市场

2008年的金融危机激起了人们对金融衍生品的争论。虽然美国房地产泡沫破裂是金融危机根源所在，但是衍生工具使用不当、对其风险认识不足才是引发危机的重要因素。次贷危机涉及的金融衍生品主要是场外交易产品，对其缺乏监管导致了危机扩散。由于场外市场是面向机构的银行间柜台市场，以透明度差及个性化产品为特征；而场内市场是面向公众的交易所市场，以公开透明及标准化期货、期权为特征。金融期货属于金融衍生品场内交易品种，透明度高、产品结构相对简单、流动性强，实行“逐日盯市”结算与中央担保方的机制，监管严密，风险可控。

股指期货在本次金融危机中表现突出，成为投资者风险管理和资产配置的有效工具。当现货市场价格大幅下跌时，期货市场成为持有大量现货标的金融资产的投资者的避难港和逃生舱，人们纷纷通过建立期货合约头寸来锁定风险。在危机时，各类资产的风险状况改变，投资者需要通过期货、期权交易来迅速调整资产配置比例，进行风险和报酬组合。值得强调的是，基础现货金融市场和相应的

① 刘翔峰. 借鉴国际经验，完善中国金融期货市场［J］. 国际贸易，2012（7）.

期货、期权市场在一般情况下所具备的常规流动性在危机情况下会出现很大的差异。处于恐慌状况下的现货市场由于品种分散，更容易失去流动性；相应的期货、期权市场由于品种相对集中有限且实施保证金交易，以有限的资金规模就可维持较高的流动性，在危机情况下，正是这种差异促使期货市场成为现货金融资产持有者快速锁定风险的工具。在次贷危机恶化时，大批投资者都积极采用了股指期货等场内衍生品进行避险和资产配置调整，充分显示了股指期货等金融期货产品在风险规避、稳定市场等方面的积极作用。尽管场外金融衍生品市场出现了巨大风险，但场内市场为基础现货市场提供了卓有成效的风险管理工具，为危机中的金融市场增加了稳定因素，充分体现了股指期货等场内产品在引导现货交易、风险规避、稳定市场等方面的积极作用。中国正是在这样一个背景下于2009年推出股指期货的。作为新兴市场国家，中国金融期货市场刚起步，金融危机给我们带来了宝贵的经验和教训，中国应格外慎重选择金融期货市场发展路径和监管政策。

二、金融期货要适应经济发展要求

金融期货市场的产生与发展是由生产者、使用者和中间商在响应获利机会时自发倡导、组织和实行的，是制度变迁的产物。制度变迁分为诱导性变迁与强制性变迁。诱导性变迁是由个人或一群人，在响应获利机会时自发倡导、组织和实行，即微观个体规避价格风险，从实现套期保值的需求出发，经过长期发展，通过不断完善规则和信息技术，逐渐形成一个公开的、自由竞争的市场。强制性变迁则由政府命令和法律引入和实行。

中国的金融期货市场，带有明显的强制性制度变迁的特征。目前只有股指期货品种，由政府命令和法律引入而实行，是“先立法、后发展”的思路，要求立法要有前瞻性，法律框架要有包容性，以便为市场创新的诱导性制度变迁留足空间。这种模式对中国金融期货市场的发展起到了积极的促进作用。中国充分利用后发优势，在股指期货市场试点之初就开展了通过计算机自动竞价撮合的电子化交易，交易技术起点高，同时，低成本建立统一的监管体制，实行先交保证金再做期货交易，这种交易机制更符合中国国情。当然，这种从宏观政策出发先形成市场，再由市场创造微观交易个体的制度变迁模式，无论是中介机构还是投资者等市场主体都不成熟，功能发挥不理想，监管滞后容易引发市场风险。因此，今后中国的发展思路是既保证监管的需要，又提供创新的激励，把强制性制度变迁和诱导性制度变迁有机结合。例如，中国利率衍生品的场外交易有了一定程度的发展，可以适时开展利率期货交易。

三、完善金融期货法规，加强投资者教育

新兴市场经济国家在推出金融期货前都进行了充分的投资者教育。比如，韩国在推出 KOSPI200 股指期货之前，花费了大量精力对投资者进行教育，从而平稳地推出 KOSPI200 股指期货，获得了空前发展。

中国的资本市场是一个新兴市场，投资者对金融期货的认识不充分。首先，金融期货的推出要有一个健全、完善的法律平台，要完善金融期货法规，从立法角度确定金融期货、期权交易的非证券特性，划分监管部门、层级应担负的责任，要完善民事法律执行程序来保护公众投资者权益，震慑可能的市场操纵行为，在深入研究国外成熟经验的基础上，制定符合实际的操作规程。其次，由于金融期货市场专业性很强、风险程度较高，给投资者一种新的投资工具，广大投资者认识金融期货产品、树立正确的风险控制意识需要过程，要了解金融期货的风险特点，掌握金融期货的运行规律，既要看到投资机遇，也要看到风险，理性参与。

四、优先发展简单产品，降低监管难度

金融衍生品市场风险的很大原因在于过于复杂的产品设计。复杂的产品设计导致定价方法过于复杂和不透明。在中国金融机构和投资者还欠缺交易经验的情况下，应该优先发展基本的、简单的场内标准化金融期货，主要包括股指期货、利率期货、汇率期货和相应的期权。

复杂的金融衍生品主要是场外产品，复杂的产品设计给价格操纵创造了空间，增加了监管难度。另外，复杂的产品设计增加了股东和公司内部人之间的信息不对称性，导致了更严重的代理人问题，对公司治理提出了更高的要求。复杂的定价和操纵的可能也使得监管成本增高。因此，中国场内金融期货的发展应先从简单的、基础的产品开始发展，在推出股指期货之后，到底是先开展国债期货交易，还是先进行人民币汇率期货的交易，这取决于中国利率市场化进展状况以及人民币自由兑换进程的步伐，同时也需要与监管能力相适应。

五、中国要以开放的心态与世界接轨

从理论上讲，转轨经济下新兴金融期货市场的成长要经历三个阶段：奠基化、市场化和国际化。经过十多年的奠基化发展，中国金融期货市场已经进入市场化阶段，并最终迈向国际化阶段。随着金融一体化的趋势日益明显，任何一个

国家或地区的金融期货市场都不可能孤立存在，必将融入到国际化浪潮之中。实际上，对于金融期货而言，其最大的特点就是国际性，从一开始金融期货就是国际化的产品。比如，外汇期货就涉及国际货币，股指期货也涉及 QFII 参与的问题。而且，本土的金融品种也可以在国外推出。比如，新加坡交易所推出以中国大陆 A 股市场指数为标的的 A50 指数期货，芝加哥商业交易所（CME）推出人民币期货等。事实证明，发展金融期货品市场，对国家的经济发展有着很重要的意义。成功开展金融期货市场的国家都能惠及其他领域，其交易量增大的同时也产生了对新产品的创新需求。同时，人们也要看到其中存在的风险，切实做好风险管理与防范工作。鉴于此，中国必须要有国际化视野，借鉴国际经验，以开放的心态与世界接轨。在中国发展金融期货市场是一项充满挑战的创新，中国的金融期货市场必须不断完善自身制度建设，尽快融入世界期货市场的大家庭中，迎接国际化的竞争和挑战。考察这些新兴国家和地区金融期货的发展路径，对于中国正确选择交易品种尤其具有借鉴意义。

金融期货发展路径，通常是由易到难、由简到繁的产品开发步骤，是渐进的、有次序进行的。

首先，推出股指期货。2010 年 4 月中国推出股指期货，选择它作为突破也是因为从现状来看，它是具备推出条件最成熟的一个品种。中国证券市场规模较大，内地市场的股票市值已超越香港地区，仅次于日本，跃居亚洲第二位。股权分置问题的解决使得中国股票市场市场化程度大大提高，股价波动频繁、市场流动性高，产生了内在的套期保值风险管理需求。而且，股指期货研究起步早，产品设计成熟。金融业的对外开放也迫切需要建立完整的金融市场体系。

其次，发展国债期货。由于国债本身的信誉极高，国债期货是目前国际市场上公认的非常成熟、交易量最大、风险最小的衍生品种。发展国债期货有利于拓展国债的发行空间，为投资者提供规避利率风险的有效工具，有利于中央银行开展公开市场业务操作。当前，中国国债市场与爆发国债期货“3·27”事件的 1995 年相比已有长足进步。国债现货市场发展充分，涵盖了各类金融机构。其监管经验也不断积累，期货市场已形成统一的法规与监管体系，出台了期货交易管理暂行条例、期货交易所管理办法、期货经纪公司管理办法等一系列制度；风险监控制度较完善，监管队伍基本形成，监管经验也不断积累；恢复国债期货交易时机成熟。同时，2005 年央行宣布贷款利率上浮区间彻底取消，利率市场化步伐加快，也产生了利用国债期货对冲利率风险的需要。利率风险已成为企业、居民、机构投资者不能规避的金融市场风险之一。发达国家经验表明，国债期货是最有效的利率风险管理工具。因此，当前是恢复国债期货交易的良好时机。

最后，发展货币期货。2005 年 7 月人民币汇率体制改革，退出人民币固定汇率制度，允许每日 0.3%的浮动空间。深化汇率制度改革迫切需要一系列配套措施，来建立一个有弹性、有深度的外汇市场作为平台来发现均衡汇率。目前，人民银行发布通知，开办人民币与外币掉期业务等，增大了外汇市场的灵活性。场外汇率衍生品也于2005年开始推出，但鉴于世界汇率期货市场的发展较慢，因此中国需要在时机成熟时再推出场内货币期货的发展。

发展金融期货市场是一项充满挑战的创新。金融期货市场的成长一般经历奠基阶段、市场化阶段和国际化阶段。经过十多年的奠基阶段，中国的金融期货市场已开始进入市场化阶段，并最终会迈向国际化阶段。因此，借鉴国际经验要有国际化的视野，以开放的心态与世界接轨，不断完善各项制度建设，迎接国际化的竞争和挑战，尽快融入世界金融期货市场中去。

第七章　防范股指期货风险

股指期货是中国最早推出的金融期货品种，有助于改善股票市场的运行机制，引导资源优化配置。本章对股指期货进行了回顾和分析，指出要借鉴国际股指期货市场发展的经验和教训，联系中国资本市场的实际，注重风险防范，强化监管，促进股指期货市场的健康发展。

第一节　股指期货的功能、发展历程及国际经验

股指期货走过了近30年历程，作为成熟的金融衍生产品，其流动性强、透明度高，发展非常迅猛，成为发展中国家首选的金融期货品种。

一、股指期货的含义及基本功能

股票指数即股票价格指数，由市场管理机构或者金融服务机构根据一定的标准，将指数所包括股票在计算期的计算结果与基准日的计算结果进行比较，得出的一个相对数据，反映的是市场相对于基期变化的百分比，在一定程度上代表了整个股市的变动趋势。股票指数期货简称股指期货，是交易所同买卖双方签订的一种契约，以股票市场的价格指数作为交易标的的一种期货产品。[①] 它交易的是到期日的股指价格水平，并通过现金对结算差价进行交割。中国金融期货交易所推出的是沪深300指数期货。股指期货是股票市场和期货市场相结合的产物，可以进行卖空交易，具有交易成本低廉、杠杆比率高、市场流动性好、以现金方式进行交割等特点，目的在于有效规避系统风险。但是，由于其保证金交易机制的特点，一旦运用或管理不当，有可能损失巨大，甚至扰乱国家的金融秩序。

---

① 刘鸿儒. 金融期货 [M]. 北京：中国金融出版社，2010 (9).

股指期货交易主要有价格发现、套期保值、风险转移、资产配置等功能。

（1）股指期货的价格发现功能。股指期货交易中合约的价格是以集合竞价的方式产生的，反映了投资者对股票市场未来走势的预期。大量实证研究表明，股指期货价格一般领先于股票市场的价格，股指期货市场的交易情况有助于增加现货市场的信息含量。

（2）股指期货的套期保值功能。套期保值是一种“反向平衡”操作，是股指期货规避系统风险的具体体现。投资者可以买进与股票市场上数量相等但交易方向相反的股指期货合约，在到期日卖掉合约，这样即使股票价格朝着不利于自己的价格变动，期货市场的收益也将会抵冲股市的损失，将收益锁定在现有水平。

（3）股指期货的风险转移功能。股指期货并不能消除系统风险，而是通过交易将风险转嫁给那些有能力承担而且愿意承担风险的投资者。这种化解和转移风险的过程改善了市场形成各种金融产品价格和资产价格的机制。

（4）股指期货的资产配置功能。股指期货的推出丰富了市场的投资品种，培育了一批机构投资者。另外，做空机制的引入，使投资者的投资策略由单一策略转变为双向投资模式，在一定程度上影响了资本的市场流向，有助于提高资金的使用效率。

二、国际股指期货市场的发展历程

股指期货是金融期货中发展最快的品种之一，但也非一帆风顺。其发展历程可分为四个阶段：

1. 第一阶段（1982~1987 年）：诞生及扩张阶段

20 世纪 70 年代，西方各国经济动荡不安，接二连三的美元危机使得固定汇率机制崩溃，石油危机又直接导致美国经济出现了严重的通货膨胀。在经济危机和金融混乱的双重压力下，股票市场连连暴跌。尽管投资者通过不同股票的投资组合可以避免股市的非系统风险，但对系统风险却无计可施，损失惨重。如何在系统风险的冲击下实现资产的套期保值，成为了投资者急需解决的一个现实问题。由于股票指数在一定程度上代表了整个股市的变动趋势，如果将股指作为标的进行合约交易，通过在期货市场和股票市场上做相反方向的操作，可以实现股票的套期保值，达到规避系统风险的目的。1982 年 2 月，美国堪萨斯期货交易所历经四年半的努力，推出堪萨斯价值线综合指数期货（KCYLIF），标志着股指期货的产生。这种新型的金融期货一经推出即受到热烈欢迎。随后，芝加哥商业交易所于 1982 年 4 月推出了 S&P500 指数合约，纽约证券交易所于 1982 年 5 月推出了 NYSE 指数期货，芝加哥期货交易所于 1984 年 4 月推出了主要市场指数期货。股指期货推出之后在较短时间内迅速取得了商业成功，引起了其他国家和地区的竞相效仿，相继有悉尼期货交易所（1983 年）、伦敦金融期货交易所（1984 年）、香港期货交易所（1986 年）、新加坡国际金融期货交易所（1986 年）、东京证券交易所、大阪证券交易所（1988 年）等开展股指期货交易，见表 7–1。

表 7–1 全球主要的股指期货合约

国家和地区	指数期货合约	开设时间	开设交易所
美国	价值线指数期货（VLF）	1982 年 2 月	堪萨斯期货交易所（KCBT）
加拿大	多伦多 50 指数期货（Toronto50）	1987 年 5 月	伦敦国际金融期货交易所（LIFFE）
英国	金融时报 100 指数期货（FTSE100）	1984 年 5 月	伦敦国际金融期货交易所（LIFFE）
法国	法国证券商协会 40 股指期货（CAC–40）	1988 年 6 月	法国期货交易所（MATIF）
德国	德国股指期货（DAX–30）	1990 年 9 月	德国期货交易所（DTB）
瑞士	瑞士股指期货（SMI）	1990 年 11 月	—
荷兰	阿姆斯特丹股指期货 EOE 指数	1988 年 10 月	阿姆斯特丹金融交易所（FTA）
	泛欧 100 指数期货（Eurotop100）	1991 年 6 月	荷兰期权交易所（EOE）
西班牙	西班牙股指期货（IBEX35）	1992 年 1 月	西班牙衍生品交易所（MEFFRV）
瑞典	瑞典股指期货（OMX）	1989 年 12 月	—
奥地利	奥地利股指期货（ATX）	1992 年 8 月	—
比利时	比利时股指 20 期货（BEL 20）	1993 年 9 月	—
丹麦	丹麦股指期货（KFX）	1989 年 12 月	—
芬兰	芬兰指数期货（FOX）	1988 年 5 月	—
日本	日经 225 指数期货（Nikkei 225）	1988 年 9 月	大阪证券交易所
	东证综合指数期货（TOPIX）	1988 年 9 月	东京证券交易所（TSE）
新加坡	日经 225 指数期货（Nikkei 225）	1986 年 9 月	新加坡金融期货交易所（SIMEX）
	摩根世界指数期货（NISCI）	1993 年 3 月	新加坡金融期货交易所（SIMEX）
中国香港	恒生指数期货（HIS）	1986 年 5 月	香港期货交易所
韩国	韩国 200 指数期货（KOPSI200）	1996 年 6 月	韩国期货交易所（KFE）
中国台湾	台湾综合指数期货（TX）	1998 年 7 月	台湾期货交易所（TAIMEX）
澳大利亚	通股指数期货（All Ordinaries）	1983 年 2 月	悉尼期货交易所（SFE）
新西兰	新西兰 40 指数期货（NZSE 40）	1991 年 9 月	—

资料来源：腾讯证券，http：//stock1.finance.qq.com/school/qzxy/pzdq01.htm（2013 年 8 月 3 日）。

2. 第二阶段（1987~2000 年）：*危机及恢复*

1987 年 10 月，华尔街股市崩溃，股票抛售狂潮形成了期货价格与现货价格相互拖累、循环下跌，酿成了威胁市场完整性的交易所清算危机。随后几年，各国监管当局强化了对股指期货与现货市场交叉交易活动的管制，完善了相关制度，使得股指期货市场在1997年的亚洲金融危机中经受住了考验。全球股指期货市场从危机中逐步恢复，年成交合约张数从1994年的1.09亿张增至2001年的3.37亿张，复式年均增长率达到17.50%。

3. 第三阶段（2000~2006年）：高速发展

2001~2006年全球股指期货成交合约张数从3.37亿张上升到12.34亿张，复式年均增长达到29.62%。至2006年12月，有超过128个股指期货合约在全球50多家主要交易所上市交易，未平仓合约张数为5576万张，占全部交易所金融期货未平仓合约总量的38.80%。

这一时期美国对股指期货的立法与监管体制进行了改革，2000年12月通过《2000年商品期货现代化法案》，极大地提升了美国在该领域的竞争优势，2002年美国股指期货成交量首次超过欧洲并持续至今。[①]

欧洲期货交易所（Eurex）由瑞士期权和期货交易所与德国期货交易所于1998年合并而成。1999年欧元的正式使用，为Eurex在欧盟内部拓展业务边界创造了历史性机遇。2003年，Eurex与芝加哥清算公司合作创立了全球性的电子交易与清算平台，将欧洲期货交易所的业务边界突破到欧盟之外。2006年，Eurex股指期货的成交量占全欧交易量的66%，成为全球第一大金融衍生品交易所。

亚太地区2001~2006年股指期货成交合约张数由7100万张上升到5.71亿张，复式年均增长达到36.67%。马来西亚（1995年）推出了吉隆坡综合股价指数期货，韩国（1996年）推出了KOPS1200股指期货，中国的台北国际金融交易所（1998年）推出了台湾地区股票市场的第一个衍生产品——台证综合股价指数期货，印度（2000年）推出了S&P CNX Nifty股指期货，而韩国2006年已跻身世界前十大股指期货行列。

其他新兴市场国家，如欧洲的俄罗斯、匈牙利、波兰等转轨经济国家均已开设了股指期货交易，南美的巴西、智利等国家也推出了各自的股指期货合约。

4. 第四阶段（2006年至今）：创新期

2006年第四季度以来，股指期货由于品种相对集中且实施保证金交易，以有限的资金规模维持了较高的流动性，在次贷危机中成为投资者进行避险操作的工具。目前，世界上股指期货交易最为活跃的国家是美国、日本和新加坡。股指期货交易中最活跃的品种有：标准普尔500综合指数期货（S&P500Index future）、伦敦金融时报指数期货（FTSE100 Index future）、日经指数期货（Nikkei225 Index future）、恒生指数期货（HIS Index future）等。目前，全球已经有32个国家和地区的43家交易所上市了近400个股指期货合约。2009年全球股指期货、期权共

① 甄红线. 对国外股指期货市场发展的思考［J］. 金融发展研究，2009（4）.

成交 63.8 亿手，占全球期货市场总成交量的 36%，是全球交易量上升最快的期货品种。①

以国外股票指数为标的物开设股指期货已成为各金融中心竞争的焦点所在，新加坡交易所是利用国外股票指数开展期货交易最成功的交易所，它拥有日经 225 指数期货合约，在摩根士丹利国际指数（MSCI）的基础上还开发了泰国、印度、中国、中国香港、中国台湾等的股指期货合约。

股指期货的发展还引起了其他各种非股票指数期货品种的创新，如以消费者物价指数为标的商品价格指数期货合约、以空中二氧化硫排放量为标的的大气污染期货合约，以及以电力价格为标的的电力期货合约等。随着金融期货的日益深入发展，这些非实物交收方式的指数类期货合约交易也有着更为广阔的发展前景。

三、国际股指期货市场的经验

1. 严密的制度安排以及不断改进

1987 年 10 月美国股灾发生，美国期货监管委员会（CFTC）管理当局马上对股指期货的基本风险控制制度框架做出完善。例如，1988 年 10 月，纽约股票交易所（NYSE）和 CME 引入“断路器”机制，以协调交易终止和价格限制；特定情况下可以提高保证金水平，并对每半小时交易量规定新的限制；等等。这些改进确保了风险得到控制，股指期货市场能健康有序发展。

2. 现货市场的持续繁荣是股指期货市场发展的基础

就市场规模看，经验表明，股指期货与现货市场的成交金额会形成比较稳定的比例关系，两者成交金额的比值大致在 1 的水平上下波动。就投资者结构看，西方发达市场以机构投资者为主，机构投资者持有美国股票市值的 80%左右，持有美国股指期货市场的交易量也大致为 80%。但在亚洲新兴市场，个人投资者已成为重要的投资力量，如 2007~2008 年度中国香港市场恒生指数期货与现货市场本地个人投资者成交金额的比例基本相当，在 26%左右。

3. 不同投资者对于股票相关衍生品的共同需求

不同投资者对于股票相关衍生品的共同需求集中于最具市场代表性的指数期货，各个国家或地区都形成了以主要市场指数合约为主导，其他合约为补充的市场格局。某些市场指数由于全面地反映经济整体状况的变化，高度精确地跟踪市场并成为投资业绩的主要衡量标准，基于这些市场指数开发的股指期货合约集中了投资者主要的投资与避险需求，成为了主导性的股指期货合约，而其他种类繁多的风格指数合约或行业指数合约只能作为市场的有效补充。例如，2008 年

① 巴曙松. 2010 年全球金融衍生品市场发展报告［M］. 北京：北京大学出版社，2011.

E-Mini S&P 500 指数期货成交合约张数为 6.34 亿张，占全美市场的 68.71%。Eurex 是全球第二大股指期货市场，仅 Eurex 上市的 DJEuro Stoxx 50 指数期货 2008 年的成交张数就达 4.32 亿张，占 Eurex 股指期货成交合约的 84.47%。[①]

4. 指数期货合约的小型化

交易所首次推出股指期货时，通常会考虑防止因合约过大影响流动性，也会考虑市场容量和交易系统的能力以避免过小合约从而设定较高合约规模。S&P500 指数合约在 CME 首次上市之后的第 15 年即因合约过大而影响交易，规模仅为原合约 1/5 的 Mini S&P 500 指数合约应运而生。除此之外，许多国家和地区的交易所在成功发展股指期货市场之后，也相继推出股指期权、股指期货期权、股票期权以及股票期货等其他金融衍生工具，形成多层次的股票相关衍生品市场。

5. 新兴国家发展股指期货市场的动因

发达国家衍生市场以农产品期货为开端，再陆续设立金融期货如外汇衍生品、利率衍生品、股票指数期货（期权）、互换等交易品种。新兴市场开设金融衍生交易的首选品种则是股指期货。这是因为由于商品市场和农产品市场全球化程度高，商品价格联动性很强，现有的国际性商品期货能满足新兴市场国家对冲风险的需要，而发展中国家的证券市场和国际证券市场则处于分割状态，股价运行有相对独立性，投资者运用股指期货规避风险的需求较强烈，因而新兴市场股指期货交易迅速发展起来。

第二节　中国股指期货市场的发展现状

股指期货上市标志着中国金融期货市场的诞生。推出股指期货，发展金融期货市场，是中国资本市场体系借鉴国际经验走出的重大一步。

一、中国股指期货市场的发展历程

中国从 20 世纪 90 年代初成立期货交易所，除了从事商品期货交易之外，对金融期货也作过尝试。中国于 1992 年开办了外汇期货交易；1993 年海南证券报价交易中心推出了股指期货交易，有以深圳综合指数和 A 股指数为标的的 8 个品

① 中金公司研究部. 股指期货将给股市带来大量新增资金.中国证券网，2010-03-15. http：//www.gf.com.cn/cms/newsContent.jsp？docId=317625.

种的期货合约；1993 年上交所和深交所推出了国债期货合约。虽然后来都停止了交易，但这些探索提供了宝贵的经验和教训，为以后推出股指期货节约了创新成本。

中国股指期货市场筹建有 5 年历程：

2004 年，《国务院关于推进资本市场改革开放和稳定发展的若干意见》指出，要研究开发与股票和债券相关的新品种及衍生产品；11 月，上证所着手开发股指期货。

2005 年 4 月，沪深 300 指数正式发布。

2006 年 9 月，中国金融期货交易所（CFFEX）挂牌成立；10 月发布《中国金融期货交易所仿真交易业务规则》，开始股指期货的仿真交易活动；12 月，金融期货结算会员资格标准初定，注册资本不低于 5000 万元。

2007 年 4 月，《期货交易管理条例》实施，股指期货上市具备了法律基础；6 月，《中国金融期货交易所交易规则》公布，金融期货的法规体系基本完备；8 月，上交所、深交所、中金所、中国证券登记结算公司和中国期货保证金监控中心公司签署了股票市场和股指期货市场跨市场监管协作协议，"五方监管"协作监管制度建立。

2007 年 7 月，银建期货、久恒期货首获金融期货经纪业务资格；8 月，首张金融期货结算业务牌照问世；12 月，银河证券首获金融期货 IB 业务资格。

2009 年 11 月，中金所会员增至 111 家，其中全面结算会员 15 家，交易结算会员 61 家，交易会员 35 家。

2010 年 2 月，《沪深 300 股指期货合约和修订后的交易规则》发布；2 月《关于建立股指期货投资者适当性制度的规定（试行）》发布，确定投资者开户资金门槛为 50 万元；2 月 22 日，正式受理开户申请；4 月 8 日，股指期货正式启动；4 月 16 日，上市交易。

截至 2010 年 12 月，股指期货市场开户数达 5.6 万户，每日新增 200 个客户，资金量已超过 200 亿元，每天成交量约为 27 万手，交易额约为 2400 亿元。中信证券、国泰君安、招商证券等证券公司在股票自营上已普遍利用股指期货对自营盘套期保值。

二、中国股指期货市场结构

中国股指期货市场结构的核心是中国金融期货交易所（简称中金所），股指期货在该交易所挂牌并交易。中国证监会是其监管机构。中金所为各类市场参与主体提供股指期货的交易、结算等服务，并作为中央对手方担保股指期货的履约，本身不参加交易。中金所有很多会员公司，会员主体是期货公司，投资者可以通过期货公司参与交易。期货公司受中国证监会监管，其行业性组织——中国期货业协会有从业人员资格考试的部分监管职能。中国还成立了中国期货保证金安全监控中心来保证投资者的资金安全。此外，还有结算银行、信息服务商、证券登记结算机构等相关服务组织，见图 7–1。

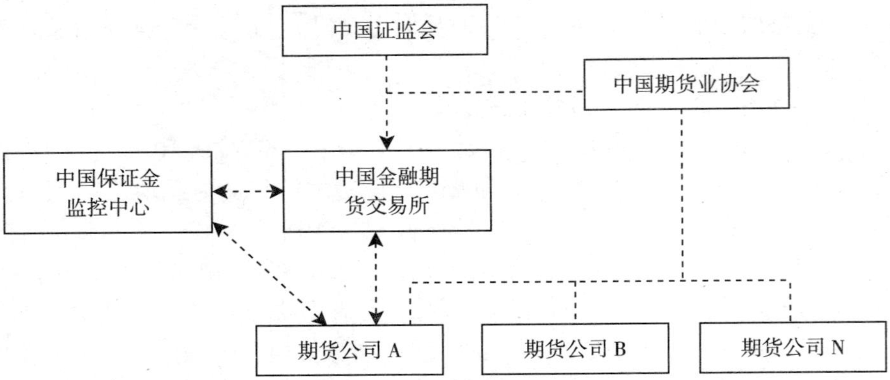

图 7–1 中国股指期货的市场结构

三、股指期货上市三年来的表现

1. 表现

股指期货推出后，投资者入市积极，开户数平稳有序增长。截至 2012 年底账户总数已达到 12.6 万户。截至 2013 年 3 月底，股指期货累计开户 13.7 万多户，累计参与交易客户约 11.5 万个。全市场共有法人账户 1741 个，法人交易量占比超过 4%，持仓占比接近 35%。交易账户占比也逐年提升，股指期货上市以后的交投一直活跃。截至 2012 年底，沪深 300 股指期货合约累计成交 2 亿手，持仓量由上市初期不足 1 万手增加至 2012 年末的 11.03 万手。2012 年股指期货交易量排名全球股指期货第 5 位。[①] 中国金融期货交易所数据显示，上市以来股指期货主力合约与沪深 300 指数的价格相关性高达 99.90%，基差率维持在±1%以内，平均基差率 0.36%，市场功能得以发挥。市场以正基差为主，即期货价格高于指数价格，正基差天数达到 77.73%，为指数提供了上托力量。股指期货的主力合约一般都是近月合约，主力合约持仓量占全市场比重超过 70%，占比稳定，分布合理，符合成熟市场的一般规律。自股指期货上市至 2012 年末，共实现 32 个合约的顺利交割，交割量仅相当于市场日均持仓量的 1.95%，交割占比

① 刘伟. 股指期货助力风险管理和市场创新渐入佳境 [N]. 金融时报，2013-04-11.

较低。期现货市场未出现“到期日效应”，期货交割对股市运行还没有出现不利影响，也没有对到期合约交割的炒作。

与A股市场参与者以散户为主不同，股指期货参与者有证券、基金、信托、QFII、保险等机构，机构参与数量稳步增长。随着套保和套利交易者的市场参与度不断提高，套保套利成交持仓占比有所上升，投机成交持仓占比有所下降，参与者结构日趋改善。截至2012年底，已有60家证券公司、25家基金公司、3家信托公司及各类机构管理的200多个理财产品参与股指期货套保、套利等交易。其中，券商作为参与股指期货的绝对主力，以自营、融资融券、集合理财等方式全面进入股指期货交易。股指期货投资者多为有丰富经验的股票、商品期货投资者，风险承受能力强，交易理性。

股指期货给机构的投资操作模式带来了新变化。机构投资者普遍采用“高抛低吸”、频繁买卖股票来盈利，现在很多机构积极运用期货产品，变现货交易为期货交易，减少现货市场的频繁操作。

机构参与度的提高，推动了市场整体持仓量攀升。从股指期货上市以来的成交持仓来看，2010年爆发性增长、2011年平稳运行、2012年持续上行。2012年分月度的日均成交量、日均成交额和日均持仓量复合增长率达到7.5%、6.8%和5.5%；2012年的日均成交量、日均成交额和日均持仓量都较2011年增长翻倍或接近翻倍。其中，机构持仓已占市场近三成。[①]

2011年，证券行业自营业务通过期货套保累计减亏近70亿元，2010年，机构套保和风险管理效果进一步显现。近两年来，凡是业绩表现突出的机构，大都是因为运用了股指期货进行风险管理。股指期货还有其他功效。首先，一些担当ETF流动性服务商的机构利用股指期货规避做市业务风险，完善做市服务。其次，机构积极利用期货工具规避可能遇到的市场风险，剥离并获得定向增发业务中来自个股因素的潜在盈利。最后，机构利用股指期货为产业资本客户提供限售股保值服务方案，进一步稳定了产业资本的持股信心。除了为投资者提供避险工具外，股指期货还推动了产品创新。股指期货的上市加速了金融创新步伐，形成金融产品多元化、投资策略多样化、交易方式多种化、竞争模式多层次化的金融生态环境，市场结构向成熟方向演进。2012年发行的参与股指期货的券商理财产品已达18只，首发规模合计40亿元，双双超越2011年，而且大多数股指期货类理财产品收益都还较为不错。

2. 股指期货显著降低了市场波动

随着股指期货上市三年来功能和作用的不断发挥，虽然有做空功能，但目前还没有左右、影响股市价格走势，其发挥的是价格的辅助发现功能。以下数据或

① 李光磊. 股指期货助力风险管理和市场创新渐入佳境［N］. 金融时报，2013-04-11.

许说明了问题：

在股指期货上市前，沪深 300 指数单日最高涨幅达 9.34%，单日最大跌幅达 8.11%；股指期货上市之后，指数最高日涨幅仅为 5.05%，最大日跌幅仅为 6.21%，分别缩小了 45.9%和 23.4%。股指期货上市后，沪深 300 指数涨跌幅超过 2%和 3%的天数分别下降了 54%和 66%，而且波动幅度越大，降幅越明显。波动幅度在 1%以内的交易日则增加了 131 天，增幅约 14%，显示投资者较少追涨杀跌，投资越来越理性。股指期货上市前后同期比较，股市年化波动率从 37.99%降到了 22.07%，降幅超 4 成。有关机构研究发现，排除了其他因素影响，沪深 300 股指期货的上市近 3 年来显著降低了股市波动率，降幅在 25%左右。股票市场连续上涨或下跌的月份明显减少，一般不超过 4 个月，主要表现为涨跌互现，单边市持续时间变短，牛熊转换周期缩小，且单边涨跌幅度都不大，最高连续月涨幅和连续月跌幅分别为 31.87%和 23.63%，比股指期货上市前分别缩小了 69.78%和 41.93%，市场运行态势更加平稳。[①]

3. 合格的境外机构投资者（QFII）进入股指期货

股指期货上市以来，市场运行平稳规范，各类机构投资者有序参与。外汇管理局 2012 年 12 月公布修订后的《合格境外机构投资者境内证券投资外汇管理规定》（以下简称《规定》），扫清 QFII 参与国内期货市场的制度障碍。它是继券商、基金、信托、保险之后又一重要机构投资者，QFII 进入股指期货市场，将增加市场的深度和厚度，有利于形成更理性的投资理念。很多私募基金也积极参与到这个市场中。因为股指期货使用程序化交易后，虽然每单微利，但是复利效果惊人，收益颇丰。目前，国内期货市场的结算银行只有五大国有商业银行，QFII 此前不能在其中开立期货结算账户。《规定》修改后，QFII 可以在五大国有商业银行开设专用账户作为保证金专户。

2012 年下半年 QFII 审批速度明显加快，通过批准 QFII 等入市，希望吸引长线投资者和扩大股市需求。2012 年共批准 72 家 QFII，至此，A 股市场的 QFII 总量达到 207 家。截至 2012 年 12 月，共 169 家 QFII 机构累计获得 374.43 亿美元的投资额度。[②] QFII 获批参与股指期货交易，有利于进一步完善股指期货市场的投资者结构，也有利于稳定现货市场持股，引进国际市场成熟的风险管理理念，倡导理性投资，促进资本市场的健康稳定发展。QFII 可以对自己的股票持仓实现套保全覆盖，如 QFII 前期建仓银行股现货，现在获利巨大，完全可以运用现货头寸所对应获批的套保额度来做空沪深 300 指数，将股票持仓风险全部对冲掉、从

① 李侠. 股指期货：减小了市场波动还是放大了风险？[N]. 金融时报，2013-04-13.

② 叶青. QFII 参战股指期货 [N]. 华夏时报，2013-01-26. http://money.163.com/13/0126/01/8M40P1QU00254ROU.html.

而锁定高位既得利润。但是内地的证券投资基金做空期指套保，最多允许覆盖其持股总市值的20%，只能实现部分套保（对证券公司自营规定类似）。可见，基金和券商还被金融监管机构赋予了维护股市稳定的重任，但QFII却可免责，另外对QFII单日内的股指期货成交额规定也远比基金宽松。这样在与QFII的博弈战中，券商与基金就被束缚住了手脚。2013年1月25日，QFII正式进入期指市场。境外投资者利用股指期货进行对冲操作，早就有丰富的实战经验，只要有市场波动，对它们而言就有套利机会。

维护股市稳定不能简单指望QFII等投资者。就算QFII买入银行股，也可以做到虚假长期投资。因为银行是沪深300指数的权重股，两者走势具有高度关联性，做空期指基本能够实现套保，即使股票没有卖，期指市场上的操作等于变相卖出了现货。因此，如果QFII能在期指市场完全套保做参照，那么内地的证券投资基金也应拥有完全覆盖其持股风险的套保权利，不应该区别对待。2012年第四季度，基金大幅增持了金融保险行业，增持比例高达3.06%，基金维持较高仓位说明基金能从银行股中脱身的概率相对较小，人们在质疑部分基金经理操盘水平的同时，也应思考基金套保政策的不足。

笔者认为要吸引QFII进场，不能通过超国民待遇来实现，也不是非得让其发财，否则QFII越赚越多，内地基金亏损了、股民亏了，最后QFII将盈利转移，A股市场将面临更深的下探风险。有了公平博弈规则，上市公司质量有保证，QFII同样会来。中国股市厚待发行人的结果是投资者吃亏，再让QFII投资者在规则上享受优待，这难言合理。就投资理念而言，有人认为，QFII多以海外投行为主，属长期投资者，参与股指期货主要以套保为主，旨在对冲投资组合风险、锁定利润，短期不会对股市和期指带来较大的影响。

中国证监会2013年3月向社会公布了《人民币合格境外机构投资者境内证券投资试点办法》和《关于实施〈人民币合格境外机构投资者境内证券投资试点办法〉的规定》。一是扩大试点机构类型。为确保RQFII试点顺利推出，试点初期参与机构仅限于基金管理公司、证券公司的香港地区子公司。此次修改RQFII法规后，境内商业银行、保险公司等香港地区子公司或注册地及主要经营地在香港地区的金融机构将可以参与试点。二是放宽投资范围限制。修改后，允许机构根据市场情况自主决定产品类型，RQFII在经批准投资额度内，可以投资于在证券交易所交易或转让的股票、债券和权证；在银行间债券市场交易的固定收益产品；证券投资基金；股指期货；证监会允许的其他金融工具。同时，可参与新股发行、可转换债券发行、股票增发和配股的申购。此外，修订的法规明确了RQFII投资范围和持股比例等相关要求，即单个境外投资者对单个上市公司的持股比例不超过该上市公司股份总数的10%；所有境外投资者对单个上市公司A股的持股比例总和不超过该上市公司股份总数的30%。规定还简化了申请文件，便利了试点机构的投资运作。为进一步扩大资本市场开放，支持香港地区国际金融中心地位，促进香港地区离岸人民币市场发展，为扩大 RQFII 试点，证监会对 RQFII 相关法规进行了修改。RQFII 试点推出后，运作情况良好，对促进人民币国际化、扩大资本市场对外开放、支持国内证券机构拓展境外业务发挥了积极作用。经国务院批准，2012 年 11 月 14 日，中国证监会、中国人民银行及国家外汇管理局决定增加 RQFII 投资额度 2000 亿元，至此 RQFII 总投资额度已达 2700 亿元，已有 27 家基金管理公司、证券公司香港地区子公司获得了 RQFII 资格，合计获批投资额度 700 亿元。其中，24 家试点机构获批额度合计 270 亿元，用于发行债券类产品；4 家试点机构推出 RQFII-ETF 产品，累计获批额度 430 亿元，境外投资者认购积极，净汇入资金近 400 亿元，全部投资股票，其他试点机构正在向中国香港证监会申请发行 RQFII-ETF 产品，表示境外投资者看好中国经济增长前景和中国资本市场的投资机会，其认购踊跃，许多境外养老金、保险资金等长期投资机构仍有巨大投资需求。2012 年以来 QFII、RQFII 资金汇入速度明显加快，持股比例明显上升，境外投资者对中国资本市场的投资需求强烈。证监会还根据资本市场对外开放和人民币国际化的需要，不断扩大试点规模，吸引更多境外长期资金，促进资本市场的改革开放和稳定发展。

第三节　中国股指期货市场面临的风险分析

中国的股指期货上市交易 3 年来，有喜有忧。股指期货是一把“双刃剑”，如果运用得当，能够有效规避系统风险；但由于其高倍杠杆的特点，一旦运用或管理不当，也有可能造成巨大损失，甚至扰乱国家的金融秩序。反思管制期货市场的运营和探索，提出有针对性的政策建议无疑是大有裨益的。

一、做空机制可能放大股票现货市场的风险

做空机制，是指以股指期货和股票期货为主的期货交易，按照交易制度，投资者可以在实际未持有股票的情况下，先行卖出，而在未来约定期内买入，如果股价下跌，投资者可以获利。但由于做空机制具有高倍杠杆的特点，会放大市场风险，如有恶意操纵甚至会酿成股灾。2010 年 5 月 10 日在美国股指期货市场，由于期指空头疯狂做空，导致美国股市盘中暴跌千点，收盘时暴跌 3.24%，引起了美国政府高度重视，美国总统奥巴马下令调查，期指空头被怀疑为美股暴跌的祸首，美国证监会开出了传票，即当投资者利益受损时，美国证监会立即动用法

律手段予以保护。中国股指期货2010年4月开始交易后一个月，也因期指空头大肆做空导致股市现货市场由3181点暴跌至2559点，跌了近20%，引起股市的急剧震荡。2010年上半年，全球股市平均跌幅8%，而中国则达26.8%，市值蒸发超过6.2万亿元，每天损失高达403.8亿元，这与股指期货大肆做空直接相关。但是，笔者认为中国的监管部门对此并未引起高度重视，对恶意做空的投资机构亦未做出严肃处理，这说明中国对股指期货给股票现货市场造成的巨大风险还缺乏应有的认识。2010年5月6日，道琼斯指数出现千点暴跌，第二天，奥巴马下令调查美股暴跌的原因，说明美国上下为一天的千点暴跌感到震惊，其实千点暴跌的跌幅也只有9.14%，而且当天收盘时的跌幅只有3.20%。这样的跌幅在中国股市里会被认为是“正常”的。美国股市才暴跌了一天，就进行调查，5月13日，《上海证券报》爆出新闻:《期指空头疑为美股暴跌祸首，美证监会开出传票》。可见，美国股市越来越注重对投资者利益的保护，美国证监会并不认为股指期货无论怎样做空股市都合法，也不认为股指期货是专门用来做空股市的工具。在其监管中，股指期货是用来稳定股市运行的工具。中国的股指期货已经足以影响到股票现货市场。首先，股指期货的制度设置是以小博大，交易额是保证金的10倍；再加上T+0的交易制度，放大量巨大。其次，其交易金额已经非常之大。以2010年4月27日为例，累计成交153419手，成交总额达到1476.2亿元。一个期指主力合约的成交金额，就已经超过了当天A股沪市1272.3亿元的总成交额。对于期指空头的疯狂做空，美国证监会立即动用法律手段“传讯”股指期货空头，说明其应急机制反应非常迅速。[①] 对比之下，中国证券监管部门反应明显迟钝，这也说明中国的股指期货初期监管的法律体系不完善。

二、新华富时A50指数导致中国失去部分股指期货定价权

股指期货的离岸市场较为发达，目前国际市场上有6个主要针对中国股票的指数期货，包括中国香港交易所的新华富时指数期货、MSCI中国外资自由投资指数期货和恒生国企指数期货，芝加哥期权交易所（CBOE）的中国指数期货合约，芝加哥期货交易所（CME）的新华富时中国25指数期货，新加坡交易所的新华富时A50指数。但是以新加坡交易所的新华富时A50指数影响最大。新加坡交易所曾经于1986年抢先日本两年推出了日经225指数。从交易量上看，2005年日本在日经225指数期货市场上占有55.05%的份额，而新加坡占有

① 王宙洁. 期指空头疑为美股暴跌祸首，证监会开传票［N］. 上海证券报，2010-05-13.

36.63%，美国占有 8.32%。[①] 新加坡交易所在日经 225 指数现货和期货两个市场拥有的定价权甚至超过了日本本土，原因在于参与新加坡日经 225 指数期货市场的交易者构成以国际机构投资者为主，与个人投资者相比，这些国际机构投资者所拥有的信息量显然丰富得多，在交易中形成的价格显然更权威一些。

新加坡交易所同样抢先中国于 2006 年 9 月推出了第一个 A 股指数期货——新华富时中国 A50 指数期货。由于中国当时也是经济长时间高速发展，国际投资者对中国股指衍生品有巨大需求，但是中国金融衍生品市场受到管制而发展缓慢，恰好为新加坡交易所发展中国的股指期货提供了巨大空间。新加坡掌握了部分对 A 股现货和期货市场的定价权，这将使中国的股指期汇及现货市场价格都跟着新加坡走，在吸引资金、控制股市定价权、监管金融风险等方面都会给中国带来不利影响，可能会威胁中国的金融安全，应引起高度重视。

三、外资进入股指期货市场蕴涵巨大风险

国际投行掌握着全球资本市场的话语权，一向擅长“唱多做空”，对 A 股市场的节奏也把握得很准。中国股市两次大跌，与高盛指导投资者做空谋求获利密切相关。2010 年 4 月 19 日，A 股推出股指期货后出现了第一根大阴线，20 日高盛报告称，“沪深 300 指数年底可达 4300 点”。此后，大盘却一路震荡下跌至 2319 点。在 2010 年 11 月初国际投行唱多 A 股市场时，QFII 又悄然减仓。高盛在 11 月 12 日发出了卖出所有获利的中国股票的指令，其客户的抛盘以及跟风盘抛压，导致股票市场跌幅迅速扩大。同样，2010 年大部分国际投行都大肆唱多香港地区股市，但却暗中又悄悄抛售香港地区股票，导致港股大跌 16.31%，由于中国股市的权重股大都是 A+H，因此 H 股的变化也必然影响着 A 股市场的变化。 2011 年 1 月 25 日证监会发布了《QFII 参与股指期货交易指引》（征求意见稿），虽然 QFII 只参与套期保值交易，不得利用股指期货在境外发行衍生品，但是 QFII 拥有巨额资金与巨大资源，通过各种渠道进入股指期货市场，这将对中国股市产生重大影响。首先，QFII 参与股指期货后，就可以直接利用资金进行布局。其次，国际资本在高度国际化的香港地区股市渗透得非常深入，而 A 股和港股联动紧密，国际投行如果通过操纵香港地区股市来影响内地股指期货市场，再与境外资金相互配合，联手做多与做空，就可能操纵 A 股市场的走势，从目前来看这种可能性正在增大。笔者认为由于中国监管机制不完善，操纵股市的行为随时都会发生。

---

① 南华期货研究所. 沪深 300 股指期货与新华富时中国 A50 指数期货的比较性研究 [R]. 2010 (10).

四、日本发生的国际投行操纵股指期货的教训对中国有重要启示

20 世纪 80 年代，东京股市三年内暴涨了 300%，日经指数冲到 38915 点。巨大的日本金融泡沫开始暴露。高盛看准时机和日本人对赌日经指数走向，买其暴跌，然后把从日本保险业买到的“股指期权”转卖给丹麦，丹麦又转卖给美国“日经指数认沽权证”的购买者，并承诺如日经指数下跌会支付收益，该权证立刻在美国热卖，大量美国投行纷纷效仿。全球金融界对日本股市转而看空。日经指数 2003 年 4 月跌到 7607 点，跌幅达 63.24%。国际金融资本狙击日本股市用了三个手段：一是用融资融券打压股价。1987 年 10 月，日本实施了一连串的金融自由化措施，其中包括融资融券制度。基金可以向券商借股票来卖，例如，借出一张股票，100 元卖掉，60 元再买回还给券商，赚 40 元价差。如果国际投行都这么做，股价就会应声而落。二是利用股指期货/期权来做空市场。日本 1988 年开始实施股指期货和股指期权后，摩根士丹利和高盛则利用日经指数大涨的时机反向做空，1990 年 1 月推出日经指数看跌期权，日经指数随之下跌了 20%，1996 年 9 月芝加哥商品交易所推出日经指数期货及期权，日经指数又下跌了 40%，导致日本股市崩盘，而这些投行则赚得盆满钵满。三是外资券商成为交易所会员后，就有了操作融资融券的资格，具备了打压股市的必要条件。

日本的教训对中国无疑是个重要的启示，提供了前车之鉴。因此，我们对金融市场的开放一定要审慎，对 QFII 一定要加强监管，对国际投行的动作一定要密切关注，及时采取应对措施。

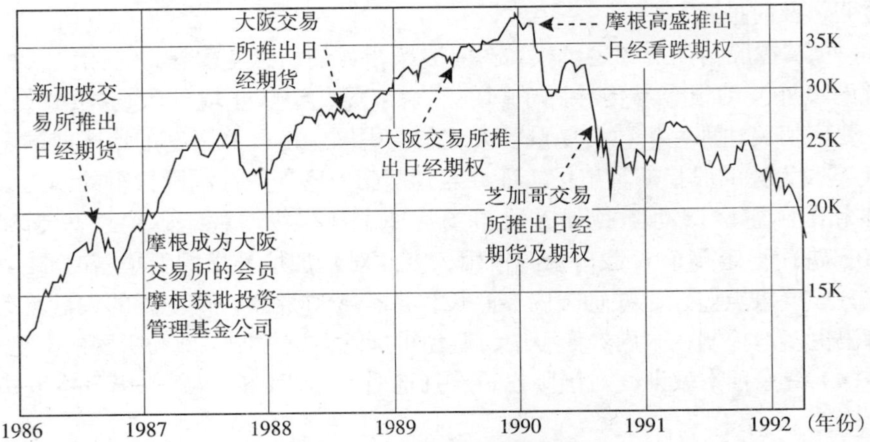

图 7–2　日经指数与股指期货

第四节　加强中国股指期货市场监管的政策建议

股指期货是一把“双刃剑”，是管理风险的工具，能够起到稳定市场的作用，但是使用不当也极易引发风险，因此需要建立严格的监管制度，预防和打击股指期货市场发展初期的过度投机，稳定整个市场。[①] 因此，需要加强风险防范，促其健康发展，笔者建议如下：

（1）股指期货要成为稳定证券市场的工具。股指期货市场要保证每个投资者有公平的投资机会。发挥其套期保值的功能，使资源得到有效分配；保证套利机制正常运行，抑制价格的过度波动。只有充分发挥股指期货平稳股市波动的作用，才能有效地规避股票现货市场的系统性风险。通过股指期货交易集成各种信息，让国民经济的未来变化反映在不同到期日的股指期货合约价格上，使证券市场真正成为经济的“晴雨表”。

（2）防范和打击市场操纵行为，切实发挥股指期货的价格发现功能。市场操纵主要通过资金优势推动市场价格，或者通过虚假信息影响市场情绪，因此可从资金账户监管和信息披露制度建设入手，严格监控券商账户的资金异动情况，严格执行持仓限额制度和大户持仓报告制度，对重仓持有沪深 300 指数中排名靠前样本股的账户和那些有市场影响力以及市场操控风险较大的账户实施重点检查。因市场操纵者往往需要利用各种信息渠道激起市场的非理性操作，以实现其目的，所以要加强对这些信息发布机构的期货和现货账户的监控，券商信息必须公开透明、及时披露。

（3）掌握股指期货的定价权。树立股票指数的信息主权意识，因为 A 股指数期货的境外波动很容易传导到中国的现货市场，要防止境外市场操纵的负面影响，要密切关注那些指数交易量较大或者与中国经济联系紧密的地区或国家推出的以 A 股为标的股指期货市场。证券监管部门要密切关注国际投行的动向，监控 QFII 和国际游资调动巨资对 A 股市场的冲击和操纵。稳定 A50 可以起到稳定 A300，进而稳定整个 A 股市场的作用，因此对新加坡推出的新华富时 A50 的 50 只成分股要重点监控，鼓励国内券商长线持有 A50 股票，使中国的大盘蓝筹股流通筹码更多地控制在国内券商手中，避免被国际游资控制，威胁中国的金融安全。

（4）借鉴日本教训，对国际投行严加监管。鉴于国际投行操纵日本股指期货

---

① 刘翔峰. 股指期货上市一年来的反思［J］. 民商，2010（1）.

市场，击垮日本股市的惨痛教训，中国对国际金融资本进入A股市场要建立严格的市场准入和市场监管制度，严防其被国际金融资本操控。国际金融资本可能会通过QFII或者“地下渠道”进入中国资本市场操纵股市、期市。因此，政府应当对市场的异常波动情况进行实时监测，必要时进行适当干预，防止国际炒家冲击和操控股票市场。在这方面，中国政府可以借鉴1998年香港地区金融保卫战中对股指期货干预的经验，采取政策指导，修改法规，入市交易和出资救市等措施。应该提醒和教育国内投资者，在遇到国外知名投行关于中国A股市场的报告时，应该持一种客观谨慎的态度，不要盲从迷信，要深入思考它们抛出这些观点的真实目的，要思考谁能从中获利？习惯以逆向思维来推演大盘以及各种可能出现的真实走势，达到规避国际化金融风险的目的。

（5）调整杠杆倍数应对突然的市场异动。股指期货交易只需要支付一定比例的保证金，就可以签订较大价值的合约。鉴于中国股指期货市场刚刚起步，风险管控机制尚不健全，可以考虑提高保证金水平，由现有的12%提高到20%或25%。并对每半小时交易量规定新的限制。股指期货的杠杆性决定了它比股票市场的风险性更高，收益可能成倍放大，损失也会成倍放大，调整杠杆保持低额度，可以减小风险。

（6）对内资和外资券商要实行同一制度，统一监管。实行黑名单制度，凡严重违反监管规定者，第一次警告并罚以重金，第二次就取消其券商资格，并罚没1~5倍的收入。对国内和国外券商一视同仁，统一监管，执行同一制度，同一待遇。对股指期货合约规则、风险控制、市场监管等进行有针对性的制度安排，确保风险可测、可控、可承受。

（7）完善法规和监管体系。不仅要对现有法规体系进行完善，还要补充有关金融衍生产品市场的管理法规，如《股指期货交易管理办法》、《股指期货交易规则》以及《期货法》等，使股指期货有法可依。按照国际惯例，制定股指期货的监管、交易、结算、风险控制等规定，形成在统一期货法规下的监管体系。

（8）加强投资者教育。投资者教育是强化投资者风险意识、保护投资者合法权益的重要工作。只有严格落实投资者适当性管理制度，帮助投资者认识金融期货的规则与风险，引导投资者理性参与，培育一个成熟、健康的股指期货市场，才能发挥这个市场的功能。

总之，中国股指期货市场发育还比较稚嫩，与发达国家有较大差距，要全面认识其功能，加强监管，防止市场操纵，防止恶意做空。处理好创新与监管的关系，坚持发展速度与监管能力相适应，守住不发生系统性风险的底线，切实维护公平、公开、公正的市场秩序。

第八章　重启国债期货

国债期货于 2013 年 9 月已经重启，本章总结了国债期货的功能特点，回顾了各国推出国债期货的历程，就国债期货与利率市场化的关系进行了分析，指出重启国债期货市场最重要的是需要建立国债期货市场的风险监管体系。

第一节　国债期货的基本功能、交易方式及特点

国债期货被各国的金融期货交易所引入，在国际金融衍生品市场上有举足轻重的地位。国债期货是利率期货的一种，是以国债为载体、利率为交易对象的金融期货产品。国债期货交易是在国债现货交易的基础上发展起来的，是对国债现货交易的重要补充，是交易者事先约定在未来以何种价格买入或卖出特定国债的交易方式。

一、功能

国债期货交易从问世到现在的 30 多年中取得了长足发展，这与其特定的经济功能是分不开的。

1. 规避利率风险

在利率市场化的条件下，国债利率受国债资金供求状况、经济运行周期、通货膨胀率、国际利率及汇率等多种因素影响，也处于波动之中，国债投资者随时都面临着利率风险。规避利率风险成为了国债期货交易的首要功能，这可以通过国债期货市场做套期保值交易来实现。套期保值是指投资者在买进或卖出国债现货时，卖出或买进同种同量的期货，使期货市场的盈利亏损与现货市场的亏损盈利相互抵消，以防止价格波动风险。套期保值主要有多头（买入）套期保值和空头（卖出）套期保值。

（1）多头（买入）套期保值是指投资者担心价格上涨导致购买国债成本增

加，就先在国债期货市场上买入一笔期货合约，到期以较高价格卖出，盈亏对冲以避免风险。例如，某机构投资者9月预计在12月将有10万元收入，将用于购买某年3年期国债，该国债价格为每百元面值88.5元，为防止12月国债价格上涨，该投资者在国债期货市场上进行买入套期保值，举例操作如下：

9月预计12月收入10万元，2013年3年期国债每百元价为88.50元。

9月以每百元90.45元的价格购入5份2013年3年期12月交收的国债期货合约，每份合约面值2万元，共计10万元。12月6日以91.55元的价格售出5份2012年3年期12月交收国债期货合约。每百元面值国债盈利1.10元（91.55−90.45=1.10元）。12月6日收入10万元，此时现货市场国债价格上涨，于是以每百元90.50元的价格买入2013年3年期国债。实际购入成本：每百元国债实际购入成本=90.50−1.10=89.40（元）。89.40元的价格虽然比9月6日国债现货市场的88.50元的价格高，但比12月6日国债现货市场价格90.50元低。这样，该机构投资者就以国债期货市场的盈利填补了国债现货市场的亏损，将投资成本锁定在一个狭小的变动幅度内。

若两个月后，国债价格不升反降，则该机构投资者的盈亏计算如下：

9月6日预计12月收入10万元，2013年3年期国债每百元价为88.50元。

9月6日以每百元90.45元的价格购入5份2013年3年期12月交收国债期货合约，每张合约面值2万元，共计10万元。12月6日以88.95元的价格售出5份2013年3年期3月交收国债期货合约。每百元面值国债亏损1.50元（90.45−88.95=1.50元）。12月6日收入10万元，此时现货市场国债价格下跌，于是以每百元87.25元的价格买入2013年3年期国债。实际购入成本：每百元国债实际购入成本=87.25+1.50=88.75（元）。国债现货市场盈利弥补了国债期货市场亏损，但同时也失去了国债现货市场价格下跌而得到的盈利。

（2）空头（卖出）套期保值是指投资者准备卖出国债以变现资金，担心到时候价格下跌而受损失，于是先卖出一笔期货合同，届时再买入等额期货合同，以使盈亏相对冲。

套期保值最大的特点是锁住成本，逃避价格不利变动带来的风险，而不是为了赚取利润，甚至会放弃价格出现有利变化时可能带来的额外收益。

2. 发现价格

在一个公平、高效、竞争的国债期货市场中形成的期货价格，能够比较真实地反映出未来国债价格变动的趋势。期货交易所是有组织的、正规化的统一市场，聚集了众多买方和卖方，不仅有套期保值者还有投机者，大量不同目的的交易者参与确保了市场的流动性，公开竞价的方式也避免了欺诈和垄断行为。按期货交易所的价格报告制度规定，每一笔交易的价格，都要向会员及其场内经纪人报告并公之于众，期货市场上的行情能被及时了解，投资者对供求关系的新变化及其变动趋势判断后再输入到交易场上去，最后反映到期货价格中去，提高了期货价格的真实性和预期性。[①] 在交易所进行的国债期货交易，交易价格不断报出、修正和传播，使潜在的价格信息揭示得更充分、更合理，真实地反映供求状况和对某种国债未来价格的综合预期，成为了投资者决策和规划资金的依据。

二、投机获利的交易方式

国债期货交易的“以小博大”的杠杆效应和信息揭示充分的特点吸引了大量投机者，根据判断和操作技巧，利用价格在不同时间的变动差异，不断地买入或卖出期货合约，以博取投机利润。投机目的是赚取差价收益，一般只是平仓了结期货交易，而不进行实物交割。国债期货投机的方法很多，主要有以下几种：

1. 普通投机交易

普通投机交易是从单一的国债期货合约中利用价格的上下波动赚取收益，在一段时间内只做买或卖，主要有买空、卖空两种形式。买空是投机者预计利率将下调即在看涨的市场中先买进国债期货合约，等价格上涨后抛售的投机方式；卖空是投机者预计利率将上调即在看跌的市场中先卖出合约，等待时机补进的投机方式，包括国债期货的买空和卖空。

2. 套利交易

套利交易是指投机者利用两个相互联系的市场或者国债期货合约之间的价格差别来获利的交易方式。套期交易往往在同一时间买入某种国债期货合约，同时卖出另一种国债期货合约，即在同一时间里投机者既是买空者又是卖空者。在进行套利时，投机者通常关注的不是国债期货合约的绝对价格水平，而是合约之间的相互价格关系，或称相对价格差异关系。套利交易往往从不同的两个合约间的相对价格差异来套取利润，即买进“低价合约”，卖出“高价合约”。这种合约间的价差主要有四种情形：一是同一标的物不同交割月份国债期货合约之间的价格差；二是同一标的物的现货与期货之间不断变动的价格之差；三是在交易所交易的同类标的物的期货合约的价格之差；四是不同标的物但存在相互关联的期货合约价格之差。其操作方式如下：

（1）跨期套利。跨期套利是指交易者利用标的物相同但到期月份不同的期货合约之间价格的异常变化买进近期合约，卖出远期合约（或卖出近期合约，买进远期合约），待价格关系恢复正常时，再分别对冲以获利。跨期套利是套利交易方法中最普遍的一种，可分为牛市套利、熊市套利和蝶式套利。

第一种：牛市套利。在进行牛市套利时，投机者买进到期月份较近的国债期

① 陈六一. 恢复国债期货市场的管理体制研究［J］. 企业经济，2011（3）.

货合约，同时卖出到期月份较远的期货合约，期望在未来进行对冲以获取价差收益。投机者之所以买近期而卖远期，是因为他预期在看涨市场中，近期合约的价格上涨幅度将大于远期合约价格上涨幅度，或在看跌市场中，近期合约的价格下跌幅度将小于远期合约的下跌幅度。

第二种：熊市套利。熊市套利交易在做法上恰好与牛市套利相反。在进行熊市套利时，交易者卖空近期期货合约，同时买进远期期货合约。投资者之所以进行熊市套利，是因为其预期在看跌市场中，远期期货价格跌幅会小于近期期货价格跌幅，或在看涨市场中，远期合约价格上涨幅度大于近期合约的价格涨幅。

第三种：蝶式套利。蝶式套利交易是指利用若干个不同交割月份合约的价差变动来获利的交易方式，它由两个相反方向、共享中间交割月份的跨期套利交易组成。具体有两种买卖方式：一是首先买入一个单位近期交割的期货合约，卖出两个单位中间期限交割的期货合约，买入一个单位最远期限交割的期货合约，然后在适当的时候再卖出一个单位近期交割的期货合约，买入两个单位中间期限交割的期货合约，卖出一个单位最迟期限交割的期货合约。二是先卖出一个单位近期交割的期货合约，买入两个单位中间期限交割的期货合约，卖出一个单位最迟期限交割的期货合约，然后，选择适当时机进行与上述交易方向相反的对冲交易。原理是，套利交易者认为中间交割月份的期货合约价格与两旁交割月份价格之间的相关关系将会出现差异。从实质上看，蝶式套利是两个跨期套利的互补平衡的组合，可以说是“套利的套利”。与普通的跨期套利相比，蝶式套利的风险与利润都较小，同时与已经被限制的潜在利润相比，其佣金成本又比较高。因此，蝶式套利主要被那些享受有低交易成本优势的交易所会员采用。

（2）跨市套利。跨市套利是指在某个期货交易所买入或卖出某一交割月份的某种品种合约的同时，在另一个交易所卖出或买入同一交割月份的同品种期货合约，然后在时机有利时分别在两个交易所对冲在持合约，从中获利。当在不同交易所交易标的物相同的期货合约时，即使到期月份相同，其价格也不一定相同，两者之间必定有一个正常关系，一旦两者价格出现反常变化，套利机会就出现了，反应迅速的套利者将会马上采取行动，当价格关系恢复正常时，交易者再分别对冲从而实现套利收益。跨市套利包括国内不同期货交易所之间的套利交易、不同国家期货交易所之间的套利交易和现货市场与期货市场之间的特殊套利交易三种。

（3）跨品种套利。跨品种套利是利用两种标的物不同的国债期货合约之间的价差变化进行套利。跨品种套利是在同一交易所、相同到期月份、但合约标的物不同的国债期货合约之间进行的。这两种品种间的关联度强，价格影响因素大致相同，在正常情况下价差比较稳定。

3. 抢帽子交易和池中交易

抢帽子交易是指以略低于最近的交易价格买入国债期货合约，又以略高于最近的交易价格卖出期货合约的交易方式。当听到交易大厅一个较高的出价和一个较低的要价时，抢帽子交易者就同时与出价者和要价者达成交易，从中赚取较小的利润。但是在每个交易中的盈利很小，而且又不是都能盈利。一次较大的亏损很有可能把许多次的盈利付之一炬，因而这种投机交易必须对市场的变化相当敏感。

池中交易有时与抢帽子交易同指一类交易。但这里池中交易是指交易者保持合约时间相对于抢帽子者长的交易，其持有合约的时间从几分钟到几个小时不等。

三、特点

美国 1976 年推出第一张 3 月期国债期货，1977 年推出长期国债期货，1979 年推出 4~6 年期中期国债期货，1982 年推出 10 年期长期国债期货，国债期货市场完备，后来美国国债期货发展成为世界性的国债期货。英国在 1982 年推出国债期货，将英国金边债券及美国、日本、德国和意大利的国债作为标的物，伦敦国际金融期货交易所（LIFFE）因而颇具国际特色。日本的国债期货始于 1985 年，中期、长期和超长期品种相继推出，同时也在英国和美国的交易所交易，但在东京证券交易所（TSE）的交易量始终居第一位。德国 1986 年引入 14 种他国国债期货，1990 年才上市本国国债期货。法国 1986 年建立巴黎期货交易所（MATIF），长期、中期、短期共 5 种国债期货和意大利国债期货均在此上市。此后，加拿大、澳大利亚以及新加坡、韩国、印度等国的国债期货交易也相继展开。

1. 时机的选择

从国际经验看，国债期货的产生有两种情况。一是美国和日本，在利率市场化进程之中出现。美国利率市场化改革自 1970 年开始，1986 年完成，国债期货于其间出现；日本利率化改革始于 1977 年，终于 1994 年，国债期货于 1985 年推出。可见，国债期货是推进其利率市场化的一个环节，可帮助完善市场化利率体系。二是英国和德国，是在利率完全市场化后才推出国债期货的。

2. 利率管理工具

国债期货交易的首要功能是规避利率风险，这种功能是通过套期保值来实现的。国债期货作为利率风险管理的关键工具，通过价格发现将市场预期传导到基准利率体系。国债期货是利率期货的最重要品种，在利率波动剧烈的情况下，规避利率风险进行套期保值是其发展的根本动力。以美国为例，在布雷顿森林体系瓦解和石油危机的重压下，通货膨胀严重，利率攀升，金融风险剧增，美国在 20 世纪 70 年代利率变动了 130 次，为顺应投资者对利率风险管理的强烈要求，国债期货应运而生，其主要功能就是用来规避利率变动风险。利率变动除受社会、经济和政治等因素影响外，最直接造成利率变动的因素是中央银行的货币政策及政府国债的发行量。利率变动程度越大，对避险的需求也越大，从而债券期货也就会越受到欢迎。国债期货交易可以有效地管理利率风险，提供利率风险防范机制和工具。随着经济市场化程度的提高和国际化的加快，利率风险逐步扩大，利率风险将逐步上升为债券市场的主要矛盾，急需推出有效的利率风险管理工具。国债期货交易有较多优点，是利率风险管理的有效工具之一。首先，国债期货交易不涉及本金流动，可在很大程度上降低交易成本和交易风险。其次，国债期货实行保证金交易，可以发挥财务杠杆作用，同时大大提高了市场流动性。最后，国债期货可以进行空头交易，从而实现交易的双边性，而且有助于平抑市场价格。

3. 现货是期货发展的基础

国债期货交易是在西方国家国债现货市场发育成熟的前提下为规避国债利率风险而产生的，随着西方国家国债现货市场的不断完善而发展。可见，国债期货是一种国债衍生产品，是建立在国债现货市场的基础之上的。国债现货规模直接制约了国债期货交易的规模，能有效避免“多逼空”，合理的国债品种结构有利于国债期货品种的开发和国债期货的交割。国债现货市场利率市场化以及由此产生的利率波动风险是国债期货交易存在的基础，同时，国债期货价格是对未来国债现货价格的预期，而这种预期主要是建立在国债现货市场利率走势基础上的。国债现货市场充分的流动性能使国债期货价格在较为合理的价位上波动，从而抑制国债期货市场的过度投机。国债期货交易是在国债现货市场发育成熟的前提下产生的。美国推出国债期货时其国债余额 3000 多亿美元，占 GDP 的 16.67%，日本的比重为 50.57%。以充分的现货市场流动性作基础，较多的投资者参与期货交易，才能为国债期货的交割提供保障。国债期限短期、中期、长期搭配合理，以中期为主，形成了完整的收益率曲线。以机构投资者为主的多元化投资者结构使国债市场运行效率较高，国债的金融功能得到强化，投资者成熟，市场形成的价格能反映资金供求，为期货市场运行奠定了良好基础。

4. 发展机构投资者

国债期货市场的交易主体按交易目的和动机可分为套期保值者和投机者，按规模结构可分为机构投资者与个人投资者。西方国家十分注重发展国债期货交易主体，尤其是发展机构投资者，因为机构投资者对于国债期货市场的发展具有十分重要的作用。首先，市场容量的大小是衡量一个市场是否成熟的标志之一，由于机构投资者拥有稳定、庞大的资金，能影响国债期货市场的规模和资金总额，因此机构投资者的壮大对于扩大期货市场的容量具有重要作用。其次，国债期货市场是一个专业性强、风险大、收益高的市场，这对于一般中小投资者介入国债期货市场形成了障碍，在一定程度上影响了国债期货市场的发展。发达的机构投资者不仅可以消除中小投资者的入市障碍，还可以为中小投资者增加新的投资渠道。再次，机构投资队伍的发展壮大带给市场的不仅是增量资金，更重要的是投资理念的变化。机构投资者客观理性的操作理念一旦主导市场，期货行情趋势的变动将更加贴近和反映现货基本面，从而使期货市场的功能得到进一步发挥。最后，理性的机构投资者在资产组合管理时积极参与国债期货市场，成为套期保值的主体，从而有利于国债期货市场的稳定。

5. 风险管理制度完整

国债期货市场是一个高风险市场，其风险来自客户缺乏风险意识，如保证金交付中的风险、期货经纪商和会员在代理中的风险、赤字结算风险以及市场风险等方面。首先，保证金制度。发达市场对较成熟产品采用浮动保证金制度，参数设定由交易所和风险管理部门协商，清算所起决定作用。德国的保证金由清算所去计算，英国则由清算所最终决定。澳大利亚对于结算保证金并不区分投机者和套期保值者。新兴市场以控制风险为主，采取固定保证金制度，例如韩国。其次，价格限制的规定。德国规定在市场极端情况下有权暂停交易；英国规定，认为价格非常不合理时可以拒绝并通知交易所；日本涨停板是正负2%；中国台湾是正负3%。最后，持仓限制制度。美国根据品种定限额；澳大利亚根据资本定限额，主管机构还有权要求报告持仓情况；中国台湾则是规定严格的持仓限额。各国和地区对持仓进行实时监控，交易所有停开新仓等权限。伦敦清算所规定，即使成员还没有实际违约，如果清算所认定其可能违约，就可对其启动违约程序。

6. 监管有效分工

若要维护国债期货市场的健康发展，保证市场的流动性，使市场能够发现价格并分散风险，就必须吸引足够多的各种类型的投资者，增强他们对于期货市场公正性的信心，而信心的建立需要有完善的期货交易法律体系作为后盾。这种法律体系能使国债期货交易依法进行，从而保证期货市场的有序性和高效性。一般来讲，国债期货交易法律体系由国家期货交易管理法规和期货交易规则两部分组成，互为补充，以不同的方式作用于国债期货市场，从而保证了国债期货市场合理高效地运转。首先，监管法规体系完善。美、英、日、德、法等国的国债期货市场法规严格，交易能依法高效运作。法规由国家期货交易管理和期货交易规则两部分组成，如期货合约、经纪公司、期货交易程序、管理体系等都有法规。其次，监管机构与期货市场发展相适应。美国在明确了商品期货交易委员会是监管所有“商品”期货交易的唯一法定机构后，才推出国债期货。最后，监管体系严密。美国设立了政府监管、行业自律和交易所三级监管体系。德国和英国则是由一个专门管理金融机构和金融市场的部门予以监管。日本虽然采取政府主管、行业部门和交易所三级管理，但期货市场是按照品种由不同机构管理。国债期货市场的监管宜采用一般的三级监管模式，其中政府监管应发挥克服市场失灵、弥补市场缺陷的作用，主要通过加强对国债期货的审核和监督保证期货交易的合法性，防止垄断、操纵、欺诈、内幕交易等违法行为的发生，维护国债期货市场的正常运行；行业协调组织应以“行业自治、协调和自我管理”方式对市场参与者的素质和行为加以规范，以发挥期货市场的功能，建立公平竞争的有效市场；期货交易所应在遵守有关法规条例、自觉接受政府监管的基础上对交易所内的一切交易活动行使监督、管理、实施和保障等职能，成为风险管理中最基本的管理与执行机构。西方国家一般建立了政府监管、行业自律和交易所三级监管体系。虽然这种监管体系也面临变化，一元二级监管结构有可能成为国债期货市场监管的主流模式，但必须看到这些国家的国债期货交易已经取得了成功，并处于较高的发展水平。

第二节　各国陆续推出国债期货的历史发展

国债期货于1976年在美国推出，随后英、日、法、德等发达国家以及印度等一些发展中国家也相继推出。各国国债期货市场的发行、交易、监管等制度体系已相当完善，值得我们学习和借鉴。

一、美国的国债期货交易

1. 国债期货合约

美国国债现货市场十分发达，交易活跃，国债发行规模大、品种丰富、期限结构和持有者结构合理、流通量大。美国的国债分为短期、中期和长期三种，与之相对应，国债期货合约也分为短期、中期和长期三种。

（1）短期国债期货合约——国库券期货合约。美国的国库券期货合约是一种以91天（13周）期的国库券为标的物的短期国债期货合约。它包括：①交易单位。每份合约代表100万美元的91天（13周）期的国库券。②报价方式。以指数方式报出，报价指数=（1－年贴现率）×100。③最小变动价位。1个百分点的百分之一，即0.01%，或称为一个基本点。④交割月份为每年的3月、6月、9月、12月。⑤交割品。虽然合约以90天国库券为标的物，但合约到期并不限于90天期国库券，而是根据国际货币市场（IMM）的规定，既可以是新发行的3个月期、91天或92天国库券，也可以是有90天剩余期限的原来发行的6个月或1年期国库券，以确保交割的完成。⑥交割价的计算。在交割时，空头交割短期国库券，多头支付发票金额，发票金额=面值−年贴现率×面值×到期日数/360天。

（2）长期国债期货合约。它是以一种（虚构的）20年期、息票利率为8%的长期国债为标的物的期货合约。它包括：①交易单位。每份长期国债期货合约的数额为10万美元。②交割月份为每年的3月、6月、9月、12月。③报价方式。以美元为单位报出，所报价格是面值为100美元的国债价格。④交割方式。其交割涉及三天：第一天是期货合约交割月份的第一个营业日前的第二天；第二天，清算所从众多未平仓的多头之中选择买方，一旦选定，卖方就会对某特定的交割债券开出发票，买方准备支付款项；第三天即实际交割和付款日。⑤交割制度。其标的物是期限为20年、息票利率为8%的长期公债券。然而，这种标准化的标的债券在现货市场上很少存在，因此美国实行混合交割制度，即卖方可用于交割的债券是剩余期限不少于15年的任何美国长期公债券，这就需要引入转换系数对不同票面利率的国债进行价格折算，使每一种国债都保持8%的息票利率。

（3）中期国债期货合约。它是一种以偿还期在1年以上，不超过10年的国债为标的物的期货合约，除了标的物和混合交割制度中交割对象的剩余期限与长期国债期货合约不同外，其他相同。

由于美国国债期货合约设计合理，因此成为了其他国家设计本国国债期货合约的借鉴对象。

2. 国债期货交易管理体系

美国国债期货交易的管理体系是政府监管、行业协调组织管理和期货交易所自我监管的三级管理模式。

（1）政府监管。美国政府设立了联邦期货交易委员会作为统一管理全国期货市场的最高权力机构，在政府部门直接领导下拥有独立的决策权，其基本职能是：负责管理、监督和指导各交易所及期货交易行业组织的管理；负责制定与期货交易有关的各项交易法规；负责管理期货市场的各种商业组织、金融机构和个人投资者所进行的全部交易活动；负责各种交易机构的注册、审核和批准；对违犯期货交易法规和国家有关法律的机构和个人进行行政处罚或追究民事、刑事责任。

（2）行业协调组织管理。行业协调组织以"行业自治、协调和自我管理"的方式行使职权。其主要职能包括：宣传、传达国家监督机关的有关政策、法规至各交易所，并为国家监管机关提供各交易所的运行和市场交易情况；强化会员的职业道德和行为规范，实施客户保护条例；定期审查专业期货人员的会员资格；审计、监督专业期货人员的资金账户、财务情况和一般交易法规的执行情况；对期货交易中的纠纷进行仲裁；普及客户和会员的期货交易知识等。

（3）期货交易所自我监管。美国期货交易所自我管理的内容主要有：检查会员资格，监督会员的义务活动；监督场内的期货交易种类、数量、品种及价格水平，保证期货交易在透明、公开竞争的条件下进行；制定本交易所的规章制度和业务惯例以及细则；对经纪行会员的资本是否充足进行检查；对违章违法活动的交易会员进行行政处罚及刑事申诉，通过仲裁方式协调解决交易活动中出现的纠纷；维护交易准则的严肃性，监督法规的实际执行情况。为了更有效地进行分项管理，控制风险，美国期货交易所还设立了30多个不同职能的部门。

3. 国债期货交易的法律体系

美国对国债期货交易管理的另一个显著特征就是精心制定有关法规条例，使国债期货交易能依法有序地高效运行，并为美国经济政策总目标的实现发挥作用。美国的国债期货交易法规体系由国家期货交易管理法规和期货交易规则（条例）组成，这两部分互为补充，以不同的方式作用于国债期货交易，从而保证交易合理、高效地运转。

二、英国国债期货

英国国债期货于1982年在伦敦国际金融期货交易所问世，在该交易所上市的品种不仅限于本国国债期货合约，还包括美、日、德和意大利等国的国债期货合约。和美国一样，英国现代期货市场管理也继承了“三级管理”体系，即政府监管、行业自我监管、交易所自我监管的从上而下、分层次监督管理制度。但两国的不同之处在于：美国更加强调政府干预并且通过加强立法来管理期货市场；英国却以“自我监管”为主，政府对期货市场的干预较少，除了某些必要的国家立法外，英国期货市场的管理完全由期货交易所及行业协会等组织机构以及政府立法领导下制定的一些交易法规、条例来保证期货市场交易的正常运行。[①] 英国政府不直接干预市场，只有在市场出现不正常现象时，政府才运用法律手段间接管理市场和调控市场。英国法律体系的健全和稳定为实现期货市场管理的有序性、权威性奠定了基础。

此外，英国的结算公司是独立于期货交易所的，如伦敦结算所同时为伦敦的三家期货交易所进行期货结算，而美国、日本等国的期货交易所都设有自己的结算部门。两者的区别主要体现在：独立的结算所在履约担保、控制和承担结算风险方面独立于交易所之外；交易所内设结算机构则将这些业务全部集中在交易所。独立的结算所一般由银行等金融机构以及交易所共同参股，相对于由交易所独自承担风险而言，其风险比较分散。

---

① 上海期货交易所世界银行国债期货项目小组. 英德国债期货市场调查报告［R］. http：//www.doc88.com/p-539034492.html，2006.

三、日本国债期货

日本的国债期货交易始于1985年，交易品种主要有长期、中期和超长期的国债期货合约。日本的国债期货同时被国外的交易所如LIFFE、CBOT、SIMEX、CME上市，但东京证券交易所的交易量最大。日本国债期货交易管理体系也是“三级监管”：①政府监管。日本的国债期货业务受金融厅统一监管，涉及范围包括交易所的设立、上市品种、交易所制度规则、中介机构资格审核等。金融厅授权证券交易监视委员会对国债期货的违规事件进行调查。证券交易监视委员会得出检查结果后上报金融厅，同时提出处理建议，金融厅会做出最终处理结果。②行业自我管理。日本的行业组织多为各类民间组织和民间协会，它们协调各交易所之间的利益，维护交易员权益，在一定程度上弥补了“归口管理”下各交易所之间的协调困难，发挥着政府和交易所之间“上令下达，下情上传”的作用。③交易所自我管理。日本的交易所全部采用芝加哥商业交易所（CME）1988年开发的保证金管理系统，即SPAN系统计算保证金以控制风险，其特点是在控制风险的前提下最大限度地降低保证金的要求，提高资金使用效率。交易所对国债期货交易的监管注重实时监控和事后监控。此外，日本的交易所还十分注重信息披露制度，如东京证券交易所为了实现买卖价格公正、有序及买卖渠道畅通，自1974年开始采用行市导报系统，及时向投资者传递当日成交数量、价格、未平仓合约数量等各方面信息。

四、法国国债期货

1986年，法国财政部和法兰西银行联手建立了法国期货市场，此后推出了国债期货交易。法国的国债期货合约分为短期、中期和长期三种，其中短期国债期货合约是以90天国库券为标的物的合约；中期国债期货合约是以4年期国债为标的物的合约；长期国债期货合约是以7~10年期的国债为标的物的合约。法国国债期货交易的最大特点在于，其清算系统能最大限度地保证交易和清算的安全性，在交易被自动撮合的同时，风险控制、清算、幕后文件处理等都被自动完成。

五、德国国债期货

德国的国债期货合约是以名义利率为6%的8.5~10年期国债为标的物的合约。德国拥有欧洲最大的电脑交易联网系统，与世界各地交易所进行联网交易。

德国清算系统的功能和业务特点在于将交易与清算融为一体，自动化程度高、便捷、快速，成本低且适应性强。德国十分重视对国债期货市场的监管，如加强法制建设，先后通过《交易所法》和《二级金融市场促进法》，成立联邦证券监督办公室作为唯一的国家证券期货监管机构，注意加强国际联合监管，等等。

六、亚洲的发展中国家和地区

亚洲各国和地区国债期货的交易所主要有东京证券交易所（TSE）、新加坡证券交易所（SGX）、韩国期货交易所（KOFEX）及中国香港交易所（HKEX）。

1. 新加坡证券交易所的国债期货合约

目前SGX交易的有5年期新加坡国债期货合约、10年JGB期货合约。下面以5年期新加坡国债期货合约为例。SGX的10年期JGB期货合约和小型10年期JGB期货合约所包含条款与SGX的5年期新加坡国债期货合约一致，具体规定不同。其主要特点为：①合约月份为3月、6月、9月、12月4个连续季月；②最后交易日时间和常规交易日时间不同；③没有每日价格限制，有持仓限制，持仓限制按10年期JGB期货合约和小型10年期JGB期货合约的和计算；④现金交割。

2. 韩国期货交易所交易的是3年期、5年期韩国国债（KTB）期货合约

KOFEX的3年期及5年期KTB期货合约的主要内容为：①不同的合约标的可交割债券；②合约月份为3月、6月、9月、12月中2个连续季月；③最后交割日为合约月份第三个星期三；④现金交割；⑤没有每日价格限制，交易所认为有必要时采取持仓限制；⑥其他。

3. 中国香港的外汇基金债券

这是香港特别行政区政府根据《外汇基金条例》为外汇基金发行的港元债务证券，是香港地区金融管理局调整货币政策的工具之一，也有助于港元债券市场设定基准利率曲线。外汇基金债券期货以票面利率为6%的三年期名义外汇基金债券作为标的，按合约价值的百分率报价，每张合约价值100万元港币。为增加市场流通量，外汇基金债券期货的买卖采用庄家制，注册交易商会在合约规定的最大差价限制和最小合约规模内进行报价。外汇基金债券期货采用交易所的HKATS电子交易系统进行买卖。所有买卖盘按价格及时间先后次序执行对盘，买入价、卖出价及成交价均即时发放，价格及市场均高度透明。合约到期时，任何在该合约期满月份的未平仓合约将转为买卖双方之间实物交收的外汇基金债券交易。卖方有权向买方交付距离到期剩余期限为2.5~3.5年的外汇基金债券，外汇基金债券的实物交收将在最后结算日进行。外汇基金债券期货合约由中国香港期货结算公司（HKCC）登记、结算及提供履约保证，由HKCC作为所有未平仓

合约的对手方使各 HKCC 参与者之间实际上无须承受对手风险。

第三节　国债期货与利率市场化的良性互动

国债期货最重要的功能就是发现利率，因此国债期货是利率市场化的重要环节。借鉴国际经验，对于理清国债期货与利率市场化的关系是非常关键的。

一、国债期货的基本属性就是利率属性

从金融产品的衍生关系来看，国债期货是利率期货的一种，是以国债为载体、利率为交易对象的金融期货产品，具备价格发现、规避风险与资产配置的功能。

1. 国债期货属于利率期货，具有利率属性

利率期货，是以约定的价格和数量对某些特定的具有利息和期限的金融商品在某一时间进行交割的期货合约。其标的资产可以是货币市场、资本市场的各种债务凭证，也可以是利率本身。

从货币市场、资本市场挑选出不同期限、不同利率的国债，以这些国债作为标的资产而形成的利率期货，被称为国债期货。其本质就是以国债作为载体、利率作为交易对象的金融期货产品。由于市场上流通的国债具有不同的票面利率、到期年限、发行价格，不便于直接作为国债期货标的资产进行交易和交割。因此，会通过转换因子等技术方法，把这些具有不同票面利率、到期年限、发行价格的国债进行统一化处理，形成标准国债，以便有效提高国债期货的可流通性。标准国债是虚拟的或者名义的国债，其本质仍然是它必须以现实国债为实际标的资产。这种名义标准国债在交割时，通常是按照该债券的“发票价格 =（期货价格 × 转换因子）+ 应计利息”来支付价款的。[①]

从票面利率的形成机制看，国债期货合约的票面利率取决于利率变化。这种以国家发行的政府负债凭证为标的资产的期货合约的交易，其票面利率是国债现货发行票面利率、市场利率在一定时间约束下的综合性利率。国际上通行的做法：其票面利率就是在给定的历史时期内，选出与期货合约年期相近的国债现货，将其票面利率加以平均，参考当时的市场利率水平，最后定出一个相对合理的整数利率作为期货合约的票面利率。可见，与传统法律视角的债权债务属性不

① 彭红枫，鲁维洁. 中国金融市场基准利率的选择研究 [J]. 管理世界，2010（11）.

同，在利率衍生关系及其价格形成视角下，国债期货的基本属性就是利率属性。

2. 国债期货最重要的功能就是发现利率

国债期货合约交易是通过公开竞价持续进行的，时刻变化的信息为交易者提供买、卖决策的依据。交易者根据最新信息修正对市场的看法，形成新的成交价格。这种价格就是连续公开竞价和不断纠错的结果，具有公开性、预期性和权威性。[①] 国债期货因为其套期保值功能而成为重要的套期保值工具，国债现货市场和期货市场在交易上的反向操作不仅增加了其期货市场交易，也活跃了其现货市场交易。这种套期保值交易既有期货市场的价格发现功能，也有国债现货市场的价格发现功能，而发现的价格，正是利率。[②]

由于国债期货价格与其标的资产现货价格的变动趋势具有同向性，当现货价格趋于上涨时，其期货价格也趋于上涨；反之亦然。[③] 因此，在期货市场上进行与现货市场相反的交易可以达到保值的目的，避免利率波动带来的资产损失。国债期货可以发现利率，可以通过在国债现货、期货市场之间进行套期保值交易来实现规避利率风险的作用。

3. 国债期货的定价：无套利定价理论

无套利定价理论是现代金融中的主要定价理论，其含义是：如果金融市场不存在套利，那么任一随机现金流的成本就是这个随机现金流的价格。如果市场不存在套利机会，当市场均衡时，金融资产即期价格与未来现金流存在必然的内在联系就是金融资产定价的基本依据。

以国债期货为例，投资人以现货和期货方式购买同一商品——国债，其总成本为价格加交易成本，应该是一样的，因为未来现金流是一样的。也就是说，期货价格加期货交易成本（如交易手续费等），应等于现货价格加现货交易成本（如保管费用、借入资金的利息成本等）。一般情况下，期货交易成本是小于现货交易成本的，所以期货价格大于现货价格。那么，净交易成本就等于现货交易成本减去期货交易成本。因此，国债期货的理论价格等于国债现货价格加上净交易成本。如果国债期货的交易成本忽略不计，不考虑手续费、税金等支出，国债期货交易的净交易成本实际上就是借入资金的利息成本（融资成本）减去国债票面利息收入的差额。国债期货的理论价格就等于国债现货价格加上融资成本减去国

① 胡俞越，郭晨凯，曹飞龙.利用国债期货寻求基准收益率曲线［J］. 中国金融，2012（8）.

② 近几年，政府力图把 Shibor 培育为基准利率。然而，从实际运行来看，Shibor 仅有某些短期利率品种的市场化程度较高，Shibor 中长期利率品种的市场化程度很低，因此 Shibor 作为货币市场基准利率的基础性地位较弱。事实上，中国的基准利率仍然由中国人民银行确定。作为利率市场化的核心——商业银行对存贷款的定价权依然没有突破。

③ 胡朝晖，丁俊峰. 利率市场化条件下基准利率的选择及 Shibor 运行效果分析［J］. 武汉金融，2009（5）.

债票面利息收入，其公式为：

$F_{0,t}=S_0(1+I-AI)$

其中，$F_{0,t}$ 为到期时间为 t 的国债期货合约目前（o 时刻）的价格；S_0 为国债现货价格（t=o）；I 为 o~t 时段的融资成本率；AI 为 o~t 时段的债券应计利息率。

如果上述的价格关系不相等，套利者会马上进场赚取无风险的利润，直到套利机会消失为止。如果现货低于期货价格很多，交易者就会借取资金买进国债现货，放空国债期货合约，再持有现货至期货合约到期而交割空头头寸。无须本金投资，就可以赚取无风险利润。同样，如果现货价格高于期货价格，则反向操作，同样可获取无风险利润。一个有效率的完备市场则不可能存在这类的套利机会，因为套利行为会使市场价格反向变动，直至套利机会消失。如果国债期货交易市场有效率，供需双方通过公开、公平、公正的竞价，使国债价格水平在动态中形成竞争性“权威价格”，即通过竞争产生全社会公认的价格。这种价格具有强预期性，能够准确反映未来国债市场的供求情况，能对未来各时期的潜在供求关系进行超前性调节。

无论是国债期货交易的价格发现、套期保值，还是投机获利功能，其具体作用过程都会在期货合约价格上反映出来。根据无套利定价理论，期货价格等于现货价格加上持仓费。合理的国债期货价格应该等于国债现货价格加上融资成本减去国债票面利息收入。

二、国际经验：国债期货是利率市场化的重要环节

下面从利率市场化这一根本因素开始，根据国际经验，分析国债期货与利率市场化的关系。

1. 国债现货是国债期货发展的基础

国债期货交易是在现货市场发育成熟的前提下产生的。美国推出国债期货时其国债余额为 3000 多亿美元，占 GDP 的 16.67%，日本推出国债期货时其国债余额的比重为 50.57%。以充分的现货市场流动性作基础，较多的投资者参与期货交易，才能为国债期货的交割提供保障。国债期限短期、中期、长期搭配合理，以中期为主，形成了完整的收益率曲线。以机构投资者为主的多元化投资者结构使国债市场运行效率较高，国债的金融功能得到强化，投资者成熟，市场形成的价格能反映资金供求，为期货市场的运行奠定了良好的基础。现货市场的流动性和交易效率是实现市场价格是否公正、公平地体现出资金市场收益率的合理变化的信号，只有现货市场价格公正、资金市场收益率合理变化，国债期货的价格才能正确反映出对未来市场利率的预期和筹资成本，降低套期保值的市场风险。只有这样，国债期货市场才能得益于现货市场的成熟和发达，反过来促进现

货市场的发展，两个市场才能互相促进。

2. 国债期货与利率市场化的互动规律

各国国债期货的发展进程，体现了国债期货是利率市场化的产物，是随着利率市场化的逐步推进和规避利率风险的需求应运而生并逐步发展的，反过来又促进了利率市场化的进程，扩大了利率市场化的范围，有利于形成基准利率或基准收益率曲线，很好地体现了国债期货和利率市场化的互动规律。

利率市场化，简单地说，就是逐步实现由市场资金供求双方共同决定利率的过程。利率是一个资金价格体系。该体系由货币市场、债券市场利率和存、贷款利率，短期、中期、长期利率，以及本期、外币利率等不同市场、不同层次、不同期限和不同币种的利率构成。其中，国债期货利率是构成利率体系必不可少的一部分。利率体系中各利率之间具有一定的变化规律。人们对美国利率体系深入研究发现：同业拆借利率对宏观调控效果具有比较优势；再贴现利率只是发挥最后贷款人的作用，是保障银行安全的阀门；由于国债利率位于整个利率体系的底部，其较小的变动就可以带动包括各种存、贷款利率在内的各种利率的变动，然后随资金供求的变动产生发散、扩展和均衡的效应。可见，美国国债利率在其金融市场中发挥着基础利率的作用。目前中国的利率体系建设还处在如何在银行间债券回购利率、Shibor 利率中选择基准利率的阶段，被市场参与主体广泛认同的基准利率体系仍未形成。

利率市场化的实现机制有两种：一是政策机制，即通过政府及其在不同时期出台的政策来推动利率市场化进程，按照先后顺序，逐步实现不同层面上的利率市场化；二是市场机制，是通过金融市场需求的不断升级和金融市场供给迎合这种需求，或通过金融创新产品的不断供给来开发、引致市场需求，在金融产品创新的供求互动中，逐步推进利率市场化的进程。随着市场经济改革的逐步深入，政府对经济的直接干预减弱，而市场机制对经济的调节作用日益增强，即利率市场化的政策机制是由强到弱的变化过程，而市场机制则是由弱到强的变化过程。

从上述分析可知，各国无论从国债期货角度还是从利率市场化角度，其国债期货和利率市场化之间的关系均十分密切。两者的互动规律表现如下：

（1）利率市场化的内涵决定了国债期货的产生与发展。利率体系中不同市场和不同层次的利率会逐步实现市场化，但其中一种或某些利率剧烈的波动程度和频度如果超过了人们对利率风险损失的承受限度时，为了有效规避利率风险，国债期货就会在巨大的避险需求中应运而生，并随着国债市场层次及其相关利率风险的增加而逐步得到发展。国债期货是利率期货的最重要品种，在利率波动剧烈的情况下，规避利率风险进行套期保值是其发展的根本动力。

（2）国债期货的利率属性决定了利率市场化的层次。作为一种重要的利率期货产品，国债期货标的资产的选择和国债期货合约票面利率的制定有很强的灵活性和扩张性：哪个层次的国债市场上出现了符合标准的标的资产，那么在该标的资产的基础上就会形成一个新的国债期货品种；如果某层次的市场发行利率、现货交易利率或年期发生了变化，则国债期货合约票面利率就反映出这个层次的市场发行利率、现货交易利率和年期变化。这个过程，使得国债期货又在原来利率的基础上增加了新的国债期货合约票面利率，丰富了利率市场化的层次。例如，美国 1976 年推出第一张 3 月期国债期货，1977 年推出长期国债期货，1979 年推出 4~6 年期中期国债期货，1982 年推出 10 年期长期国债期货，国债期货市场完备，后来美国国债期货发展成为世界性的国债期货。英国在 1982 年推出国债期货，将英国金边债券及美国、日本、德国和意大利的国债作为标的物，伦敦国际金融期货交易所（LIFFE）因而颇具国际特色。日本的国债期货始于 1985 年，中期、长期和超长期品种相继推出，同时也在英国和美国的交易所交易，但在东京证券交易所（TSE）的交易量始终居第一位。德国 1986 年引入 14 种他国国债期货，1990 年才上市本国国债期货（标的物为名义利率为 6%的 8.5~10 年期的政府公债）。法国 1986 年建立巴黎期货交易所（MATIF），长期、中期、短期共 5 种国债期货和意大利国债期货均在此上市。此后，加拿大、澳大利亚，以及新加坡、韩国、印度等国的国债期货交易也相继展开。

（3）利率市场化机制决定了国债期货的地位。在利率市场化过程中，如果以政策机制为主导，政府干预过多，市场机制对形成整个金融市场基准利率的促进作用就会被削弱，由此形成的国债期货合约票面利率就很难取得基准利率的市场地位。在利率市场化过程中和市场机制作用下，政府只承担市场的服务和守夜人功能，国债期货市场能够反映真实的国债供求关系，国债期货价格发现功能发挥比较充分，会缩短基准利率遴选时间，国债期货合约票面利率就很容易取得基准利率地位。

（4）国债期货的主要功能决定了利率市场化的进程。如果没有国债期货，或受国债现货规模小、品种少等因素的限制，国债期货的主要功能不能得到有效发挥，那么在国债发行、现券流通和回购交易等多层市场就会导致多种利率形成机制，使利率风险增大，从而减缓了利率市场化的进程。相反，如果有国债期货及其跨市场的套期保值交易，同时有充足的可供国债期货交割的债券规模和合理的品种结构，那么国债期货的主要功能就能够正常发挥，国债期货套期保值交易就会打破多层次市场的“条块”分割，形成相辅相成的利率体系，进一步推动利率市场化的进程。其实，各国推出国债期货的时机并不相同。从国际经验看，国债期货的产生有两种情况。一是美国和日本，在利率市场化进程之中出现。美国利率市场化改革自 1970 年始，1986 年完成，国债期货于 1976 年出现；日本利率化改革始于 1977 年，终于 1994 年，国债期货于 1985 年推出。可见，国债期货是推进利率市场化的一个环节，可帮助完善市场化利率体系。二是英国和德国，它们是在利率完全市场化之后才推出国债期货的。

3. 各国均有完善的监管制度和风险管理体系

（1）监管实行有效分工。美、英、日、德、法等国的国债期货市场法规严格，交易能依法高效运作。法规由国家期货交易管理和期货交易规则两部分组成，如期货合约、经纪公司、期货交易程序、管理体系等都有法规。监管机构与期货市场发展是相适应的，美国在明确了商品期货交易委员会是监管所有“商品”期货交易的唯一法定机构后，才推出国债期货。各国监管体系相当严密：美国设立了政府监管、行业自律和交易所三级监管体系；德国和英国则是由一个专门管理金融机构和金融市场的部门予以监管；日本虽然采取政府主管、行业部门和交易所三级管理，但期货市场是按照品种由不同机构管理的。

（2）风险管理制度相当完整。首先，要有保证金制度。发达市场对成熟产品采用浮动保证金制度，参数设定由交易所和风险管理部门协商，清算所起决定作用。德国由清算所去计算，英国则由清算所最终决定。澳大利亚对于结算保证金并不区分投机者和套期保值者。新兴市场以控制风险为主，采取固定保证金制度，例如韩国。其次，要有价格限制的规定。德国规定在市场极端情况下有权暂停交易，英国规定，认为价格非常不合理时可以拒绝并通知交易所，日本的涨停板是正负 2%，台湾地区是正负 3%。最后，要有持仓限制制度。美国根据品种定限额；澳大利亚根据资本定限额，主管机构还有权要求报告持仓情况；台湾地区则是规定严格的持仓限额。各国对持仓进行实时监控，交易所有停开新仓等权限。伦敦清算所规定，即使成员还没有实际违约，如果清算所认定其可能违约，就可对其启动违约程序。

第四节　中国国债期货试点失败的根源及重启思路

回顾国债期货试点失败的根本原因，在于其不符合期货定价理论及风险管理制度缺失，而发达国家之所以国债期货与利率市场化能够良性互动，成为国际金融衍生品市场上的重要品种，其拥有完善的风险管理体系是十分关键的。[①]

一、中国国债期货试点失败的根源分析

中国 1992 年试办国债期货，历时 2 年 6 个月，1995 年试点关闭，究其原

① 李斌. 关于中国重启国债期货的必要性与可行性探讨［J］. 中国证券期货，2011（4）.

因，是因为那时的国债期货不具备利率属性，固定利率使其利率发现的功能失效，变成了追逐通货膨胀率的市场游戏，加上没有相应的风险管理体系，最终失败。但是总结其经验和教训，是非常必要的。

中国1981年恢复发行国债，1988年国债现货流通试点，1992年12月28日，上海证券交易所推出了国债期货合约，共12个品种，为3年期和5年期。第一批参加国债期货交易的上交所会员有20家。两周内，成交仅19口，金额38万元。到1993年10月，金额仅5000万元，交易十分清淡。财政部于1993年7月决定对国债实施保值补贴，上交所于10月25日向个人投资者开放国债期货市场，各地共有14家交易场所效仿开办，交易进入了蓬勃发展阶段，1994年交易额达到1.9万亿元。但是交易期间恶性投机事件频现，如1994年10月的“3·14风波”、1995年3月23日的“3·27风波”和5月10日的“3·19风波”。其中，以“3·27风波”最严重，尾盘8分钟出现了2112亿元资金的空单打压价格。由于个别机构以巨资操纵价格，投机气氛浓重。①1995年5月17日，国债期货交易试点被迫关闭。

国债期货试点失败的根本原因分析如下：

1. 国债期货的功能定位有问题，缺乏正确定位

20世纪90年代国债的二级市场活跃度很低，成交量稀少，国债的一级市场发行也是行政强行摊派。国债期货是作为活跃二级市场、带动一级市场的一项金融创新业务由政府和市场组织者引入的，是为增加投资渠道、推动国债现货市场的发展而设立的国债期货市场。其引入并非源于规避利率风险的市场需求，不是真正意义上的国债期货，是政府推动型，自然无法发挥其应有的套期保值与价格发现的功能。

2. 国债期货已经演变成通货膨胀率期货

试点期间，由于绝大部分利率由国家确定，国债利率以同期银行存款利率为参照上浮一两个百分点，利率稳定，没有套期保值的需求。1992~1994年，中国面临高通货膨胀压力。1993年国家对3年期、5年期国债实行保值补贴，参照当期通货膨胀率制定补贴率，每月公布一次的参照当期通货膨胀指数制定的保值贴补率实际成为了国债期货市场上最重要的价格风向标。由于保值贴补率随着不断变化的通货膨胀水平而不断进行调整，直接影响着相应国债收益率的高低，反映到国债期货市场上，就是相关品种的市场价格相应涨落。由于国债收益率受到保值贴补率的左右，投资国债期货面临的风险也主要是政策风险。这种保值贴补率的不确定性为炒作国债期货提供了空间，大量机构投资者进入国债期货市场，市场行情火暴，成交迭创新高，规模急速扩大。大量游资云集国债期货市场。人们

① 吴晓求，应展宇. 关于重新设立国债期货的若干问题［J］. 财贸经济，2003（10）.

对保值补贴率争相测算，猜测贴息是否兑现，这已经演变成一种政策风险，使国债期货由利率期货演变成某种意义上的通货膨胀率或保值贴补率期货。国债期货不但没有起到利率管理的作用，反而成为了投机手段。

其间标准意义上国债期货的无套利定价规律根本失去了意义，国债期货交易成了竞猜未来通货膨胀率或保值贴补率涨跌情况的投机活动，赌博者通过各种方法得出各自的通货膨胀率和保值贴补率，并由此决定投资的方向和头寸，市场风险不断累积，对中国国债期货市场的风险控制产生了直接冲击。

“3·27”国债期货风波中，保值贴补政策和国债贴息政策导致了债市气贯长虹的单边涨势。在多、空对峙时，“3·27”国债期货价格受到财政部公告的消息刺激而大幅飙升，在通货膨胀率及保值贴补率连续攀高的情况下，“3·27”国债的票面收益率大幅提高，最终成为空方失败的致命因素。其实，“3·27”风波前，上证所已经出现过对“3·14”国债期货合约的数家机构联手操纵，日价位波幅达 3 元的异常行情。由于投机、炒作行为普遍存在，每一个国债期货品种的市场价格都远远偏离了其理论价格。

3. 国债期货与利率风险没有直接关系

国债期货推出期间，政府确定利率，以同期银行储蓄存款的利率为参照上浮一两个百分点即国债利率。因此，国债发行利率也是政策利率或官定利率，而非市场利率。国债期货作为利率期货的一种，没有利率的自由变动，就失去了套期保值和规避利率风险的功能。由于利率水平相对稳定，在这种金融环境中，投资者套期保值的要求并不强烈，不需要用国债期货交易规避风险。而且，由于利率非市场化，国债现货的到期价格并不受期货市场影响，无法通过期货价格去揭示未来的均衡价格。国债期货市场的价格发现功能也不存在。既然套期保值和价格发现的功能都不存在，国债期货也就只是一种投机手段了。没有利率市场化的前提，国债期货成为投机工具，以致国债期货交易开始就不在正确轨道上，也就难免失败。

国债是一种固定利率债券，其价格与市场利率存在内在的、反向的变动关系。当市场利率变动时，国债的持有者承担利率风险，而国债期货正是为规避这种利率风险而产生的。根据无套利定价原理，国债期货的价格与货币或资本市场的利率之间存在一种内在的必然联系。国债期货价格与市场利率具有相反的走势：当市场利率由低向高变动时，国债期货的价格会下降；反之亦然。这就给投资者提供了规避利率风险的机会。通过计算出市场利率与国债期货价格的相关系数，并据此在两个市场上进行反向操作，保值者就可以使利率变动造成的盈亏与国债期货市场上的损益相互抵消，从而实际上将未来的利率锁定在确定的水平上。在成熟的市场中，这种套期保值需求可以规避利率风险，是推动国债期货的产生与健康发展的原动力。但在 20 世纪 90 年代初的中国，利率没有实现市场化，官方利率长期固定不变，投资者没有利率风险，没有在国债期货市场中套期保值的现实需求。所以，当时国债期货市场的参与者并不是利率风险的保值者，而由于缺乏保值者这一稳定市场的基本力量，市场中非理性行为也就频频出现。

4. 没有现货市场基础，就无法产生合理价格

1995 年国债期货没有现货市场基础。第一个表现是国债期限结构失衡。国债基本上是 1 年期和 5 年期的，1 年期的只有 1994 年发行过的 82.35 亿元和 1995 年发行过的 116 亿元，5 年期以上的只有 1986 年发行的 10 年期的 62.51 亿元。短期和长期债券少、中期债券多的期限结构使国债期货市场缺乏必要的标的物。例如，短期国债和长期国债期货的开发就没有现货基础。同时，不可流通的凭证式国债比例大，可流通的记账式国债比例小，不利于国债期货的到期交割。第二个表现是国债现货规模小，现货与期货规模极度失衡。1995 年，全年的国债现货交易总额仅 468 亿元左右，折合成期货合约仅为 220 余万口左右，这些可上市的国债，相当大部分为个人持有，大大减少了上市流通的国债数量。相对于每一具体系列，现券的供应量就更少。由于没有合理的市场规模，也就没有合理的市场价格。市场容量太小，价格就特别容易被人为操纵与人为控制，个别主力凭借自身实力使价格涨跌在一定范围内，朝有利于自己的方向波动，助长了过度投机。国债现货规模太小，盘子太小容易被疯狂炒作，在国债保值贴补的刺激下，1995 年国债期货总成交量达到 2.8 万亿元，现货与期货规模极度失衡，现券短缺使得市场空头没有足够现货交割，只能被迫斩仓，多头凭借资金优势在期市做多的同时拉抬现券价格，造成多逼空的市场格局。巨额期货到期交割，市场上现券短缺，空头无法购入足够的现货交割，被迫斩仓。多方也利用现券的流通不足，凭借资金优势，在期市做多，拉抬现券价格。造成多逼空的市场格局。例如，“3·14”、“3·27”、“3·19” 的风波都是此格局下的空方巨额抛售合约打压价格造成的恶性事件。

5. 缺乏风险管理制度

国债期货试点期间风波频生，虽有突发性政策风险的因素，但交易所风险监督管理系统和资金保障系统的不健全也是违规操作能够得逞的原因。国债期货业务推出非常仓促，缺乏经验，也缺乏监管法规，对市场风险缺乏必要的认识。国债现货市场可流通债券规模虽然极为狭小，但到 1994 年底推出国债期货品种的交易场所却已达到 14 家。各交易所互相分割，竞相提高交易量和降低交易成本，却普遍忽视了风险监管。国债期货市场违规造市、超额持仓、内幕交易非常严重。具体分析如下：

（1）缺乏法律规范和监管。试点期间，中国没有国债期货立法，只有地方性行政规章。“3·27 风波” 发生后，监证会、财政部于第二天紧急颁布了《国债期货交易管理暂行办法》。这种边发展、边规范的立法模式使得国债期货市场盲目发

展，几度失控。同时，政出多门，管理也非常混乱，当时财政部负责国债发行并参与制定保值贴补率，中国人民银行负责金融机构的审批管理并制定和公布保值贴补率，证监会负责交易监管，但交易所则由地方监管，多头监管，相当混乱。

（2）保证金是国债期货交易风险控制的核心，当时保证金水平过低。国债期货保证金普遍为合约市值的1%，上交所的保证金比率是2.5%，深交所为1.5%，武汉交易中心是1%，与国际通行标准5%~10%相距甚远。保证金过低会诱使过度投机，在上证所的交易系统中甚至没有保证金也可透支下单，如1995年2月23日收市前几分钟，万国证券公司没有保证金也能在最后7分钟共砸出1056万口卖单，面值达2112亿元，需要52亿元的保证金，然而空方当时不可能持有如此巨额的保证金。

（3）价格剧烈波动。在“3·27”风波中，曾出现过1分钟内上涨2元，10分钟内上涨3.77元，收盘前8分钟又暴跌3.8元，这种上下差价达4元的振幅，说明价格明显被操控。这是由于涨跌停板制度缺失造成的。由于没有预警系统，无法制止过分投机。

（4）没有持仓限量制度。限仓是指交易所或会员可持有的合约头寸的最大数额，可防范衍生品交易的操纵行为，也可防止少数投资者遭受无法承担的巨额风险损失，引发系统性的市场风险。“3·27”合约在2月23日尾市的1056万口卖单，面值达2112亿元，而所有的“3·27”国债只有240亿元，交易所对每笔下单缺少实时监控，上千万手空单在几分钟之内通过计算机撮合系统成交，扰乱了市场秩序。

（5）没有“逐笔盯市”清算制度。试点实行“逐日盯市”，缺少实时监控，无法及时发觉空方在尾市8分钟抛出的1056万手卖单的违规行为。只有“逐笔盯市”的清算制度，才能杜绝透支交易，空方违规抛出千万手合约的行为才能被及时发觉。

（6）信息制度不完善。没有规范的信息披露，消息传闻扰乱了市场秩序，难以形成一个公平竞争的交易秩序。

二、利率市场化改革不断推进为恢复国债期货提供了条件

中国利率市场化改革不断推进，利率管制继续放松。中国人民银行决定自2013年7月20日起全面放开金融机构贷款利率管制，取消金融机构贷款利率0.7倍的下限，由金融机构根据商业原则自主确定贷款利率水平。

1. 中国的利率市场化

利率市场化改革的总体思路是，先放开货币市场利率和债券市场利率，再逐步推进存、贷款利率的市场化；存贷款利率市场化按照“先外币，后本币；先贷

款，后存款；先长期、大额，后短期、小额”的顺序进行。到目前为止，中国利率市场化已经取得了重大的阶段性进展，包括银行同业拆借市场、银行间债券市场、贴现转贴现和再贴现市场在内的货币市场利率基本实现市场化；包括国债市场、金融债券市场和企业债券市场等在内的债券市场利率已基本实现市场化；外币市场利率的市场化也基本实现；存款利率的下限和贷款利率的上下限已经放开。

利率市场化的内容包含以下三个方面：

（1）由金融交易主体自主决定利率的数量结构、期限结构和风险结构。利率市场化是指由中央银行运用计划手段确定的管制利率变为金融机构自身根据资金供求、头寸、盈利和风险水平等因素自行调剂、自行控制的利率。中国的金融交易主体主要有银行金融机构和非银行金融机构。银行金融机构包括国有商业银行、股份制商业银行和政策性银行等；非银行金融机构主要包括保险公司、证券公司、基金管理公司和期货经纪公司等。金融活动是在资金盈余主体和资金赤字主体之间进行的活动，金融交易的双方应该有权就某一项交易的具体数量、具体利率水平、期限和风险等达成协议，从而为整个金融市场合成一个具有代表性的利率数量结构、期限结构和风险结构。

（2）同业拆借利率和长期国债利率将成为基准利率。市场上的利率档次多，结构复杂，但市场利率只能根据一种或几种交易量大且为各金融交易主体所普遍接受的利率来确定。同业拆借利率和长期国债利率是信息披露最充分、交易量最大、最具代表性的利率，因此它们通常是衡量市场利率水平的依据。商业银行对存贷款的定价权则是利率市场化的核心。

（3）政府（或中央银行）仍享有间接影响市场利率的权利。利率市场化并不是主张放弃政府的金融调控，恰似市场经济并不排斥政府宏观调控一样。然而，在利率市场化条件下，政府只能通过间接手段调控利率，如中央银行通过公开市场操作影响资金供求，通过调整存款准备金率和再贴现率来影响商业银行资金成本，进而影响市场利率水平。国债期货可以很大程度上体现利率期货的功能，利率市场化也为国债期货推出创造了条件。随着银行、保险公司等金融机构和企业等非金融机构面临的市场利率风险不断加大，其对避险工具的需求也日趋紧迫。所以，利率市场化是推出利率期货的直接动力，为国债期货的推出创造了条件。

2. 利率市场化需要国债期货

从2000年开始，中国关于恢复国债期货交易的问题就一直不断被争论，尤其2010年4月16日股指期货推出后，重启国债期货的问题也在被研究。总结各国国债期货交易的成功经验，不难发现国债期货推出需满足三大条件：利率市场化、发达的现货市场和健全的制度保障。其中，利率市场化是根本条件。国债收益率与利率高度相关，表现如下：

（1）利率市场化的发展需要国债期货，因为国债期货具有两大功能。一是规避利率风险。这并不意味着利率波动的不确定性彻底取消，而是通过套期保值将利率波动风险转移给愿意承担风险并期待从中获益的投机者手中。套期保值者参与期货交易，是接受基差变动这一相对较小的风险来替代现货市场价格变动较大的风险。二是促进利率价格发现，有助于形成完整的利率体系。价格发现是指在期货市场中公开、高效、竞争的期货交易运行机制中形成真实、连续、有预期和权威性价格的过程。由于国债期货采用做空机制、保证金交易和集中撮合竞价方式交易，其交易有成本低、透明度高、操作便捷和流动性高等特点。通过期货市场和现货市场之间的套利活动，能促进现货市场针对某一期限形成统一的基准市场利率，并逐步形成合理完整的短期、中期、长期利率体系。

（2）国债期货功能发挥需要以利率的频繁波动为基础。只有利率频繁波动，国债期货才能起到套期保值和价格发现的功能。如果利率被严格控制，利率变动无法反映市场需求，活跃程度很低，作为现货的国债价格波动不活跃，市场主体避险的需求不强烈，国债期货交易也不活跃，就严重影响国债期货的流动性，从而影响其功能的发挥。

3. 重启国债期货有利于利率市场化

第一，重新推出国债期货，给投资者提供规避利率风险的有效工具，可推动国债二级市场的发展。二级市场不完善，流动性较低，制约了国债一级市场的发展。人们购买国债的积极性越高，规避风险就尤为重要。随着国债期货交易的发展，与之配套的二级市场必须完善，金融市场体系才能进一步规范。

第二，重新推出国债期货有利于利率市场化和完善利率体系。仅有现货的国债市场，由于交易成本高、对利率不敏感，只反映当期利率、无法对利率合理预测，要形成完整的利率体系十分困难。推出国债期货可以完善国债市场，作为一种利率期货，其收益率就是市场利率。不同期限的国债期货收益率代表了不同期限的市场利率，形成了从短期到长期的完整的利率体系，为国债发行利率提供了参考。国债期货交易是国债利率市场化改革顺利进行的必要保证。

三、抓住时机，重启国债期货

1. 重启国债期货的时机很重要

中国 1987 年开始进行利率市场化改革，目前债券市场、货币市场、外币市场的利率均已市场化，存款利率下限和贷款利率上下限都已放开。利率市场化已具雏形，利率市场风险随之加大，规避利率风险的需求日渐强烈。中国已具备重启国债期货交易的基本条件，推出国债期货的时机已经成熟。①

---

① 朱玉辰. 稳妥推出国债期货［J］. 中国金融，2012（8）.

2. 国债发行和现货交易利率的市场化为国债期货重新推出提供了重要前提

随着利率市场化程度提高，国债一级发行利率完全由市场投标决定，二级国债交易利率由市场供求关系决定，通过充分竞争形成利率，利率能较快地反映市场信息。同时，当前中国利率波动日益频繁和剧烈，而利率每上升 0.01%，国债市值约下降 3000 亿元。[①] 市场机构迫切需要国债期货作为套期保值工具，规避利率风险。国债发行、现货、回购市场场内、场外市场等不同层次国债市场是重新推出国债期货的现实条件。作为在国债现货和期货市场之间重要的套期保值工具，只有国债期货才能为现行多层次债券市场中的各类国债持有者提供避险工具，才能丰富国债市场的层次和扩大利率市场化的范围。

3. 中国国债发行和存量规模迅速扩大，期限结构日趋合理，是发挥国债期货功能的重要条件

如图 8–1 所示，截至 2011 年底，中国国债年度发行量已由 2000 年的 0.3 万亿元上升到 1.4 万亿元，2012 年国债存量总规模已达到 7.8 万亿元，国债现券交易总额为 9.2 万亿元，可供国债期货交割的国债数量充足，各关键期内国债存量稳定增长，国债期货市场的抗操纵性得到了增强，主要功能也得到了正常发挥。国债的期限结构日趋合理。国债期限包括了 1 年、2 年、3 年、7 年、10 年、15 年和 30 年，中期、长期、短期配搭上较以前分布更为科学，国债收益率曲线更完整，为国债期货的恢复提供了重要保证。从国债持有者结构来看，截至 2013 年 4 月，商业银行持有国债约 4.91 万亿元，占比为 68%。商业银行拥有最多的国债现货头寸，参与国债期货交易不会影响市场的正常运行。因为其持债集中度虽然高，但商业银行内部风险控制体系严格，交易风格稳健，且银行所持有的国

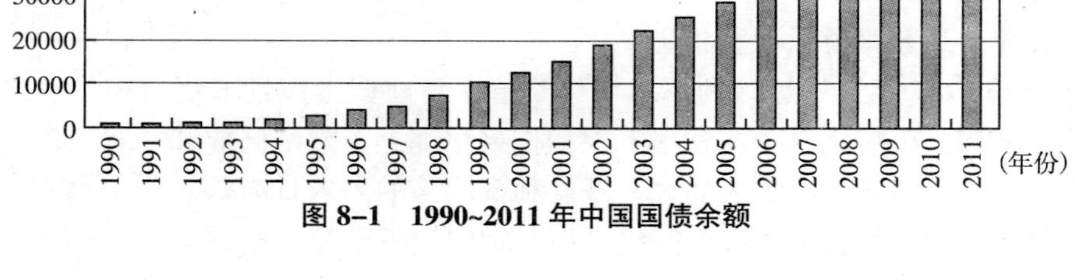

图 8–1 1990~2011 年中国国债余额

① 赵秀峰. 国债期货仿真交易规则分析及建议 [J]. 中国证券期货，2012 (3).

债有相当大的比例是持有至到期账户，交易性国债占比较少，对市场影响力有限。从实际运行经验来看，商业银行在国债现货市场和黄金期货市场中表现理性，并没有操控市场的记录。随着中国市场经济体制逐步完善，对利率管制越来越松，利率市场化已成为趋势。中央银行先后采取了改革利率结构、放开同业拆借市场利率等一系列措施，并有步骤地实现了公开市场业务的利率市场化和国债利率的市场化机制。利率市场化改革不断推进，国债现货、期货市场和发行市场的利率将相互作用，共同决定市场均衡利率。利率市场化和国债期货的发展是相互作用、相互影响的，利率市场化不断深入为国债期货的恢复提供了必要条件，国债期货的恢复也将为利率市场化提供配套的保障机制。

4. 期货监管体系的不断完善为重新推出国债期货提供了有效的制度保障

在立法方面，自 1999 年以来有关部门陆续出台了《期货交易管理暂行条例》、《交易所管理办法》、《期货经纪公司管理办法》等一系列法律法规，初步建立了中国期货市场统一的法规体系，使整个市场的发展逐渐步入法制化、规范化的良性发展轨道；在行业监管方面，以 2000 年中国期货业协会这一行业自律组织的成立为标志，中国期货市场已经形成了由证监会、期货业协会、交易所组成的三级监管体系，正逐步发展成一个具有自律管理功能的有机整体，从而为发展期货市场奠定了良好的基础。2013 年中国期货业协会也下发通知，就修改《〈期货经纪合同〉指引》（以下简称《指引》）公开征求意见。此次《指引》修改后包括《期货交易风险说明书》、《客户须知》、《开户申请表》、《示范文本》，以及《术语定义》、《手续费标准》、《期货交易委托代理人授权书》三个附件。

第五节 严格国债期货市场风险监管体系

国债期货重启后，借鉴中国 1992~1995 年国债期货试点失败和各国监管经验，鉴于经济变量的不确定性可能会给金融体系带来风险，建立严格的风险管理体系极为重要。[①] 国债期货风险管理体系包括三个层面：一是金融监管当局要建立国债期货市场的运行规则，避免系统性风险；二是市场内控机制；三是产品的科学设计。

① 付鹏. 建立全面严格的国债期货风险管理体系［J］. 中国金融，2012（8）.

一、金融监管必须完善

国际上成功的国债期货监管体制是政府行政监管、行业自律监管、交易所自我管理的三级监管模式，美国和日本都采取这种体制。鉴于中国国债期货试点失败的教训，对国债期货市场必须严加监管，建立起符合中国特点的三级监管体制。①

中国重启国债期货市场与发达国家相比具有后发优势，可以借鉴其先进经验，制定完善的市场规则。应该尽早出台《期货交易法》，明确国债期货的市场监管框架、准入条件、机构风险管理、信息披露机制及违规的界定和处理条例等，以保证国债期货的规范运行。要把交易所的各项风险管理制度通过法律确定下来，包括保证金、持仓限额、涨停板、大户报告、逐笔盯市等。现行的政策和法律法规体系为国债期货的成功推出提供了重要的依据和保障。推出国债期货，符合中国“十二五”规划对“继续鼓励金融创新、显著提高直接融资比重发展债券市场、推进期货和金融衍生品市场发展”的要求，是深化落实国家金融发展战略的整体规划、推进多层次资本市场体系建设过程中的重要一环。自 1995 年之后，中国推出了《证券法》、《公司法》、《期货交易管理条例》，已经形成了一套包括期货交易参与主体资格界定、期货交易运行规则和期货交易监管保障在内的，内容相对完整、立法统一、结构合理的期货法律法规体系，为国债期货交易提供了坚实的法律法规依据。

股指期货和国债期货同属金融期货，可以互为补充、相互促进。中国股指期货已推出 3 年，为管理国债期货积累了经验，具备了基础性制度，建立了期货投资者队伍，特别是跨市场监管体系对于国债期货跨市场风险防范也大有裨益。

二、建立市场内控机制

1. 建立严格的市场担保体系

第一是要严格执行保证金制度。保证金比率是与市场风险相联系的，应与国债价格的历史波幅及预计波幅相适应，保证金水平太高，影响国债期货的吸引力和流通量，定得过低又会增加市场风险。合适的保证金比率对国债期货的正常运作是极其重要的。中国可以用国债现货市场历史价格代替期货合约价格制定基础保证金水平。目前，中金所首推的 5 年期国债期货，在保证金方面，国际市场上 5 年期国债期货保证金水平普遍低于 1.5%。为稳定市场运行，中金所 5 年期国债

---

① 刘翔峰. 借鉴国际经验，完善国债期货市场 [J]. 中国金融，2012 (8).

期货将最低交易保证金设为2%，覆盖1个涨跌停板。可以在其运行一段时间后，做出评价和调整。举例来说，如果保证金制度非常重要，可以有效控制风险。如果其价格日最大波动为3%，可以考虑将5年期货合约的维持保证金水平制定为3%~3.5%。[①]

同样，因为其期货价格波动幅度一般略高于现货市场，如果10年国债的日波动最大为3.5%，则其保证金水平制定可为3.5%~4%。随着中国期货市场及衍生金融工具市场的发展，可以将基础保证金制定发展成为风险基础的保证金制定，与国际市场接轨。

第二是严格持仓控制。参照国际经验实行“限额制”，即规定各种情况下的持仓限额。例如，每个期货合约品种单一月份净多头或净空头持仓不得超过10000份，多个合约月份净多头或净空头持仓不得超过20000份。交易所对会员头寸的审定与修改，可每年一次，也可根据会员单位的资信、财务情况及突发性因素临时变动，应根据市场参与者的资信程度来规定其保证金金额和交易限额。

第三是日涨跌幅限制。设置涨跌停板的目的是为了防止在突发事件或极端市场情绪影响下投资者的非理性行为，避免中长期国债期货合约价格大幅波动。一般情况下，期货和现货价格波动幅度是高度相关的。国外大量实证分析研究表明，期货市场的波动性略大于现货市场。如果假设恢复国债期货交易时，国债银行间市场和交易所市场合并，国债价格波动统一，如果剩余期限5年和10年的国债价格日最大波动分别为3%和3.5%，可设置5年、10年期货合约的日涨跌幅限制为±3.5%和±4%。

总之，随着国债期货交易的推进和发展，要尽快根据国债期货制度设计、增加有关国债期货合约主要条款、实物交割、强制减仓、信息披露等方面的规定；结合实物交割方式，增加有关临近交割月份合约套期保值和套利额度的相关规定；修改结算会员结算担保金收取方法。

2. 建立公平的市场环境

健全信息披露制度，建立大额订单报告制度，对具有相同信用等级的市场参与者征收相同比例的保证金，对有相同的自有资本者规定相同的持仓限量。

建立内部控制操作管理系统，形成相互制约的内部监管机制，建立独立的市场风险管理与独立的信用风险管理机制。

对于参与国债期货的微观金融机构而言，必须建立衍生工具风险管理体系。对董事会和高级管理层的适当监管，将风险限额、持续的风险监督和频繁的管理报告结合在一起，进行适当的风险管理，还要有全面的内部控制和稽核程序。

---

① 鲍建平. 论国债现券、回购与国债期货交易关系研究［C］. 上海期货交易所发展研究中心，2004-08-28.

三、产品设计

1. 品种选择

合约设计主要是为了便于发挥套期保值交易功能，适应投机者的市场流动性要求，进行风险控制。2013 年下半年中国重启国债期货交易，中金所首推 5 年期国债期货。笔者认为这一举措主要是基于以下考虑：第一，从国际经验看，5 年期是国际国债期货市场上最为成功的产品之一；第二，5 年期国债期货对应的可交割券范围为剩余期限 4~7 年的国债，目前其存量达 1.9 万亿元，且流动性较好，市场代表性广泛；第三，可交割国债范围包含 5 年期和 7 年期两个关键期限国债，发行量稳定，具有较强的防逼仓和抗操纵能力；第四，从套期保值需求看，商业银行交易账户持有国债的期限基本在 5 年以内，当前中国公司债、中期票据的发行期限在 5 年左右，与 5 年期国债期货较为匹配，有利于投资者使用 5 年期国债期货进行套期保值。①

未来国债期货品种还会不断丰富。2012 年中国国债余额 7.8 万亿元，占 GDP 比重约 15%，居全球第六位、亚洲第二位。其中，5 年期、7 年期、10 年期和 20 年期四个品种占了全部国债的 86%，奠定了以长期国债品种为主的国债期货市场基础，因此中国合约标的债券未来可选择这四个品种作为主要的合约标的债券。国债期货交易更成熟以后，再推出更多的国债期货品种，这更符合目前投资者规避相应国债投资风险的需求。②

另外，国债期货是推动金融期货发展的主体，具有广阔前景。根据各国经验，国债期货是一个国际性产品，国债期货的推进路径首先是推出国债期货品种，以中长期为主；其次要考虑他国上市，成为国际化品种；再次要推出他国国债期货品种，使中国国债期货市场具有国际化特点。这些可在国债期货总体思路下分步骤地有序推进。

2. 合约票面利率

国债期货合约债券利率的确定，要参考当前或今后一段时间的利率水平。这种名义利率越能反映现有的收益率状况，就越有利于套期保值功能的发挥。如果某种债券的名义利率比现有收益率高得过多，这种债券就会成为最便宜的交割债券，市场操纵的可能性就会增加。目前，中国的利率一直稳定在较低水平上，基

---

① 发行量稳定，5 年期国债期货抗操纵能力强。中金所就 5 年期国债期货合约规则、《交易规则》及其实施细则修订答记者问. 中国证券网，http：//www.cnstock.com/v_news/sns_jrgc/201307/2647798.htm，2013-07-09.

② 宋浩林，孙文军. 中国重启国债期货交易的合约和制度设计探讨［J］. 时代金融，2012（14）.

准利率的一年期银行存款利率仅为3.25%。虽然利率总体趋势上是要上升的，但在可预期内，利率大幅上升的可能性不大。因此，中国的国债期货合约的名义利率也不宜过高，比较合适的区间为3.5%~5.5%。目前中金所首推的5年期国债期货，选择面值为100万元人民币、票面利率为3%的名义中期国债作为标的，交割月首日剩余期限4~7年的国债都可以用于交割，其合约票面利率在合适区间。如果未来中国市场利率水平大幅上升，则可根据实际情况进行适宜的调整。

3. 利用转换因子进行风险控制

转换因子是中长期国债期货的一个非常重要的概念，是确定不同可交割债券发票价格不可缺少的系数，通过转换因子的调整，各种不同剩余期限、不同票面利率的可交割债券的价格均可折算成期货合约所系的标准交割国债价格的一定倍数。转换因子公式以债券无定价理论为基础。在计算可转换因子时，首先必须确定该债券的剩余期限，其次以期货合约标准票面利率作为贴现率，将面值为1元的该种债券在其剩余期限内的所有现金流量折算成现值。转换因子计算方法为：

$$CF=\frac{1}{(1+r/2)}+\left\{\frac{C}{2}+\frac{C}{r}\left[1-\frac{1}{(1+\frac{r}{2})^{2n}}\right]+\frac{1}{(1+\frac{r}{2})^{2n}}\right\}-\frac{C}{2}\times\frac{6-X}{6}$$

其中，CF为转换因子；r为国债期货合约的可交割债券票面利率；C为以年利率表示的可交割债券票面利率；n为可交割债券剩余年限中的完整的年数；x为可交割债券剩余期限中不足一年而按季取整后的月数。

引入转换因子后，可根据其将不同剩余期限、不同票面利率的可交割债券的价格进行折算，以便使各个券种的价格和国债期货的价格之间能够直接对比，使卖方能够选择最便宜可交割券（CTD）进行交割。

CTD是指某国债的发票金额高于现货价格最多或低于现货价格最少的可交割债券。卖方的交割成本为：

$S_i=NP_i-FP\cdot CF_i$

其中，S为交割成本；NP为国债价格；FP为期货合约价格；CF为转换因子。

在可交割券中对于卖方来说交割成本最少的就是当天的CTD券。还可以据此公式找出次CTD券CTD2（卖方交割成本S为第二小的债权）和更次CTD券CTD3（卖方交割成本S为第三小的债券）。当三只债券CTD券的交割成本越接近时，出现逼空的可能性就越小，风险就越容易控制。

4. 合约面值

中金所首推的5年期国债期货的选择面值为100万元，表明更多地希望机构投资者来进行交易，这在初期阶段基本合理。目前中国国内国债市场的交易者多为机构交易者，其手中持有大量国债，尤为重视保值。一般来说，投资规模在20万~30万元以上的投资者就是中等资金规模的投资者，20万元以下的投资者，市场俗称“散户”。在中国中长期国债期货开设初期，应该提高门槛保护一些中小投资者，但也不能无限提高合约规模，市场有足够多的中小投资者，套期保值的功能才能够实现，所以随着国债期货的推进，笔者建议未来合约规模可逐渐减少，比如为10万元左右。

总之，国债期货是国际金融市场上历史悠久、运作成熟的基础性金融衍生品，在利率市场化建设中起着关键作用。按照“高标准、严要求”的原则稳妥推出国债期货，是落实国家金融发展战略、推进多层次资本市场体系建设和债券市场健康发展的战略选择，而建立严格的风险控制体系是保证国债期货市场健康发展的重要基础。

四、推出国债期货后需要完善之处

（1）进一步优化国债品种和国债期限结构，并增强国债现货的流动性。在今后国债期货的发行中应适当提高国债券种的可流通比例，形成5年、7年、10年、20年的国债期货发行结构，还需要发行1年期以内的短期国债和10年期以上的其他长期国债，以便国债期货品种的开发。同时，应尽量扩大交易所的国债现货交易，并发展国债的柜台交易，使银行间的债券市场扩大到零售环节，吸引更多的个人投资者参与国债市场，打通交易所国债市场和银行间债券市场，促使一体化市场的形成。

（2）进一步深化国债利率的市场化改革，达到利率市场化、资金流动化。国债期货交易的对象是国债利率，市场利率不断波动才产生了国债期货套期保值的需要。要健全国债期货市场，利率市场化势在必行，只有实现了资金的自由流动，投机行为才可能被市场的自发调节所抑制。因此，中国应逐步完善货币市场，将对货币市场中贴现、再贴现、再贷款利率等重要指标的控制逐步放开，通过公开市场业务来调控资本市场，为国债期货发展提供可靠的基础。

（3）进一步完善国债期货市场由政府监管、行业协调组织、期货交易所自我监管相结合的三级管理模式。政府监管应充分弥补市场缺陷，对国债期货买卖审核和监督，保证交易的合法性，防止破坏市场秩序的违法行为发生；行业协调组织应积极宣传国家政策，为监管机关提供各期货交易所的市场交易情况，规范行业行为、定期审查行业内专业期货人员的会员资格，审计专业期货人员的资金账户、财务情况等；期货交易所应对交易所内的一切交易活动行使监督、管理、实施、保障等职能，不同职能部门要提高管理效率和促进交易发展。①

（4）进一步加强国债期货交易的立法建设，进行规范化管理。应尽快制定国

① 钱小安. 完善中国国债期货市场的政策研究［J］. 经济研究，1995（4）.

债期货交易管理法和国债期货交易规则，作为各级期货交易管理机构进行监督和管理的依据，其对期货市场的管理机构、交易人士、交易场所以及场外交易活动都有宏观监控和指导作用，也是交易所能正常运转的根本保证，从而根本上保证国债期货市场合理、高效地运转。

第九章　汇率期货与人民币期货

人民币期货是一种根据人民币与其他货币汇率交易的期货产品。2012 年 9 月 17 日，人民币期货在中国香港交易所登录交易，人民币期货在香港地区推出是人民币国际化迈出的重要一步。本章主要介绍汇率期货的相关概念和人民币汇率期货与现货的关系，就中国内地推出人民币期货提出了相应建议。

第一节　汇率期货的相关概念

回顾汇率期货及其主要功能，发现汇率期货与汇率现货之间的关系，以及介绍各国汇率期货的情况，可以全面掌握和了解汇率期货。

一、概念

外汇期货是一种交易双方签订合约在未来某确定日期买入或卖出外汇，在合约到期日前可利用相反方向的交易对冲合约的外汇交易工具。其最早由美国芝加哥商业交易所国际市场分部（IMM）于 1972 年 5 月 16 日推出，用来规避浮动汇率制度下日益增大的汇率风险。[①]

外汇期货产生初期，外汇远期市场交易活跃，一定程度上阻碍了外汇期货交易量的增长。外汇期货市场不是外汇远期市场的替代品，在许多国家中，有外汇远期市场，而没有外汇期货市场。[②] 在世界近百家期货交易所中，只有 13 家有外汇期货或期权交易，仅涉及 9 个国家或地区。与其他期货品种（商品期货、利率

---

① Andreas R thig. Currency Futures and Currency Crises. Working Papers, University of Bielefeld, Center for Empirical Macroeconomics, 2004.

② Christian Jochum and Laura Kodres.Does the Introduction of Futures on Emerging Market Currencies Destabilize the Underlying Currencies. Working Papers, International Monetary Fund, 1998.

期货和股指期货等）相比，交易所数量是最少的。

从外汇市场体系看，外汇期货作为外汇衍生品的有机组成，外汇期货市场也成为了一些国家外汇市场的构成部分，发挥着特定作用，与外汇远期市场存在一定的互补关系。其作用是：第一，外汇期货市场的存在，使套利者能在外汇远期市场和外汇期货市场上进行套利，使两个市场保持价格联系，促使价格形成合理化。第二，外汇期货交易是在集中、公开的场内进行的，形成的期货价格是连续、公开的，与外汇远期市场相比，期货价格信息更容易获得，有较高的透明度。第三，外汇期货的优点可吸引社会公众参与投机，与外汇远期市场相比，是一种更适宜的投资工具。[①]

二、外汇期货定价模型

外汇期货的理论价格由某种外币的数量、期货交易成本和预期收益三部分构成。某种外币数量即货币成本。虽然外汇期货中交易以买卖合约为主，而且交易者并不需要支付与合约价格相等金额的外币，只需缴纳一定数量的保证金即可，但合约中所载明的外币数量仍是构成外汇期货的理论价格要素之一。期货交易成本是指在期货交易过程中发生和形成的，交易者必须支付的费用，包括佣金、手续费和保证金利息。[②] 预期收益即交易者在期货市场上合约建仓价格与合约平仓价格之间的差额或者合约建仓价格与实物交割时现货价格之间的差额。[③]

以下主要介绍无偏期望假设模型和持有成本模型这两个重要的外汇期货定价模型。

1. 无偏期望假设模型

Fama（1984）将风险溢价假设（RPH）模型发展成为无偏期望假设（UEH）模型。Fama 认为在一个有效市场中，理性预期将使得期货价格由期望的、未来的现货价格加上风险溢价组成。

RPH 模型以自然对数的形式设定如下：

$$f_{t+k|t} = E_t(S_{t+k}) + \pi_{t+k|t}$$

其中，$f_{t+k|t}$ 为 t 时刻未来 K 天后期货合约的价格。$E_t(S_{t+k})$ 为 t+k 时刻现货价格的期望值。$\pi_{t+k|t}$ 为 t+k 时刻预期的风险溢价。

---

① Jabbour, George M.Prediction of Future Currency Exchange Rates from Current Currency Futures Prices: The Case of GM and JY. Journal of Futures Markets, 1994 (14): 25-36.

② Joshua V. Rosenberg, Leah Goldman Traub, Price Discovery in the Foreign Currency Futures and Spot Market, FRB of New York Staff Report, 2006 (262).

③ Clifton, Eric.The Currency Futures Market and Interbank Foreign Exchange Trading. Journal of Futures Market, 1985 (5).

Fama 侧重于较短期限水平期货的研究，即 k 取较小值。假定期货合约从交易所开始交易至到期日之前的任意时点都可以自由买卖，研究假定 k=1，上述模型重新写成：

$$f_t = E_t(S_{t+1}) + \pi_t$$

其中，$f_t = f_{t+1|t}$，$\pi_t = \pi_{t+k|t}$，不考虑风险溢价，期货价格就是现货价格的无偏期货值。

2. 持有成本模型

持有成本理论是早期的商品期货价格理论（Working 的仓储价格理论），对后期的期货价格理论产生有着重要影响。在 Working 的研究基础上，Cornell 和 French（1983）针对金融期货市场业发展出一套持有成本的定价理论。

假设前提：

a. 金融期货市场是完全的，即无税收和无交易成本，不限制卖空且资产是完全可以分割的。这样形成一个无套利和无市场摩擦的理想市场。

b. 可以以无风险利率介入及贷出足够的资金，且借、贷利率相同并为一定常数。

c. 相关资产可以卖空也可以储存。

推导如下：

在金融期货中，持有成本是指为相关金融资产融资所支付的净利息成本，它与利息率、持有期限和融资量有关。用公式表示为：持有成本=融资成本+资产收益。

一方面，当交易者购买现货，并持有至金融期货合约到期日而进行交易，就有确定的利益。为了避免套利的出现，期货价格应不大于相关资产的现货价格与持有到交割时的持有成本，即：

$$F_{0,t} \leqslant S_0(1+C)$$

其中，$F_{0,t}$ 为 t 时刻交割的金融期货合约的现时价格。S_0 为相关资产的即期价格。C 为用 S_0 表示从现时持有至期货交割的持有成本的分数形式。

另一方面，若现货价格大于相应的金融期货价格，交易者就会通过卖空现货，并买进金融期货以获得套利利润。为了防止套利，金融期货价格不应小于相关资产现货价格与持有成本之和，即：

$$F_{0,t} \geqslant S_0(1+C)$$

$$F_{0,t} = S_0(1+C)$$

由上述两式可以看出，以上推断是在完全市场的假设进行的，但现实中的市场是不完全的。若放松上述部分假设，则可以得出以下几个结论。

（1）考虑交易者面临的直接交易成本。根据上述推断的方法可以得出：

$$S_0(1-T)(1+C) \leqslant F_{0,t} \leqslant S_0(1+T)(1+C)$$

其中，T 为直接交易成本占交易额的百分率。

(2) 考虑借贷利率存在差别，则得出：

$S_0(1-T)(1+C_L) \leqslant F_{0,t} \leqslant S_0(1+T)(1+C_B)$

其中，C_L 和 C_B 分别为借、贷利率。

(3) 考虑对现货卖空的限制，得出：

$f S_0(1-T)(1+C_L) \leqslant F_{0,t} \leqslant S_0(1+T)(1+C_B)$

其中，f 为卖空现货产生的收益可以使用的部，$0 \leqslant f \leqslant 1$。

对于外汇期货而言，其持有成本主要为国内外无风险利率差。令 r_d 和 r_f 分别为国内和国外的短期无风险利率，则完全市场下外汇期货的持有成本模型可表达为：

$F_{0,t}=S_0 e^{-(r_f-r_d)}$

将上式改写成以自然对数形式表示并且令 T=1，则变为：

$f=S+(r_d-r_f)$

其中，LnF=f，LnS=s。

实际上，有关理论和实证研究也表明，当同一资产的远期和期货两种合约的到期日相同时，该资产的远期价格和期货价格非常接近，即可以认为所获得有关远期价格的结论适用于期货价格。

从理论上能够证明，当无风险利率恒定且对所有到期日都不变时，两个交割日相同的远期合约和期货合约有相同价格。在多数情况下，期限越长，利率会越高，远期价格和期货价格就不一样了。一般说来，如果交割品价格与利率为正相关关系，那么期货价格应该高于远期价格。反之，交割品价格与利率为负相关关系，期货价格就应该低于远期价格。但对于有效期仅为几个月的远期合约价格与期货合约价格之间的理论差异在大多数情况下小得可以忽略不计。假定远期和期货价格相等仍是可以接受的。从实证的角度也可以得出相同的结论。① Comell 和 Reinganum 研究了 1974~1979 年英镑、加拿大元、德国马克、日元及瑞士法郎的远期和期货价格。研究发现，在统计意义上两个价格没有显著差别。Part 和 Chen 研究了 1977~1981 年的英镑、德国马克、日元和瑞士法郎也得出了相同结论。

三、价格发现功能

价格发现功能是期货市场最重要的功能之一。价格发现功能是指期货市场通过公开、高效、竞争的期货交易运行机制，形成有真实、有预期、连续性和权威

---

① Crain, SusanJ., and Jae-Ha Lee.Intraday Volatility in Interest Rate and Foreign Exchange Spot and Futures Markets.Journal of Futures Markets, 1995 (15): 395-421.

价格的过程。外汇期货作为一种衍生品，基础资产的价格是其重要的价格决定因素。由于套利机制存在，外汇期货到期日的临近，外汇期货价格将以现货价格为中心，收敛于现货价格。收敛方式有两种：一种是外汇期货具有净收益，从现货价格的下方收敛；另一种是外汇期货具有净持有成本，从现货价格的上方收敛。

价格发现即指期货价格是未来的现货价格的无偏估计值（与无偏期望假设模型结论类似）。其表达式为：

$$F_t = \beta_0 + \beta_1 E_t(S_{t+k})$$

其中，F_t 为 t 时刻的期货价格；$E_t(S_{t+k})$ 为市场对合约到期时的现货价格的预期。当 $\beta_0 = 1$ 时，期货价格就是未来的现货价格的无偏估计，这是一种理想状态。通常，β_0 越接近于 0，β_1 越接近于 1，则期货的价格发现效率越高。

外汇现货与期货的关系就是基础资产与衍生品的关系，两者由于无套利机制的存在而有着内在联系。到期日临近，期货价格将收敛于现货价格。

1972 年，美国芝加哥商业交易所（CME）推出外汇期货以来，国际上对其研究越来越丰富，包括外汇期货与现货市场关系的研究，外汇期货市场运行状况及特征研究，利用外汇期货市场进行套期保值、投机的研究。一般认为，汇率期货与汇率现货的关系如下：

一是正相关关系。Clifton 和 Eric（1985）的研究发现，大部分即期汇率的每日收益率的波动率与其外汇期货市场的交易量存在着一种强烈的正相关关系；例如，加元、英镑、日元、德国马克以及瑞士法郎等货币期货能够有效地预测远期外汇汇率；Crain 等（1995）认为期货市场价格会比较快速地反映信息，波动率是由外汇期货市场向即期市场传递的，通过研究宏观经济信息公布日前后市场的行为，发现信息公布后的交易时间里期货市场波动率较之即期市场显示出更剧烈的跳跃和更迅速的消退，把期货市场的引导效应归咎于期货市场的有效性。

二是风险的传递。一般认为，由于外汇期货市场的保证金制度、卖空机制及匿名交易，其市场风险往往较现货市场大。由于投机、套利等交易的存在，外汇期货市场的风险会传播到现货市场，引起货币市场动荡。但是对于不同的国家与市场，外汇期货市场与即期市场之间的关系是不一样的，尤其是发达国家与转型国家有很大的差异，这可能是由于转型国家存在的资本项目管制、有限弹性的管理浮动汇率制度以及较不发达的金融市场等影响因素所致。发达国家的金融市场发展较为成熟，即期市场和衍生市场之间信息传递的障碍较少，因此各市场之间的溢出效应则较为明显。①

① Chatrath, Arjun, Sanjay Ramchander and Frank Song. The Role of Futures Trading Activity in Exchange Rate Volatility. Journal of Futures Marktes, 1996 (16): 561-584.

四、各国汇率期货的介绍

各国汇率期货的发展各不相同。典型的如墨西哥比索，该货币1992年开始在芝加哥商品交易所上市交易，到1995年时，每日交易合约也不过400~500张，但是随后却以70%的比率迅速增长，2001年则跃上日均20000张的交易量，并一直稳定在这个水平。

但是，并非每种货币的期货交易都可以通过时间积累获得市场认同。澳大利亚的金融自由化进程就提供了另外一种例证。20世纪70年代，汇率管制放松，澳大利亚金融市场开始出现对澳元汇率风险管理的需要。1972年，曾经有人提议在悉尼期货交易所开展外汇期货交易，被政府否决。1973年，澳大利亚的在岸NDF市场自发出现了，与本金交割的外汇远期市场并存。20世纪80年代以后，澳大利亚开始大力推行金融自由化。1980年悉尼期货交易所推出外汇期货，但因为成交量不大，于90年代退出了市场。2001年，悉尼期货交易所又一次推出外汇期货，因成交不活跃，几年后再度被取消。时至今日，吸收合并了悉尼期货交易所的澳洲证券交易所仍未开办货币期货交易，而澳大利亚柜台外汇衍生品市场则蓬勃发展，并不断完善。由于银行可以在NDF和本金交割的两个远期市场上套利，NDF市场和本金可交割远期市场上的远期汇率很快就趋于一致，两个市场最终实现融合，本金可交割外汇远期市场规模迅速扩大。在境外澳元期货方面，CME的澳元期货成交量虽然比当时澳大利亚本国的外汇期货活跃得多，但仍远远比不上澳大利亚柜台外汇市场的交易规模。

韩国的情况与澳大利亚稍有不同，但是期货市场的状况类似。韩国资本项目实现自由化后，在岸远期汇率与离岸NDF远期汇率差异不大，但是韩元离岸NDF市场并未消失，而是与韩元国内的外汇远期市场共存发展，以至于韩元NDF市场成为了世界上规模最大、流动性最好的NDF市场。在期货市场方面，2006年9月，美国芝加哥商品交易所宣布推出韩元期货，但是从表9-2的数据可以看出，韩元期货日均交易量与人民币一样，并未有较大的发展。与韩元期货相比，韩元NDF对即期汇率的影响力也要大得多。

可见，期货市场自身的成长并没有一个标准路径，期货市场对现货市场的影响都带有各国的特点和经济发展的阶段性特征。Christian Jochum 和 Laura Kodres（1998）实证研究了墨西哥比索、巴西里亚尔和匈牙利福林等转型国家货币期货对其即期汇率的影响，发现这些国家货币期货市场的波动率对即期市场波动率没有显著的影响，期货的引入并没有引起即期汇率波动率的提高。

第二节　美国芝加哥商品交易所的人民币期货

芝加哥商品交易所（CME）的人民币期货交易并不活跃，交易量明显偏小，但作为最早的人民币期货，具有重要意义。

一、人民币期货业务推出

芝加哥商品交易所的金融期货交易总量约占世界交易总量的1/3，外汇期货业是该交易所的重要特色和利润来源。CME是最早开展人民币期货的国外交易所。目前关于人民币期货的研究，多是针对该交易所的期货。CME于2006年8月28日推出了人民币汇率期货合约，因为中国在国际金融市场中的地位越来越重要，人民币汇率对世界经济的影响日益重要，可以进一步扩大在中国外汇市场的参与机会。CME除了人民币兑美元这一主货币对期货合约外，还同时推出人民币兑日元、欧元交叉汇率期货合约，表明CME将人民币提高到了世界主要货币的地位，目前仅人民币兑欧元、日元等发达国家货币的交叉汇率期货品种。

CME于2011年8月22日推出了完整规格的人民币期货合约，以及针对零售和自营交易员的微型合约，以供全球投资者交易。人民币期货合约参照银行、资产管理及公司私下买卖的、用于对冲人民币汇率波动风险的无本金交割远期合约，按银行间（欧洲）条款报价，体现1美元兑换人民币的数量。期货产品既符合场外市场无本金交割远期的规范，同时也可以降低交易所交易衍生品的对手风险在合约设计中。人民币期货的最小价格波幅为10美元，交割方式为现金交割。交割当天按照中国人民银行于合约最后交易日17：00（北京时间）公布的汇率进行结算；对单向期货交易而言，每份合约的最大波动限制为±600美元；对套利期货交易而言，每份合约的最大波动限制为±100美元。持有不同月份到期的期货合约净多头或净空头超过6000份，要及时向交易所提供能说明头寸性质的信息；对于当月到期的期货合约，到期前一周内持有的头寸不得超过2000份。①

人民币期货交易并不活跃，交易量明显偏小（见表9-1），交易缺乏连续性，部分交割日期的合约连续缺乏成交。值得注意的是，交易所内几乎所有人民币交易都是对美元的期货交易，其他货币和产品的交易极少。如果比较2011年2月18日该交易所其他货币的期货交易情况：当天，人民币的成交量为13张，持仓

① 丁志杰.人民币衍生品面市美国［J］. 银行家，2006（9）.

量为1645张；欧元的成交量为356146张，持仓量为206152张；日元的成交量为116835张，持仓量为121884张；墨西哥比索的交易量为16206张，持仓量为148281张；俄罗斯卢布的交易量为87张，持仓量为65214张；巴西雷亚尔的交易量为19494张，持仓量为32810张。如果比较月度数据，也说明了人民币期货交易的困境。表9-2是人民币、韩元和巴西雷亚尔的外汇期货月度交易量和持仓量统计。从横向对比来看，人民币期货的交易量大幅度低于巴西雷亚尔。从历史对比来看，人民币期货交易量近几个月有所增加，持仓量增长更为显著。其原因可能与2010年年中中国人民银行进一步推进人民币汇率形成机制改革以及2010年9月以来人民币加速升值有关。综合比较人民币期货的月度交易量和持仓量数据，可以看出其交易量持续小于或者大幅度小于持仓量，这进一步印证了人民币期货交易不活跃的现状，也说明了人民币期货交易具有明显的单边特征，即投资者建立头寸后，通常持有至合约到期日，因此每月发生的交易大多数为换月展期（Roll Over）的交易。由于缺乏内地与香港地区投资者的参与，尽管CME在2006年8月宣布由香港地区发钞行汇丰银行和渣打银行作为其人民币期货系列的市场庄家，但一直以来CME人民币期货和期权产品不算成功，该市场仍然接近空白。

表9-1　CME人民币期货4个交易日的交易量和持仓量

品种	交易量				持仓量			
	2010年			2011年	2010年			2011年
	8月26日	10月5日	12月17日	2月18日	8月26日	10月5日	12月17日	2月18日
SEP 10	0	—	—	—	87	—	—	—
OCT 10	0	0	—	—	24	23	—	—
NOV 10	0	0	—	—	37	40	—	—
DEC 10	0	1	—	—	129	155	—	—
JAN 11	0	1	0	—	3	8	7	—
FEB 11	0	0	0	—	4	4	4	—
MAR 11	0	0	0	3	120	101	191	209
APR 11	0	0	0	0	6	0	1	3
JUN 11	0	0	0	1	45	48	98	142
JUL 11	0	0	0	5	26	1	12	12
AUG 11	0	0	0	0	0	0	—	3
SEP 11	0	0	0	0	8	16	67	56
OCT 11	0	0	0	0	0	0	36	5
DEC 11	0	0	3	4	5	7	935	1162
MAR 12	—	—	0	0	—	—	13	47
JUN 12	—	—	—	0	—	—	—	6
总计	0	2	3	13	494	403	1364	1645

资料来源：根据芝加哥商品期货交易所相关网站数据整理得到。

表 9-2 部分货币期货月度交易量统计

		2010年7月	2010年8月	2010年9月	2010年10月	2010年11月	2010年12月	2011年1月
交易量	RMB USD	190	435	250	356	1184	825	602
	Korean Won	135	84	514	118	382	659	525
	Brazil Real	960	6974	3098	2915	10133	3010	10153
月末持仓量	RMB USD	533	531	409	452	1187	1428	1627
	Korean Won	166	187	193	245	170	319	222
	Brazil Real	2453	3561	4564	4050	6055	6773	12990

资料来源：根据芝加哥商品期货交易所相关网站数据整理得到。

根据 CME 统计，2012 年 4 月，人民币兑美元期货未平仓合约只有 377 张（人民币对欧元、日元期货则根本没有头寸），与同期 CME 所有外汇期货未平仓合约共 136 万张相比，只是一个零头。至于成交量，整个 2012 年 4 月 CME 人民币兑美元期货合约只成交了 72 张（人民币对欧元、日元合约也没有成交），这与同期 CME 所有外汇期货合约共 1520 万张的成交更是不能相比。CME 人民币兑美元期货的合约金额为 100 万元，但由于 CME 当时与现在都不能有人民币交收，故该合约的计算是以美元来进行的。

关于外汇交易中心与 CME 签订的合作协议

根据 2006 年 3 月国家外汇管理局下属的外汇交易中心与 CME 签订的合作协议，外汇交易中心的会员单位未来将可以通过外汇交易中心来交易 CME 全球电子交易平台的汇率与利率产品，而外汇交易中心则作为 CME 的超级清算会员，为市场参与者提供交易便利和清算服务。外汇交易中心与 CME 的合作仅限于人民币之外的外汇和利率衍生产品的交易，这意味着日后境内的机构通过外汇交易中心来交易 CME 的产品中，不会包括涉及人民币的各类衍生产品。所以，CME 推出人民币衍生产品主要是提供给境外投资者交易的，而外汇交易中心与 CME 合作的主要目的则是帮助境内银行来买 CME 的其他汇率和利率衍生产品，并不涉及人民币产品。

根据 2006 年 10 月 27 日国家外汇管理局向相关机构下发的《关于外汇指定银行对客户远期结售汇业务和人民币与外币掉期业务有关外汇管理问题的通知》，未经国家外汇管理局批准，境内机构和个人不得以任何形式参与境外人民币对外汇衍生交易。

所以，境内商业银行还无法交易人民币产品。对于具备 CME 会员资格的极少数境内商业银行来说，它们至少可以通过其境外分行参与 CME 的各类产品交易，其中可能也会包括人民币的各类产品。

二、境外人民币期货交易陷入困境的原因

人民币期货交易不活跃，影响偏弱，因为芝加哥商品交易所毕竟不是在亚洲时间交易。更深层的原因是人民币汇率决定机制和资本项目尚未实现可自由兑换，这直接影响到市场对人民币衍生产品的交易模式和交易需求。

1. 期货市场不是目前人民币市场的主流套利运作模式

目前，人们的套利模式一般是利用人民币无本金交割远期市场（NDF）。企业根据人民币升值预期，通过境内境外两个市场间的价格差异获取利润。虽然期货市场有合约标准化、信用风险低的优势，但是无法帮助众多的进出口企业和跨国公司实现跨境套利，但是人民币 NDF 市场能适应客户需求，成为不可缺少的套利工具。目前，人民币市场的主要套利模式如下：一是进口企业。进口企业需要对外付汇，要向银行购汇。一般先向境内银行存入人民币一年期定期，以此为抵押，申请进口所需外币贷款；然后在 NDF 市场卖出一年期 NDF；NDF 到期日，用人民币购汇偿还美元贷款，平仓 NDF 获取汇价差异收益。在套利操作中，NDF 与即期售汇价差、人民币存款与外币贷款利差都可能是利润来源。二是出口企业。企业出口收取外汇收入，先去银行结汇，在境内人民币市场，与金融机构成交远期结售汇卖出美元，在境外通过子公司或关联公司与境外金融机构成交 NDF 买入人民币，锁定两种产品价差，套取利润。三是人民币信用证或离岸结算账户。2010 年 6 月跨境贸易结算业务放开后，单一海外客户利用即期或者远期信用证，以跨境贸易结算业务项下的人民币存款作为贸易融资及 NDF 业务的抵押物，开展独立于境内关联企业的 NDF 业务。

2. 场内人民币期货交易本应具有的优势无法充分发挥

上述模式本质上都不是无风险套利，而是企业利用人民币单边升值的预期进行投资炒作。场内人民币期货交易的优势无法发挥：①标准化合约无法满足企业个性化需求。企业往往会选择与真实贸易背景接近的人民币境外操作金额和外汇敞口期限。在这种情况下，标准化的合约往往无法满足企业的需求。②多方合作协议以及存款质押控制了信用风险，降低了集中的中央清算需求。进行套利操作的企业往往依赖境外分支机构或协议机构，与境内外银行开展有关业务。参与各方会签署多方合作协议，规范其中的盈亏、信用额度和保证金事项。企业信用风险能够控制，银行也能够利用信用额度或保证金的方式进行信用风险管理。

境外人民币期货交投不活跃，交易所对交易规模和交割日期的限制较大，投资者相对较少，交易量和持仓量都比较小，买卖价差大，展期的成本相对较高，基本用不上市价指令，从而带来了一定的流动性风险。虽然该交易所指定了部分在亚洲有重要业务联系的银行作为做市商，但作用不大。这种流动性状况无法吸

引利用境内、境外两个市场套利的客户，而且对境外期货市场中单边炒作波幅的交易商制约极大。

三、人民币汇率期货与现货的关系

1. 期货汇率将收敛于现货汇率

外汇期货的基本功能是规避风险和价格发现。CME 人民币汇率期货最终结算价是最后交易日当天的人民币汇率中间价，汇率期货受现货影响大，人民币汇率中间价由银行间外汇市场 22 家做市商银行（13 家国内银行和 9 家外资银行）报价加权平均求得，其报价考虑了国际市场上人民币汇率期货的影响，其预期作用于人民币汇率中间价。人民币汇率期货市场存在卖空及保证金交易，其波动性会大于管制较为严格的现货市场。但由于中国资本管制严格，汇率期货市场的波动较难向现货市场溢出。

2. 人民币期货与现货市场的联动性有加强的趋势

外汇即期市场价格变动是事后的，可能引发市场风险，期货交易应运而生，从而以特定价格来锁定收益或成本。只有即期市场流动性强，商业银行才能方便平、补其在外汇期货中的风险头寸。中国外汇现货市场不断完善，2005 年 8 月 10 日，扩大即期外汇市场交易主体，允许符合条件的非银行金融机构和非金融企业按照实需原则参与银行间外汇市场交易，使得中国外汇交易中心成为一个真正意义上的即期外汇交易市场。2005 年 7 月 21 日，人民币汇率形成机制改革，汇率市场化程度提高，汇率双向波动变大，人民币离岸衍生品市场的发展对中国人民币定价权产生了一定影响。芝加哥商业交易所 2006 年 8 月 28 日推出人民币兑美元汇率期货，其与即期汇率之间存在一定的联动关系。目前研究表明，人民币期货没有发挥价格发现功能。随着期货市场的发展及人民币汇率市场化的深入，人民币汇率期货与现贷的联动性在加强。目前，现货汇率引导期货汇率，现货汇率在价格发现中占主导地位。CME 人民币期货没有增大中国人民币即期汇率的波动性。期货与现货两个市场虽然相对分割，但期货与现货市场之间还是存在一定的动态相关性，虽然这种动态相关性较低，波动较大，但总体上有增强的趋势。随着期货市场的发展以及人民币汇率市场化的推进，两者的相关性逐步增强。

第三节 中国香港地区的人民币汇率期货

2012年9月，香港交易所推出人民币期货合约。这对人民币国际化和香港地区离岸人民币市场的发展意义重大。

香港交易所推出的人民币期货，从设计来看，合约金额为10万美元，相当于CME合约金额的约2/3，其准入门槛低，便于个人投资者参与，对香港地区目前主要在场外交易（OTC）、以机构投资者和银行为交易主体的人民币衍生产品做出较好的补充，推进了人民币国际化的进程。该期货合约是可交收的，到期时卖方交付合约制定的美元金额，买方则支付以最后结算价计算的人民币金额，而且其金额、交易费和结算费均以人民币支付，鉴于CME有关合约只能以美元现金结算，香港交易所推出的才是真正意义上的人民币期货。这也是中国港交所推出的首只外汇期货产品。香港交易所在努力使产品多元化，1993年推出H股指数期权，2003年推出H股指数期货，此后陆续推出利率期货和债券期货，利率及定息衍生产品，2008年推出了黄金期货，2012年香港交易所收购了伦敦金属交易所（LME），走出了原来以股票及其衍生产品为主导的局限，扩展到了货币和商品领域。

人民币期货合约是对香港地区离岸人民币市场的重要补充，其合约金额、交易所交易等特点能更好地服务于机构和个人投资。目前，香港地区离岸人民币市场已经拥有人民币（CNH）、人民币即期及远期掉期合约（CNH Swap）、人民币可交收远期合约（NDF）等产品，人民币期货期权合约的推出基本上完善了关于人民币汇率预期的衍生产品线。

与股票市场不同，股指期货与期权市场高度活跃，很多期货市场指数会影响现货市场指数。香港地区人民币期货合约还难以主导离岸人民币汇率的走势。人民币期货合约目前并无深度也缺乏活跃的成交，交易所交易的时段为每日上午9点至下午4点15分，但是外汇市场24小时运作，合约金额相对较低，更适合个人投资者使用。人民币期货合约对CNH Swap和NDF等现有衍生产品，由于供求因素不同其走势预期不一致，但大体方向相同。[①] 这些产品涉及人民币的交收，市场参与者不同决定了CNH Swap等的价格指针性可能更为机构和专业投资者所

---

① 代幼，渝杨莹. 人民币境外NDF汇率、境内远期汇率与即期汇率的关系的实证研究［J］. 国际金融研究，2007（10）.

接受，而个人投资者则可能倾向于接受人民币期货的价格指针性。[①]

人民币期货与 NDF 会并存一段时间。[②] 随着人民币国际化程度的提高，香港地区离岸市场推出了一系列人民币可交收远期产品，人民币 NDF 仍有存在价值，因为人民币没有实现完全可兑换、内地仍然实行资本管制，内地同时也有大量的跨境资本流动。不过，NDF 日均交易量从 2010 年高峰期的约 40 亿美元下降到了目前约 20 亿美元，人民币期货合约的推出也是影响因素之一。但是 NDF 市场的交易主体在新加坡，其参考的是在岸人民币汇率，它与香港地区离岸人民币汇率之间存在区别，由于资本市场未完全开放，所以 NDF 被用作汇率投资或投机的工具更胜于它作为对冲汇率风险的工具，只有这些制度性因素消失，NDF 才会逐渐淡出。[③]

第四节　中国推出人民币期货的意义和思路

一、人民币汇率现状

广义的汇率现货应该既包括官方汇率又包括市场汇率，种类繁多，但 CME 人民币汇率期货的最终结算价为最后交易日当天的人民币汇率中间价，因此人民币汇率现货价格实际上就是中国人民银行授权中国外汇交易中心每日公布的人民币汇率中间价。人民币汇率中间价本质上仍属于官方汇率，这与中国外汇管理体制变革有着密切关系。中国外汇管理体制改革经历了一个由统收统支的计划管理模式转向建立在外汇留成与上缴制度基础上的计划与市场相结合的管理模式，然后再转向建立在银行结售汇基础上的以市场调节为主的管理模式。2005 年 7 月 21 日，汇率形成机制再次改革，由单一盯住美元的近乎固定的汇率制度转变为单一的、盯住一篮子货币的、有管理的浮动汇率制度。此次改革完善了有管理的浮动汇率制度体系，包括增强人民币汇率的灵活性、完善人民币即期汇率形成机制、提高新市场框架下人民币汇率中间价的代表性、完善人民币远期汇率定价机

---

① 李晓峰，陈华. 人民币即期汇率市场与境外衍生市场之间的信息流动关系研究 [J]. 金融研究，2008 (5).

② 陈蓉，郑振龙，龚继海. 中国应开放人民币 NDF 市场吗？——基于人民币和韩元的对比研究 [C]. 北京：第五届中国金融学年会论文集，2008.

③ 陈蓉，杨伟，郑振龙. 韩元 NDF 市场发展的深层思考及对中国的经验借鉴 [J]. 财经问题研究，2009 (7).

制、改革中央银行外汇公开市场操作方式。[①]至此，人民币汇率浮动弹性明显增强。中国初步构建了由柜台零售市场和银行间批发市场组成、多种交易方式并存、覆盖即期、远期和掉期等各类基础外汇产品的外汇市场体系。

自2006年1月4日起，伴随做市商及询价制度的推出，每日人民币汇率中间价的形成转变为如下方式：每日上午9点之前，各银行间外汇市场做市商报价，中国外汇交易中心剔除最高价和最低价，以各做市商交易量作为权重考虑的重要标准，将各报价加权平均，最终求得当天的人民币汇率中间价。

另外，人民币汇率形成机制中的货币篮子里包括11种货币，不仅包括美元、日元、韩元、澳大利亚元、加拿大元、英镑、俄罗斯卢布等发达国家货币，还加入了马来西亚林吉特、泰铢等发展中国家货币，与改革之前的单一盯住美元的汇率形成方式相比，美元在汇率形成中所占的权重有所下降。

二、人民币期货的推出将有助于中国人民币汇率改革

虽然人民币汇率未建立完全市场化的形成机制，国际金融市场对人民币汇率的关注也超越了经济意义，但是中国不断融入国际社会，人民币国际化进程在加速，持续可控将是汇率形成机制改革的主基调。从微观上看，国内客户基于进出口业务的人民币远期交易，可以通过国内远期结售汇市场完成，而依托业务背景进行境内境外套利的客户则更倾向于选择人民币NDF市场。境外人民币期货市场的发展受到了较大制约。

从中长期来看，随着人民币国际化和资本项目自由化程度的加深，人民币汇率风险管理和投机交易日趋活跃，人民币期货交易的需求可能会逐步增加。中国的人民币国际化进程不断加速，如中国企业以人民币结算境外直接投资，人民币对外汇的期权交易，中国香港和伦敦发行的人民币债券，这些都有利于推进人民币汇率形成机制的市场化。这些措施吸引了机构投资者的广泛参与，金融工具契约多样化，有助于提高人民币市场的深度和广度，促使市场关注并参与人民币期货产品，促进人民币期货市场的发展。

在CME人民币期货市场尚不发达、还不能影响人民币汇率定价时，从长远看，如果上海的中金所也能推出人民币期货期权产品，加上中国的香港交易所推出的人民币期货产品，中国可能会成为人民币汇率主要的价格发现和引领市场，并争取成为人民币汇率的定价中心。

在目前资本管制、管理浮动汇率制度下，CME人民币汇率期货对中国汇率

① 潘成夫. 境外人民币衍生市场与人民币汇率定价主导权——兼论发展中国外汇期货市场［J］. 新金融，2006（12）.

的波动性及价格发现的影响非常小。但随着中国金融改革的进一步深入以及资本市场的开放，最终将实现资本项目下可自由兑换，并实行浮动汇率制度，届时从NDF到CME人民币汇率期货，境外人民币衍生品市场的发展，对于中国汇率的形成无疑将产生重大影响。[①] 国储铜、中航油事件引发了人们对大宗商品定价权的深思，而汇率的定价权关系到一国经济、金融的安全，更加需要得到关注。潘成夫（2006）认为一国对货币定价权的影响包括两个方面：一是政府对于汇率定价的影响力，二是金融市场对于汇率定价的影响力。推而广之，笔者认为一国对汇率定价权及波动性的影响力，取决于政府和金融市场两个层面，而金融市场将在汇率市场化之后发挥更加重要的作用，政府的影响力将作为辅助。在这种情况下，迫切需要完善中国外汇衍生品市场并适时建立外汇期货市场，以保障汇率形成主导权、避免由外部因素导致的金融危机的产生。

三、推出人民币期货的思路

1. 建立人民币期货市场的原则

中国人民币对外汇衍生市场正处于发展初期，现阶段以风险防范为主。建立外汇期货市场大致可按照以下原则逐步操作：一是监管应由中央银行负责，可在中国外汇交易中心或中金所推出人民币外汇期货交易。二是市场准入逐步放宽，避免过度投机：初期允许外汇指定银行和少数期货经纪公司之间进行期货交易，委托交易最初也只允许大机构。三是交易品种为人民币与外汇之间交易，以人民币做保证金，避免外汇期货交易与当前外汇管理规定发生冲突。在外汇管制条件下，限制外汇与人民币的交割，规定只有在实际外汇收付情况下，才允许实际交割，否则只能进行人民币保证金的结算。境内人民币外汇期货交易一旦推出，将逐步取代境外NDF市场和CME，成为人民币汇率的风向标，使人民币远期汇率的形成基础和机制更加合理。比如，央行与国内银行首次进行货币掉期交易的消息传入市场后，NDF报价与人民币的即期汇率立即大幅收窄。显然，在人民币汇率问题上，国内市场的实际需求有更大的影响力。境内期货交易一旦形成规模，这种影响力将得以更好地体现。

2. 交易机制设计

可以借鉴CME人民币期货、世界其他交易所外汇期货的交易机制以及香港地区人民币期货合约设计，来设计人民币期货交易机制。

（1）交易品种。中国开设外汇期货市场的目标是要为汇率变动的不确定性提供一个价格发现和套期保值场所，因此要做外币与外币的汇率期货，也要做人民

① 吴丽华，王锋. 人民币实际汇率错位的经济效应实证研究［J］. 经济研究，2006（7）.

币与外币的汇率期货。目前，国内外币兑外币的远期市场已有一定基础，在此基础上，可以先行开办外币兑外币期货。中国对外贸易中常使用的是美元、日元、欧元，而且欧元兑美元、欧元兑日元在银行间即期外汇市场上交易量较大，可选择这两种货币的外汇期货首先上市。人民币兑外币的期货，理论上要在资本项目下实现完全可自由兑换后方可推出，但是CME人民币汇率期货已经面世，虽然目前对于中国汇率定价的影响不大，但从长远看，随着金融市场的开放，境外的人民币汇率期货会逐渐对中国的金融衍生品市场发展造成不良影响，因此可以在外币与外币期货推出之后，考虑做人民币兑其他货币的期货，推出可分三步：第一，首推欧元兑美元、欧元兑日元、美元对日元的汇率期货；第二，取得经验后，随着资本项目开放及人民币与日元、欧元交易的增加，可开展人民币兑日元、欧元的汇率期货交易；第三，当资本项目开放以及汇率的真实价格由市场供求决定、实现浮动汇率制度之后，再推出人民币兑美元汇率期货。

（2）市场参与主体。虽然人民币期货市场应是一个面向国际的开放性市场，符合交易条件的经济实体和个人均可参与市场交易，但受中国市场经济发展程度制约，初期应先允许外汇指定银行、外贸企业、外商投资企业、基金管理公司和综合类证券公司等机构进入，一段时间后，允许更多机构和个人投资者参与。随着人民币国际化程度的逐步提高，再向国际市场开放。机构投资者应该成为外汇市场的主要力量，其参与市场有套期保值和投机牟利两种动机，个人投资者是因为期货"以小博大"的特性而投机成分更强，如过早允许个人介入外汇期货交易，可能会增大交易中的非理性行为。

（3）交易模式。交易模式对于交易品种的监督管理、风险防范有着十分重要的作用。中国外汇期货宜采用交易所交易模式。中国金融期货交易所能够提供适应期货交易所需的交易规则、交易体系、便利的结算系统和风险控制体系，这是外汇交易中心所不具备的优势。

（4）监控体系。借鉴美国模式，可由期货市场监管机构统一管理期货交易，中国应修订目前的《期货交易法》，增加外汇期货交易的相关内容，做到有法可依。期货协会的自律管理是期货市场监管的重要环节，《期货交易法》应对行业协会的地位、权利给予明确界定。强化交易所的自律管理也更为重要，它是未来中国外汇期货市场监管体系的基础和市场风险控制的基础。

（5）合约设计。外汇期货的合约设计应接近国际规范化标准，这样才能加快中国外汇期货市场与国际市场的接轨。今后中国的期货经纪公司会在世界各大期货交易所拥有席位，国外期货公司也会在中国期货交易所拥有一席之地。只有合约标准化，交易才可能顺畅。考虑到中国期货市场的特点，合约设计要考虑交易的适用性。以下三方面需要着重考虑：第一，交易单位。期货合约大小的确定必须以期货交易是否能活跃起来为依据。合约标准初期主要为机构投资者及大企业套期保值提供便利，当市场发展到一定阶段，市场风险监管措施完善时，可以针对中小投资者推出迷你型合约，可以参照巴西商品与期货交易所的巴西雷亚尔兑美元期货合约标准，以提高市场流动性及活跃度。第二，涨跌停板限制。应实行严格的全日涨跌停制度，控制市场风险，保持市场稳定，具体临界值的确定可以依照各外汇品种即期市场波动幅度，并适当放宽，在控制风险的同时保证市场流动性。第三，保证金要求。国外经营外汇期货的交易所规定，外汇期货合约的初始保证金占其合约总值的比例一般不足 5%。中国首推的国债期货的保证金为 3%，较高的保证金水平可以最大限度地降低市场风险，随着市场的发展且投资者变得日趋成熟，可以考虑将人民币期货合约中的保证金比例设置为 5%。

第五节　主动掌握人民币汇率定价权

一、货币互换协议频签

2013 年 2 月 22 日，中国人民银行和英格兰银行共同承诺将进一步推动建立互惠货币互换协议，该货币互换协议将用于金融贸易和中英之间的直接投资。2013 年 3 月 11 日，新加坡金融管理局与中国人民银行签署了一份货币互换协议，双方互换货币的规模增加了一倍，达到 3000 亿元人民币。鉴于互换协议频频签订，最近有观点担心，人民币国际化步伐是否过快？笔者认为，互换协议频签、人民币走向国际储备货币的步伐加快是经济全球化的结果，是中国经济长期稳定持续发展的结果。目前互换协议已经能够覆盖到 19 个国家，总额超过 1.67 万亿元，而与英国央行签署此类协议，也标志着人民币互换首次覆盖到发达国家。

笔者认为人民币国际化的步骤应分为三步，即贸易计价货币、投资结算货币、国际储备货币。目前实际情况是投资结算和储备货币的步伐比预计得要快，这是由中国经济增长迅速、币值稳定和升值预期决定的。投资结算和储备是一个较长的过程，所以谁保有人民币，谁就保有了坚挺的货币，就投资了有升值潜力的投资产品。当前的货币格局是美元、欧元、日元贬值，人民币坚挺，甚至还升值。笔者认为从长远来看，用人民币结算和作为储备货币可以获得更大收益，这是投资结算和货币储备快于贸易计价的根本原因。人民币国际化发展的实践已经超过了预期，走在了理论的前面。

二、人民币汇率定价是否可能旁落

目前，中国推进人民币国际化的进程也面临着人民币离岸中心是否会掌控人民币汇率定价权的问题。目前，中国既要利用伦敦金融城推进人民币国际化，也要防止其操控人民币汇率。日元在国际化过程中由于升值过快，对其经济影响重大，造成经济持续衰退。中国一定要牢牢掌控汇率定价权，避免话语权掌控在外国资本手中。

货币互换协议意味着伦敦正在努力成为人民币离岸中心，这也是其基于经济利益的考虑。据汇丰中国全球研究中心估计，到 2015 年大约 2 万亿美元的贸易额或中国年度贸易总额的 30%将以人民币结算。汇丰中国预测，到 2014 年全球人民币支付中的欧洲份额将增加 1 倍，达到 14%，其蕴涵的经济利益可以预见，因为资金沉淀、清算手续费、隔夜或短期拆借等收益巨大。英国与中国将要进行的货币互换，将为伦敦争取人民币离岸中心增加筹码，将增加人民币的可获取性，建立起人民币资金池。拥有了这个资金池，就可推出人民币产品，甚至是面向普通人的人民币产品。

人民币离岸中心的作用就是要聚集海外的人民币资金，并通过成熟的资本市场为其提供增值保值的金融产品，实现人民币在全球范围内投资运用的多元化。如果要一个海外的人民币金融市场发展成熟，不单单要有足够规模的资金沉淀，更要有资金运用的渠道。比如说，香港地区人民币离岸中心人民币数量增加得非常快，虽然人民币投资产品还主要限于债券产品，规模只有 1000 多亿元，与近 6000 亿元的存款规模相比仍然有限，但随着人民币存款规模不断扩大，离岸人民币债券、人民币远期及期货等金融产品的交易在日趋活跃，产品种类在不断丰富。伦敦作为全球国际化程度最高的金融中心之一，对全球金融市场具有重要影响。其跨境银行贷款占全球总量的 18%，场外利率衍生品交易额占全球总量的 46%，外汇日均交易量达 2 万亿美元，占全球总量的 40%。虽然目前在伦敦的人民币存量不如中国香港，交易量尚小，但如果伦敦推出大量的人民币衍生产品，交易量就可以成倍、几十倍甚至成百倍的增加，最终成为境外最大的人民币交易中心也不是难事，可以预计未来伦敦离岸中心的发展可能会很快超过香港地区。伦敦有着难得的地理优势，由于时区差异，可与香港地区形成互补，延长了欧洲、中东、非洲及其他地区的交易时间。英国正在把搭建伦敦人民币离岸中心的决心付诸实施，以强化其金融中心地位。

随着中国国际贸易量的不断加大，人民币境外交易量必将随之加大，这对人民币汇率将产生重大影响。如何依据国际市场的变化，掌握人民币汇率的主导权，也是我们必须要研究的重大课题。

三、人民币期货可以帮助掌握人民币汇率的定价权①

首先，要重新认识，找出规律。我们要积极面对，掌握主动，不但把它作为一种挑战，更要作为机遇来把握。对于人民币的国际化和升值，一定要把握好节奏，要顶住来自政治、经济各方面的压力，特别是美欧方面的压力，要根据国内经济发展和与各国经济往来的实际情况来决定资本项目可兑换的进度和人民币升值的幅度，不能让国外压力影响我们的正常进程。随着中国经济总量的增大，中国的国际贸易量和对外投资量也必然增大，人民币国际化的步伐就必然加快。所以，我们必须重新认识规律，调整思路，既然设想落后于实践，就要根据实践情况做出调整，特别要关注人民币国际投资结算和作为国际储备货币的进程。加快人民币国际化步伐，并不等于要完全按照国外资本的要求，马上放开资本项目可兑换，将人民币迅速升值，而是要根据经济交流的实际情况，对中国的国际贸易、国际投资和人民币作为储备货币以及资本项目可兑换、人民币升值进行总体设计，调试频率，循序渐进，有序拓展国际金融和贸易市场。根据实际情况的变化，建立新型的人民币国际化模式。

其次，要牢牢掌握人民币汇率话语权。首先我们要尝试掌握对伦敦的人民币汇率的定价权。如果因经验和能力不足，无法对抗国际金融大鳄，就退而求其次，掌握上海和香港地区的人民币汇率的定价权，先易后难，先国内后国外，稳步确立中国在人民币国际市场的地位。为此中国要尽早确立上海的国际金融中心地位，在上海建立人民币汇率的管控中心。把人民币海外放量和汇率管控结合起来，尊重市场规律，以市场为依托，主要以市场手段，必要时辅之以政府调控手段，牢牢掌握人民币汇率定价权。同时，对于西方资本希望通过控制人民币汇率的话语权，来影响中国经济的企图要有充分认识，要有应对的准备和手段。要熟悉国际资本的运作手法，熟悉国际金融市场的运作规则，因势利导。要趋利避害，把握节奏，掌握主动，以经济全球化的视角掌控人民币国际化的进程。

再次，中国内地要尽快推出人民币期货，通过上海和香港地区两个金融中心来掌握人民币汇率的定价权。人民币期货具有价格发现功能，即有发现人民币汇率的功能。2006 年，芝加哥商品交易所首次推出人民币期货，当时国内就有人民币汇率定价权旁落的担心，但是由于芝加哥商品交易所的人民币期货交易量小，根据 CME 统计，2012 年 4 月人民币兑美元期货未平仓合约只有 377 张（人民币对欧元、日元期货则根本没有头寸），与同期 CME 所有外汇期货未平仓合约

① 刘翔峰. 主动掌握人民币汇率定价权［J］. 中国金融，2013（11）.

共136万张相比，只是一个零头。至于成交量，2012年4月CME人民币兑美元期货合约只成交了72张（人民币对欧元、日元合约也没有成交），这与同期CME所有外汇期货合约共1520万张的成交根本无法相比。再就是人民币期货用美元交割，影响很小，以至于人民币期货的价格发现功能没有很好地体现，反而是更多地受到人民币现货的价格引导。中国香港交易所2012年9月17日推出的首只人民币期货为美元兑人民币，该期货合约是可交收的，到期时卖方交付合约制定的美元金额，买方则支付以最后结算价计算的人民币金额，而且其按金额、交易费和结算费均以人民币支付，鉴于CME有关合约只能以美元现金结算，中国香港交易所推出的才是真正意义上的人民币期货。假以时日，香港地区无论是在交投还是市场规模上要赶超CME应该都不是问题。

最后，在建设上海国际金融中心的过程中，由于人民币期货的推出条件已经成熟，可以考虑在上海推出人民币期货合约，发挥人民币期货的价格发现功能。上海和香港地区两个金融中心将以巨额的人民币期货交易量为支撑，成为全球人民币期货交易中心，并左右全球人民币汇率的定价。人民币汇率的价格是通过市场手段来决定的，因此我国就完全可以把人民币汇率的定价权牢牢掌握在手中。

第十章 大宗商品的金融属性

商品期货与金融期货密切相关。金融期货的套期保值能为持有金融资产的投资者提供规避价格风险的工具，商品期货为经营或生产某种商品的现货商提供规避现货价格波动风险的工具。研究大宗商品的金融属性对于拓展中国资本市场具有重要意义。[①] 大宗商品的金融属性越来越显著，与汇率、利率、货币供给量以及世界经济形势密切相关。分析大宗商品的价格走势及规律，对像中国这样的资源需求大国是极其重要的。大宗商品是用于工农业生产与消费使用的大批量买卖的物质商品，其进入的是非零售环节的流通领域，进行交易的场所是商品交易所(也称商品期货交易市场)，分为实货交易和期货交易两种。它包括三类商品：一是黄金、原油等金融属性非常强、避险保值功能较强的商品；二是以有色金属为代表的工业品；三是农产品。

第一节 国际大宗商品价格趋势

国际大宗商品 2002~2008 年持续上涨，2008 年 6 月达到峰值后，受金融危机影响急剧下降，此后开始回升，至 2011 年 6 月达到第二个次峰值，后又开始下跌，尤其在 2013 年暴跌并开始进入下降通道。研究大宗商品的趋势，可以为相应的政策制定奠定基础。

一、2007~2009 年国际大宗商品价格的强劲升势及影响因素

自 2002 年以来，全球大宗商品价格持续上涨，在 2008 年 3 月创下了 20 世纪 70 年代以来的最大单月涨幅。这段时期国际大宗商品持续上涨的推动因素包

① 中国《服务业发展“十二五”规划》提出要完善大宗商品期货和金融期货的品种体系。

括规避股市影响和信贷市场动荡导致的投资猛增，新兴市场的强劲需求，以及投资大宗商品对冲通货膨胀和美元贬值的投资性行为。

1. 这一时期大宗商品价格的强劲升势

2008 年，大宗商品市场连续第 6 年价格表现强劲。铜、镍、锌和铅等工业金属均创下历史高点，锡和铝也攀升至 20 世纪 80 年代末以来的高位。瑞银彭博 Constant Maturity 商品指数（涵盖 26 种原材料）6 年间的涨幅超过两倍。

这段时期，国际油价在震荡中不断攀升。石油需求不断上升是由于石油资源增长有限，对供应的担心、地缘政治的紧张局势及美元贬值、市场炒作等因素的共同作用造成的。如图 10-1 所示，2007 年 6 月中下旬每桶原油突破 70 美元，到 10 月 25 日突破了 90 美元的大关，2008 年 2 月 20 日国际原油价格突破 100 美元，3 月 6 日突破 105 美元，3 月 12 日突破 110 美元。5 月 6 日，原油期货最高涨至 120.93 美元，原油价格不断创出新高。

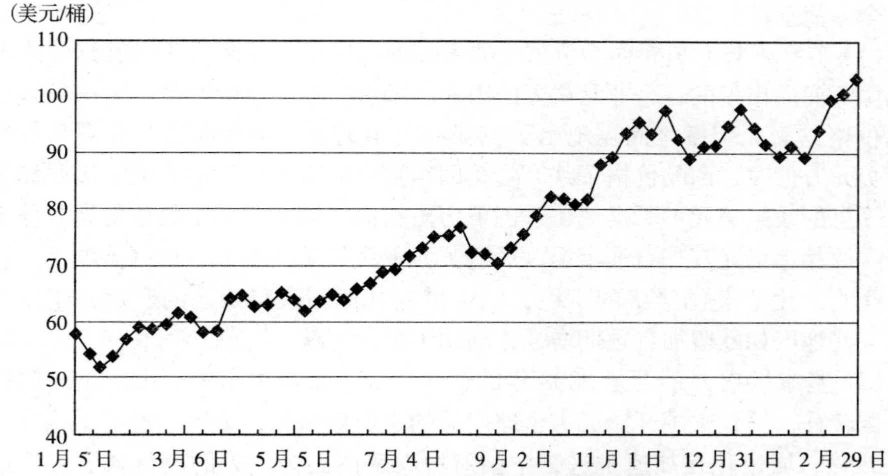

图 10-1 2007~2008 年的 WTI 原油周度现货价格走势①

资料来源：国际原油价格预测报告［D］. ICOPF REPORT SERIES ICOPF-08-W10（总第 045 期）. 中科院-中石化油价预测联合项目组.

（1）黄金走势看好。2008 年 1 月 14 日国际现货黄金价格突破了 900 美元/盎司，3 月 14 日伦敦市场的现货黄金突破了 1000 美元/盎司，3 月 25 日黄金现货

① 在纽约期交所，其原油期货就是以美国西得克萨斯中间基原油 WTI（WEST TEXAS INTERMEDIUM）为基准油，所有在美国生产或销往美国的原油，在计价时都以轻质低硫的 WTI 作为基准油。因为美国这个超级原油买家的实力，加上纽约期货交易所本身的影响力，以 WTI 为基准油的原油期货交易，就成为全球商品期货品种中成交量的龙头。通常来看，该原油期货合约具有良好的流动性及很高的价格透明度，是世界原油市场上的三大基准价格之一，公众和媒体平时谈到油价突破多少美元时，主要就是指这一价格。

价格每盎司收于934.60美元。

（2）有色金属价格继续上涨。2008年有色金属价格迎来了新一轮上涨行情，很多有色金属都成功突破了2007年形成的价格高峰。LMEX指数从2008年1月25日的3525.1点反弹到2月29日的4260.3点，上涨幅度大约20.86%。其中表现最好的当属铜、铝和锡等品种，其中最耀眼的是LME3月锡，成功超越了2007年11月的高点17575美元/吨，达到18850美元/吨。

（3）国际农产品期货市场也上演了一轮罕见的牛市行情。美国芝加哥期货交易所小麦、大豆和豆油期货的价格在2007年的12个月内翻番。2008年以来，主要农产品价格继续飙升，迭创历史新高。芝加哥期货交易所2008年5月交货的大豆期货、豆油期货、玉米期货以及小麦期货不断刷新历史纪录。

2. 影响因素分析

决定2000~2008年大宗商品价格的因素有三方面：美元的走势、基本供求关系及全球流动性。

（1）美元走势。美元作为全球主要大宗商品定价的国际货币，其走势成为了影响国际商品市场的一个非常重要的因素。随着美元的持续贬值，以美元报价的商品价格与美元汇率之间表现出了较强的负相关性：美元贬值时，商品价格上涨；美元升值时，商品价格下跌。受美国经济运行风险加大的影响，美联储采取多次降息的政策美元不断走低，并创下历史新低，同时美元走低也促使其他投资者进入商品市场尤其是石油市场，规避美元下跌带来的损失，加剧了油价上涨与高位运行。由于美国经济的不稳，加上世界其他国家与地区的通货膨胀压力较大，一些地区如欧盟加息预期增强，加剧了美元下跌。

（2）基本供求关系。至2008年的这一轮商品市场牛市中，由于全球制造业向中国转移，导致中国开始成为全球产品的主要供给国，中国的产业结构在向重化工转移，城市化在加速推进，中国对以大宗商品为代表的原材料需求快速增长，拉动了以有色金属为代表的商品价格连续创出历史新高。从中国大宗商品需求占全球消费的情况看，2000年以前，比重最大的是铁矿石，但其比重一直在10%~20%。进入2000年以后，中国基础设施建设和城市化进程的加快，尤其2002年以后，中国经济对大宗商品的需求增长突然加快，到2006年末，中国铁矿石需求占全球需求的比例超过了50%，铁和锌的需求占1/3，铝、镍、铜接近30%，只有原油需求占全球的比例在20%以下（见图10-2）。以铜为例，2001年以后，对于全球铜消费的增长，中国要占一半以上的贡献率。这些数据表明，中国需求是全球需求的主要动力。2007年中国的消费强劲上升，2007年上半年中国的工业生产维持16%以上的高增长速度，拉动了中国镍、铝、铜消费同比分别增加了633%、48%和30%以上，焦炭和铅同比增长了20%左右，煤、不锈钢、碳钢和锌增长了10%左右，只有锡是负增长（见表10-1）。这表明中国经济高速增长对大宗商品的需要旺盛。

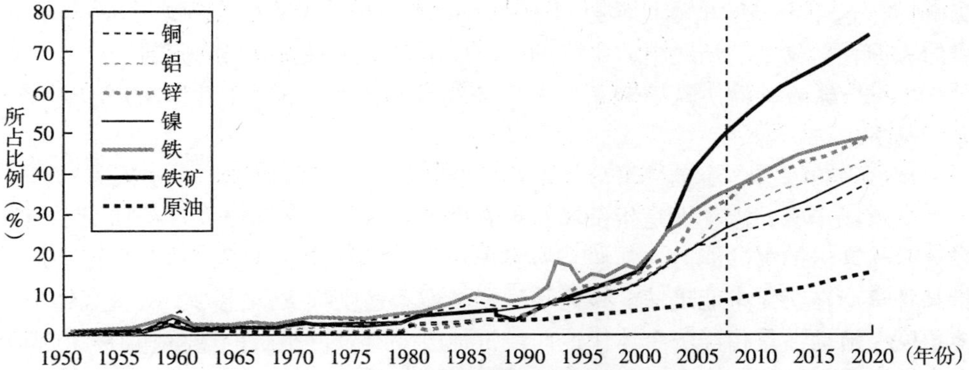

图 10-2 中国需求的全球占比

资料来源：麦格瑞研究。

从动态的消费增长情况分析，就 2007 年上半年中国需求增长对全球需求增长的贡献看，中国对全球黄金需求增长的贡献为 13%，对铅和镍的需求增长贡献超过了 100%，其他如铝、铜、锌、钢铁和石油的消费增长中，中国的贡献都超过了 50%。从需求增长速度看，中国远远高于全球其他国家，拉动了全球的需求增长。

表 10-1 中国主要大宗商品的需求

单位：千吨

大宗商品种类	2006 年 1~6 月	2007 年 1~6 月	年比增长率（%）
镍	189	115	633.4
铝	5732	3861	48.4
铜（经国储库存调整）	2398	1845	30.0
焦炭	149	123	21.0
铅	1210	1011	19.6
不锈钢（粗）	3904	3451	13.1
煤（百万吨）	1084	971	11.6
碳钢（百万吨）	207	188	9.6
锌	1644	1537	7.0
锡	62	67	-8.0
工业生产	1302	1117	16.5

资料来源：中国金属，国家统计局。

归纳起来看，中国经济正式进入起飞阶段，对全球经济增长的推动力超过了美国，国际商品市场正在体现13亿人需求的变化，这从一个侧面反映了中国的影响力。这个市场的根本性质已经不同于以往，在全球矿产资源总量不会改变、供给方面相对稳定的情况下，中国的需求决定了国际商品市场的波动。

（3）全球流动性。从宏观角度看，流动性是指与实际资产相对的金融资产，尤其是货币与资金。

从微观角度看，流动性可分为市场、资产和微观经济个体三个层次。

从市场角度，流动性是指市场在现有供求条件下可迅速以合理价格交易及市场对交易冲击的缓冲能力，强调交易实现对市场的影响；从资产角度，流动性是指某种资产在交易中能迅速变换为别种资产而不遭受损失的能力；从微观经济个体角度，流动性是指经济个体快速而经济地改变其资产组合的数量和结构以满足自身资金需要的能力。

总之，流动性对应着具有某种流通性的金融资产、市场变现资产的能力、金融资产自身的变现力或微观经济个体满足资金需要的能力等范畴。

20世纪70年代，布雷顿森林体系崩溃，国际金融市场的重要变化是，与实体经济没有直接联系的国际资本流动规模迅速膨胀，全球货币供应以惊人的速度扩张，具有高度的流动性，形成全球流动性过剩。1997~2006年，全球主要经济体M1与GDP的比例：美国从40.6%提高到53.3%，欧盟从24.1%提高到44.6%，日本从29.5%提高到78.5%。全球狭义货币M1与GDP的比例上升了50%以上，广义货币M2与GDP的比例上升了30%以上，这是一个快速的货币全球化、全球货币化的过程。宽松的货币政策导致主要经济体货币发行量大幅度增加。2002年以来，全球货币增长率每年都高于10%，甚至达到25%，而同期全球GDP的年增长率仅仅维持在2%~5%，并且这一差距还在扩大。在全球流动性过剩的背景下，对冲基金、私募基金等的发展速度很快。据IMF对国际游资的统计，20世纪80年代初国际短期资本为3万亿美元，到1997年底增加到7.2万亿美元，相当于2001年全球GDP的20%。当前，国际市场上仅对冲基金就有8000多只，约持有1万亿美元的资产。全球出现的流动性过剩导致金融资产膨胀。据麦肯锡全球研究所数字显示，全球金融资产与全球年产出的比率从1980年的109%飙升至2005年的316%。2005年全球核心金融资产储备达到140万亿美元，相当于同年全球GDP的3倍以上。次贷危机突发后，在美联储、欧洲央行、日本央行等主要中央银行采取向市场注资、降低贴现率等手段后，全球仍处于流动性过剩，央行为解决市场信心而紧急注入的大量美元、欧元和日元在国际金融体系流通之后，令流动性进一步泛滥。

从2008年的数据看出，商品市场的流动性依然充足。结构产品发行强劲，说明商品市场可能是躲避次级债影响的一个投资领域。商品期货的持仓情况说明了在次级债影响下，商品市场的流动反而增加了。2007年上半年以来LME的持仓在不断增加，其各个品种持仓不断逼近历史高位，这显示出宏观基金对金属牛市仍然充满信心。LME期货持仓报告显示：铜的持仓量再度大幅增加，接近2008年4月的历史高点26万手。证实了更多投资者对商品进行了选择性的类别投资。特别是继4年的涨势后金属、能源和农产品市场似乎还有更多动能。宏观基金不断介入，金属市场表现乐观。2007年以来，尽管有资金流出商品市场，但在次级债的影响下，资金有流入商品市场的趋势。在金属市场价格大幅振荡的情况下，资金大量流入石油和农产品市场，导致原油价格历史新高，农产品也创出历史新高。在美、欧、日央行对市场注入流动性资金和美联储降息的影响下，全球流动性不仅没有因为次级债危机而收紧，反而进一步放宽。全球流动性过剩支撑了商品市场。

二、2013年国际大宗商品价格暴跌的原因及长期趋势分析

2012年底大宗商品价格趋落，2013年以来，大宗商品价格呈现暴跌与反弹，虽是金融资本操纵，但均是对世界经济复苏预期的敏感反应。短期内，大宗商品价格虽小幅反弹，但波动加剧，2013年仍将呈现弱势整理格局。就长期趋势来看，世界经济总需求不足，全球产能过剩和流动性过剩的困境难以摆脱，而美元汇率逐渐走强，大宗商品价格已由高点回落，但品种有所分化，未来大宗商品价格总体将保持平稳并趋于下降。

1. 价格暴跌及年内短期趋势

国际大宗商品从2011年4月的高点回落，经历短暂上升后，2012年2月再次由高点下落。2013年以来，国际大宗商品市场整体振荡。国际货币基金组织（IMF）大宗商品价格指数2013年1月上升了2.7%，2月上升了1.7%，3月则下降了3.8%，4月降幅更大，出现全面暴跌，几乎所有期货品种都大幅下挫。仅在2013年4月12~19日，国际黄金和白银价格剧烈下挫，跌幅分别逾12%和15%，贵金属价格的跳水引发其他大宗商品集体下挫。伦敦铜、伦敦锡等品种周跌幅逾5%，跌至18个月以来的低点。布伦特原油收于99.53美元/桶，周跌3.41%，WTI原油收于88.10美元/桶，周跌3.49%。2013年4月最后一周，价格出现小幅反弹。

其原因分析如下：由于世界经济基本面偏弱，利空因素集中爆发。第一，世界主要经济体数据低于预期。IMF将2013年全球经济增速预估从此前的3.5%下调至3.3%。中国2013年第1季度GDP同比增长7.7%，低于预期，也比2012年第4季度7.9%的增速略有下降。美国2013年4月纽约州制造业指数从3月的9.2大幅下降至3.1；美国4月的住宅建筑商信心指数也降至6个月的新低。第二，国际投资机构集中做空。高盛预计2014年国际金价将跌至每盎司1270美

元，建议做空，瑞银、法兴也下调了价格预估。许多机构因保证金风险等交易性问题纷纷平仓。第三，欧债问题仍在恶化。德国主权信用评级下调，法国提出放缓财政紧缩，英国央行对推出更多刺激措施存在分歧。第四，美联储纪要透露了退出量化宽松政策（QE3）的预期，贵金属避险需求降低。

不过，2013 年 4 月 26 日市场集体反弹，黄金、白银、原油和伦铜期货主力合约涨幅都超过了 2%。其原因主要在于以下三方面：一是美国失业救济申请数据好于预期，英国第 1 季度 GDP 有 0.3%的增长，超过市场预期，德国 2013 年经济增速预期由 0.1%增至 0.5%，并维持 2014 年 1.6%的预期。二是中国对铜的行业性的库存重建，对铜价形成支持。三是美联储 QE3 退出预期减弱，欧央行降息预期升级，更多货币宽松政策对大宗商品期货合约的价格形成支撑。

可以看出，此次暴跌和反弹，虽然是金融资本操纵，但均是对于世界经济复苏预期的敏感反应，体现了市场对大宗商品需求和价格预期的看法。

2. 短期价格震荡盘整

大宗商品价格虽有小幅反弹，继之而来的仍然会是下挫。但波动加剧，不同品种的差异性也更加明显，2013 年仍将呈现弱势整理格局。

首先，大宗商品需求增长预期下调。以原油为例，2013 年全球原油日需求增长预估下调，美国能源资料协会（EIA）下调 5 万桶，国际能源署下调 2.5 万桶。但是，美国国内原油库存猛增，已达 30 年最高水平，苏丹的原油出口也开始恢复。因此，2013 年国际原油价格预期相应调降，法国巴黎银行将 WTI 原油价格调降 5 美元，布伦特原油价格调降 7 美元。再以铜价为例，预期也在下调，高盛将 3 个月的铜价由每吨 8000 美元调至 7500 美元，将 6 个月和 12 个月的铜价由 9000 美元和 8000 美元各下调了 1000 美元。

其次，从世界经济形势来看，IMF 预计 2013 年全球经济增长率为 3.3%，其中美国为 1.9%，欧元区为–0.3%，日本为 1.6%，新兴市场为 5.3%。经济增速不足以支撑大宗商品的高位价格，必然要按照价值规律的要求回归。而且，欧盟债务危机仍在发酵，美国第 1 季度 GDP 数据 2.5%低于预期，可以预计 2013 年全球大宗商品价格将在震荡中下行，如果经济基本面不发生大的恶化，市场在下挫后往往会做出反弹性修复，下行曲线相对平缓。

三、长期价格趋势分析

从长期趋势来看，大宗商品价格平缓下行，但品种有所分化。

1. 大宗商品价格从高位回落

实际上，国际大宗商品从 2012 年的高点已经在回落。据大宗商品 RICI 指数创立人罗杰斯分析，从历史经验看，商品市场的牛市周期，短则持续 15 年，长则持续 23 年。这次大宗商品市场价格周期始于 1999 年，已经运行 14 年，大宗商品牛市在 2012 年 4 月就临近结束，目前在高位震荡。如图 10-3 所示，从 IMF 大宗商品价格指数看，1999 年的 42.05 为起点，经历了两个高点：2008 年 6 月的 215.64，随后因美国次贷危机降到 98.34，V 形上升至 2011 年 4 月的 209.82，后因欧债危机再次回落至 169.95。可见，大宗商品价格与宏观经济增长呈正相关。

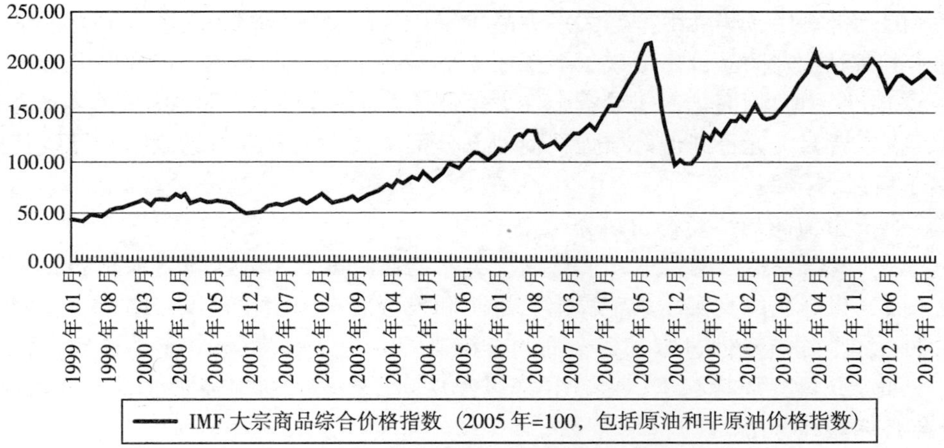

图 10-3　1999~2013 年 IMF 大宗商品价格指数

资料来源：www.imf.org/commodity.

大宗商品牛市周期结束的因素分析如下：

首先，全球经济总需求不足导致大宗商品价格下行。随着美国金融危机和欧债危机的深化，全球经济的总量呈现边际递减，在后危机时代，美、欧、日等发达国家经济增长缓慢，复苏脆弱。虽然新兴经济体贡献了更大的增长动力，但其对全球总需求的边际拉动将日益弱化。中国会因自身经济转型相对降低对大宗商品的需求，而中国需求下降的预期，也将导致全球大宗商品价格指数下降。其次，全球产能过剩和流动性过剩的困境难以摆脱。虽然 2008 年以来主要经济体均采取了力度空前的大量投放货币的联合行动，但经济增长并未出现较大反弹，社会就业率持续下降，越来越多的国家面临严重的通货膨胀或债务危机的压力。事实证明，无论是扩张性的财政政策还是量化宽松的货币政策，其本质都是扩大货币投放，2008~2013 年，美联储的 3 轮 QE 政策为全球货币市场注入了 2.67 万亿美元，其中，Q1 和 Q2 实施 3 个月后，路透 CRB 商品指数分别上涨了 20.1% 和 11.8%。美国从 2012 年 9 月开始推出 QE3，但大宗商品价格却出现调整，即使日央行也推出了 QE 政策，大宗商品价格同样没有太多反应，这是因为美国 QE3 的市场预期已被提前消化，资金早已提前进场，大规模货币投放效用正在递减，负面效果显示为资产价格膨胀和货币贬值。目前，投机资本都参与大宗商品投资，如石油价格中有30%是投机资本的作用。由于各国货币竞相贬值，流动性泛滥，为国际资本做空大宗商品提供了条件，投机资本反复做空使大宗商品的价格剧烈震荡，加大了市场风险。再次，美元汇率走强，大宗商品价格回落。从2012年9月中旬开始，美元指数总体呈现升值趋势，2013年3月，美元对“一篮子”货币的升值幅度近4%，对欧元升值幅度达到1.8%。由于美元是主要大宗商品的标价货币，美元汇率与大宗商品价格呈现高度的负相关关系，美元汇率企稳和走高对大宗商品价格形成了下探压力。美元指数变化，在一定程度上反映了美元资产吸引力的变化，引导资金在大宗商品与美元资产之间转换。当美元走强时，投资者对美元资产偏好增强，促使部分资金从大宗商品市场流出，导致其价格回落。

2. 大宗商品的格局会出现分化

（1）黄金等贵金属将进入下行期。美元走强使贵金属的避险需求减弱，从历史来看，贵金属的真实需求较稳定，避险和投资需求的变化是供需结构变化的主要原因。全球流动性过剩，资金涌入金市避险，是催生黄金10年牛市的重要原因。如今，世界局势趋于稳定，经济缓慢复苏，投资者避险需求已不那么重要，资金必然撤离金市。

（2）能源和有色金属类的价格将由高点回落，但跌幅不大，较为平稳。从长远看，世界经济对原油及有色金属的需求难以降低，随着经济的复苏对其需求还会不断加大。但是，随着国际避险资本的撤出，其金属属性逐渐褪去，价格由高点回落，逐渐回归其正常价格，如图10–4所示的有色金属的价格指数、图10–5所示的原油的价格指数和图10–6所示的煤的价格指数。

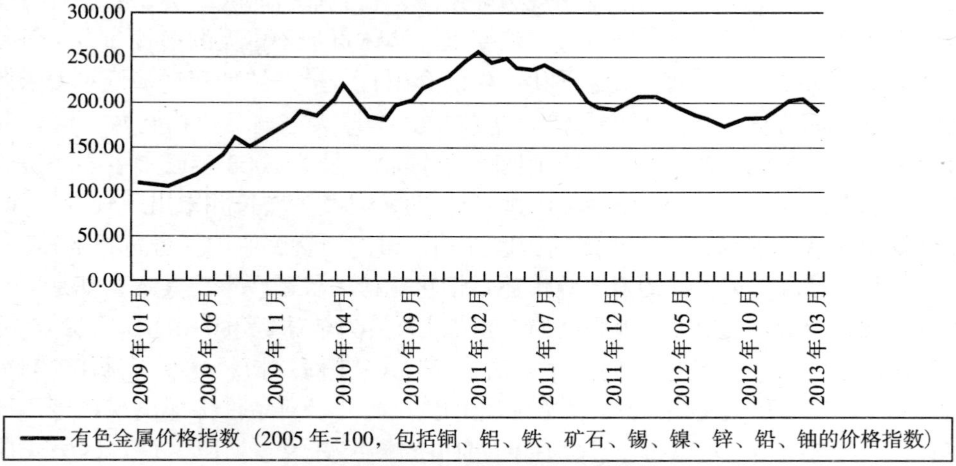

图10–4 IMF有色金属的价格指数

资料来源：www.imf.org/commodity.

图 10-5 IMF 原油（石油）的价格指数

资料来源：www.imf.org/commodity.

图 10-6 IMF 煤（澳大利亚热煤）的价格指数

资料来源：www.imf.org/commodity.

（3）农产品价格将继续上行。虽然受成本变化、自然灾害及金融投机等因素的影响，农产品价格变化较大，但是未来 10 年全球农业生产将继续保持高成本、低增长的特征，且小麦、玉米等作为生物能源原料的农产品需求将不断增加，从而导致农产品价格轮番上涨，如图 10-7 所示的豆粉价格可见一斑。

图 10-7 IMF 豆粉价格（芝加哥豆粉期货价格）

资料来源：www.imf.org/commodity.

总之，未来大宗商品价格阶段性上涨与下跌的因素会同时存在，在全球经济低迷的情况下，大宗商品的走势也主要依赖新兴市场经济体能否实现快速反弹，新兴市场经济体回到平稳的经济增长轨道，对保持大宗商品价格稳定作用显著。笔者认为，未来大宗商品价格总体将保持平稳并趋于下降。

第二节　大宗商品的定价方式

一、定价方式及指数探究

大宗商品现货交易出现在 13 世纪，许多国家形成了大交易市场及无数的集贸市场。在现货商品交易普遍推行的基础上，产生了专门从事商品转手买卖的贸易商人，大宗现货批发交易出现。交易商品主要为农产品，因其季节性，逐渐出现了远期供货合同的交易方式，到 19 世纪中叶开始形成较完善的远期合约交易。1848 年，82 位商人发起组建了美国第一家中心交易所，即芝加哥交易所。1951 年，芝加哥交易所签订了第一份玉米远期交易合同。这种期货交易不再是以到期交售实货为目的，而是标准化期货合约本身，以及合约到期前的不断被转让，交易目的是商品所有权的价格风险转嫁。当然，今天的大宗商品交易的金融属性明显，已经成为保值增值的金融衍生产品。

国际大宗商品价格主要是参照期货市场价格制定的，期货市场是形成大宗商品基准价格的中心。期货市场上产生的价格能最大限度反映全世界对大宗商品价格的预期，反映真实的市场供求关系，是真正的市场价格，国际大宗商品价格主要是参照期货市场价格制定的。如果期货市场规模足够大，市场份额足够大，那就自然能成为国际市场定价中心。例如，伦敦金属期货交易所是有色金属的定价中心，目前世界石油交易价格主要是根据美国纽约商品交易所、英国伦敦国际石油交易所的期货价格折算而定的。[①] 对于有着成熟的期货品种和发达的期货市场的大宗商品来说，期货市场是形成大宗商品基准价格的中心。大宗商品定价基本上采用期货定价方式，也就是说买卖双方谈判的不是价格，而是升贴水，包括品质升贴水和地区升贴水。因此，大宗商品定价主要依靠其期货价格。当前，英、美两国的商品期货市场主导了全球石油、金属、大豆等大宗商品的定价。期货市场是一个公开、集中、统一以及近似于完全竞争的市场。因此，要想争取到大宗物资定价的话语权，就必须要有自己的定价中心，即能在世界大宗物资贸易中起主导作用的期货市场。对于有着成熟的期货品种和发达的期货市场的大宗商品来说，其价格基本上由最著名的期货交易所标准期货合同的价格决定。因此，建立和完善期货市场是培育国际定价中心的有效之举。

大宗商品指数包括 6 种，路透商品研究局指数（CRB）创建于 1957 年，高盛商品指数（GSCI）创建于 1991 年。后来，其他著名的商品指数，如罗杰斯国际商品指数（RICI）、道琼斯-AIG 商品指数（DJAIG）、德意志银行流动商品指数（DBLCI）、标准普尔商品指数（SPCI）也分别创建。商品指数被广泛用于观察分析商品的价格波动趋势和揭示经济发展趋势。例如，CRB 的走势和宏观经济走势具有高度相关性，该指数领先于 PPI（生产者价格指数）和 CPI（国内居民消费价格指数），是通货膨胀的先行指标，也是利率水平的一个领先指标。[②] 另外，大多数指数存在相应的指数期货，为投资者提供了规避通货膨胀风险的工具，并降低了投资者挑选单个商品的成本。将商品作为一种资产类别加入到投资者的组合中，可以帮助投资者有效降低整个组合的波动性，对冲通货膨胀风险，因为商品与股票、债券等金融资产的收益率之间的相关性较低或存在负相关，可以有效分散组合的风险。例如，在 20 世纪 70~90 年代美国的高通货膨胀时期如果养老和保险机构的投资组合中持有商品，则可以有效对冲通货膨胀的风险，并且显著提高股票和债券组合的收益。

---

① 活跃在这两个市场上的 1.8 万亿美元的对冲基金，基本掌握了石油市场的定价权。

② Ranga Nathan. A Review of Commodity Indexes. http: //www.indexuniverse.com/component/content/article/1795.html? issue=17&magazineID=2&Itemid=11.April 01, 2008.

目前，对国际商品价格具有主要引导作用的是 CRB 指数。[①] 路透 CRB 指数有 19 种商品，道琼斯 AIG 指数有 20 种商品。罗杰斯国际商品指数包括的商品最多，现涵盖 36 种商品，包括能源、金属及农产品三大类。与股票指数一样，每个商品指数的构成与编制方法不同，所以区别不小。如路透 CRB 指数中农产品占 41%、能源占 39%、金属占 20%，而高盛商品指数中的能源占 71%、金属占 12%、农产品占 17%。罗杰斯国际商品指数成分比重分别为能源 44%、金属 21.1%及农产品 34.9%，当中原油、布兰特原油及小麦比重最大，分别占 21%、14%和 7%。该指数成分与权重每年调整一次。罗杰斯国际商品指数自 1998 年 8 月成立以来，表现优于其他主要商品指数，至 2007 年 10 月 25 日，该指数升幅达到 316.2%。罗杰斯创立指数的初衷是设计一个国际性的、具有明显的透明度、协调性和流动性的指数，现已成为世界上主要商品指数之一，与高盛商品指数、道琼斯-AIG 商品指数、德意志银行流动商品指数、标准普尔商品指数和路透-CRB 商品指数同为最受追捧的 6 只商品价格指数。[②]

二、金融资本进入造成大宗商品价格波动

金融资本的加入，使商品期货市场产生投机。期货市场上既有该商品的实际需求者和供给者，还有大量的投机者参与，投机者的唯一目的是在期货市场上赚钱。在该商品的供求出现明显变化时，价格升降方向就可确定，而不确定的仅是升或跌的幅度问题。投机者就会利用升或跌的幅度赚钱。例如，在原油价格从 35 美元涨到 55 美元的过程中，一些机构计算出其中有 12 美元是期货市场炒起来的。同样原因，当今世界几乎所有大宗商品价格都由金融资本主导甚至直接决定。石油价格大幅度波动的关键也在于金融资本期货投机的影响。金融资本将商品市场与金融市场紧密地联系在一起，逐步形成了一套由期货到现货的定价机制，进而放大非市场因素，并造成世界各地、各种市场的连锁反应，由此影响全球经济的发展方向。目前，“中国需求”正在成为投机者炒作大宗商品价格的主要因素。国外投资和投机领域不但拥有资金和技术优势，而且有评级和舆论的“霸权”。现实中，投机活动的突然转向，将使得大量资金在这些领域之间迅速流动，导致这些部门之间的关系在某些情况下的密切程度超过各自市场和其实体经济中对应部门的关系。因此，人们对其金融属性的认识在风险控制上有重大意

---

① Reuters/Jefferies CRB Index Announces Composition Adjustment. http://www.crbtrader.com/crbindex/. June 29, 2006.

② The Rogers Index: How to Best Invest in Commodities. http://www.ameinfo.com/61426.html.Saturday, May 26, 2007.

义。笔者认为作为一个大宗商品消费和需求大国，完全可以利用消费量和需求量这个强势因素，通过基金投资系统，削弱大宗商品的波动幅度。

第三节　金融产品的实物化特征

一、大宗商品的避险性特征

1. 商品市场已成为金融市场的组成部分

由于大宗商品的保值性，为了在通货膨胀中维持购买力不下降，投资者需要投资于大宗商品。特别是指数基金，为维持收益的稳定性而投资于各种市场中，需要稳定配置商品。同时，对冲基金为全球风险对冲而有配置商品的需要，宏观经济根据全球经济走势，主要投资于商品市场。除此之外，在商品市场丰厚回报的吸引下，很多国际大型投行和银行都有专门的商品部门投资于商品市场，或者为客户的商品投资进行管理。这样，作为一个投资品种，市场整体的资金供给与商品价格之间有着一定的关系，即商品具有金融属性。在现代市场体系中，期货市场具有发现价格、转移风险和提高市场流动性三大功能。自期货市场诞生后，相应的商品市场便成为金融市场的一部分，石油、铜等大宗商品期货也就有了金融产品的属性。

2. 商品期货成为规避风险的工具

一向活跃于股票、债券和汇率市场上的金融资本看好初级产品市场。其原因是由于美国长期的贸易赤字和巨额外债，使美元作为世界货币的地位在一定程度上受到了冲击。商品期货与证券和债券具有负相关性，与通货膨胀又呈正相关性，使大量以美元存在的基金为了避免由于可能存在的汇率波动，纷纷试图以买进商品期货来规避风险。由于股票、债券市场的不景气和商品市场的赚钱效应的影响，促使金融与贸易紧密结合，金融资本大量投资于商品期货成为金融资本运作的新特点。而且，金融机构进入商品市场的规模还在持续快速增长，国际金融机构正在提高商品市场的配置比例，商品为新兴资产类别的论点受到了投资者的追捧。目前，禁止或抑制商品投资的那些国家很可能继续放宽监管尺度。商品投资总规模仍远少于其他资产类别。正因为此，其增长潜力将十分巨大。目前，国际金融机构越来越从传统的股票和债市分流，进入基本金属、原油等大宗商品市场，将这些价格推至历史高位。面向散户投资者的商品基金数量很少，而股票和债券基金则超过 3 万只。一些专门投资于商品市场的基金也正在设立。[①] 一个典型的例子是，英国的基金 The TRF Commodity Plus Fund 于 2006 年 2 月 1 日成立，投资方向主要是实货商品和期货，以及一些相关的股票。最少投资 1 万英镑的要求使相对较小的投资者可以参与其中，以前部分商品基金的投资限额最低约为 100 万英镑。投资于商品指数资金的快速增长最受关注。其中，指数中超过 50% 投资于原油和成品油，对市场将会产生巨大影响。除了大量进入商品期货市场外，一些金融机构还将资金投入到相关行业股票或一些联动性金融产品上。许多投资基金在参与大宗商品期货交易的同时，还通过股市将资金投入矿业以及其他与商品相关的公司，以期从原材料价格上涨中获益。

二、大宗商品的金融属性及影响因素

1. 大宗商品价格与国际利率负相关

从全球流动性的角度可以发现，大宗商品作为一个重要品种，和利率有着密切关系。美联储为恢复经济增长于 2001 年 1 月 3 日开始降息。联储基准利率到 2002 年初降至历史性最低，不足 1%，实际利率则从 2001 年的 1%降到 2002 年、2003 年和 2004 年的–1.2%，2005 年加息开始后，实际利率仍为负数。直到 2006 年 6 月提高到目前的 5.25%，实际利率约为 2%。从三者表现看，宏观经济增长、流动性在 2002 年、2003 年和 2004 年均同商品市场的表现是一致的。但 2005 年宏观经济增速减缓，流动性仍然宽松（实际利率为负），而商品市场暴涨；进入 2006 年后，宏观经济增长加速，但流动性方面，美联储在 2006 年 6 月 30 日加息到 6.25% 后实际利率由负转为正，商品市场同时于 2006 年下半年开始大规模调整。2007 年次贷危机以来美联储 6 次降息。黄金石油、铜等大宗商品近期再创 25 年历史新高，涵盖 19 种商品的美国 CRB 商品价格指数连续暴涨。

流动性则是由利率决定的。正是美联储在 2001 年后实施的低利率政策，使市场上充满过剩的流动性，才导致了与房地产同步的商品市场牛市。特别是 2001 年以来，全球各主要经济体普遍的超低利率政策，全球流动性几乎泛滥。美联储为恢复经济增长于 2001 年 1 月 3 日开始降息将联邦基金利率从 6.5%降至 1%，并一直保持至 2004 年 6 月。欧洲央行自 2001 年先后 4 次降息，并将利率维持在 2%。在 2001 年到 2006 年 7 月，日本央行一直将短期利率维持于零利率水平。从利率与大宗商品的长期关系看，由于低利率导致资金供给充足，大量的投资者利用较低成本进入商品市场，在商品市场和利率之间存在长期稳定的关

① Thomas Kutty Abraham. India Offers Commodity Index Futures. http：//www.shanghaidaily.com/sp/article/2008/200803/20080328/article_353741.htm（2008-3-28）.

系。2013 年，当美国退出 QE 的预期明朗时，大宗商品价格马上就出现暴跌。

商品期货金融属性近年来日益显现，商品期货价格与汇率、利率等因素联动密切。一般情况下，汇率和利率在一定的、合理的区间中波动，对于商品期货价格的影响是较为有限的，但如果汇率、利率在一段时期内出现较大或连续波动，将对商品期货产生重要的影响。例如，近年来，以美元为代表的国际基础货币利率调整周期明显缩短，美元汇率出现持续下降，给商品期货市场带来了很大影响，汇率和利率已成为影响全球商品期货价格走势最重要的因素之一。

2. 大宗商品价格变动与外汇储备的关系

当下国际金融秩序的核心是美元本位制。美元本位制与金本位制和布雷顿森林体系相比，不同之处在于被各国大量储备的美元不受任何类似于黄金的实物支持。在金本位制和布雷顿森林体系中，没有任何政府或企业可以凭空造出黄金来平衡国际收支逆差。在美元本位制中，美国却可以造出各种金融工具来达到这个目的。正因为此，美元本位制成为了孕育全球性金融风险的本源。美国可以不用储蓄而举债，由此积累了大量的对外债务。国际石油、金融等大宗商品市场都以美元计价，所以各国都必须把美元作为外汇储备的关键货币。对那些拥有对美贸易巨额顺差的国家来说，如果它们的中央银行把这些美元换成本国货币拿回国内势必造成严重的通货膨胀。因此，它们都把这些外汇储备用来购买美国的政府债券、企业债券、股票或房地产。倚仗美元作为各国外汇储备关键货币的特殊地位，美国没有任何先储蓄后消费或先生产后消费的负担，完全靠寅吃卯粮。过去几十年，美国从生产型社会快速向消费型社会转型，负债经营日益成为一种全面性的现象。其政府增发国库券，公司增发股票债券，居民以分期付款的方式购买住房，学生借款上大学。"美元本位制"使美国能够不分区域地利用世界的剩余资金，能够无限期、无约束地负债运转（刘煜辉，2006）。你外汇储备少时，它攻击你的货币，使你的货币贬值造成货币危机；你外汇储备多时，它力推弱势美元政策，拉动全球资源价格暴涨，直接打击你外汇储备的购买力，使你数十年经济增长的成果顷刻化为乌有。

3. 投资大宗商品的周期性

据 RICI 指数的创立人罗杰斯先生分析，从历史经验看，一旦商品市场进入牛市周期，最短可以持续 15 年，最长则达 23 年。这次大宗商品牛市周期始于 1999 年，持续到 2013 年。纵观历史，每隔 25~30 年就会出现原材料的牛市。自然资源影响着世界经济中重要的部分，它是世界最大的"非金融"市场。从历史经验看，商品市场与股票市场的发展往往背道而驰，当商品出现牛市的时候，已发展国家的股市将陷入熊市。这种情况在 20 世纪七八十年代发生过一次，历史不断重演，投资商品的回报有时比股市更有吸引力。

20 世纪 80 年代和 90 年代中，自然资源的熊市大约持续了 25 年（例如，糖的价格在 1973 年达到顶峰，石油的价格则在 1981 年达到顶峰)，衰退的市场无法吸引生产能力的增加，致使生产设备逐渐老化，零件被拆卸，或是报废。与此同时，其他的产能被关闭。在供给停滞不前和下降的时候，需求却在持续增长。

技术突破也不会阻止周期性的、多年的商品牛市。铁路、蒸汽轮船、收音机、电话、电力、飞机等带来了更快的交通方式、更便捷的通信方式以及生产力的进步，但没有任何一种技术的突破使得价格永久的下降。[①] 在 20 世纪 60 年代中期，钻探到 5000 英尺以下或是在近海钻探几乎不可能。技术的蓬勃发展产生了 25000 英尺的油井，海底钻探技术在世界范围内广为采用，安装了休斯钻石钻头的钻机有着不可思议的效率。但是油价在那个 15 年中上涨了 1500%。

自然资源可以为资产组合提供重要的多样化，原材料应该出现在任何多样化的投资组合中。1998 年设计的罗杰斯国际商品指数以满足于广泛的国际投资工具相一致的投资需要，包括 35 种有代表性的商品，其有较大的覆盖性，并具有国际性，其他指数则是区域性的或是以美国为主导的。例如，其他的指数都没有包括大米，而这是世界大部分国家的主要食物。仅 7 年时间，罗杰斯国际商品指数就增长了 3 倍，同时该指数的表现超过了世界任何一个其他同类的指数。

第四节　中国大宗商品对策[②]

一、转变经济增长模式，降低大宗商品消耗

中国经济对大宗商品需求旺盛，2008 年金融危机，中国的 4 万亿元投资，使得很多以工业生产为主导的“重消耗大宗商品”的项目重新出现，经济增长模式带来了对工业原材料的巨大需求。因此，必须调整增长模式，注重经济发展，围绕中国经济的再平衡，实现一个“低商品消耗”的增长模式，限制“过度投资”行业，比如铝、水泥、有色金属、煤、焦煤和碳化钙、PVC 等行业的新开发项目。

对全球大宗商品市场的需求进行追踪和预测，并结合中国经济发展的中长期规划，制定中国大宗商品采购规划。调整能源与原材料的使用结构，进一步开发

① Jim Rogers, Hot Commodities: How Anyone Can Invest Profitably in the World's Best Market. Publisher: Random House Publishing Group.Pub. December 2004.

② 刘翔峰. 大宗商品的金融属性及对策 [J]. 国际贸易，2008 (8).

可再生的和有利于环境保护的能源及资源，制定相应的技术标准和价格政策，同时降低能源和原材料的消耗比例，尽快改变粗放型的经济增长模式，尤其是要帮助中小型企业提高能源和原材料的使用效率。就中国大宗商品的需求而言，由于这种组合模式的转变，中国总体 GDP 增长步伐会放缓至平均 7.5%，总体经济增长放缓。由于增长组合上的重大变动，中国在未来对工业原材料需求的增长速度减慢，但经济增长质量会有很大提高，经济的生态环境将得到很大改善。

二、增加大宗商品的战略储备

一定规模的储备，可以增强人们争夺商品定价权的实力并化解供应中断风险，在商品价格上涨时获取直接收益。近年来，中国出口资源类不可替代产品遭到了国际市场大规模的打击，典型的是稀土和焦炭，只要中国一卖，市场就大跌，原因是我们卖的时候不得不卖，买的时候不得不买，导致陷入被动。其根本是战略储备缺位。例如，日本的稀土储备超过 10 年。目前，中国的石油战略储备主要依赖于三大国有石油公司的商业储备，综合储备天数大约为 21 天。即使加上刚刚开始运行的第一批国家储备基地的储油量，也才相当于全国 30 天的消费量。这与世界许多国家相比，数量差距巨大。目前，美国的石油储备量相当于其全国 158 天的消费量，日本为 169 天，德国为 117 天，法国为 96 天，韩国现在为 109~135 天，连阿尔巴尼亚也有 90 天的石油储备，这个差距是明显的。

在中国企业和国家实力尚不雄厚的条件下，拥有一定规模的储备可以发挥杠杆作用，增加回旋余地，增加谈判筹码，在谈判中占据主导地位。在非市场因素导致的价格波动和供应中断情况下，可以有效化解风险。在国际外交事务围绕资源争夺越来越激烈的情况下，有更多的储备甚至可以在外交谈判中获得主动。要特别注意的是，应对非市场事件，有时仅有货币是不够的，必须有相当规模的实物才行。石油、铜等期货品种已经具有越来越强的金融属性，既能有效应对资源短缺风险，又能随时变成货币应对金融危机，具有进退两益的好处。一定规模的储备库存对商品期货价格上涨也起着制约作用。研究发现，商品期货价格与交割库存成负相关性，即库存增加、价格下降，库存下降、价格上升。经验表明，利用库存对价格的影响关系，如拥有一定规模的储备，在适当时机可以将部分物资借给企业注册成交易所标准仓单，甚至不用实际交易就可以配合其他实质性措施影响价格走向。这与美国的石油储备仅公布库存的变化就可以影响石油价格是一样的，库存对于期货市场具有相当的威慑力。

石油和有色金属等大宗资源性产品应当作为储备重点。中国正处在工业化快速发展阶段，能源资源的消耗增长强劲，由于国内资源相对匮乏，对外依存度越来越高，因此最为值得关注的是包括铁矿石、铜在内的多种大宗基础产品。由于欧美国家基本完成了工业化和产业升级，对这些工业原材料的依赖程度已大大降低，对价格的波动远没有我们敏感，并且其掌握了大量的跨国垄断矿业公司，一定程度上会容忍或支持其价格在金融资本的推动下大幅上涨。中国必须高度关注工业原材料可能出现的危机和市场波动，采取措施稳定市场，化解风险。在石油等能源消费的占比上，欧美等发达国家远远大于中国，他们同样掌控大量的既有资源，并且大多数建立了相当规模的战略储备，比中国应对风险的能力要强很多。由于资源匮乏和金融实力不强的双重约束，中国始终处于价格波动的受害者地位。从中国实际出发，考虑应对资源和金融双重风险的需要，当前中国应尽快进口储备在国际商品期货市场交易量大、金融属性强、中国对外依存度高的大宗能源和矿产品。为此，要加快制度创新、全面推进石油储备体系建设。中国已彻底告别了没有战略石油储备的历史，开始尝试运用战略石油储备来维护自身的石油安全供给，保障国民经济持续快速健康发展。但是，这并不表示中国就已经建立起了石油储备体系，建立战略石油储备是一项复杂的系统工程。美、日、欧等国经过近 30 年的时间才建立起较为完备的石油储备体系。中国构建石油储备体系还有一系列工作要做，如石油战略储备相关法律法规的制定、储备运营管理机构的设立、储备油品的来源、储备资金的来源、新储备基地的选址、符合中国需求的储备规模等都需要进一步研究。

中国应考虑建立一个包含美元资产、石油、黄金、白银、铜等其他稀有金属等大宗商品储备的储备组合“篮子”，基本上合乎一个简单的套期保值思想。在美元本位制下，若美元升值，大宗商品价格会有所回落；若美元贬值，美元资产可能会有所缩水，全球性通货膨胀会使得大宗商品价格大幅上涨。在中国，重要的是决策的体制和机制问题，必须加快培养和吸收一批熟悉国际金融市场的操作人才，建立一套高效率、高度保密、统一决策的储备管理机制和反应机制，否则“部门博弈、多头决策”的格局可能在瞬息万变的国际金融市场中使中国的利益受到重大损失。

三、发展期货市场，降低大宗商品价格风险

美国著名经济学家、诺贝尔经济学奖得主米勒先生指出，“没有期货市场的经济称不上是市场经济”。期货市场发达与否已经成为一个国家市场经济发达程度的重要标志，同时也是世界经济一体化的重要内容与手段，期货市场作为市场经济的高级形式，完善的交易规则、健全的运作机制都是市场经济发展所必须具备的。中国期货市场近年也取得了显著成效，但还未充分发展，商品期货的交易品种和交易规模相对有限。随着对避险工具多样化、投资方式多元化需求的不断增长，中国衍生品市场面临着新的机遇和挑战，商品期货市场发展潜力巨大。

中国国民经济持续快速发展对商品期货有巨大的现实需求。发展商品期货有助于增强中国在大宗商品国际定价中的影响力和话语权，从而维护国家经济安全。商品期货市场应进一步融入国民经济发展的主流，在为金融机构深化改革和创新发展方面多做文章；应尽快取消部分过于详细、不利于市场长远发展的规定，进一步放开金融机构进入商品期货市场的有关政策限制，允许各类金融机构审慎、合理、有效地参与商品期货市场。同时，对于国内金融机构而言，应重视和利用商品期货市场的金融属性，做好参与商品期货市场的准备工作。例如，明确衍生工具在金融机构业务发展中的战略地位和功能定位；突破固有的经营理念，认识到未来高端客户的竞争很大程度上在于包括商品期货在内的衍生工具的竞争；重视专业人才的引进和培养；借鉴国际大型金融、投资机构在管理和运用商品期货工具方面的经验；研究衍生品市场自身存在的风险，逐步建立一套有效管理各种衍生工具市场风险的程序和措施，完善内控机制等。

完善上海、大连、郑州三大期货市场。以远期合同交易的方式降低近期价格的风险，尽快允许国内企业开辟套期保值交易、大宗期货交易等多种金融衍生交易产品。对金融体制进行重新架构，增加金融衍生品，如利率期货、外汇期货、股指期货、大宗交易期货、商品期货市场等。力求将上海等期货交易所建设成为世界排名前 10 位的有重要影响力的交易所，成为重要的国际商品定价中心。

中国金融机构应积极参与商品期货市场交易，积极发挥大宗商品的金融期货功能。经验表明，金融机构通过参与商品期货交易可以发挥分散投资过度集中的风险起到对抗通货膨胀、结构性贸易融资、信贷融资参考等功能。商品期货的金融属性正受到国际金融机构的广泛关注和利用，从商品期货和金融期货的关系来看，双方是相互联系、相互促进的。金融机构参与商品期货市场，可以利用石油与有色金属的同向价格变动关系购买远期石油期货，部分弥补大宗原材料市场定价权的缺失。同时，由于石油价格与美元价格呈现反向变动，可以通过参与商品期货市场，帮助外汇储备有效保值增值。未来，中国应当积极发挥大宗商品的金融期货功能，一是直接作为投资获利的金融工具，二是作为对冲美元贬值的避险工具，三是作为对抗通货膨胀的保值手段，四是分散债券、股票等投资过度集中的风险。这样，通过资产组合的多样化进入商品期货市场，在为资产进行保值的同时，也有助于对大宗商品市场走势施加一定程度的影响。

四、完善大宗商品联合对外谈判机制

要加强大宗资源性商品的进出口协调机制，同时参照铁矿石统一谈判模式，尽快启动原油、氧化铝、铜精矿等商品联合对外谈判机制，扩大长期贸易协议比例。铁矿石统一谈判模式曾为中国钢铁生产和流通企业减小因铁矿石涨价带来的损失立下汗马功劳。统一谈判模式是以行业协会为龙头，组成谈判团队，政府起协调作用，利用中国强大的购买力，以一个统一的整体出现，以一个声音说话，争取更低价格。只有借鉴铁矿石统一谈判模式，学习国内钢铁生产和流通企业，在行业协会的统领下，与卖家寸土必争，才能在大宗商品不断上涨的过程中使损失最小化。

五、外汇储备的投资多样化组合

未来外汇储备的投资应当注重多样化组合，避免一味购买国外的金融资产，从债市分流，进入有色金属、原油等大宗商品市场，投资方向主要是实货商品和期货以及一些相关的股票，也可以投资于大宗商品指数资金。除了大量进入商品期货市场外，一些基金和投资人还可以将资金投入到相关行业的股票或一些联动性金融产品上。一些投资基金在参与大宗商品期货交易的同时，还可以通过股市将资金投入矿业以及其他与商品相关的公司，以期从原材料价格上涨中获益，如把资金投入追踪大宗商品指数的基金等。

六、创新金融工具，建立大宗商品基金

中国可以通过创新金融工具，设立大宗商品基金，通过跟踪大宗商品指数，购买商品期货，为大宗商品的价格不断上涨降低部分风险。同时，要积极培养人员，以提高大宗基金的操作技巧。全球石油、有色金属、农产品等大宗商品价格不断震荡波动，并对中国国内相关市场带来了很大影响；因此参与国际商品期货市场的相关企业，应当注重分析基金在国际商品市场中的状况及行为，分析大宗商品及与其联动的金融产品的变化趋势。

设立大宗商品基金进入商品期货市场的目的就是为资产进行保值增值和提供资产组合的多样化。进入商品市场的基金种类可以包括商品交易顾问基金、对冲基金及指数基金。其中，第一类商品交易顾问基金是活跃在商品市场的技术性基金，进行长波段操作；对冲基金可进行中长期运作；指数基金对于各种金融市场指数进行投资，包括投资于大宗商品期货市场。其中，指数基金进入商品市场可以包括为以下方式：购买投资银行推出的商品市场固定收益产品，进行投资银行的商品指数 OTC（柜台）交易，严格按照商品指数中的各品种比例直接购买期货合约。

目前，中国投入商品市场的指数基金主要来源于养老（退休）基金，可以学习国际先进经验，利用这些非传统的“冷钱”基金（如共同基金和养老基金），对“一篮子”商品交易和商品指数投资进行介入从而受益。有色金属、石油等基

础性原材料是全球商品期货的主导品种，交易规模占到整个商品期货的七成以上。大宗商品已经成为与股票和债券等“纸资产”相对应的“硬资产”，中国也应该将大宗商品视为与金融资产并列的独立资产类别，并将其作为重要的投资标的或投资替代品，以实现资产组合多样化和高回报，尽量降低和控制大宗商品价格不断上涨的风险。

第三篇

金融国际化与监管合作

金融国际化是指一国的金融活动超越国界，在全球展开经营、寻求融合、求得发展的过程。作为经济全球化的重要组成部分，金融国际化与经济全球化是相互依存、共同发展的。金融国际化既是适应经济全球化和国际分工的必然要求，也是中国改革发展的自身需要。应通过金融国际化更新金融理念、制度、技术，引进国际金融资产，完善中国金融资本结构，为中国金融发展注入新的活力。中国的金融市场国际化主要表现为金融机构国际化，人民币国际化，香港内地、中欧、中美等金融市场合作，建设上海国际金融中心，深化国际金融监管合作等内容。

第十一章　金融机构国际化

跨国银行和其他跨国金融机构是金融全球化的微观基础。金融机构的跨国经营不仅是国际贸易持续扩张的金融基础，更是跨国公司全球化运行的坚强后盾。中国金融机构的海外业务拓展落后于实体经济步伐，从趋势看，随着中国综合国力，特别是金融实力的增强，人民币区域化和国际化逐步推进，势必要求金融机构国际化紧紧跟上，这也是中国金融机构提高国际竞争能力的内在需求。① 2012年6月，国务院转发了《关于加快培育国际合作和竞争新优势的指导意见》，指出要稳步推进金融国际化。金融机构国际化是金融国际化的重要组成部分。与过去注重引入国际投资者相比，金融机构国际化已经将重点由对外招商引资转向走出去，即在商业可持续、风险可控的前提下，支持符合条件的金融机构通过境外分支机构、并购等渠道到境外开展业务。银行业是中国金融业的主体，目前金融机构走出去主要是指银行走出去。

第一节　中国金融业对外开放

中国金融国际化始于改革开放，包括银行、证券、保险、财务公司在内的各种外资金融机构陆续进入中国，带来了良好的示范效应。中国金融机构相继引入境外机构投资者参与其股份制改造和战略性重组，提高了金融治理水平。以合格境外机构投资者（QFII）为载体的海外资金也进入了中国资本市场。这些资金、金融服务、金融产品极大丰富了中国金融业的发展。

① 改革开放30多年来中国经济实力大幅上升，2010年中国经济总量超过日本居全球第二位，外汇储备规模继续保持全球第一，截至2012年末达到3.3万亿美元。中国金融机构经过注入资本金、股改上市后，盈利能力不断上升，不良率大幅下降，并经受住了国际金融危机的考验。中国企业“走出去”方兴未艾。随着中国金融改革的不断深化，利率逐步市场化和资本账户可兑换，中国金融业的竞争将越来越激烈，积极实施国际化战略，可以充分利用两个市场、两种资源，拓展全球化的服务网络和服务能力，增强可持续发展的后劲与长远的获利能力。

一、在华的外国金融机构

日本输出入银行于1979年获准在北京设立第一家外资银行机构代表处，中国香港南洋商业银行1981年在深圳设立第一家外资银行营业性机构，由此拉开了外资银行进入中国的序幕。截至2012年底，世界49个国家和地区的银行在华设立了42家外资法人机构总行（下设275家分行及附属机构）、1家外商独资财务公司、95家外国银行分行（见表11-1）和197家代表处。与2002年加入WTO相比，外资银行分行数增加了177家，外资金融机构数量稳步增加。

1. 外资金融机构法人化已成为其在华的主要经营形式

为实现本地化发展，外国银行将在华分行改制为本地注册法人银行。2011年，外资法人银行营业网点数量占外资银行营业网点总数的87%。[①] 外资法人银行资产占外资银行整体份额从加入WTO前的5.24%跃升至2011年的87.66%，存款份额更高达95.56%。其中，排前5名的外资法人银行资产均超过了千亿元，达到全国性股份制商业银行水平。外资金融机构本地化经营程度逐步提高：一是本地客户群体逐渐形成。与之前除了服务于外资企业、外籍人士和极少数中资企业相比，外资银行已拥有相当比例的中资企业和中国居民客户，并约占其全部客户数量的54%。[②] 二是人民币业务份额稳步攀升。截至2012年底，37家外资法人银行、54家外国银行分行获准经营人民币业务，30家外资法人银行、25家外资银行分行获准从事金融衍生品交易业务，6家外资法人银行获准发行人民币金融债，3家外资法人银行获准发行信用卡。2011年外资银行人民币资产份额从加入WTO前的12%已稳步提高到70.44%。[③] 外资法人银行存款占负债的比例为71.44%，比加入WTO前提高了47个百分点。资金来源分散化增加了外资法人银行经营的稳定性，为其在华持续发展提供了有力的资金支持。中国在加入WTO时取消了对外资银行境内吸收资金比例的限制，并逐步取消了对外资银行经营地域和客户对象的限制，大大改善了外资法人银行的资金结构。

---

① 2011年外资法人银行已是中国加入WTO前的3倍。

② 目前，外资银行对中资企业贷款已占各类客户贷款的37.89%，比加入WTO前增加了31个百分点；对中国居民的贷款也从零起步，目前已占个人贷款总额的一半。

③ 员工和管理层本地化趋势明显。据2011年调查，外资银行已在中国聘用了3.3万名员工，占外资银行员工总数九成以上。自加入WTO以来，外资银行已累计培养1300多名本地高级管理人员，目前平均聘用本地高级管理人员比例达45%。

表 11-1 在华外资银行业金融机构情况（截至 2012 年底）

单位：家

机构/类型	外国银行	独资银行	合资银行	外商独资财务公司	合计
法人机构总行		38	3	1	42
法人机构分行及附属机构		267	8		275
外国银行分行	95				95
总计	95	305	11	1	412

资料来源：中国证监会 2012 年年报。

2. 外资金融机构开展了多元化的金融服务

在近年来发展较快的衍生品交易市场中，外资法人银行交易份额已占 34.6%，仅次于 5 家大型中资商业银行，部分外资银行自营和做市交易量位居市场前列。外资银行还增加了经营中小企业融资、农业金融、航空航运融资、大宗商品贸易融资、资产及财富管理、托管、结算等专项领域业务的银行。① 中国已吸引了来自 49 个国家和地区的银行来华设立机构，其中俄罗斯、瑞典、挪威、西班牙、埃及、印度、印度尼西亚、中国台湾等国家和地区的银行在加入 WTO 后首次来中国内地设立营业性机构。外资金融机构网点逐步深入到内陆及二三线城市。至 2012 年外资银行已在中国 27 个省（市、区）、59 个城市设立了分支机构，形成了具有一定覆盖面和市场深度的总、分、支行服务网络，在提供中小企业特色服务、支持中资企业"走出去"方面都起到了积极作用。②

3. 外资金融机构资产规模稳步增加

截至 2012 年，在华外资银行业营业机构资产总额（含外资法人银行和外国银行分行）为 2.38 万亿元，同比增长 10.66%（见表 11-2）；各项存款余额 1.43 万亿元，增长了 7.74%；各项贷款余额为 1.04 万亿元，增长了 6.23%；流动性比例为 68.77%；实现税后利润 163.39 亿元；不良贷款率为 0.52%；外资法人银行资本充足、资本质量高，资本充足率为 19.74%，核心资本充足率为 19.25%。从总体上看，在华外资银行业营业机构的主要指标均高于监管要求。③ 在资产规模稳

① 外资金融产品日益丰富。在华经营的业务品种已超过 240 种，一些产品和服务逐渐在消费者中形成了品牌效应，如供应链融资、幸福时贷和现贷派等个人贷款产品，以及卓越理财等理财服务。外资银行还凭借全球网络积极为中资企业"走出去"提供咨询与服务，跨境人民币结算业务也成为了经营亮点。

② 在监管部门的鼓励和引导下，外资银行积极响应国家区域振兴和发展战略，至 2011 年外资银行在东北和中西部金融欠发达地区设立了 119 个营业网点，为促进当地银行业竞争和金融服务环境改善贡献了力量。

③ 据 2011 年的调查，外资银行资产平均增速数倍于境外母行（或总行），其中 74%的外资银行资产增速超过境外母行（或总行）在其他国家或地区设立的分支机构，17%的外资银行持平。

步增加的同时，外资银行经营基本面健康，资产质量良好，法人银行拨备覆盖率达 270.72%；整体流动性充足，境内资产负债比为 152.41%。

表 11-2 在华外资银行业营业机构资产情况（2006~2012 年）

单位：亿元，%

项目 \ 年份	2006	2007	2008	2009	2010	2011	2012
资产	9279	12525	13448	13492	17423	21535	23804
占银行业金融机构总资产比例	2.11	2.38	2.16	1.71	1.85	1.93	1.82

资料来源：中国银监会 2012 年年报。

> 2007 年以来，汇丰银行（中国）有限公司在华本土化程度不断提高。一是业务本地化程度不断增加。截至 2012 年底，汇丰（中国）人民币资产、贷款和存款的占比分别达 76%、75%和 77%，本地客户业务占比大幅提升。二是本地金融服务能力持续增强。在中西部地区开设分支行，支持当地经济和金融发展；结合本地市场特点，为客户提供差异化、个性化的服务；凭借国际网络优势，在 17 个国家和地区设立“中国企业海外服务部”，为中国企业“走出去”提供支持。

图 11-1 汇丰（中国）本土化新进展

注：汇丰中国日前发布的 2012 年度报告显示，该行 2012 年营业收入 89.9 亿元，税前利润同比增长 8.6%，达 44.8 亿元。尤其值得一提的是，2012 年，汇丰集团全球裁员、收缩战线，但对中国市场逆势增资。2012 年汇丰集团向汇丰中国增资 16 亿元，令其注册资本增至 124 亿元。

二、金融部门成为吸引外国来华直接投资的新亮点

2012 年，非金融部门来华直接投资流入 2759 亿美元，流出 310 亿美元，净流入 2449 亿美元，较 2011 年下降 13%。金融部门来华直接投资由 2011 年的净流出转为净流入 85 亿美元，其中流入 86 亿美元，流出 1 亿美元。银行及其他类金融机构（非银行、保险、证券类金融机构）的直接投资增长非常迅速。2012 年，对银行业的外来直接投资由 2011 年的净流出转为净流入，在总规模中占比 67%；对其他类金融机构的投资较 2011 年增长 6 倍，在总规模中占比 17%；对证券业的投资较少，占比仅为 1%。

境外对中国证券投资活跃，2012 年境外对中国证券投资新增 593 亿美元，撤回 51 亿美元，较 2011 年分别增长 1.2 倍和下降 61%，净流入 542 亿美元，增长 3.1 倍。境外对中国证券投资初步形成股权与债权、一级市场与二级市场、人

民币与外币并进的格局。境内机构境外融资增长较快，通过境外上市渠道，境内机构共筹资 160 亿美元，较 2011 年增长 38%，通过在境外发行人民币点心债，境内机构融资约 700 亿元人民币。以合格境外机构投资者（QFII）和人民币合格境外机构投资者（RQFII）为主的境外机构境内投资增长也较快。2012 年，受审批额度大幅增加的政策性因素影响，通过 QFII 方式，境外机构净汇入 77 亿美元，较 2011 年增长 8.8 倍；通过 RQFII 方式，境外机构净汇入 530 亿元人民币。此外，境外三类机构（境外人民币清算行、跨境贸易人民币结算境外参加行、境外中央银行或货币当局）运用人民币投资境内银行间债券市场的规模也在扩大。2012 年境外对中国证券投资大幅增长，人民币正逐步成为全球私人和公共投资者分散投资的一个选择。①

第二节 中国金融机构“走出去”

中国金融业积极实施“走出去”战略，支持符合条件的金融机构设立境外分支机构、并购等多种业务，商业银行在美国、欧盟、日本等 30 多个国家和地区设立了 60 多家分行和 30 多家附属机构。美国次贷危机后，中国金融机构抓住机遇走出去，充分利用了国际国内两种资源和两个市场。

一、银行业“走出去”

截至 2012 年底，16 家中资银行金融机构在海外设立了 1050 家分支机构，覆盖亚洲、欧洲、美洲、非洲和大洋洲的 49 个国家和地区。其中，中国银行国际化程度最高，其境外机构资产占其总资产的 21.8%，排在第二位的中国工商银行仅 5.1%（见表 11-3）。2012 年，中国银行业结合金融服务需求和自身战略发展目标，通过自设机构、并购、参股等方式稳妥实施“走出去”战略。国家开发银行新设里约热内卢代表处；中国工商银行新设秘鲁有限公司等 5 家海外分支机构，收购美国东亚银行、阿根廷标准银行 80%的股权，获当地监管机构的批准；中国农业银行新设立纽约分行等 3 家海外分支机构；中国银行新设立中东（迪拜）有限公司等 6 家海外分支机构；交通银行在台湾地区设立了台北银行；中国光大银行香港代表处升格为分行；中国民生银行在香港地区新设立香港分行；中

① 国内经济触底企稳、国际金融环境改善、全球流动性泛滥多重因素共同作用，相对于绝大多数新兴市场经济体，中国主权信用评级较高、资本市场容量较大、经济增长前景较好。

国石油财务（香港）有限公司新设立 2 家海外子公司。此外，根据中国—新加坡自由贸易协议补充文本，新加坡给予符合资质的在新加坡的中资银行特许全面银行业务牌照。

表 11-3　2011 年五大国有控股商业银行海外业务一览

单位：亿元，%

	境外机构资产		境外存款		境外贷款	
	金额	占比（%）	金额	占比（%）	金额	占比（%）
中国银行	25745	21.8	13704	15.2	11241	17.7
中国工商银行	7859	5.1	3113	2.5	4755	6.1
中国建设银行	4432	3.5	1530	1.5	2551	3.9
中国农业银行	1247	1.1	300	0.3	1061	2.5
交通银行	3319	7.2	1724	5.3	1864	7.3

资料来源：根据各银行 2011 年年度报告。

2012 年，中国工商银行进一步优化海外机构布局：通过收购美国东亚银行 80%的股权，实现了中资银行对美国银行业金融机构的首次控股权收购；通过收购在阿根廷金融机构中排名第 12 位的阿根廷标准银行 80%的股权，显著扩展了其在拉美地区的业务布局。同时，通过研发海外综合业务处理系统，实现了在全球统一平台上进行业务处理、风险管理和信息共享。中国工商银行实施国际化经营战略 20 年来，在海外近 60 个国家和地区形成了强大的国际化网络。海外机构资产接近 1700 亿美元，基本形成了统筹境内外市场、全球获取收益、合理分散风险的经营格局。

图 11-2　中国工商银行走向全球 20 年

二、金融机构对外直接投资

截至 2012 年末，中国境内金融机构对外直接投资存量 778 亿美元，与境外投资者对中国境内金融机构直接投资存量 812 亿美元大体相当。2012 年，境内金融机构“走出去”步伐加快，金融部门对外直接投资流出 94 亿美元，撤回 8 亿美元，净流出 86 亿美元，较 2011 年大幅增长 51%（见图 11-3）。其中，银行与其他类金融机构（非银行、保险、证券类金融机构）的对外直接投资净流出规模居前，且均保持增长趋势；证券及保险类金融机构净流出占比相对较小，且较 2011 年有所下降。

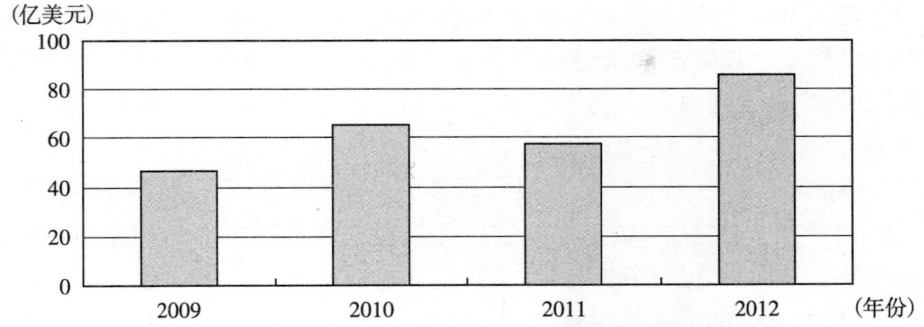

图 11-3　2009~2012 年金融部门对外直接投资净流出情况表

资料来源：国家外汇管理局. 中国国际收支平衡报告，2012.

三、对外证券投资

2012 年，中国证券投资项下净流入 478 亿美元，较 2011 年增长 1.47 倍①（见图 11-4），主要是由于境外对中国证券投资大幅增长。2012 年，中国对外证券投资净流出 64 亿美元，2011 年为净流入 62 亿美元，其中新增 301 亿美元，撤回 237 亿美元，较 2010 年分别增长了 56%和下降了 7%。对外证券投资恢复增

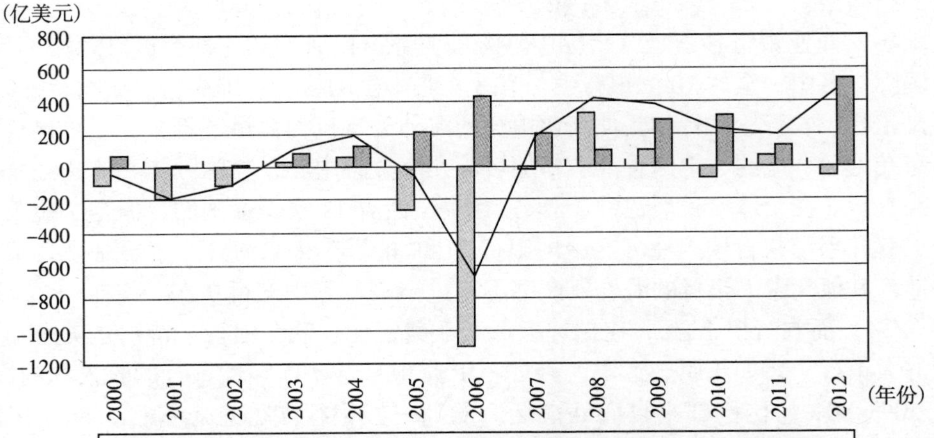

图 11-4　2000~2012 年跨境证券投资净额

注：中国对外证券投资正值表示净回流，负值表示净流出；境外对中国证券投资正值表示净流入，负值表示净流出。

资料来源：国家外汇管理局. 中国国际收支平衡报告，2012.

① 按照国际收支统计原则，单个境外主体 10%以上的投资才属于直接投资，因此中国境内金融机构吸收的境外战略投资者的投资和境外上市募集的资金均记为证券投资而非直接投资。

长体现了藏汇于民的积极成效，但由于资本流出渠道缺乏有效的体制保障和激励，中国对外证券投资呈现金融部门多、实体部门少，债权投资多、股权投资少的格局。非银行部门对外证券投资以合格境内机构投资者（QDII）渠道为主，2012 年净汇出资金 4 亿美元，下降 41%。银行部门是对外投资主力，但投资集中于同业存拆等流动性资产，证券投资较少，并受政策约束、风险偏好等因素影响，又以债券投资为主。2012 年，银行部门对外债券投资净流出约 60 亿美元，占全部对外证券投资净流出的 94%。

第三节　金融机构国际化问题

一、中国金融“走出去”力度远小于金融开放

目前，中国还没有一家真正的国际性银行，要创造中国真正的跨国大型一流银行集团，还有很长的路要走。从收入和利润指标看，中国银行比较接近一家真正的跨国银行，海外网点最多，在 31 个国家和地区拥有 900 个左右的分支机构。其他各家商业银行各项经营指标中，海外业务占比非常低，甚至可以忽略不计。在国际排名中，全球 10 大银行中，有 3 家是中国的银行，即中行、工行、建行。但是工行、农行、建行和其他商业银行的海外分支机构数量还不多，主要也只是分布在伦敦、纽约、中国香港、新加坡等几个金融中心，其国际化和跨国经营才刚刚起步。在全球增长最快的 25 家银行里虽然有 17 家是中国的，但是这些银行的成就几乎都来自国内业务。中国银行 21.8%的资产来自海外，主要是来自中国香港。其他几家大银行的海外资产都不超过 10%，其中交行 7.2%、工行 5%、建行 3.6%，而农行仅 1.1%，比例远远低于欧美银行。欧美银行，特别是英国和美国的大银行，譬如花旗、汇丰、渣打、JP 摩根，这些国际性银行的收入和利润，有 50%~80%的比例都来自海外市场。欧洲一些银行如德意志银行、瑞银集团（UBS）等，国际化程度也非常高。与这些跨国银行相比，中国银行业的国际化程度还有非常巨大的差距。

中国金融机构跨国经营起步较晚，在海外的分支机构还没有进入当地金融服务业的主流，没有成为当地金融业的重要角色，从事的业务主要是结算、结售汇，没有实质性业务。其主要原因是中国金融业市场化发展的时间较短。20 世纪 80 年代后期，中国金融业才开始部分市场化改革和发展，相继成立了招商银行、民生银行和其他一些股份制银行。直到 20 世纪 90 年代，中国银行业的主流

机构，即所谓工、农、中、建、交“五大行”，都还没有脱离计划经济管理的模式。中信、光大等其他绝大多数银行也不例外，还是行政管理模式，没有实现市场化经营，自然谈不上跨国经营和走出去。从2003年中国国有银行才逐步完成改制上市，开始从根本上转变为市场化经营模式。2004年，交通银行率先开创了三步走（重组、改制、上市）的国有银行改革模式，国有大银行成功迈进了资本市场。随后，中国银行、中国建设银行、中国工商银行、中国农业银行都相继改制上市。进入资本市场，市场化改革可能完成了60%~70%。国有银行市场化改革成功后，国际化、走出去、跨国经营才提上日程。中国大型国有商业银行管理模式、人才任用、激励机制等离市场化、国际化的一流金融企业还非常远，20世纪90年代后期才开始走向国际市场。21世纪，才开始大步走出去，所以金融业跨国经营进展缓慢是有内在原因的。但是，同期外资金融机构自2002年后开始快速进入中国，在多元化金融业务、法人银行本地化等方面均发展非常迅速。

二、跨国经营面临挑战

1. 全球性竞争的挑战

要占领国内市场和全球经济的制高点，人民币要真正成为重要的国际货币，中国要想成为国际金融的主导者，没有金融业的国际化是不可能的。必须走出去和请进来，实施银行业的跨国经营，使金融市场真正开放成为全球性市场。经营中经常遇到的风险是，资源开发和基础设施贷款额度大、期限长、集中度高，而且海外信贷资产抵押品的处置难度高，特别是缺乏土地等资产注入和用地性质变更等国内常用的不良资产拯救办法，直接的信用风险也很突出。

2. 信息不对称一直是兼并收购的最大问题

中资机构缺乏管理国际大型金融机构的经验，国内无法了解即将收购的海外金融机构的内幕，尽管有尽职调查、审计报告、上市股票指数等报告，但这种透明度远远不能解决信息不对称的问题。

3. 国家风险

由于亚非拉的新兴市场和发展中国家政局不稳、社会动荡、政治环境透明度低，中国银行业面临着更大风险。国家风险主要表现在：一是并购禁止。并购阻止系指在以并购形式开展的海外交易模式下，东道国政府以特定政令的形式禁止该项并购，而最为通常的理由则是“国家安全”，因为国家安全的界定永远是个弹性标准。作为开创“国家安全审查制度”先河的美国，其立法明确授权商务部外国投资委员会，禁止任何有损于美国国家安全的外资对美国企业的并购交易，而且可以不接受法院的司法审查。中国企业在对美投资的重大并购交易中屡次遭到美国政府以“国家安全”名义的禁止。二是限制性政策。它指东道国允许外资企业保留其投资利益的所有权，但与此同时对企业的经营与发展设置种种障碍。限制性政策是最为常见的国家风险，主要表现在进出口贸易壁垒、企业用汇管制、外资税收政策、国内劳工待遇等方面。发达国家政府迫于国内舆论和政治性压力，对其国内产业的保护主义思维也很普遍，通常是以环保、产品安全为名设置进入壁垒、技术壁垒或带歧视性的知识产权制度等，这都对中国企业海外投资带来困难。深受大国政治影响的外汇汇率的波动极有可能导致投资方在投资或者收购时遭受严重的汇兑损失，从而对财务状况造成实质性的不利影响。三是财产性剥夺。它是指东道国政府对跨国经营企业的当地资产实行征用或国有化。按照国际法原理，国有化是主权国家的正当权利，但它必须以公平的市场价格、可自由兑换的货币给予被征收企业的投资者及时的补偿。然而在具体实施过程中，充分、有效和及时的补偿通常是不可能实现的。东道国政府采取国有化、没收财产、占用等手段会给跨国企业及财产造成巨额损失。

4. 人才挑战

银行业走出去的核心挑战是人才，急需的是复合型金融人才，需要国际战略眼光的银行家。要让本土人才中国化，中国人才本土化。例如，去伦敦和纽约开设银行，要懂英语，熟悉当地法律、风俗和经营环境，建立当地的人事网络。要建立吸引国际化人才的激励机制。当年日本的银行和证券公司的扩张，都是以高薪吸引当地人才。其在纽约开设分行，就请原纽约联储主席当行长，年薪 1000 万美元。到伦敦设分行，则请英格兰银行退休高管做行长，年薪数百万英镑。20 世纪 80 年代初期，日本企业到海外扩张，著名口号是“三年不赚钱”。因此，中国银行走出去在引进和培育管理人才、培育国际化经营理念方面才是成败关键。

第四节　加快推动金融机构“走出去”的建议

企业走出去，会带去金融机构走出去提供服务。中国需要全球的资源、技术，要成为金融大国，要有大规模的资本输出，本币要能够成为国际货币，要有一大批跨国银行。

一、基本战略

中国金融机构要紧紧抓住经济全球化、中国经济与世界经济联系日益紧密的机遇，立足本土，积极扩大跨国、跨境经营，延长服务链条，拓宽服务领域，努力构建海内外一体化发展的新格局。

中国金融机构的全球布局一定要与中国经济全球化的战略布局相结合，在中国经济全球化的大格局下，给中国金融机构走出去定位。中国金融机构要从自身的资金实力、经营管理的水平和文化的融合度出发，考虑在全球建立中国金融海外网络，为中国工业、贸易、科技、文化等企业走出去提供全方位的金融服务，重点支持民族品牌，支持那些能提升核心竞争力和实现规模效应的项目。

中国金融机构在海外经营要立足于当地，开展跨国经营，资金来源主要取于当地，资金运用也主要用于当地，不仅要为走出去的中国企业服务，也要为当地的企业服务，逐渐向跨国经营的金融集团迈进。金融机构要从跟随客户“走出去”向引领客户“走出去”转变。中国金融业要通过走出去战略，打造出一批真正具备世界一流水平的金融“航母”，从根本上提升中国金融企业在世界的竞争力，使中国在全球的金融实力与经济实力相匹配。

二、循序渐进

1. 规划合理区位布局

成熟的市场竞争激烈但监管健全，风险性小；新兴的市场空间大但不稳定，风险大。区域选择上，短期可考虑以亚太、拉美、中东、非洲等新兴市场为重点区域，逐步建立全球网络。欧美是中国贸易量最大的区域，拥有纽约、伦敦、法兰克福等国际经济金融中心，金融集聚的资源、信息和网络等体系成熟，适合作中长期开拓。需要注意的是，拉美和非洲等新兴市场经济发展快、潜力大、成长性好，对其投资会带来可观的发展机会，应在防范其政局动荡的政治经济风险基础上进行战略性培育，但投资和布局应谨慎。而对于中东地区的阿拉伯联合酋长国，中亚地区的哈萨克斯坦、蒙古等国家，其石油、矿产等能源资源十分丰富，应予以重点关注，应作为战略市场而加大力度布局。

2. 合适的发展方式

银行业国际化有自设机构、联合、代理、合资、参股及收购等多种方式。应考虑当地的市场特点及法律规定。初期可优先考虑联合、代理、合资及参股，中后期可采用自设网点或收购的直接进行经营管理。

3. 学习国际一流银行的海外管理模式

应区域管理与条线管理并存从而发挥不同的作用，条线管理可维护客户和拓展业务，区域管理在监管应对、集中管理等方面具有优势。两种模式应并存，但以某一种模式为主，都以市场化运作、集约化管理为原则，以服务客户、提高效益为目标。

4. 客户基础

中国银行业在海外常以中资企业为主要客户，在海外拓展的中资企业有强劲的金融需求，这些企业利用本国银行的资金出入与汇兑较为便利。因此，个人业务上可先锁定华人，再致力于本地化经营，以国际企业为努力方向，在全球市场占有份额，融入国际化的金融体系。

三、两个驱动

1. 市场驱动

金融机构走出去为已经走出去的中国企业和居民提供服务，只有国际化发展，才能满足这种跨境金融服务需求。要选好支持走出去的项目，定好信贷条件，耐着性子保持贷款的低速增长，银行业要继续遵循这些朴素的银行经营法则。要适应日趋激烈的金融市场竞争，随着利率市场化的推进，金融机构的准入进一步放松，将有更多金融机构进入中国市场，外资金融机构将加大对中国金融行业的渗透。可见即使在国门之内，中国金融机构也面临国际化竞争。机遇也很重要，金融危机使得国际金融机构资本势力削弱，如欧洲金融机构纷纷收缩业务范围，这是中国银行业走向欧洲的好机会。又如，东南亚、南亚、拉美的基础设施落后，融资需求大，中资银行具有突出竞争力。在支持国内大银行提升对内金融服务水平的基础上有序实施国际化战略，提升全球金融运作能力和国际化经营水平，适时引导保险、证券等金融机构到境外开展国际业务。坚持以我为主、积极审慎，适时引入高质量境外机构投资者参与境内金融机构的战略性重组。

2. 政府支持

政府要多提供帮助，为金融机构提供充分的海外信息，要求其他国家在金融方面对等开放，为金融机构走出去提供公平的国际环境。比如，美国和欧洲的很多银行在中国设立了分支机构和独立法人机构，但中国银行要到美国设立分支机构却面临各种障碍和不公平待遇，因此要发挥政府的作用，为企业和银行业走出去扫除政治障碍。政府的责任还在于要保护金融机构在海外的投资和利益。监管机构要适当放松管制，以便其减少交易成本。

四、重点突破

中国金融机构国际化要以人民币国际进程的加快化为契机，以人民币产品和银团贷款为手段，积极拓展当地客户。随着人民币区域化和国际化进程的加快，中国的商业银行应逐步提高本外币业务一体化的程度，大力开展人民币兑换业务、跨境贸易结算业务以及海外企业、居民人民币业务。在海外应首先考虑中资机构比较多、业务规模比较大的地区，加快人民币国际化的步伐，提升中资银行在当地的竞争力。在条件允许的情况下，积极探索当地人民币贷款和贸易融资等业务。要积极利用银团贷款方式，积极参与跨国公司的全球统一授信并服务当地大型跨国企业，逐步培育自己的企业客户群。积极拓展高端业务，创新中间业务，开展咨询顾问、基金托管、理财和衍生品交易等附加值较高的业务；在海外财务顾问、项目融资、资产管理和私人银行等高端业务领域中寻求重点突破。

五、风险管理

中国金融机构走出去要防范宏观风险。要加强对中国金融业“走出去”国别风险的动态管理。美国次贷危机后，全球经济复苏仍不平衡、不稳定，特别是欧洲主权债务危机以来，欧元汇率持续走低，市场信心不振、波动加大，危机所反映的深层次经济问题在短期内难以解决，对实体经济的不利影响逐步显现并向全球蔓延，中国金融机构面临的外部环境十分复杂。同时，由于有些“走出去”的金融机构对所在国经营环境和国别风险不了解，控制国别风险的能力不强，也会给国际化经营带来风险。各国都在加强金融监管，金融机构跨国经营将面临更为严格的标准和严峻的挑战。中国金融机构实施“走出去”战略必须研究建立国别风险的动态监测指标，完善监测机制，实现国别风险的动态管理。

中国金融机构走出去还必须防范经营风险、市场风险、法律风险以及交易风险和操作风险，要高度关注海外经营的风险和不确定性，加强风险防范，着力提高海外风险管理水平，加强海外机构风险管理的人才队伍建设，加强对海外机构人员的配备与选拔，优化海外资产结构，努力发挥现有海外机构和网点的作用，走质量和效益优先的可持续发展道路。具体说来要防范四大风险。

（1）投资前的决策风险。金融机构要充分利用自身的布局和信息优势，收集整理目标市场法律法规、制度政策、市场状况、社会环境、人文地理等方面的准确信息，对涉及投资目标市场的国别风险、法律风险、文化融合风险等进行全面的研判分析，摸清企业可能面临的风险因素并加以提示，帮助企业提高决策的科学性。

（2）投资过程中的交易风险。要利用自身掌握的各种信息和资源，帮助企业做好投资调查和资产评估服务，审慎研究和评估交易的可行性，设计稳定安全的交易结构和科学合理的融资方案。

（3）投资后的经营管理风险。要强化信息中介服务职能，帮助企业妥善应对目标市场的法律政策变化，有效解决资源整合、文化融合等方面遇到的问题，与“走出去”企业共同成长。还要积极引导“走出去”企业充分发掘和利用当地金融资源，不断强化外部约束，提升风险防控能力。

（4）银行业金融机构自身经营风险。要客观研判国际金融形势，科学制定银行“走出去”风险管理战略，审慎确定自身的风险偏好。要认真研究目标地的产业和行业政策导向，充分评估银行自身可能面临的风险因素并做好预案，严守风险底线。要坚持审慎支持，风险防范，持续监管，远离高杠杆率衍生产品和过度创新业务。

第十二章　对外金融资产结构

中国虽然呈现对外金融净资产，但是分析资产负债结构，却发现资产与负债较为失衡，尤其是对外资产收益率过低，而融资成本过高，对外金融资产的风险较大。因此，应尽快调整和优化对外金融机构，提高对外投资的收益率，从而降低对外金融资产的风险，保障中国对外金融资产的安全。

第一节　现状分析

中国对外资产的规模和速度都呈现较快增长，分析国际投资头寸表可以对外金融资产负债不尽合理之处予以分析和论证，才能发现其根源和问题所在。

一、对外金融资产结构的特点

根据国际投资头寸表，可以了解中国对外金融资产结构。对外金融资产包括对外直接投资、证券投资、其他投资和储备资产四部分，负债则分为外国来华直接投资、证券投资、其他投资三部分。净头寸是指对外资产减去对外负债。[①]

中国对外金融资产的显著特点是规模持续扩大。根据国家外汇管理局公布的中国国际投资头寸表（简称 IIP 表），2012 年末，中国对外金融资产为 51749 亿美元，对外金融负债为 34385 亿美元，分别较 2011 年末增长了 9%和 13%，增速分别回落了 6%和 12%。对外金融净资产为 17364 亿美元，增长了 3%（见表 12–1）。经过 30 多年的改革开放，中国已经发展成为一个对外金融资产大国，截

① 根据国际货币基金组织的标准，国际投资头寸表的项目按资产和负债设置。国际投资头寸表综合反映了中国对外金融财富的状况，也反映出中国所有对外经济活动作用的结果。在中国国际投资头寸表中，资产方以美国和欧元区的国债和机构债为主，主要是以美元或者欧元计价资产且收益率较低；负债方以国外在华直接投资为主，以人民币计价，而且负债成本较高。

至2012年底，中国已经位居世界第二大债权国，对外净资产1.74万亿美元；日本连续22年位居世界最大债权国，对外净资产2.91万亿美元；德国位居世界第三大债权国，对外净资产1.47万亿美元。

表12–1 中国国际投资头寸

单位：亿美元

项　目	1994年	2011年	2012年
净资产	2764	16884	17364
A.资产	9291	47345	51749
1. 我国对外直接投资	527	4248	5028
2. 证券投资	920	2044	2406
2.1 股本证券		864	1298
2.2 债务证券		1180	1108
3. 其他投资	1658	8495	10437
3.1 贸易信贷		2769	3387
3.2 贷款		2232	2778
3.3 货币和存款		2942	3816
3.4 其他资产		552	457
4. 储备资产	6189	32558	33879
4.1 货币黄金		530	567
4.2 特别提款权		119	114
4.3 在基金组织中的储备头寸		98	82
4.4 外汇		31811	33116
B. 负债		30461	34385
1. 外国来华直接投资		19069	21596
2. 证券投资		2485	3364
2.1 股本证券		2114	2622
2.2 债务证券		371	742
3. 其他投资		8907	9426
3.1 贸易信贷		2492	2915

资料来源：国家外汇储备局。

近年来中国对外资产规模增速加快，2004年末中国的对外金融资产余额为9291亿美元，到2012年末的8年间，余额扩大了5.5倍。2004年末对外金融净资产为2764亿美元，到2012年末规模扩大了6.2倍。

中国对外金融资产结构持续优化，2012年末中国对外直接投资5028亿美元，证券投资2406亿美元，其他投资10437亿美元，储备资产33879亿美元，分别占对外金融资产的10%、5%、20%和65%。储备资产占比下降至2008年以来的低点，在 2012 年新增对外金融资产中，储备资产贡献下降至 30%，远低于 2004 年以来 65%的年均贡献水平，显示出中国对外投资正向多元化转变，对外金融资产结构有所优化。

在中国的对外直接投资、证券投资、其他投资（如在国外的存款）和储备资产四类金融资产中，前三类资产一般为国内的家庭和企业持有，储备资产由中国人民银行持有。2004 年末到 2012 年末，中国在国外的直接投资由 527 亿美元上升到 5028 亿美元，增加近 5000 亿美元；证券投资由 920 亿美元上升到 2406 亿美元，增加了 1486 亿美元；其他投资由 1658 亿美元上升到 10437 亿美元，增加了 8779 亿美元；储备资产由 6189 亿美元上升到 33879 亿美元，增加了 27690 亿美元。显然，四类对外资产中，储备资产增长最快，显示央行“主动”持有对外金融资产。

二、中国对外金融负债结构

1. 资产结构

中国对外投资和其他投资占对外金融资产的比重逐步上升，对外直接投资占比从 2008 年的 6%上升至 2012 年的 10%，其他投资占比从 2009 年的 14%上升至 2012 年的 20%（见图 12-1）。这表明金融危机后，中国企业积极“走出去”，加快了对外投资扩张，其利用全球优势资源的能力和国际竞争力都有所提高。

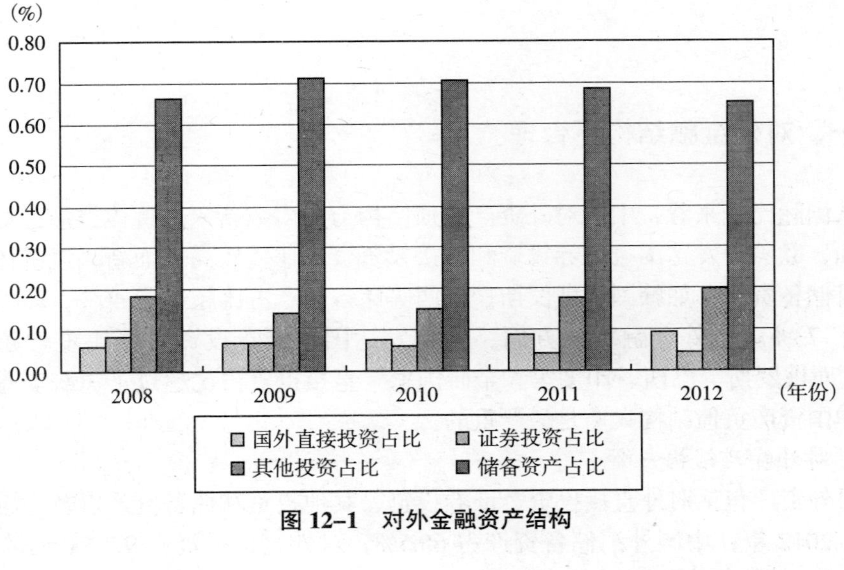

图 12-1　对外金融资产结构

2. 负债结构

2012 年末，外国来华直接投资、证券投资、其他投资分别占对外金融负债的 63%、10%和 27%。外商对华投资是中国对外负债的主体，表明外资对中国经济潜力仍然看好。对中国来说，外国来华直接投资是一种较安全的融资方式，稳定性良好，很少受偶然事件影响，在大多数发展中国家，外国直接投资已经取代了外国官方援助、私人债务和证券投资，成为最主要的外部资金来源。中国对外负债自 2009 年以后增速较快，超过了对外金融资产增速，但没有构成风险，是因为目前中国对外金融资产和负债相抵后还有 1.7 万亿美元的净资产。负债结构中，2012 年外国直接投资（FDI）占对外金融负债的 63%，投资期限较长，说明获取外国资源服务本国经济的能力不断增强，较稳定，风险可控。

中国对外金融资产负债增长较快，是由于外商投资享有各种优惠政策，其以直接投资形式流入较多，融资成本较高。其以证券投资形式流入较少，所以中国资本市场的广度和深度有待完善。中国对资本项目管理开始转向鼓励资金有序流出和防止投机性资金流入以促进国际收支基本平衡。例如，在直接投资领域，改革境外投资外汇管理，支持国内企业“走出去”；在外债领域，统一中外资银行外债管理，严格外资企业外债结汇；在证券投资领域，允许境外证券投资；在资本转移领域，允许个人资本转移等。

第二节　存在的问题

一、对外金融结构不合理

从国际比较来看，中国对外资产负债结构与大多数新兴经济体类似。对外资产方面，欧美等发达国家证券投资和直接投资资产比重较高，而新兴经济体则更多持有储备资产，如韩国、俄罗斯、巴西等储备资产占比超过了 40%，印度甚至达到了 73%。对外金融负债方面，主要发达国家证券投资负债比重均超过了 50%，而俄罗斯、巴西、印度等“金砖国家”直接投资占比超过了 30%。总的来看，中国资产负债结构失衡是最严重的。

1. 对外资产结构失衡

对外资产包括对外直接投资、证券投资、其他投资和储备资产以及金融衍生品等。2012 年，中国外汇储备资产占 65.5%，对外直接投资占 9.7%，证券投资占 4.7%，其他投资占 20.1%。截至 2013 年 2 月末，中国外汇储备达 3.44 万亿元，其中美国国债达1.22万亿元，占35%。中国对外资产以外汇储备资产为主，并通过外汇储备对外投资，其收益主要来自债权。[①] 但数据显示，中国储备资产收益率为3%~4%，购买美国国债的回报率仅为1%~2%，如果美元贬值可能还会遭受资本损失。笔者认为中国是在用巨额的外汇储备购买美国及西方其他国家低效益的资产，[②] 中国一方面拥有巨额外汇储备资产，另一方面又引进大量外资来华直接投资，投资收益严重不均衡，对外资产结构被严重"扭曲"。

2. 对外负债结构失衡

对外金融负债包括来华直接投资、证券投资、其他投资和金融衍生品等。2012年末，对外金融负债34385亿美元，较2011年末增长13%，增速回落12个百分点，其中外国来华直接投资、证券投资、其他投资分别占对外金融负债的63%、10%和27%，与2011年持平。负债结构中仍以外国来华直接投资为主，占比一直在六成以上（见图12-2），虽然有利于降低短期跨境资本流动冲击和促进实体经济发展，但是也意味着中国整体利用外资成本较高，导致对外资产负债出现收益逆差。资料显示，外国直接投资在中国的收益平均在15%~20%。[③] 也就是说，中国以高利贷向美国借钱，反过来又以极低的利率借给美国。这里且按外国直接投资收益的低值计算，3万多亿美元的储备资产年收益为1000多亿美元，1.52万亿美元的外国直接投资年收益为3000多亿美元，相差近3倍。这就是说中国对外资产负债运营的结果是每年要对外支付2000多亿美元的投资收益差额，凸显出"负债高成本、资产低收益"的严重失衡局面。[④] 中国对外净资产收益主要

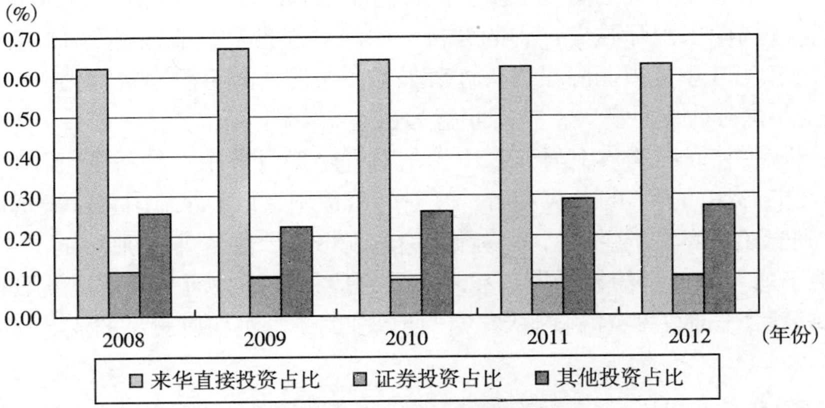

图12-2 对外金融负债结构

① 在资产持有者看来，中国对外净资产为正值，这已经是一个不小的成就。
② 中国社会科学院学部委员余永定2011年9月在该院金融论坛上表示，"咱们是做赔本买卖"。
③ 据世界银行2006年一项调查，外商在华投资赢利率高达22%，是全球投资回报率最高的地区。
④ 张茉楠. 警惕对外资产负债表中长期风险. 每经网-每日经济新闻，2012-07-31. http://www.chinadaily.com.cn/hqcj/zgjj/2012-07-31/content_6589219.html.

来自巨额外汇储备，中国企业和私人部门对外呈净负债，而且主要是外国直接投资企业的净负债。

二、对外资产负债收益不对称

从上述分析看出，中国对外金融资产和对外负债收益极不对称，国际头寸表中对外金融资产远远大于对外负债，但对外金融资产收益率却远远小于对外负债收益率，中国已经陷入了“斯蒂格利茨怪圈”。这个怪圈描述的是，亚洲国家将本国企业的贸易盈余转变成官方外汇储备，并通过购买收益率很低的美国国债投资到美国资本市场；美国在贸易逆差的情况下大规模接受这些“亚洲美元”，然后又以证券组合投资、对冲基金等形式将这些亚洲美元投资在以亚洲为代表的高成长新兴市场获取高额回报。也就是说，亚洲国家资金流入美国获得低收益，美国资金流入亚洲国家获得高收益，这是亚洲国家和美国双方投资收益的不对称现象。这是一种失衡的国际资本循环方式，反映出全球金融分工体系严重失衡的情况。这种描述与现今中国对外资产负债收益情况极为吻合，2011 年中国对外资产为 4.72 万亿美元，对外负债为 2.94 万亿美元，外净资产高达 1.77 万亿美元，但 2011 年中国的对外投资净收益却为–268 亿美元（张茉楠，2012）。通过对比其他国家，中国 2005~2011 年的投资收益率一直都远低于投资成本，巴西也是如此，但是日本和美国则是投资收益远高于投资成本，其他发达国家，如德国、英国虽不及日本和美国，但投资收益明显是高于投资成本的（见图 12–3）。按照国家外汇管理局中国国际收支报告的分析，中国对外投资收益差额 2012 年仍然为负。2012 年第 3 季度末国际投资头寸表显示，中国对外金融净资产为 1.8 万亿美元，而全年国际收支平衡表上投资收益为逆差 574 亿美元。[①]

从国际头寸表的构成上看，在中国的对外金融资产中，储备资产比重过高，多年来几乎占到总资产的七成左右。在对外负债中，FDI 即外国直接投资比重过高，占到总负债的六成左右，这就是中国对外资产负债非常独特的“7：6 结构”。由于前者主要是债权投资，后者主要是股权投资，而一般情况下股权投资的收益率要大于债权投资的收益率。[②] 长期以来，中国都在以较高的成本从发达国

① 在《国际收支平衡报告》中也分析了原因，认为不能简单把收益项目顺差或逆差与对外投资是损失还是盈利挂钩。一是收益项目既包含中国对外投资的收益，也包含外方在中国投资获得的收益，差额由二者相减得到。外方在华投资赚钱并不等同于中国对外投资亏钱。二是利用外资，我们付出了成本（来华投资收益），但也融通了资金，支持了国内经济建设，创造了就业和税收，引进了技术，开拓了市场。中国对外开放总体上是成绩大于问题，社会效益和经济收益远大于财务成本。三是外方在中国投资的收益中，相当一部分是外方股东的已分配未汇出利润和未分配利润，并没有实际的资金流出。在编制平衡表时，按照权责发生制原则，同时记录为收益的流出和直接投资的流入。扣除这部分，中国收益项目实际仍是净收入。

② 张斌，王勋，华秀萍. 中国外汇储备的名义与真实收益率［J］. 经济研究，2010（10）.

家引进其过剩资本，然后又以购买美国国债和其他证券等低收益资产把借来的资本倒流回去，这种尴尬的国际资金循环每年夺取了中国几千亿美元的财富。更有分析指出，中国债权国地位是防御性的"官方债权国"（对外投资以储备资产为主要形式），而不是主动性的"私人债权国"（对外投资以直接投资为主体），这是中国陷入"斯蒂格利茨怪圈"的重要原因。还有各级政府为吸引外资用尽了优惠政策，为美国等国外投资者提供了巨额回报。然而，笔者认为用耗费了大量人力、物力和资源代价生产的低廉产品换回的外汇，投资于美国收益低廉的国债，这种高借低买、收益倒挂的投资教训是沉痛的，但是更令人沉痛的是，至今我们仍然没有吸取教训，错误还在继续，"怪圈"还在循环。

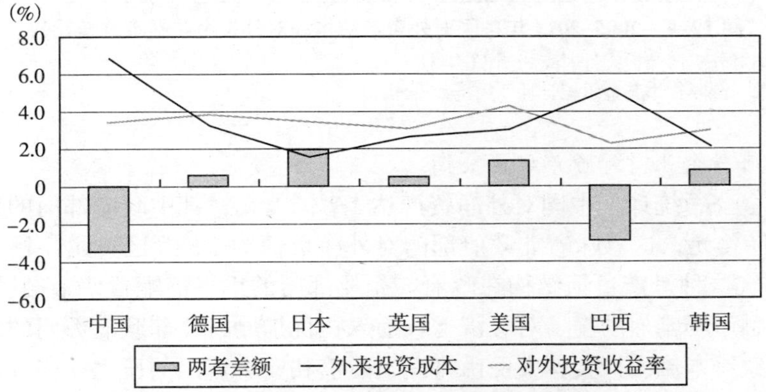

图 12-3　2005~2011 年中国与部分国家投资收益率均值比较

数据来源：国际货币基金组织。

如果说中国投资收益差额为负的原因不在于对外投资回报太低，而是利用外资成本较高，这仍反映了中国对外金融资产负债状况的结构性差异。[①] 通过国际比较，2005~2011 年中国对外投资收益率均值为 3.3%；美国这一比率为 4.3%，德国和日本分别为 3.8%和 3.4%，而英国、"金砖国家"的巴西以及韩国均低于中国，分别为 3.0%、2.3%和 2.9%（见图 12-4）。2005~2011 年中国外来投资收益率（吸收外来投资的成本支出）均值为 6.9%；美国这一比率为 3.1%，德国为 3.3%，日本为 1.5%，英国为 2.6%。这可以明显看出，中国吸收外来投资的成本较高，中国利用外来资金的六成以上是外来直接投资，这类股权投资属于长期、稳定的投资，流动性较差，因此回报高。[②]

① 贺力平，林娟. 论外汇投资中的估值效应及其经济影响 [J]. 金融评论，2011（6）.

② 对外投资收益率 = 当年平衡表中投资收益贷方/上年末和当年末国际投资头寸表中对外总资产余额的平均值。

外来投资收益率 = 当年平衡表中投资收益借方/上年末和当年末国际投资头寸表中对外总负债余额的平均值。

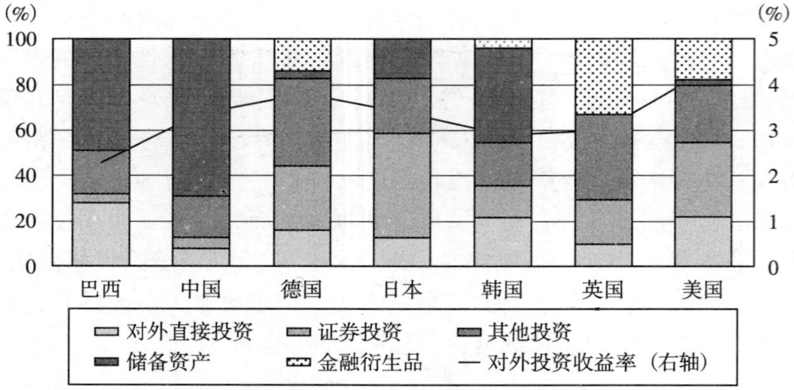

图 12–4　2005~2011 年各国对外资产结构和对外投资收益率均值比较

注：各国对外资产结构统计时点为 2011 年末。

数据来源：国际货币基金组织，环亚经济数据库。

1. 政府与企业对外资产配置失衡

据中金公司统计，中国对外净资产达 1.7 亿美元，其中政府部门的外汇储备为 3.2 万亿美元，这意味着非政府部门对外净负债约 1.5 万亿美元，相当于 GDP 的近 20%。这种资产负债结构在政府与企业部门的不平衡配置使金融风险较大，当国际金融市场剧烈动荡、对经济增长前景担忧加剧时，非政府部门的资产重新配置将导致资本流出扩大，人民币将面临贬值和资本流出的压力。当人民币强劲升值时，用美元支付款项的中国进口企业倾向从银行借入而不是买入美元。这样，既能赚取较高的人民币存款利息，还能从人民币对美元汇率的升值中获益。过去几年中由于人民币升值的强烈预期，加上跨境贸易人民币结算的推广，企业和银行已经积累了相当规模的美元“超卖”头寸。根据过去两年人民币净流出以及外债增长的趋势判断，美元“超卖”头寸多达几千亿美元。2011 年末，随着欧洲主权债务危机的蔓延，海外金融形势动荡，曾出现过发达国家 FDI 从中国撤资，并调拨资金回救母国企业的情况。2011 年 10 月开始，中国长期保持月均 3000 亿元左右的外汇占款，连续 3 个月分别出现了–248 亿元、–279 亿元、–1003 亿元的减少，与此同时，结售汇顺差、外汇储备增速也出现了快速下降。随着美元升值以及人民币升值预期的减弱甚至反转，越来越少的公司来向银行借美元部分美元卖空头寸开始平仓，这些企业对美元的需求量加大，开始囤积美元而抛售人民币。2012 年中以来，商业银行机构的外汇存款开始呈现大幅增长，从年初的 2898.76 亿美元增长到 8 月的 4150.66 亿美元的高点，仅 8 个月就增长了 1252 亿美元，高于从 2004 年到 2011 年末 7 年增长总量的 1221 亿美元。迄今为止，外国投资者已经积累了大量的未分配利润。尽管近期人民币升值压力较大，但从中长期看，人民币资产回报率预期已经显著下降，如果外围环境或国内经济形势逆转，人民币资产就会被转换为外汇资产，出现人民币贬值的压力。一旦形成贬值预期，非政府部门会增加美元减少人民币资产，在国内资产配置上则表现为增加货币资产，减少风险资产配置，因此流动性需求上升，这也给货币政策的操作带来了更大难度。政府与企业对外资产配置失衡的最终结果就是带来人民币币值波动性和货币调控失灵的风险，引发金融动荡。①

2. 汇率升值使内资企业受损，外资企业获利

中国对外资产即对外投资是以美元计价的，但对外负债即接受外来投资则是以人民币计价的。从 2005 年汇率改革以来，中国人民币兑美元升值了 22.2%。美元几次主动大幅贬值，每次贬值都会使人民币缩水，而人民币每次缩水都给中国利用外资企业造成了很大的汇率损失。美国通过美元贬值可获得两方面的利益：一方面稀释了对中国的债务，大大地减轻了债务负担；另一方面美国在华企业通过升值的人民币兑换美元，又增加了在中国的投资收益，改善了企业的外汇财务收入。相比日本，其对外资产巨大，但相对安全。2010 年末，日本政府、企业、小投资者持有海外资产约 6.88 万亿美元，包括直接投资、证券投资、金融衍生品、外汇储蓄及其他投资等。日本持续 20 年位居世界第一大债权国，并不担忧海外资产安全，海外资产结构合理，日元也是国际货币，可采办中国想买却买不到的美国企业和其他资产。笔者认为即使在动荡地域，有美国这个盟友，日本的海外资产安全系数也远高于中国。中国海外金融资产安全面临着国际金融动荡、储备货币币值波动以及投资目的地国政局不确定等巨大风险，如何有效地保护这些由数以千万计产业工人创造的巨额财富的安全，是中国金融决策层面临的重大问题。我们应借鉴日本的经验，千方百计地保证中国对外资产的安全。

第三节 政策建议

一、调整对外金融资产负债结构，促进企业“走出去”

第一，改变外汇投资结构，减少国家外汇储备，增加对外直接投资、证券投资和其他投资，建立起多元化的外汇投资渠道，调整对外金融资产配置结构，解

① 外管局则认为，银行体系将吸收的大部分外汇存款转向对外贷款、投资和拆借，反映为银行境外资产增加，并没有离开国内金融体系，只是资金在公司部门与银行部门之间的转移，相当于“藏汇于民”，不代表资本外流，外储存量虽然巨大，但对外资产的持有重心已经开始从官方向民间转移。

决外汇储备占比过大的问题；压缩低效益投资，减少对美国国债的投资，提高外汇投资效益；支持企业和民间对外直接投资，培育市场力量，用市场自身动力来分散中国外汇储备增长。为规避中国式对外资产负债的结构性风险，必须积极调整对外资产配置结构，降低储备资产的比重，逐步调整由政府主导持有对外资产的格局。

第二，减少政府的投资比重，增加企业和个人投资的比重。在发达国家对外资产中，官方所占比重应小于私人和企业，而中国则相反，政府和金融机构占77%，企业和私人只占23%。企业和私人的资产配置失衡带来了一个长期问题，即由于企业和私人的债务风险过于集中，企业和私人大量的对外负债并没有相应的对外资产相匹配，资产负债表依然脆弱，并没有脱离传统意义上的外债风险。中国要规避对外资产的结构性风险，就必须调整对外资产结构，降低国家投资的比重，增加企业和私人对外投资的比重，促使企业和私人持有对外资产从净负债状态转变为基本平衡的状态。应该以扩大居民个人用汇自主权为着力点，进一步放松个人资本项目跨境交易，如允许境内居民个人进行境外投资，包括境外实业投资和证券投资等。实现企业和个人对外净资产再平衡有两种方式：一是企业和个人通过贸易顺差方式积累对外净资产；二是央行将外汇资产卖给企业和个人。同时，继续推进企业“走出去”战略，加大海外直接投资，推动金融国际化，从根本上改变政府与企业投资失衡的状态。

第三，减少债权投资，增加股权投资。中国尽管是全球第二大债权国，但在2004~2006年以及2010~2011年，中国对外资产收益均呈现负收益。未来债台高筑的发达国家将普遍以债务货币化稀释政府债务，如果中国以“债权投资”为主的对外资产结构不改变，对外资产负收益的情况可能会进一步恶化。因此，中国必须尽快改变以债权为主的对外投资格局，改变对外直接投资比例过低的现状，企业要积极拓展多元化的海外市场，实施跨国投资和跨国并购，提高投资效益。同时，加快资本项目改革、外储管理体制改革，加快资本走出去的步伐，彻底改变中国对外资产负债表严重失衡的现状。

第四，改变对外负债结构，进一步开放资本市场。目前中国对外负债以来华直接投资为主，而且对外负债绝大多数集中在企业，约占81%，政府和金融机构只占19%。这意味着尽管国家整体上对外净资产为正，但企业对外净负债却为负，净负债规模接近1.6万亿美元。[①] 中国要着力要改变对外负债结构，目前中国对外负债主要是FDI负债，美国和德国货币国际化的经验表明，人民币国际化和资本项目开放将有助于利用本币债券市场吸引外资，改善对外负债的结构，通过

① 丁志杰. 进一步优化对外资产负债结构，2013-05-03.http：//www.chinareviewnews.com.

降低 FDI 占总负债的比重来降低融资成本。因此，要进一步开放资本市场，为外资来华投资开辟多种渠道，使外商投资多样化，以此来分散外商的直接投资。同时取消外商的超国民待遇，使外资在华的投资盈利调整到适当水平，减少和避免中国对外投资的收益逆差，提高中国的对外投资效益。

二、建立各种海外投资发展基金

政府和企业应共同组织和建立多个专门用于支持和鼓励企业对外投资行为的海外投资发展基金。基金可以分行业或分区域设立，重点扶持符合国家新兴产业的企业，贴近市场，为企业走出去服务。

建立起更加市场化、多层次、多元化的对外投资渠道，支持中国有竞争力的企业“走出去”。通过对外直接投资新建企业的方式促进产业化转移，加速国内产业结构优化升级，支持经济均衡和可持续发展。此外，还要鼓励和支持民营企业走出去，拓宽对外投资渠道。

三、用好外汇储备，提高对外投资效益

第一，国家外汇储备以能保证流动性为度。目前中国外汇储备已经达到 3.44 万亿美元，远远超出了国家正常的外汇储备要求。[①] 因此政府要改变理财思路，把这笔巨额的低效益资产变换出去，将低效益资产变为高效益资产，将账面财富变为物质财富，发挥世界货币应有的效能，以增强中国的经济实力和对世界的影响力。

笔者认为中国外汇储备资产不断增长的原因可能是想要通过购买美国国债等对外金融资产，减轻美国政府对人民币升值的压力，稳定人民币汇率，“以汇率调整时间的延长，换取经济结构调整的空间”。但过度干预外汇市场的结果是人民币外汇占款不断增大，货币不断超发，造成了严重的通货膨胀，整个经济被外汇储备增长所“绑架”。笔者认为如果评估人民币升值与通货膨胀对经济的伤害和影响，恐怕通货膨胀比人民币汇率升值还要大，调控的结果是得不偿失。因此，在人民币升值预期趋于稳定、人民币升值主趋势结束后，央行应重新评估人民币升值和货币超发的利害得失，对外汇市场由过度干预改为适度干预，重新调整对宏观经济调控的方式。

---

① 从中国保证外汇流动性来看，外汇储备有 1 万亿美元就足够了，而现在却多出了 2.44 万亿美元，这些美元都换成人民币占款，作为基础货币向社会发行，结果造成货币超发，通货膨胀，最终把财富变成了包袱。

第二，利用国际市场实现安全、高效的投资。中国应建立一个专门从事外汇投资的金融服务体系，不仅是一个中国投资公司，而是一个庞大的体系，形成遍及世界的网络，配合人民币国际化和企业“走出去”战略，让中国的外汇储备走向全球市场。中国外汇储备投资的基本原则是安全和高效，投资方向是全球范围内的企业股权、债权、票据、政府债券等，购买大宗商品和战略物资，国家要组织外汇投资的专门人才，开拓外汇储备管理和使用的新思路。

第三，国家可以考虑把外汇储备借给金融机构，由金融机构按照国家确定的投资方向自主运营，还可考虑采用储备注资、委托贷款、货币互存、外储借款或定向债等多种委托投资方式，拓宽“走出去”企业的融资渠道。给予银行并购贷款、搭桥贷款等外汇支持，建立和完善对外投资的信用担保、保险等风险保障制度，也可考虑开放离岸的企业债券市场，允许海外公司来大陆发行美元债券。

四、推进人民币国际化进程，扩大人民币计价范围

改革是联动的，中国应进一步推动人民币国际化进程，扩大跨境人民币结算范围，扩大人民币在跨境投融资中的作用，稳步推进人民币资本项下可兑换，以化解企业“走出去”的汇率风险。

中国需要改善对外资产的币种结构，美国、德国和日本的经验表明，为了规避汇率风险，中国应提高用人民币计价的对外资产和负债的比重，应鼓励对外发行更多以人民币计价的证券，避免过度依赖美元计价的对外资产，降低美元贬值带来对外资产损失的可能性。

第十三章 人民币国际化：走向国际储备货币

人民币国际化是指人民币能够跨境流通，成为国际上普遍认可的计价、结算及储备货币的过程。国际储备货币是指一国政府持有的可直接用于国际支付的国际通用的货币资金，是政府为维持本国货币汇率能随时动用的或干预外汇市场的一部分国际清偿能力。人民币国际化的目标就是成为国际储备货币。2008 年金融危机以来，美元持续贬值，美、欧、日面临高通货膨胀、高负债、资产贬值等问题，动摇了各国投资者的信心，客观上带来了改革国际货币体系的要求，也形成了对人民币国际化的市场要求。目前，人民币国际化在计价和结算方面成效显著，但走向国际储备货币的路程仍然漫长。

第一节 中国跨境人民币流出、流入情况

一、跨境人民币收付快速增长

2012 年，中国香港、中国澳门、中国台湾、新加坡、英国等国家和地区境外人民币市场不断壮大。据不完全统计，截至 2012 年底，海外人民币资产市场规模约为 1.2 万亿元，其中香港地区约占 80%。香港地区金融管理局统计显示，香港地区人民币资产涵盖客户存款、点心债、存款证、信托、基金、商业票据等。截至 2012 年末，香港地区人民币客户存款和存款证余额为 7203 亿元，较 2011 年末上升 9%；点心债余额为 2372 亿元，较 2011 年末上升 62%。

根据国际收支统计，在人民币汇率预期双向波动的情况下，2012 年中国跨境人民币收付总额增长约 1 倍，占整体跨境资金流动规模的 12%，较 2011 年上升 5 个百分点（见图 13–1）。其中，流入占整体跨境资金流入的 11%，增加了 6 个百分点；流出占 12%，增加了 4 个百分点。跨境人民币流出入趋于平衡。2009

年 10 月至 2011 年 8 月，在相关政策推动下，跨境人民币快速走出国门，跨境人民币净流出出现“井喷”，月均跨境人民币流入与流出之比为 1∶2.6。2011 年 9 月至 12 月，欧美主权债务危机不断发酵，国际避险情绪高涨，投资者倾向于获得风险相对较低的美元等资产，跨境人民币转为净流入，月均跨境人民币流入与流出的比为 1.4∶1。2012 年各月，随着人民币回流渠道拓宽和市场环境的变化，跨境人民币净流入与净流出交替出现，月均跨境人民币流入与流出的比为 0.99∶1，略有净流出。

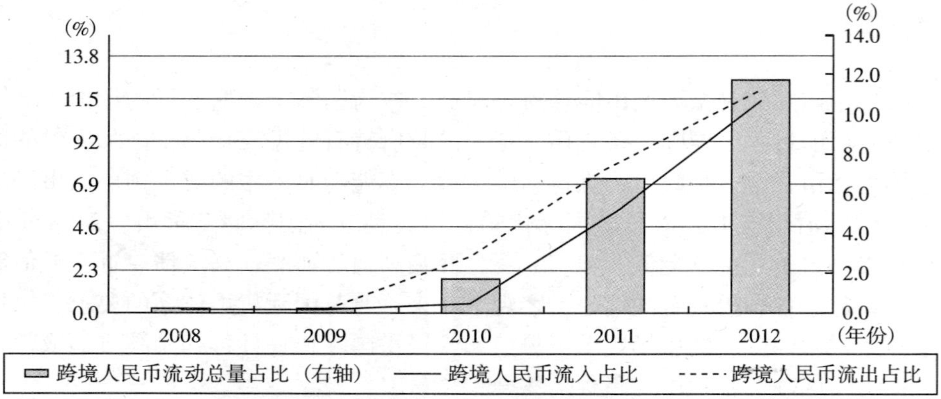

图 13-1　2008 年以来跨境人民币流动与整体跨境资金流动之比

二、跨境人民币从经常项目流出而由资本和金融项目流入

2010 年和 2011 年，货物贸易项下跨境人民币流出“井喷”，但跨境人民币投资渠道缺乏，资本和金融项下资金回流有限，主要通过跨境人民币业务清算行和代理行转存境内。跨境人民币流动是指境内机构（银行除外）和个人通过中国境内银行与境内外非居民发生的涉外人民币收付。它按照收付实现制原则统计，不包括银行等金融机构自身的对外收支、损益变动以及无跨境资金收付的交易活动。2012 年下半年以来，随着政策放开以及市场条件变化，经常项目净流出回落，资本和金融项目净流入上升。2012 年，经常项目以及资本和金融项目净流出（入）规模均在 400 亿美元以上，二者相抵后跨境人民币流出入达到基本平衡（见图 13-2）。2012 年全年跨境人民币业务出现较大波动。2012 年前 7 个月，经常项目月均净流出 53 亿美元，8 月缩减至 12 亿美元，9~10 月出现短暂净流入 35 亿美元，10~12 月转为净流出 103 亿美元，货物贸易净流出基本决定了上述走势。上半年资本和金融项目月均净流入 46 亿美元，其中 6 月净流入 83 亿美元，达到历史最高点。第三季度月均净流入下滑至 34 亿美元，第四季度月均净流入仅 19 亿美元，其中 10 月小额净流出 3 亿美元（见图 13-2）。贷款类负债的波动

对该变化的贡献最为显著。人民币汇率预期波动以及境内外利差、汇差变化，改变了境内主体以人民币进行的贸易收付及对外借贷行为。境外人民币资产市场趋于多样化。

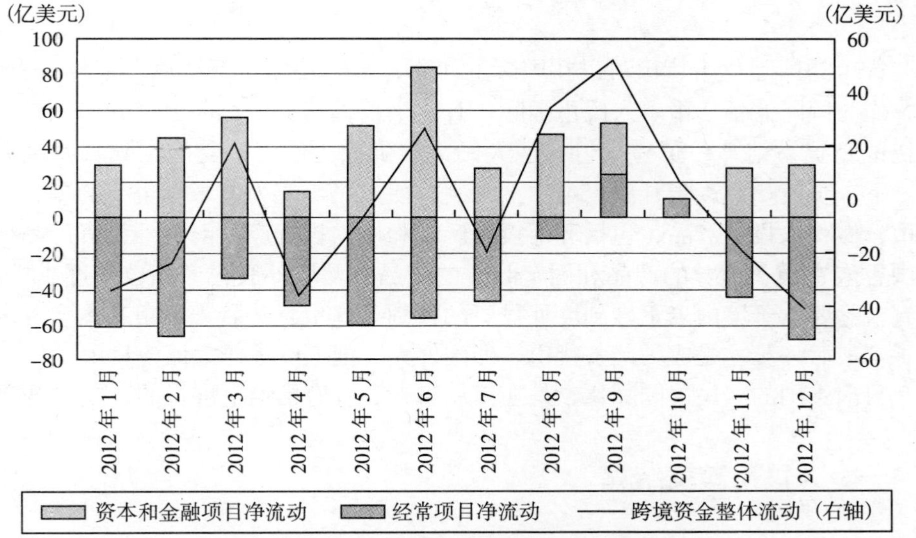

图 13-2 2012 年月度跨境人民币净流动情况

三、人民币跨境业务对于交易双方是一个互利的交易

首先使用人民币跨境结算能够降低中国的外汇风险。使用本国货币交易，中资企业可防止汇率波动的外汇风险，而海外交易方也能从更稳定的定价中获得优惠。其次，使用人民币跨境结算业务，企业在离岸市场获得的人民币利率比在在岸市场获得的人民币利率更有利，交易双方都能节省成本。再者，海外公司将用人民币作为贸易结算货币当作一种与交易方协商的方式，加强了双方的合作关系。使用人民币作为利润以及成本的主导货币时，中国企业能够更高效地运作，贸易更顺畅。使用人民币进行运营和结算业务并不比使用其他货币进行同类业务繁琐，利益显著，且不增加额外成本，事实上，根据汇丰银行 2013 年对于人民币客户的调查，91%的受访客户表示使用人民币带来的经济利益达到了预期，100%的受访客户认为人民币业务的实施过程与其期望的一样简单快捷。[①]

① 胡金华. 人民币国际化益处多. http：//www.financialnews.com.cn/wh/gd_113/201308/t20130820_39313.html（2013-8-23）.

第二节　人民币的结算和计价功能初步发挥

货币的国际化指货币可以在国际上使用，基本功能包括结算、定价、支付，以及作为国际储备货币。人民币国际化有一个长远路径，目前已经开始做并发展很快的是贸易结算、贸易支付，使人民币逐步成为广为接受的国际贸易结算货币。下一步就是要逐步开放资本项下管制，使人民币成为越来越重要的国际投资货币，做一些投资产品，包括境外投资产品和境内投资产品。境外投资产品现在中国香港在做，债券的产品和固定收益的产品以及境外股权产品也在逐步推出。还有就是要给予境内老百姓到境外投资的权利，这也意味着人民币基本实现可兑换了。最后一步才是成为储备货币，即国外央行把人民币作为储备货币。

目前中国的人民币国际化，是在市场需求和政府推动下进行的，成效显著。

一、人民币跨境结算

人民币目前是全球排名第 14 的支付货币，市场占有率为 0.56%。考虑到中国占全球贸易的 10%，人民币在国际上的使用率明显过低。如果人民币长期下来要成为一个真正的国际化货币，一个重要的前提是被其他国家接受为贸易结算货币。中国 2009 年开始跨境结算试点，2010 年人民币跨境结算扩展到整个经常项目，2011 年的跨境贸易结算额达到 2.08 万亿元。2011 年人民币跨境结算在资本项下也有突破，至 2011 年底，有 51 家境外机构进入银行间债券市场投资，人民币对外直接投资（RODI）累计 201.5 亿元（占中国 ODI 的 5.3%），人民币外商直接投资（RFDI）为 907 亿元（占中国 FDI 的 13%），尤其是 2012 年世界银行签署了两份投资中国银行间债券市场的代理投资协议，说明人民币具备了国际储备货币的价值。人民币跨境结算增长迅猛，到 2012 年末，全年跨境贸易人民币结算业务累计为 2.94 万亿元，较 2011 年增长了 41.3%，将近 2009 年试点初期 36 亿元的 817 倍。汇丰银行 2013 年针对全球七大市场调查显示，中国市场和其他六大市场具有相同的趋势：第一，已经在跨境业务中使用人民币的受访企业中，有超过一半的中国市场企业和 73%的全球市场企业表示未来将在相关业务中增加对人民币的使用；第二，在目前尚未使用人民币跨境结算业务的受访者中，有 36%的中国企业、46%的中国香港企业、31%的新加坡企业和 31%的英国企业在未来 5 年内使用人民币。其中，36%的中国香港企业、33%的中国企业以及 20%的新加坡企业在未来 3 年内有开始使用人民币进行跨境结算业务的倾向。汇丰银行预计，2015 年人民币将跻身全球三大跨境贸易结算货币之列，“以人民币结算的贸易额将有望占中国对外贸易总额的 1/3”。除中国之外，包括中国香港、美国、新加坡、澳大利亚、德国、英国等地在贸易、投资等领域逐步扩大人民币使用规模和频率，潜力巨大。人民币跨境贸易使用率仍有进一步发展空间，其中英国和新加坡市场只有 11%、美国市场和德国市场为 9%、澳大利亚甚至只有 7%。相比较而言，中国内地市场跨境人民币使用程度已经占到了 30%，香港地区的使用程度更是高达 50%。[①]

二、人民币计价及储备

中国与韩国、马来西亚、白俄罗斯、印度尼西亚、阿根廷、冰岛、新加坡、新西兰、蒙古、哈萨克斯坦等 20 多个国家和地区签署了本币互换协议。货币互换协议是指互换双方可在必要时，在一定规模内，以本国货币为抵押换取等额对方货币，向两地商业银行设于另一方的分支机构提供短期流动性支持。通过货币互换，将得到的对方货币注入本国金融体系，使得本国商业机构可以借到对方的货币，用于支付从对方进口的商品。这样，在双边贸易中，出口企业可以收到本币计值的货款，可以有效规避汇率风险、降低汇兑费用。中国与 20 个国家的本币互换金额达 2.12 万亿元，促使人们在双边贸易和投资中更多地使用本国货币计价。人民币于 2012 年 6 月与日元直接兑换，开启了人民币对美元之外主要币种可兑换的重要一步，这对于减少中国对美元的依赖，具有重要意义。日本于 2012 年 3 月购买了 650 亿元的中国国债，以实现其外汇储备多元化，人民币首次成为发达经济体的储备货币。2013 年 6 月 22 日，中国人民银行与英格兰银行签署了规模为 2000 亿人民币/200 亿英镑的中英双边本币互换协议，旨在为双边经贸往来提供支持，并有利于维护金融稳定。[②] 互换协议有效期为 3 年，经双方同意可以展期。目前，马来西亚、韩国、尼日利亚、俄罗斯等计划或已经将人民币纳入其储备货币。

三、人民币离岸业务

发展人民币离岸市场，不仅有利于吸引国际投资者投资以人民币计价的金融工具，丰富机构投资者的层次，完善利率和汇率形成机制，还有助于提高市场流

① 夏心愉，聂伟柱. 跨境贸易结算四年激增 800 倍，人民币国际化“扬帆”正当时. http：//www.financialnews.com.cn/wh/xw_110/201308/t20130820_39311.html（2013-08-25）.

② 韩雪萌. 中英互换协议：人民币跨境使用取得新进展［N］. 金融时报，2013-06-25。

动性，加强各离岸市场、货币当局、监管部门、金融机构间的合作，降低人民币市场参与者的交易和管理成本，提升人民币的国际吸引力与市场信心，以人民币国际化推进海外投资的进程。目前人民币离岸中心的建设分为以下三种：第一，在香港建立人民币离岸中心。至2011年末，香港地区跨境人民币结算额达1.9万亿元（占中国跨境人民币结算额的80%以上），人民币存款达5885亿元，共有183家外国银行委托香港地区的参加行处理人民币业务，71家来自亚洲及欧美等地的机构和企业来香港地区发行人民币债券，总额达1800亿元。2011年1月，世界银行在香港地区首次发行了5亿元两年期债券，具有标志性意义。香港地区离岸人民币债券的发行主体在2012年也发生了深刻转变，由最初的内地金融机构扩展至财政部、香港地区银行在内地的附属公司、内地红筹公司、港资企业、跨国公司和国际金融机构等。2011年4月汇贤产业信托作为首只人民币IPO产品于香港地区上市，人民币期货也于2012年第三季度推出，香港地区人民币市场的深度和广度不断提升。目前，RFDI、RQFII、投资银行间债券市场等促进了香港离岸人民币回流渠道的有效建立。香港地区现在已经演化成最具规模的人民币离岸金融中心，一些国际化、专业化的人民币离岸产品逐渐投入使用，满足了越来越多本土及境外投资者的多元化需求。作为在岸市场的“防火墙”和“蓄水池”，离岸人民币市场建设对于推进人民币国际化具有十分重要的意义。第二，伦敦准备打造人民币离岸中心。伦敦金融城离岸人民币业务中心计划已于2012年4月18日正式启动。2012年4月汇丰银行在伦敦首次发行10亿元人民币债券，2011年末伦敦的客户人民币存款和银行同业人民币存款总量超过1090亿元，伦敦金属交易所（LME）正考虑用人民币来结算合同，人民币对欧洲的辐射大大加强。2012年上半年，伦敦的人民币交易和外汇成交量有显著增长。人民币日均外汇现货交易量增长了150%，达17亿美元，这反映了离岸人民币资金池有很大的流动性。2012年人民币贸易服务增长至22亿元，与2011年上半年均值相比增长了390%。伦敦是全世界最重要的金融中心之一，从其他国家的经验来看，包括美元和日元的国际化进程其实都是以伦敦市场作为一个重要的标志。美元的国际化一开始就是走向了伦敦市场，美元由欧洲扩充到全世界。在日元欧洲的形成也标志着日元国际化的一个重大突破。因此，伦敦市场上欧洲人民币如果形成，对于人民币国际化而言将是一个非常重要的里程碑。第三，芝加哥商品交易所（CME）2006年始推出了一系列人民币外汇期货合约。2012年1月起芝加哥商品交易所允许国际投资者将人民币作为所有期货产品交易的担保金，并允许部分期货交易使用人民币结算。

四、汇率市场化

汇率弹性增强，人民币对美元汇率浮动幅度扩大至正负1%，双向波动，人民币汇率向市场化迈进，这也为人民币国际化创造了条件。

第三节 人民币成为国际储备货币的路还有多远

借鉴发达国家货币国际化的经验，对比国际货币的形成条件，对于明确人民币国际化的路径十分必要。

一、货币国际化的经验借鉴

美元、欧元、日元发展成为国际货币都有其特殊背景并经历了较长的过程。

1. 美元：资本输出

美元成为国际货币的背景特殊。"二战"后的美国成为了世界最大的债权国，其黄金储备从1938年的145.1亿美元增加到1945年的200.8亿美元，约占世界黄金储备的59%。因此，建立了以美元为中心的国际货币体系即布雷顿森林体系，美元成为唯一的国际计价单位和与黄金地位相同的国际储备货币，这是一个全球性的汇率制度安排。布雷顿森林体系解体后，美元与黄金脱钩，失去了制度基础，但美元作为信用货币仍处于优势地位，美国的国际政治经济实力发展了这种优势，美元继续充当国际货币。利用美元作为国际清算的支付手段和主要储备货币的地位，美国持续向全球进行资本输出，深化其货币国际化程度。

2. 日元：跨境结算+金融市场改革开放

日元依赖实体经济发展与金融市场深化，逐渐成为国际储备货币的重要一极。20世纪70年代初，布雷顿森林体系崩溃，汇率浮动，为应对日元升值，日本鼓励在贸易中用日元计价，经济衰退时期，亦借助日元国际化的持续进程带动其国内的金融改革。20世纪80年代中期，为积极推进日元国际化，日本开始启动了资本项目可兑换进程。1985年，日本放松了对欧洲日元贷款和欧洲日元债券限制，设立了离岸金融市场，取消了对居民和非居民的资本流动限制。1990年，日本进出口日元结算比重各为14.5%和37.5%，日元在国际外汇储备中升至8.0%，成为仅次于美元和马克的国际货币。1998年4月，外汇交易限制取消，日元完全自由兑换。日元国际化是与金融资本市场自由化同步发展的。

3. 欧元：区域货币

欧元实行的是经济实力相当、经济结构相似的国家的统一区域货币的模式。1999 年欧元问世，其货币国际化内容包括：第一，增加欧元在贸易中的结算比重，欧洲跨国公司的贸易、兼并和收购以欧元结算。第二，增强欧元的国际投资功能，欧洲八大证券市场联合运作，欧盟以外的跨国证券交易也以欧元进行。第三，完善欧洲的金融市场。建立欧洲货币联盟为股市合并创造了条件，股市和银行通过联合、兼并和收购实现了结构调整，形成了银行、保险公司和股市的相互参股，同时更新基础设施，将欧元区各国支付体系连成跨国的先进电子技术装备一体化的转账支付体系。

二、人民币成为国际储备货币的道路还很漫长

从以上分析可以看出，一国需要逐步具备一些货币国际化的条件，概括起来主要是：货币发行国的政治和经济实力、金融市场的发育程度；低通货膨胀的公信力、市场化的利率和汇率、确保获取这种国际货币的可获得性的完全可兑换性。下面将依此对照分析人民币成为国际储备货币的道路还有多远。

第一，中国已经具备经济实力，经过 30 多年改革开放，作为世界第二大经济实体，对外贸易额和股市市值均居世界第二，经济基础已经具备。

第二，中国金融市场的深度和广度还不够。经验表明，一个流动性强的、深化的金融市场，是一国货币成为国际货币的关键条件。因为美国具有全世界最具深度和流动性的金融市场，虽然布雷顿森林体系崩溃，但美元国际货币的地位依然存在。中国金融市场还远没有发展到与人民币国际化需求相匹配的深度。

第三，香港地区人民币离岸市场还处于初级阶段。离岸市场的目的是在货币发行国境外进行金融交易，不受货币发行国的司法约束，其市场发展和货币国际化密不可分。目前，香港地区离岸中心以人民币投资的金融产品很少，只有人民币存款、人民币债券、银行间债券市场、RFDI、RQFLL 等，从收益率看，与香港地区其他同类产品相比也不具竞争优势。在人民币完全可兑换前，完全成熟的人民币离岸市场很难到位。

第四，汇率与利率没有完全市场化。从汇率来看，虽然 2005 年汇率改革以来人民币对美元累计升值了 23.7%，但仅靠升值预期来推动人民币国际化是不可持续的。在人民币汇率双向波动、升值预期弱化之后，汇率形成机制不够市场化，将影响境外市场对人民币币值稳定的信心。从利率来看，由于境内外市场的利差明显，人民币回流的主要动力源于套利驱动，不利于人民币在境外市场的沉淀和使用。

第五，人民币远没有达到完全可兑换。货币可兑换在 1930 年前的定义为：

以一定的固定比率自由兑换黄金的权利。如今，当任何一个货币持有者能够把这个货币以一定的市场比率自由兑换成一种主要的国际储备货币时，这个货币就被认为是“完全可兑换”。可兑换是货币国际化的关键。目前，人民币尽管经常项目下可兑换，但资本项目下的许多交易还是不可兑换的。例如，跨境证券投资和短期贷款仍受管制。不能完全可兑换意味着人民币很难被境外广泛接受。

第六，短期投机资本可能对国内金融市场形成冲击。一是短期资本跨境流动管制困难加大。尽管资本项下人民币可兑换有限制，但通过香港地区离岸中心人民币与港币兑换以及港币与其他外币兑换，人民币成为了事实上可自由兑换的货币，在离岸与在岸的两个人民币外汇市场并存、两个汇率并存的情况下，资金能够自由流动，套利和套汇不受限制，但是如果短期内国际资本大进大出，则可能导致金融市场剧烈波动。二是人民币完全兑换将对央行货币政策的独立性和有效性形成压力。人民币由完全境内管理转换为跨境管理，如何管理回流的人民币也将考验央行的资产负债管理能力。

第七，人民币的国际地位还很微弱。美国出口贸易以本币计价的比重在95%以上，进口在85%以上，人民币跨境贸易结算额只占中国贸易总额的10%左右。美元占全球外汇交易总量的85%（总值为200%，每笔外汇交易中涉及两个币种），人民币交易占比不足全球外汇成交量的1%。美元在国际借贷与债券中占40%以上的比重，人民币在国际借贷与债券中的比重微乎其微。2010年，美元在世界官方储备的比重为62%，欧元为26%，日元和英镑各为4%，其他占5%，人民币作为国际储备货币近乎没有占比。

第四节 人民币走向国际储备货币的建议

一、继续扩大跨境贸易和投资

人民币国际化的目标是成为国际储备货币。货币储备地位是由贸易和金融投资中的结算和交易量决定的。因此，人民币国际化首先要继续发挥人民币的计价和结算功能，争取到2015年人民币跨境贸易结算达到中国贸易额的50%。其次在地域上，争取用5~10年的时间成为东亚区域的主要储备货币，用15年左右的时间成为世界主要储备货币之一。

在人民币国际化进程中，必须加大人民币资本输出的力度，发展“跨国公司+资本输出”模式。目前，中国人民币输出的途径是“跨境结算+离岸中心”，主要依赖于跨境贸易结算。随着国际收支状况逐步改善，人民币输出路径应向“跨境结算+离岸中心”+“跨国投资+资本输出”转变，这也符合中国由贸易大国向投资大国转变的特点。

二、促进人民币成为区域储备货币

中国经常账户顺差结构为：对发达国家贸易顺差，对东亚国家或地区为逆差。跨境贸易结算集中在东亚区域，因此通过对东亚国家增加进口和扩大投资推进人民币区域化是可行的。

第一，继续扩大跨境贸易的人民币计价和结算。

第二，扩大人民币与东亚国家货币的直接兑换。继日本之后，时机成熟后，中国与韩国以及东南亚国家之间，可尝试货币直接兑换，使人民币成为区域性的结算货币，强化人民币区域化的核心货币地位。

第三，扩大人民币计价范围。鼓励中国与自由贸易区（FTAs）伙伴国使用人民币作为贸易计价货币，签署货币互换协议时使用人民币作为支付货币。

第四，鉴于人民币已经成为马来西亚、菲律宾、柬埔寨等国的储备货币，再继续扩大与周边国家和地区贸易投资的人民币结算，推进区域货币合作，加快推进人民币成为区域储备货币。

三、审慎推进人民币完全可兑换

中国资本项目事实上可兑换的已有16个子项，基本可兑换的有17个子项，部分可兑换的有7个子项，没有完全不可兑换的子项，资本项目开放水平大大高于IMF等相关机构的评估结果。从资本类型来看，中国的FDI与ODI基本放开；贸易信贷只要通过真实性审核，也基本放开；唯一管得较严的是证券投资与短期外债，其理由是因这两项资金大进大出在历次金融危机中都曾是引爆危机的重要因素。因此，对两个项目的完全开放要慎之又慎，要根据中国金融市场的改革开放的步骤有序推进，发挥其防火墙的作用。

四、继续开放中国金融市场

第一，继续鼓励中国企业扩大RODI，外国企业以RFDI和RQFII投资中国资本市场。中国的对外援助均使用人民币。

第二，允许外国政府、金融机构与企业在中国发行以人民币计价债券，中国政府、企业及金融机构可尝试在境内外向国内外投资者发行人民币债券（政府债和企业债）。

第三，适时推出国际板，让外国金融机构与企业在中国发行以人民币计价的股票。

第四，向境外提供人民币信贷。

第五，推进商业银行国际化经营，推进中资金融机构开展境外人民币业务，为企业在世界范围内使用人民币提供更好的服务，做好境内企业的海外融资和海外发债回流内地的配套服务。

五、加快汇率和利率改革

在汇率形成机制改革上，首先要提高人民币汇率弹性，继续放宽人民币的每日波动区间。国际市场汇率日波动1%~2%均属正常，因此可考虑将浮动区间扩大到2%。其次要在中间价形成机制中加大市场力度，特别是商业银行的参与，逐步减小汇率双轨制差别，由市场来决定价格。

在利率市场化改革上，应加快存款保险制度的推出，择机放开贷款利率下限和存款利率上限，构建完善的收益率曲线，完善利率传导机制，形成统一的市场化利率体系。

汇率或利率改革并非独自进行，二者应与资本账户开放结合起来推进。

六、加强对跨境人民币资本监管

人民币可兑换相当于资本项目自由化。要特别加强对跨境人民币资本的监管：第一，建立全方位跨境资金流动监测体系，采用价格型措施与数量型措施进行管理，实现对跨境总量规模、资金流向和资金用途的监测。第二，增设预警功能。增加对货物贸易、服务贸易、直接投资、证券投资、外债等的宏观预警，对国际游资大进大出实行有效控制。第三，以进出口企业为主体进行监测。第四，建立信息共享体系，将中国人民银行、海关、工商、商务、税务整合在同一现场监测体系中，形成监管合力。第五，关注大笔资金进出，控制好人民币进出境的重要接口，包括对境外人民币离岸中心和境内资金进出规模的监控。第六，金融监管需要根据人民币国际化进程和动态进行调整，合理采纳国际通行的监管标准，积极参与和履行金融监管的国际性协议。第七，中央银行要保持对外汇市场的适当干预。

七、促进人民币离岸中心建设

人民币离岸金融中心要有战略布局，要服务于中国跨国企业，带动银行的金融服务全球化。战略布局如下：

第一，进一步发展香港地区人民币离岸中心，继续扩大跨境人民币结算，丰富人民币金融产品，扩展人民币回流渠道。

第二，打造伦敦离岸人民币中心。开展人民币存贷款、跨境贸易和融资、发行人民币债券及以人民币计价的股票等业务。虽然目前欧债危机令欧元区经济困难重重，但从长远看，这也是区域经济一体化的必经阶段，是欧盟走向财政一体化的契机。可考虑签署人民币与欧元的互换协议和直接兑换协议，促成人民币与欧元及人民币与英镑等货币的直接交易。

第三，加快东京离岸人民币中心建设。日元与人民币实现了直接兑换，中国可进一步放宽人民币限制，使日本尽快具备条件成为重要的非本土的人民币离岸交易中心。

第四，纽约2006年就发行了人民币期货，应继续开发人民币业务。

总之，人民币国际化是一个渐进和漫长的过程，不可能一蹴而就，需要根据中国经济发展的实际情况有计划、有步骤地稳步推进，最终实现人民币成为国际储备货币的目标。

第十四章　香港地区与内地金融合作

金融合作是各国货币当局通过各种手段来协调货币及各项金融政策，用于防范金融风险，挖掘经济潜力以促进经济稳定增长的一种合作机制。[①]

“十一五”规划纲要提出支持香港地区发展金融服务业，保持其国际金融中心的地位。香港地区因此主动配合“十一五”规划，在《“十一五”与香港发展》经济高峰会报告（金融服务）中提出，香港地区和内地的两种金融体系在制度层面应该是互助、互补、互动的关系。[②]互助，指两地在金融监管、风险管理、金融基础设施建设方面互相借鉴，互相帮助。互补，就是两个体系各自发挥专长，形成取长补短的关系。互动，就是两个金融体系应通过互动为国家争取最好的制度安排。

两地金融合作的法律依据主要有以下三个层次：第一层，“一国两制”下的《基本法》是两地金融合作的基础。两地金融体系是在一个主权国家的两种社会经济制度区域内的两种货币、两种货币制度、两个金融监管当局之间的关系。[③]第二层，《内地与香港关于建立更紧密经贸关系的安排》（CEPA）的宗旨是在内地与香港地区建立比一般世贸组织成员更紧密的经贸关系。通过 CEPA，逐步消除两地金融往来的障碍，加速经济融合。[④]第三层，两地金融合作还需遵从《中华人民共和国外资金融机构管理条例》、《中华人民共和国外资保险公司管理条例》、《中华人民共和国外汇管理条例》及《双边监管合作谅解备忘录》等法律文件。[⑤]

---

① 汤敏. 中国应如何应对亚洲金融合作的机遇与挑战［N］. 中国经营报. 2002-04-05.

② “One Country，Two Financial Systems”，Speech by Mr. Joseph Yam，GBS，JP. Chief Executive，Hong Kong Monetary Authority，at the Luncheon of The British Chamber of Commerce. 20 October 2006.

③ 《基本法》在两地金融事务安排上明确规定：香港特区政府提供适当的经济和法律环境以保持香港的国际金融中心地位；香港特区政府自行制定货币金融政策，保障金融企业和金融市场的经营自由，并依法进行管理和监督；港元作为香港特别行政区法定货币将继续流通，现行的发钞机制保持不变；港币自由兑换，资金自由流动，不实行外汇管制；外汇基金作为香港地区的外汇储备，由香港特区政府管理和支配，主要用于调节港元汇价。

④ CEPA 在深化金融合作方面具体规定了两地在银行、证券和保险合作方面的措施，其补充协议及附件是对内地向香港地区开放金融服务及两地金融合作的必要补充，以切实保证《安排》实施。

⑤ 曾文革，陈璐. 论加强内地与香港金融合作的政策与法律措施［J］. 亚太经济，2007（1）.

第一节　两地金融合作进展状况

两地金融在金融业务、金融市场和金融机构的合作方面有了长足发展，这既是香港地区经济转型、内地经济金融改革不断深化的客观要求，也是“一国两制”框架下的两地金融积极合作的结果。

一、金融业务合作不断深化

1. 银行业合作

香港地区的汇丰、渣打、恒生、东亚银行等成为首批在内地成立法人银行的外资银行，享有“国民待遇”，并开展全面的人民币零售业务，一些港资大银行及一些金融机构已在内地开设分行或代表处，根据中国银监会公布的数据，截至2012年6月末，共有14家香港地区银行在内地设立营业性机构，包括8家子行（下设87家分行及232家支行）和14家分行（非子行下属的分行）。香港地区银行在内地营业性机构的数量、资产、贷款、净利润在内地外资银行中的占比已分别达到42%、35%、37%和38%。

香港地区历来被内地银行视为启动国际化战略的第一站。内地银行在香港地区纷纷设立分支机构，中行和交行在香港地区有着悠久的历史，工行、建行和农行均在1995年获批成立香港地区分行。股份制银行陆续在香港地区设立分支机构：2002年招行香港地区分行开业；2009年，国家开发银行在香港地区设立分行；2011年6月浦发银行香港地区分行成立；2012年3月民生银行香港地区分行开业；2013年3月底交通银行在香港地区设立交银资产托管中心，成为首家设立境外托管中心的中资商业银行；光大银行在境外的第一家分行——香港地区分行正式挂牌；兴业银行香港地区分行也已获准筹建，有助于进一步完善该行的全球服务网络。中资银行在香港银行体系总资产中占比已超过两成。

2. 证券业合作

内地企业已经成为推动香港地区股市发展的重要力量。根据港交所数据，至2013年7月底，内地企业在港交所挂牌上市的达626家；市价总值120022亿港元，占总体市价总值的55.8%；年成交金额占总体股份成交金额的73.8%（见表14-1）。内地企业在香港地区上市不仅筹集了发展资金，提升了公司治理水平和国际竞争力，而且改变了香港地区股市较为单一的结构，提高了港股对国际投资者的吸引力，推动了其股市发展，促进了其国际金融中心的建设。合格境外机构投资者（QFII）、人民币合格境外机构投资者（RQFII）等工作都有进展。RQFII 业务自 2011 年底开闸以来发展迅速，目前投资额度已增至 2700 亿元。①

内地证券公司开始在香港地区设立分支机构，根据香港地区中资证券业协会的统计，截至 2012 年 3 月，中资券商在香港地区已增至 50 家，其中中国香港证监会批准了 20 家证券公司、15 家基金公司和 6 家期货公司在香港地区设立分支机构。此外，由于香港地区允许金融机构实行混业经营，有 9 家中资银行也在香港地区设立了证券公司。② 中国香港证交所也在内地设立了代表处，已有 114 名专业人士取得了内地证券从业资格。③

根据 CEPA 及相关补充协议的安排，截至 2010 年底，中国证监会先后批准了苏皇金融期货亚洲有限公司、新际经纪香港有限公司、摩根大通经纪（香港）有限公司分别参股银河期货经纪有限公司（现更名为银河期货有限公司）、中信期货经济有限责任公司（现更名为中信新际期货有限公司）及中山期货经纪有限公司（现更名为摩根大通期货有限公司），出资比例分别为 16.68%、42% 和 49%。④

在 2013 年 3 月的沪港金融合作工作会议上，在加强两地金融业务及产品合作方面，双方鼓励符合条件的在沪金融机构和企业赴香港地区市场发行人民币债券、H 股等有价证券，利用香港地区平台进行融资；鼓励上海背景的金融机构在香港地区的子公司参与 RQFII 试点计划；为上海背景的金融机构在香港地区开展

表 14-1　在中国港交所上市的中国内地企业（主板及创业板）（截至 2013 年 7 月底）

项　　目	2013 年 7 月	2012 年 7 月	2012 年底
H 股（只）	176	171	176
红筹股（只）	121	108	108
内地民营企业（只）	450	431	437
市价总值（占总体市价总值百分比）	55.8%	57.6%	57.4%
成交金额（占总体股份成交金额百分比）	73.8%	71.7%	69.6%

注：上市公司分类方法于 2012 年 1 月 1 日起修订（修订前"内地民营企业"归类为"非 H 股内地民营企业"）。

资料来源：中国香港证券交易所每月市场概况. http：//www.hkex.com.hk/chi/stat/statrpt/factbook/factbook2012/fb2012_c.htm.

① 2013 年 3 月 20 日，梁振英拜访了内地财金新高层探讨加强香港和内地金融合作. 梁振英与中国人民银行行长周小川谈到如何用好香港这个人民币清算平台和让香港地区发展好人民币离岸业务。梁振英与中国证监会主席肖钢就促进香港地区和内地的交流而交换了意见。

② 刘英. 中资券商国际化战略模式研究. http：//www.docin.com/p-495478553.html.

③ 中国证监会. 获得内地证券从业资格的香港专业人员名单. http：//www.sac.net.cn/xxgs/cyryxxgs/201205/t20120503_17025.html.

④ 中国人民银行. 国际金融市场报告［R］. 北京：中国人民银行，2010.

综合化金融服务提供便利；研究中国香港证券交易所与上海证券交易所深化合作；鼓励、支持两地金融机构互设。双方也讨论了沪深港交易所合资公司，以及中国香港证券交易所在沪金融信息服务公司业务的发展情况，表示将继续探索深化两地交易所未来合作的方向。

3. 保险业合作

2012 年，香港地区保险业向内地访客销售的新单保费达到 99 亿元，占全年个人新单业务（776 亿元）的 12.8%。[①] 2013 年第一季度，其新单保费为 28 亿元，占其第一季度个人业务的总新保单保费金额的 12.5%。[②] 截至 2013 年 7 月，只有中国人寿一家中资公司在香港地区设立了保险公司。港资保险经纪公司自 2012 年起可在深圳设立独资公司。

4. 外汇市场合作

香港地区金融监管局资料，截止到 2013 年 6 月末，香港地区官方外汇储备资产达到 3035 亿美元，5 月末为 3057 亿美元。储备资产总值为流通货币的 7 倍，占香港地区 M3 货币的 51%左右。2013 年 3 月底，中国内地的外汇储备超过了 3.44 万亿美元，成为全球吸引外资最多的国家。香港地区的外汇市场也是内地外汇交易的主要市场之一，是内地现汇收入的最大来源地。中国四大国有商业银行的外汇交易中心从 2001 年起全部移到香港地区，香港地区外汇市场可以 24 小时与世界各地进行外汇买卖。

5. 期货市场合作

内地期货市场共有 4 家，包括大连、上海、郑州 3 家商品交易所和中国金融期货交易所，上市品种共 32 个，形成了包括《期货交易管理条例》、《期货经纪公司管理办法》、《期货从业人员资格管理办法》和《期货经纪公司高级管理人员任职资格管理办法》在内的完整的法规体系。[③] 两地的期货市场合作处于起步阶段。至 2011 年，内地在香港地区设立了 6 家期货公司，包括中国国际期货、南华期货、广发期货、永安期货、金瑞期货和格林期货，代理境外期货业务。目前已有 8 名香港地区专业人士取得了内地期货类从业资格，2007 年 6 月有一家香港地区公司在内地设立了合资期货经纪公司。

---

① 方华. 改革脉动：提升保险竞争力. http：//www.financialnews.com.cn/bx/bxsd/schjc/201308/t20130814_38974.html.

② 香港特别行政区政府保险业监理处. 2013 首季香港保险业务的市场表现新闻稿. http：//www.oci.gov.hk/chs/download/pr_20130531.pdf.

③ 目前上海天然橡胶期货的交易量已经超过日本东京的交易量，成为世界第一；大连大豆、上海铜期货的交易量稳居亚洲第一，世界第二。

内地企业通过香港地区进行的海外并购案例

内地企业欠缺海外并购经验，但香港地区拥有成熟的资本市场，又有专门机构及专业人才，可以很好地配合中国企业的海外投资和并购。内地联想收购IBM个人计算机业务，资金缺口为13.6亿美元，联想集团在短期内利用香港地区市场筹集到所需资金，完成了这宗收购。资金来源包括：从16家国际及中资银行区的银团贷款6亿美元，占所需资金的43%；通过向太平洋集团、新桥资本等3家美国企业股权投资公司发行可换股优先股取得3.5亿美元，占所需资金的25%；向IBM转让价值4.5亿美元的股权，占所需资金的32%。从融资结构看，超过一半的资金是通过资本市场解决的。从与内地实际运作的对比来看，银团贷款部分，内地可以筹资，但因内地有外汇管制，资金汇出需要获得政府批准；发行优先股部分，内地股市可以操作，但涉及国有资产转让及境外投资者购买A股，需要国家批准；在香港地区操作，国有资产转让同样需要国家批准，但国际投资者购买内地上市企业的股票则不受限制。再来看换股部分，内地股市为与国际市场接轨，股票定价往往大幅偏离国际投资者认可的水准，操作上有一定困难；然而香港市场成熟且与国际接轨，股份较反映真实价值，操作上没有障碍。[①]

二、循序开放在香港地区的人民币业务及RQFII计划

1. 跨境发展和开放人民币业务

到2013年4月，香港银行结算贸易达到1.1万亿多元，跨境结算比2012年增加了48%。香港地区银行经营人民币业务的逐步开放，意味着资金可自由出入的香港地区实际上成了人民币国际化进程中的试验场所。随着两地经济联系的紧密，人民币在香港地区流通和使用渐成规模，CEPA以来，内地逐步开放了人民币业务范围。2004年初，香港地区的银行开始试办个人人民币业务，就此拉开了香港地区人民币离岸业务发展的序幕。香港地区的银行开始对个人办理存款、兑换、汇款、信用卡等业务，中国银行香港有限公司成为香港人民币业务的清算行。2007年香港地区的银行38家银行开办了人民币业务，基本涵盖了所有在香港地区从事零售业务的银行。2007年底，人民币存款余额达334亿元，存款账户超过45万个，内地银行卡在香港地区消费和提现合计225亿元，银联标识的

① 协国樑. 中国企业走出去与香港的角色探讨［J］. 经济前沿，2007（4）。

内地银行卡已畅通香港地区。[①] 截至2012年底，香港地区的人民币存款额增至人民币6030亿元。有了规模庞大的人民币资金池，人民币零售投资产品将会更具深度，愈趋多元化。[②]

自2012年6月以来，内地政府已公布一系列推动香港地区人民币市场增长的措施，包括扩大不同的投资额度、进一步放宽RQFII规则的限制，及由财政部和内地机构（包括金融机构和企业）发行人民币债券。这些措施支持人民币投资和金融产品进一步迈向多元化发展，并在境外更广泛地使用人民币，从而巩固香港地区作为首要人民币离岸中心的角色。 2007年1月，内地金融机构获准在香港地区发行人民币债券，国家开发银行、中国进出口银行和中国银行在2007年完成了100亿元人民币债券发行，香港地区市场反响热烈，远胜预期。[③] 2008年中国政府又批准了5家中资银行交通银行、中国银行、中国建设银行、国家开发银行和中国进出口银行人民币在香港地区发行人民币债券各30亿元的发债额度，发债总规模为150亿元（合21.9亿美元）。同时，《境内金融机构赴香港特别行政区发行人民币债券管理暂行办法》于2007年6月实施，不仅扩大了香港地区居民及企业所持人民币回流内地的渠道，为其金融市场增加了新的市场主体和债券币种，拓展了其银行资产业务范围，增加了香港地区人民币存户的人民币投资选择，而且有助于提升其人民币支付系统的水平。[④] 2008年底，中央采取措施助香港地区金融稳定，支持香港地区应对国际金融危机，已经允许合资格的企业在香港地区以人民币进行贸易支付，这有助于扩大人民币在区域内的影响力，逐步发挥人民币在区域内和国际上作为贸易支付货币和储备货币的作用。至此，人民币不仅在旅游支付、周边国家和地区的贸易结算领域，而且在投融资领域也走向了国际化。2009年6月，央行与香港地区金融管理局就内地与香港地区跨境贸易人民币结算试点业务签署补充合作备忘录，允许香港地区企业与上海、广州、深圳、东莞和珠海的企业以人民币作为贸易往来结算货币，香港地区因此成为了跨境贸易人民币结算的唯一境外试点地区。2009年9月，财政部首次在香港地区发行60亿元人民币国债，是中国国债首次在内地以外地区发行，也是首次在内地以外发行人民币计价的主权债券，有助于香港地区人民币离岸业务的发展。2010年8月，央行宣布允许香港地区人民币业务清算行等相关境外机构进入内地银行间债券市场试点投资，从而拓宽了境外人民币的投资渠道。2011年8月，

---

① 2007年8月，天津计划首家试点个人直接投资境外证券市场（“港股直通车”）。尽管这一试点计划尚未付诸实施，但政策缺口已初步打开。

② 香港证监会. 2012年基金管理活动调查. http：//www.sfc.hk/web/TC/files/ER/PDF/FMAS%202012_Report(Chi) _Final%20on%2025%20Jul%202013.pdf.

③ 在此之前，香港地区即时支付系统（RTGS）已可即时结算港元、美元和欧元的交易。

④ 港成夫. 香港发展人民币债券市场的前景展望 [J]. 未来与发展，2007（7）.

中央政府表示支持香港地区发展成为离岸人民币业务中心，积极支持香港地区人民币市场发展，拓展香港地区与内地人民币资金循环流通的渠道，支持香港地区离岸人民币金融产品的创新发展。[①]

2. RQFII 计划

人民币合格境外机构投资者（Renminbi Qualified Foreign Institutional Investor，RQFII）制度标志着香港地区基金业历史上的重要一章。[②] 自内地相关部门在 2011 年 12 月推出 RQFII 计划以来（最初的投资额度为人民币 200 亿元），内地相关部门已于 2012 年 4 月和 11 月分别增加人民币 500 亿元及 2000 亿元的投资额度。截至 2013 年 5 月 31 日，证监会已认可合共 21 只非上市 RQFII 基金，其获批的 RQFII 投资额度达人民币 236 亿元。这些上市和非上市的 RQFII 可以投资在内地的债券和股票市场。推出非上市 RQFII 基金所取得的成果有目共睹，成功利用了香港地区这个资产管理平台，将离岸人民币市场和内地的资本市场连接起来。

随着中国香港证监会于 2012 年 6 月认可首只 RQFII A 股 ETF，[③] 截至 2013 年 5 月 31 日，已认可 5 只 RQFII A 股 ETF，其获批的 RQFII 投资额度达人民币 490 亿元。截至 2013 年 5 月 31 日，这些 RQFII A 股 ETF 的总市值达人民币 384 亿元。RQFII A 股 ETF 在联系内地和香港地区市场方面发挥了举足轻重的作用，并为双向的资本流向开辟了一个新渠道。这些 RQFII A 股 ETF 成为本地和国际投资者得以直接投资于 A 股市场的另一途径，也是全球首个在交易所采用双柜台模式的上市产品，同时提供人民币和港元二手市场交易柜台。

2013 年 3 月，内地相关部门公布扩大 RQFII 制度，将符合资格申请 RQFII 计划的机构类别延伸至内地商业银行、保险公司等香港地区子公司或注册地及主

---

① 世界多地“逐鹿”人民币离岸市场［N］. 金融时报. 2013-04-27.

② 要提升人民币在境外的认受性，单靠贸易结算并不足够，必须要有人民币资产，让境外的人民币持有人可以用人民币投资。如果人民币不能取得投资回报，境外投资者持有人民币的意愿就不高。当时，香港地区已有少量的人民币金融产品，如个人的人民币存款及少量的人民币点心债券。作为离岸人民币中心，需要尽快扩展人民币投资产品的种类。2011 年 12 月，中国证券监督管理委员会（中国证监会）、中国人民银行及国家外汇管理局这三家负责该计划的内地监管机构联合发布 RQFII 规则。

③ 交易型开放式指数基金（Exchange Traded Fund，ETF），又称交易所交易基金，是一种在交易所上市交易的开放式证券投资基金产品，交易手续与股票完全相同。ETF 联接基金属于股票型开放式基金。投资标的就是对应的 ETF，可在银行、基金公司网站上以普通开放式基金的方式申购，交易费率一般是 1.5%，采取 T+2 交割制度。ETF 与联接基金的关系可以这样描述：如果说指数是铁轨，那么 ETF 就是火车，不仅能精确地跟踪指数，而且运营费率低，但只有在证券公司才能购买，其门槛和交易方式使很多投资者难以参与。ETF 联接基金，就像是投资者从家门口出发时必须先搭乘公交才能去乘 ETF 专列。相比于 ETF，ETF 联接基金引入了银行渠道，降低了投资门槛。ETF 的认购、申购和赎回最小份额为 50 万，对于普通投资者而言门槛相对较高，而 ETF 联接基金的投资门槛则和普通开放式基金相同，最少 1000 元即可投资。其投资渠道也可以通过银行，对于广大的普通投资者，联接基金为他们提供了可投资 ETF 的方便之门。

要经营地位于香港地区的金融机构。内地当局也放宽了 RQFII 产品的投资范围限制，允许机构根据市场情况自主决定产品类型。这些新措施将令更多市场人士参与 RQFII 计划，从而推动在香港地区销售的人民币投资产品取得更多元化的发展。香港地区希望下一步能继续推出两地基金产品的互认。[①]

在香港地区外汇市场方面，人民币市场比较活跃。到 2013 年，即期和远期交易平均每天成交总额达到 600 亿元。每天通过香港地区即时支付系统结算 3900 亿人民币交易总额，就每天的支付系统而言，人民币比港元更多一点。通过 RTGS 人民币的交易额度里面，90%左右是离岸人民币的使用，10%是跨境人民币的使用，在香港地区每天人民币交易主要是离岸人民币的使用。

三、金融基础设施合作不断扩展

CEPA 签订后，粤港金融基础设施联系进一步扩展，2003 年底，香港地区与深圳实时支付结算系统适用的币种由港元扩展到美元。2004 年 3 月，该系统联网又扩大到广东全省。2004 年 7 月，香港地区与深圳联合支票结算机制也由港元扩展到美元支票。2004 年 4 月，中国香港金管局的债务工具中央结算系统与内地中央国债登记结算公司的政府债券簿记系统之间建立了直接联系的协议签订，两地联系突破了珠江三角洲区域，扩展到整个内地，对内地与香港地区金融基础设施全面对接，具有先行试点的意义。香港地区支付系统和银行系统，本身是国际化的，在香港人民币清算平台中截至 2013 年参加银行达到 209 家，其中 185 家是国外跟内地银行机构，其支付系统面对的客户群是海外银行。[②]

四、金融监管合作更加深入

两地的金融监管合作卓有成效。1993 年 6 月中国证监会、中国香港证券及期货事务监督委员会、香港地区联合交易所、上海证券交易所、深圳证券交易所共同署了《证券事务监管合作备忘录》，确立了应遵守的基本原则和加强合作的具体范围。1995 年 7 月，中国证监会与中国香港证券及期货事务监督委员会签署了有关的期货监督合作备忘录。1996 年 2 月，中国人民银行与香港地区金管局签订了美元国债双边回购协议，中国人民银行向香港地区金管局提供美元现汇流

---

① 简单地说，基金互认，就是中国内地和香港地区能够为彼此的零售基金建立一个互相认可的平台，两地的基金能够直接在对方的市场出售。

② 陈家强. 209 家银行参与香港人民币清算平台. http：//finance.ifeng.com/a/20130628/10036809_0.shtml (2013-08-20).

动性支持，以帮助港元汇率乃至整个金融体系的正常运作。1998 年，国务院颁布了《关于进一步加强境外发行股票和上市管理的通知》，为金融监管合作提供了重要指引。此外，中国人民银行和金管局还建立了联合工作小组，就两地支付体系的联通问题进行了可行性研究。随着 CEPA 协议的逐步落实，两地的金融监管合作更加深入。[①] 2007 年 12 月，深港又联合宣布建立战略合作伙伴关系，其重点之一是创造条件推动两地人员、资金、货物、技术、信息等要素更加自由地流动，支持香港地区巩固和发展作为中国的世界级国际金融中心的地位，支持深圳建设区域性金融中心。

沪港金融合作于 2010 年开始，在 2013 年 3 月第三次工作会议上，双方讨论的议题包括加强两地金融业务和产品合作，深化两地金融人才培训和交流。就加强金融监管方面的合作进行交流，探讨相关的金融市场立法、执法及司法经验。[②]

从目前两地金融业合作的现状来看，内地的广阔市场，必然成为香港金融业拓展业务的场所，而作为国际金融中心的香港地区的金融业，其机构运作模式及监管体制等方面都值得内地学习和借鉴。[③]

第二节　两地金融合作中存在的问题

两地金融合作在过去、现在和未来均有需要解决的问题，目前既要对内地仍未能充分利用香港地区金融功能的问题进行总结分析，也要警惕两地在合作中可能面临的共同难题，以及需要继续关注的问题。

---

① 2007 年 6 月的 CEPA 补充协议四规定，符合条件的内地基金公司可在香港地区设立分支机构；在银行领域，香港地区银行入股内地银行的最低总资产降至 60 亿美元。2008 年 7 月签订的 CEPA 补充协议五，对于香港地区银行业在内地的市场准入进一步放宽，允许符合条件的香港地区银行在内地注册的法人银行将数据中心设在香港地区。

② 沪港举行金融合作会议.http：//news.xinhuanet.com/gangao/2013-03/05/c_114895088.htm.

③ 针对金融危机的合作。2008 年底，中央在 7 个方面采取 14 条措施支持香港地区应对国际金融危机。两地金融合作的措施包括：允许合资格的企业在香港地区以人民币进行贸易支付；同意中国人民银行与香港地区金管局签订货币互换协议，有需要时为香港地区提供资金支持；2008 年 12 月，中国人民银行正式与香港地区金融管理局签署了货币互换协议，该货币互换协议实施有效期为 3 年，经双方同意可以展期，而所提供的流动性支持规模为 2000 亿元人民币/2270 亿港元。根据互换协议，双方可在必要之时，在上述规模内，以当地货币为抵押换取等额对方货币，向两地商业银行设于另一方的分支机构提供短期流动性支持。鼓励内地机构利用香港地区平台开展国际金融业务，对中国投资公司、国家开发银行等机构在香港地区设立或扩大分支机构，中央政府持积极态度；中央支持内地企业到香港地区上市，并责成有关部门研究支持内地企业赴香港地区上市的政策措施。同时，港资与内地中小企业同等待遇，两地金融机构要给予重点支持；在内地的港资中小企业，内地银行给予同等待遇。这些措施将有助于香港地区的金融稳定与经济发展。

一、没有充分发挥香港地区的金融功能

1. 内地的储蓄转化为投资的效率低

由于社会财富快速积累，内地对金融服务的要求由注重筹资转向更重视资源配置的功能。[①] 但由于经济处于转型阶段，市场机制和金融制度不完善，金融改革滞后于金融开放进程，[②] 利率、汇率市场化程度仍然不高，金融市场配置的储蓄效率较低，内地与香港地区差距很大。目前，内地还未能充分利用香港地区的投融资平台，来提高储蓄转向为投资的效率。因此，可以考虑利用香港地区的金融交易成本低、金融创新活跃、能够提供综合金融服务、满足各种金融需求、对具有不同风险偏好的投资者和融资者可以进行有效匹配的优势，帮助内地提高储蓄向投资转化的效率。

就香港地区的资本市场来看，香港地区股市独立支撑着香港地区资本市场成为地区性金融中心，其金融业结构的缺失不利于香港地区提升金融中心地位。与世界级金融中心由股市和债市双轮驱动相比，香港地区股市单边繁荣，债市却严重落后。如果未来香港地区能够帮助内地提高储蓄向投资配置的效率，同时也就可以弥补其资本结构的缺失，巩固其金融中心的地位。

2. 主权财富基金向海外投资未利用香港地区的优势

中国香港地区在亚洲已经成为仅次于日本的第二大基金管理中心，其基金业资产总值相当于 GDP 的比率在 2005 年时高达 259.8%，远胜于拥有一流国际金融中心的美国、英国的 71.5%、24.5%，若以基金业资产规模相当于股市总市值的比率来计，2005 年香港地区的 43.5%丝毫不逊色于美英的 52.4%和 17.9%。[③] 香港的基金管理业务合计资产，截至 2012 年底，创下了 125870 亿港元的历史新高，比 2011 年上升 39.3%。按业务活动性质划分：资产管理业务在 2012 年管理的资产总值为 82460 亿元，按年上升 43.1%；其他私人银行业务增加 18.4%至 26790 亿元；基金顾问业务增长 67.4%至 14880 亿元。这是由于亚太区的经济前景利好（尤其是内地市场），吸引了更多投资资金流入区内，对香港地区的资产管理活动和基金顾问服务的需求因而有所增加。市场对人民币产品的需求较高，

---

① 香港地区是内地筹集资金和外汇的重要渠道。来自香港地区的外资约占中国外资的一半，有 80%以上的台资以香港地区作为投资中介地。通过香港地区筹集银行贷款，有 2000 多家企业在香港地区从事银行、贸易、旅游和分销等业务。为内地企业在海外上市集资，为其进入国际资本市场融资发挥了重大作用。这些上市筹资也促进了香港地区资产管理业务的蓬勃发展。国际上主要的基金管理公司纷纷进驻香港地区，就是为了抓住内地相关资产带来的商机。

② 郑文楷. 中国香港与内地推进金融一体化的现状与展望［J］. 金融观察，2007（20）.

③ 戴道华. 回归十年香港资产管理市场的发展与展望［C］. 港澳经济年鉴，2007.

香港地区发售的人民币相关产品包括 RQFII A 股交易所买卖基金（Exchange-Traded Fund，ETF），及以人民币计价的产品，包括债券 ETF、货币市场基金和纸黄金计划。这些发展巩固了香港地区作为首要的人民币离岸中心的地位。香港地区作为亚洲的国际资产管理中心，将继续发展其亚太区内的基金平台，越来越多的投资基金会选择香港地区为注册地。2012 年，源自海外投资者的资金总额达 80180 亿元，较 2011 年增长 42.1%。拥有多元化的投资者基础对香港地区推动基金管理业的发展并使其迈向国际化是十分重要的。海外投资者继续视香港地区为一个具吸引力的投资平台。作为一个主要的国际金融中心，香港地区拥有完善的金融机构网络和专业的财务人才，并与国际市场接通，因此得以向投资者提供一系列种类繁多和具竞争力的金融产品及服务。香港地区也致力于维持一个稳健的监管架构，使其继续作为一个国际公认的资产管理中心。此外，香港地区对冲基金公司及管理规模稳步增长，对冲基金公司管理的资产总值已由 2004 年的 91 亿美元，增至 2010 年的 632 亿美元，已经成为证券市场重要力量，对冲基金主要投资于股票、主权债券及信贷投资工具，以及可换股债券等资产类别。

可见，香港地区的基金管理市场在质和量上都居世界领先行列。中国外汇投资公司于 2007 年 9 月成立，作为主权财富基金，拥有 2000 亿美元的资产额，采取自营和外包方式，投资了 J. C. Flowers（40 亿美元）、摩根斯坦利（40 亿美元）和百仕通集团（40 亿美元）。[①] 截至 2011 年 12 月底，中投公司的资产管理总额已经达到 4821.67 亿美元，备受国际关注。但中投公司作为专业化的投资机构，其国际资本市场化运作经验显然不足。加上目前主权财富基金由于其国家背景和庞大的规模不断引起了投资目的国的警觉。在这种背景下，如果能够充分利用香港地区的资金管理市场，应该能够帮助中国的主权财富基金进行更有效的海外投资，从而更快地提升中国基金业的资产管理水平。

各国对主权财富基金的担忧

英国对产油国的影响感到担忧。1988 年，科威特购入 BP 逾 20%的股权后，英国迫使其将购股比例减少至 9.9%。同样，由于英国国会反对，阿联酋控制的迪拜港口世界公司被迫将 2006 年从英国铁行港口（P&O）收购的 5 个港口终端出售。

美国《2007 年外商投资与国家安全法案》对外资并购审查规定了更复杂的程序，扩大了审查范围和强度，强化了对外国公司投资美国资产的审查和限制。2007 年 6 月，美国财政部负责国际事务的助理部长克莱·楼瑞（Clay

① 资料来源：IMF Global Financial Stability Report，September 2007.

Lowery）公开称，“那些贸易顺差巨大的国家所管理的投资基金迅速壮大，可能对金融市场稳定构成威胁”。

德国也在考虑立法，提高主权财富基金收购德国公司的门槛。德国正考虑建立一个类似美国外国投资委员会的审查机构，出于国家战略利益考虑，可以有权否决外国主权财富基金对德国企业的并购举动。[①]

国际货币基金组织首席经济学家西蒙·约翰逊（Simon Johnson）指出，主权财富基金规模与数量与日俱增，对金融市场的影响随之上升，“这可能损害国际金融市场的稳定性和透明度，使监管者任务变得更加复杂，给金融系统带来风险”。

3. 期货市场合作尚未起步

期货市场是规避风险、调节供需的工具。中国作为“世界工厂”，石油、铁矿石、铜、橡胶、木材、纸浆以至小麦等大宗商品都要大量进口，这些大宗物资在国际市场价格波动很大，关系到国家的可持续发展。内地的期货公司业务多为“经纪”期货公司，既不能协助大用家与出口国企业签订贸易合同，也不能安排保险、储存、运输等环节，更不能提供进口信贷担保。以至于内地大企业和大的买家在国际期货市场上套期保值的大订单只能由外国大期货商接去。香港地区期货市场，一来外汇自由，不同于内地外汇管制；二来全方位开放，与国际期货市场接轨，可以与伦敦、纽约一起“包起”全球 24 小时交易，有别于内地期货市场的封闭体系；三来外国期货商能为内地大用家提供的各种服务，香港地区一样能提供，没有业务范围限制。但目前其作用却未能发挥。

香港地区为进一步发展金融业务以维持竞争力，开拓商品期货市场是其中的一个考虑方向。内地对于大宗商品的需求巨大，但期货交易却只能通过欧美发达国家的期货市场进行，如果能够充分发挥两地的互补优势，积极配合发展，香港地区的商品期货市场能够加速发展，金融业务不断拓展，对内地期货市场的发展也有积极的作用。

二、需要推进人民币区域化

应允许符合资格的企业在香港地区以人民币进行贸易支付和投资内地，以及中国人民银行与香港地区金管局签订货币互换协议，人民币区域化进程不断推

① 李会明. 全球主权财富基金新形势及新挑战［J］. 国际资料信息，2007（12）.

进。[①]国际金融危机也为内地扩展人民币作为国际结算货币提供了机遇。[②]

总的来看，未来人民币区域化进程仍有阻碍，包括以下几点：第一，目前只是在中国周边部分国家开始用人民币进行保值，小额贸易用人民币支付，但比重很小，离世界广泛接受的条件相差甚远。第二，人民币区域化正处于低程度的发展阶段。据外汇局统计，在境外的存量大约是1.2万亿元。2013年中国M2余额首破百万亿元，这意味着境外人民币大约是人民币总量的1%。第三，人民币在周边国家或地区的流通存在两个问题：首先是人民币回流问题。如果人民币没有畅通的渠道回流到中国，人民币在周边国家或地区的使用将受到限制。其次是人民币的汇款和境外人民币的存款问题。如果还停留在人民币现钞流动的方式上，人民币在周边国家或地区的使用范围和使用规模难以扩大。第四，缺乏相应的交易和支付信息系统及支付结算系统，国内的银行机构为境外企业或政府部门提供融资，缺乏相应的支付结算手段和信息，难以提供基本的交易和支付数据服务。[③]

三、内地对外资金融机构的监管较弱

首先，外资金融机构已经进入中国金融市场的各领域。第一，中国银行业对外开放不断深化。2007年末，在华外资银行资产总额占中国金融资产总额的2.4%，其中外资法人银行26家，分行117家，[④]由“分行主导”过渡到了“法人主导”。截至2012年底，中国有外资法人银行42家，275家分行，资产比重为1.82%。第二，外资参股证券公司的条件进一步放宽。至2010年末，中国有中外合资证券公司12家，合资基金管理公司28家，其中14家的外资股权达到49%。也就是说，外资股权的上限达到了49%。第三，外资对保险市场的参与程度提高。至2010年末，23个国家和地区的保险机构设立了169个营业性机构，外资

---

① 人民币区域化是指周边国家或区域普遍认可和接受人民币作为交易货币和国际结算手段，从而使人民币在境外区域流通的过程。到目前，不但港澳地区对人民币的需求不断增加，人民币在蒙古、越南、缅甸、尼泊尔等周边国家也成为了边贸结算的主要币种。中国与日本、韩国、菲律宾签署了人民币与对方货币之间的双边货币互换协议，亚洲国家对人民币的潜在需求增大，人民币在周边国家和地区的区域化已是事实。

② 鉴于人民币在周边的部分国家和地区的区域化已是事实，中国的货币政策，包括人民币现钞发行及回笼计划、外汇储备的流动性安排等都需要考虑上述变化，做出调整。中国人民银行发布在其官方网站上的《中国人民银行有关负责人就国家货币出入境限额调整有关问题答记者问》一文中有此表述。

③ 应该看到，美元仍然是主要的国际货币，在国际经济贸易的计价和结算中发挥主导作用，中国对亚洲区域的贸易活动绝大多数都采用美元计价和结算。对于美元贬值的预期在一定程度上促进了人民币的使用和流通，有利于推进人民币的区域化进程，但由于人民币不可自由兑换，境外的交易者难以获得人民币，全面推行人民币作为区域间贸易的结算货币还存在着相当大的困难和障碍。人民币不可自由兑换制约了人民币区域化的进程。

④ 资料来源：中国银监会提供。

保险公司总资产为2621亿元，占中国保险公司总资产的比例为5.19%。第四，外资银行在银行间人民币外汇市场、外币对现货及衍生品市场的交易量均大幅增长。在人民币外汇市场上，外资金融机构的交易规模同比增长了41.6%，远高于整个市场16%的增长速度，其市场份额大幅上升，占比为33%。截至2010年底，银行间人民币外汇市场共有外资会员104家，占市场会员总数的36%。在外币对现货市场上，2010年，外资金融机构的交易方面规模同比增长44%，市场份额为72%，与2009年基本持平。2010年，外资金融机构在外币对衍生品市场的交易方面同比大幅增长128%。截至2010年底，外币对市场共有外资会员41家，占市场会员总数的43%。①

其次，中国对外资金融机构监管薄弱。对外资金融监管仍然存在诸多问题。第一，违规经营，如少缴存款准备金，营运资金不到位，一些外资银行的流动性资产与流动性负债比例不到25%的标准，有的甚至不到10%。第二，外资金融机构约90%分布在深圳、上海、北京等地，北部和西部屈指可数。第三，中国对外资银行监管法律的针对性较差，监管方式基本上以管理行政为主，不能适应外资银行快速发展的需要；在对外资银行监管的国际合作方面，没有实行国际通行的综合监管原则。第四，CEPA对香港地区公司的界定极为宽松，对香港地区金融机构开放意味着对全世界金融结构的开放，如果过分扩大金融市场准入，CEPA赋予香港地区的种种优惠，只能是进一步赋予全世界的金融机构。第五，香港地区与内地至今未能因应两地法律制度的差异形成一套跨境监管机制，令监管存在漏洞。

四、金融危机暴露出两地均对有关金融衍生产品监管缺失

欧美金融危机的直接原因是对金融衍生产品的金融监管缺失。香港地区和内地均暴露出对于金融衍生产品监管出现缺失的问题。香港地区对金融业采取的是“一业两管”的监管模式，香港地区金管局和香港证券及期货事务监察委员会共同分担金融监管职责，证监会负责证券和期货市场监管，金管局则负责维持外汇和银行体系的稳定。此“一业两管”模式由于投资银行雷曼兄弟控股公司（Lehman Brothers Holdings Inc.）倒闭后香港地区散户投资者遭受巨大损失而受到抨击，被认为是金管局和证监会对银行出售雷曼相关结构性产品监管不力。香港地区的雷曼兄弟的迷你债券问题暴露了香港地区“一业两管”的监管模式出现了真空，而内地的南航、中铁、远洋、中铝等中央特大型企业的掉期期权业务在金

① 中国人民银行. 国际金融市场报告 [R]. 北京：中国人民银行，2010.

融危机中也遭受了巨额损失，由于金融衍生品业务刚刚起步，内地还无法进行有效监管。

第三节　两地金融合作的建议

连接两地金融市场符合国家利益，内地应更好地利用香港这个金融平台发挥其所长，使两个金融体系能够取长补短，在金融监管、风险管理、金融基础设施建设方面互相借鉴和帮助。

一、用好香港地区，并共同提升其国际金融中心地位

第一，继续发挥其筹资功能。香港地区作为国际金融中心，一直是内地最大的融资中心，除继续扩大内地企业到香港地区上市以外，可以提供多元化的筹资渠道，继续把储蓄资金引到内地，满足内地集资者的部分需要，协助内地筹集资金。

第二，帮助内地企业走出去。香港地区可以提供投资工具，满足内地储蓄者对境外资产的需求，通过其高效、多种货币的集资平台，成为协助内地资金有序"走出去"进行海外直接投资的一个有效渠道。

第三，提供多元化的金融服务，帮助内地储蓄有效地转化为投资。香港地区可为内地的资金融通（内地投资者和集资者的结合）提供一个有效的平台，通过银行、证券、保险、企业并购、资产管理、财务规划等多元化的专业服务，满足内地企业的金融服务需求。香港地区的金融机构和金融工具应积极"走进去"，拓宽其在内地的服务范围和类别，开拓内地市场。[①]

第四，发挥香港地区在主权财富基金海外投资中的中介作用。香港地区应该能够在中国的主权财富基金的海外投资中发挥更大作用。中投或外管局可以在香港地区设立隐蔽的子公司进行海外投资，也可以通过香港地区的基金公司对于主权财富基金进行重新包装，实现资金的市场化运作。

第五，内地相关部门可进一步扩大 RQFII 计划，允许在香港地区注册并经营主要业务的非内地相关的资产管理公司参与该计划，提升香港地区作为资产管理平台的吸引力。继续推动人民币投资产品更多元化地发展，同时促进在香港地区

① 例如，利用预托证券的方式或重新包装在香港地区发行的债券在内地发售，使内地投资者也可买卖香港地区的股票和债券等。

管理的资产增长。

第六，扩大在香港地区人民币业务，发展香港地区债市。人民币业务在香港地区不断扩大，有可能在香港地区局部提前实现自由兑换，这样通过香港地区的局部人民币自由兑换试点积累经验，发现问题和解决问题。同时，人民币债券业务的发展可以弥补其金融业结构缺失，提升其成为世界金融中心的地位。

二、香港地区应当配合内地金融体制改革的深化

中国2007年第三次金融工作会议确定了金融改革的重点。一是构建多层次的金融市场体系，加快资本市场的基础性制度建设，加快发展债券市场。二是稳步推进利率市场化改革，进一步完善人民币汇率形成机制，加强对外汇储备的经营管理，采取综合措施促进国际收支基本平衡。三是积极稳妥地推进金融业的对外开放，促进中外资金融企业的公平竞争，继续推进内地与香港、澳门地区的金融合作。四是提高金融监管能力，完善金融分业监管的体制机制建设，加强监管协调配合，强化金融监管手段，健全金融法制。

香港地区应该积极配合内地正在转变中的金融现状和金融改革，为内地金融体制改革做出贡献。香港地区的金融平台可以为内地提供多元化的金融服务，协助内地提高融资效率；香港地区可利用其国际金融中心的优势，促进两地之间的双向跨境资金流动，同时积极探索和拓展外汇储备的使用渠道和方式，协助解决内地国际收支失衡的问题。

三、继续推进人民币区域化

通过香港地区作为试点来实现人民币成为区域性货币，这也需要循序渐进的过程，需分阶段实施。

由人民币业务到结算中心到人民币离岸中心，必须确保平稳过渡。在业务范围上，从风险较低的存款、汇兑和信用卡等业务渐次扩展，下一步的业务扩展，初期应对香港地区银行利用人民币存款作贷款和同业拆借的行为加以限制，控制人民币流动规模，随着业务发展和管理经验的积累，境外人民币流通规模的标准可以逐步放大，渐渐解除限制。

在具体途径上，适当拓宽香港地区人民币资金的出路，逐步放宽香港地区银行人民币业务的范围，确立人民币在香港地区流通的制度依据，加强对人民币离岸中心的监管，以降低对国内货币政策的冲击，保证国内各类金融管制措施的有效性。

提高香港地区金融体系处理以人民币为货币单位的交易能力，更好地满足内

地对资金融通的需要。在以人民币进行贸易结算，以及内地与香港地区货币互换实现后，未来推进人民币走向区域性货币的工作还可以包括以下几方面：

第一，以内地外汇储备支持香港地区外汇基金，使人民币成为香港地区外汇储备的重要组成部分。

第二，内地在香港地区继续扩大发行人民币企业债券，进一步放宽更多不同种类及评级的内地企业在香港地区发行人民币债券融资的条件，使香港地区的人民币服务更为多元化。

第三，争取尽快在香港地区发行人民币国债。

四、加强金融基础设施合作，完善两地支付结算体系

为加强两地金融基础设施的联系，便利两地资金的合法流动，增加资金的融通效率，监察资金的流动情况和依法管理，应逐步做好以下工作：

第一，建立香港地区与广东之间的人民币即时结算系统。

第二，推广至内地与香港地区之间的人民币即时结算系统。

第三，推广至内地与香港地区之间的港元、欧元、美元的即时结算系统。

五、促进商品期货市场和金融期货市场的合作

在商品期货市场的合作上，两地应在交易品种上与内地大宗物资的需求相配套，在交易制度、机制方面和伦敦、纽约期货市场建立合作关系，加强衔接。这样，香港的期货市场就完全可以为国家进口能源、原材料等大宗物资发挥调节供需、控制成本、规避风险的功能，内地大企业也可以把原来投放到伦敦、纽约、芝加哥的买卖单转投到香港期货市场。随着内地经济的持续发展，资本市场的不断完善，两地商品期货市场的合作将存在巨大空间。

在金融期货市场的合作上，中国金融期货交易所于 2006 年 9 月在上海成立，其第一个期货品种——股指期货于 2010 年推出。香港地区的股指期货则是其发展最成熟的金融期货产品，2006 年，其股指期货交易额和股票期权交易额均名列世界第 7 位。[①] 因此，内地可向香港地区学习和借鉴经验，除了股指期货、国债期货等交易品种，还可推出人民币期货。两地金融期货合作有待继续深化。

---

① 香港地区的金融期货产品主要包括三类：一是股市指数产品，如恒生指数期货、小型恒生指数期货、国企指数期货及新华富时中国 25 指数期货；二是股票产品，如股票期货；三是利率及定息产品，如港元利率期货及 3 年期外汇基金债券期货。

六、支持中小企业发展的金融合作

第一，国家应鼓励内地中小企业积极到香港地区创业板上市。香港地区证券市场主要是为中小企业服务的，中小企业是其市场主体，[①] 内地很多民营企业的业务和产品质量都很好，而香港地区国际资金充裕、证券市场健全，内地众多的优秀民营企业应该找准发展机遇，积极开拓在香港地区资本市场融资的渠道，解决其融资难的实际问题。

第二，中央政府应打通内地中小企业到香港地区创业板市场的通道，可以规定内地中小企业在其创业板上市无须经过内地证监会审查。由于内地民营企业在香港地区上市的手续较为简单，因此其上市程序只需由香港地区联交所按照香港地区创业板上市的有关规定进行审核批准即可。这样就可充分发挥香港地区为中小企业筹融资的功能，吸引国际资金投资中国的中小企业。

七、内地应借鉴香港地区经验以完善对外资金融机构的监管

第一，完善对外资银行的监管法规。[②] 加快制定《外资参股国内商业银行管理办法》，对外资金融机构在国内商业银行的股份购买、转让、推出进行规范。

第二，控制外资银行的进入速度。①采取控制外资银行来源国分布、总数以及每家外资银行分支机构数量的方法，防止外资银行垄断经营，确保本国银行的份额。②借鉴国外经验，对外资银行实行严格审批，如限制其最低资本额，避免外资银行在短期内大量涌入，保证有实力的外资银行进来。③采取对等原则，防止外资银行过于集中在少数国家，这样也有利于中国商业银行的对外拓展，同时还要注意限制外资银行在中国形成对某些地区的垄断。④通过对外资银行资产和经营业绩等的要求进行有效监管，适当控制其扩展速度。⑤参照香港地区的银行经营牌照制度来控制从事不同业务的外资银行的数量和规模。

第三，鉴于混业经营现已成为国际金融业的主流经营模式，中国应制定《外资金融控股公司参股国内金融企业管理办法》对外资金融控股公司在国内经营业务进行全方位监管。应制定《外资金融机构从事数据外包业务管理办法》，允许国内中小商业银行直接利用国外商业银行在国内建立的数据处理中心和账务处理中

---

① 香港地区证券市场主要是为中小企业服务的。若按上市融资金额计算，小于 1 亿港元的占到上市公司总数的 32%，1 亿~10 亿港元的占到总数的 40%。二级市场上市值小于 5 亿港元的企业占总数的 39%，小于 30 亿港元的占 43%。内地中小企业对香港地区的市场应有信心。

② 加强金融监管，尤其是加强银行业的监管已成为金融工作的重中之重，也是防范和控制金融风险，维护中国金融安全的重要内容。必须依法对外资银行进行监督管理，防止其可能对中国金融市场的控制。

心，以避免重复投资。

第四，引入香港地区国际金融监管的成功经验，加强对外资银行监管的国际合作。[①]

八、加强基于金融安全的金融监管合作模式

第一，加强金融监管合作机制。这种合作是保持各自独立的监管体系下具体操作的合作。香港地区是一业两管的监管模式；[②] 内地虽然实行分业监管，但基本上是伴随着市场建设而建立法规的过程，不完全是在法律框架下的执行过程。两地应在合作互补的基础上充分利用国际监管规则，依托一国两制，互相借鉴融合，创新适应两地金融合作的金融监管新模式。

第二，监管重点有所侧重。总的来看，新兴市场在金融创新方面发展较发达市场落后，中国内地同样由于金融市场尚未完全开放，从这次金融危机中吸取的教训也有别于发达经济体，其关注重点应在于如何推动金融创新和如何规划金融开放。香港地区的金融创新则需要加强监管。由于此次金融危机是由金融创新发展失控所致，以此为鉴，香港地区金管局应该确保金融创新能提高资金融通的效率，同时审慎管理金融创新带来的风险。但是，两地都需要加强对今后金融衍生产品的监管，采用和加强对于金融创新产品控制风险的传统做法，一个是质量审批，一个是市场审批。

第三，借鉴香港地区的监管经验，内地可根据社会经济发展需要进行监管体系改革与监管法规条例的完善。目前，内地证券和期货公司对于在香港地区证券市场开拓业务的积极性很高，因此香港地区应在其风险管理架构内，便利内地企业和投资者通过“合资格境内机构投资者计划”，参与香港地区的证券市场。香港证券地区市场应鼓励金融创新，继续发展其衍生工具市场，香港地区证监会和港交所也应继续完善证券监管架构，便利金融产品创新。

第四，共同监管人民币业务。规范和强化市场准入的管理，建立人民币业务审批制度，按资信状况和资本实力分别颁发离岸业务牌照和有限牌照，规定业务范围。

---

① 借鉴香港地区的银行公会制度，在中资银行间以协议形式达成某些共同准则，沟通信息，防止不公平竞争，协调解决部分银行间的业务矛盾，增强银行业的整体实力。

② 香港地区金融监管以法治为根基，分别拟定适用于银行业、证券业、保险业的法律制度，建立两个各司其职的金融监管机构，即金管局和证监会。香港地区的金融监管，主要依托由政府部门为主、同业公会配合的合作监管体制，架构起一个公平、合理、严格、缜密的金融监管体系。香港地区金融业着重金融基础设施如法律体系、会计制度、审计制度、信息披露机制、交易与结算系统的建设，且根据变化的情况适时进行修订。

第五，两地反洗钱合作。洗钱问题是当今世界各国面临的严重的金融犯罪问题。作为国际金融中心，香港地区出台了一系列法规，加强反洗钱力度，并通过立法、执法与财经机构联系、与国际机构合作建立了多层次有效打击洗钱的机制，维护香港地区金融中心的地位和金融体系的稳定。内地的洗钱犯罪率不断上升，企望借助于香港地区为通道达到目的。因此，两地应加强反洗钱合作，建立有效的合作组织体系和法律框架，利用经济全球化和金融服务网络化以及电子信息技术，打击跨境洗钱活动。

第十五章　中欧金融合作

自2013年以来，欧元区爆发系统性风险的担忧显著降低，即便是边缘国家，其融资成本无论从水平值还是波动性上都有明显下降，可以说欧债危机的最坏时期已经过去。欧元的国际储备货币地位未因欧债危机而动摇，欧盟将由货币联盟走向财政联盟。人民币国际化战略及中国金融国际化进程的加快为中欧合作提供了新机遇。虽然欧洲金融业因欧债危机在华拓展业务放缓，但中资银行却加快了在欧洲的全面布局，证券和保险业务也在起步。未来，中欧在银行、证券、保险、货币合作等方面的合作前景广阔。

第一节　欧洲的金融体系

欧洲的金融体系呈现独特的优势，呈现出银行主导型和市场主导型并存的特点，与美国市场主导型的金融体系不同。

一、欧洲金融体系的特点

笔者研究了欧盟各国，发现其金融体系各有不同特点。[①] 金融体系由金融机构权重、融资结构和公司治理机制构成，可分为银行主导型和市场主导型。银行主导型的特点为：银行占比大、融资方式以银行贷款为主；市场主导型则表现为资

① 本章所谈的中欧金融合作，是指中国和欧盟27国的金融合作。欧盟共有27个成员国：法国、德国、意大利、荷兰、比利时、卢森堡、英国、丹麦、爱尔兰、希腊、葡萄牙、西班牙、奥地利、瑞典、芬兰、马耳他、塞浦路斯、波兰、匈牙利、捷克、斯洛伐克、斯洛文尼亚、爱沙尼亚、拉脱维亚、立陶宛、罗马尼亚和保加利亚。欧元于2002年1月正式流通，成为欧元区唯一的合法货币。使用欧元的国家为德国、法国、意大利、荷兰、比利时、卢森堡、爱尔兰、希腊、西班牙、葡萄牙、奥地利、芬兰、斯洛文尼亚、塞浦路斯、马耳他、斯洛伐克（2009年1月1日加入欧元区）、爱沙尼亚（2011年1月1日加入欧元区），称为欧元区，目前共有17个成员国和超过3.2亿的人口。

本市场规模大、以直接融资为主。欧洲的金融体系表现为市场主导型和银行主导型共同存在，最有代表性的是英国和德国。①

英国的特点是市场主导型的金融体系。最近10年，其银行的数量正在减少，数以千计的银行将因规模不经济被兼并而消失；资本市场发达。不过英国也在进行金融体系变革，扩大银行服务范围，银行可以直接承销政府债券，监管部门允许银行在近年内通过承销转价格债券、公司商业票据和其他债务或权益的发行来扩大投资银行业务；消除产品范围限制，允许自由全能银行存在，金融市场的银行主导型特征开始增强。

德国则是银行主导型的金融体系。银行业高度发达，是全能银行模式。虽然其资本市场也很发达，但交易成本较高。德国金融体系的变革主要是由贷款融资转向市场融资，② 努力改善德国的金融市场。

欧洲各国存在金融体系趋同，试图融合银行主导型和市场主导型的金融体系模式，趋势主要表现为：第一，全能银行代表了欧洲银行业的远景，主要为规模经营、多元业务协同发展、银行经营电子化和自动化、创建全能银行体制、为赢得市场而创新产品、提高服务质量和经营效率。第二，向金融一体化发展以使市场的广度和深度扩大。

二、欧洲资本市场较统一

欧元作为统一货币发行后，作为支付手段，欧洲金融市场的基础已经开始形成，但是因为各国有不同的财政和税收政策，欧洲金融市场依然是分割的。其他金融市场，如美国的金融市场，有长期处于统一状态的传统。真正的欧洲市场存在于外汇市场、货币市场和债券市场。

欧盟自1999年欧元开始启动，欧元成为了欧洲中央银行体系进行货币市场操作和外汇交易的唯一货币。2002年，各成员国使用统一的欧洲货币。欧元区银行间市场存款市场迅速一体化。欧洲的外汇市场和货币市场是真正的欧洲市场，具有全方位的成熟资产，有流动性好、效率高、安全可靠的市场结算体系。欧洲中央银行提供了这样一种货币管理体制，也就是所谓的目标体制，为欧洲提供了一种非常有效的货币市场管理，也为银行类的机构和其他金融机构提供了非常好的资产，成为了可以同美国竞争的市场。

欧元启动与实施促成了各国债券市场的整合，市场的广度、深度显著扩大。

---

① Thakor, A. The Design of Financial Systems: An Overview. Journal of Banking and Finance 20, 1996.

② 应展宇. 变革中的欧洲金融体系 [J]. 世界经济，2005 (7).

债券市场是得到完全开发的、可以同美国竞争的市场要素。欧元债券市场几乎同美元债券市场一样大，一样具有流动性，可以有效地同流动性非常好的美国债券市场相抗衡。

欧洲的股票市场和投资银行业务也有了迅猛发展。欧元有利于原本分散的欧洲各国和地区交易所的整合，建立泛欧股票交易所，欧洲股票的流动性大大提高，欧洲股票市场的资本化率逐步提升，投资银行业务空间更加广阔。

欧洲的产权投资市场还不能同美国抗衡，因为最重要的欧洲产权投资市场——英国还没有加入欧元区。

三、欧盟各国的金融监管模式不同

欧盟各国有三种不同的监管模式。第一种，不同监管机构负责不同金融业务监管，法国、希腊、西班牙、葡萄牙、芬兰、卢森堡基本都是采用这种模式。第二种，经不同金融部门的监管责任重组到一个单一机构，奥地利、德国、丹麦、爱尔兰、瑞典和英国都采用这种模式，如联邦金融监管局就是德国的单一金融监管机构，负责银行、证券、保险。英国的金融业务管理和监督由金融服务局（FSA）负责。第三种，监管责任分配给两个不同的机构，一个维护金融机构的稳定性，另一个专注于金融业务监管从而保证透明性，这种模式在荷兰和意大利逐步成形。可见，有的国家是统一的金融监管模式，有的国家则没有统一的监管结构，不同部门负责保险、社会、银行以及证券交易，但没有统一监管。[①]

同时，各国中央银行发挥的作用也不一样，除了希腊、西班牙、爱尔兰、荷兰、意大利和葡萄牙6个国家是由中央银行负责银行业务监管，瑞典和英国的中央银行参与有限，丹麦和卢森堡的中央银行不参与审慎监管，其他国家中央银行则是不同程度地参与到监管之中。

欧洲中央银行于1998年成立，主要是维护货币稳定，管理主导利率、货币储备和发行以及制定欧洲统一货币政策，而不承担金融监管的责任。所以，金融监管由各国自己负责。随着欧元区经济一体化的不断发展、金融机构兼并重组以及欧元区内设置银行机构限制条件的取消，欧元区的金融监管面临着新问题。此次金融危机暴露出欧元区各国缺乏行之有效的、统一的金融决策和协调机制。

随着欧元区金融管制的放松，欧元区的金融创新空间大大扩大了，各国纷纷开放国内金融市场、放宽金融同业并购限制等，各国的金融监管制度在逐步统一

① 中国证监会研究中心．关于各国金融监管体系的研究报告．http：//wenku.baidu.com/view/4934e92acfc789eb172dc830.html.

的过程中趋向放松。以跨境清算和交割系统为例，各成员国近年来金融放松管制、欧元启用和技术创新等，大都建立了高效的证券清算和交割系统，但是在跨境金融活动中，由于国别差别出现了多重监管，交易成本过高。因此，2012 年 7 月开始推动的银行业同盟显然可以使统一的银行业市场走向一体化，从而解决欧洲银行业市场的分割问题。

由于各国对金融机构有国家立法、国家税收、国家管制以及国家监管的权利，但是这些调控者、立法者以及监督机构之间的合作太少，信息流通没有保证，随着欧洲越来越多的金融交易超越了国界，金融体系的风险就开始出现。如果有一个欧洲级的综合的监管机构，就可以避免各自决策所造成的缺陷。欧元区金融体系的主要特点是银行主导，银行参与债券市场和证券市场是主要方式，未来企业融资主要通过债券市场和证券市场，配置资本、鼓励投资、帮助储户寻找投资机会，更多地依赖银行及其他金融机构的相互作用而不只是依赖银行。伴随着欧洲金融市场的飞速扩张，银行地位反而没有弱化，欧洲金融体系也在经历深刻的结构性变革。变革不仅仅是放松管制：新的金融工具被创造出来，新的金融市场增加了，反而需要更好地防范和管理金融风险。

第二节　欧债危机是欧洲金融一体化的契机

国际区域性合作的各阶段包括关税同盟、自由贸易区、经济一体化（财政和货币联盟）、政治经济一体化。欧债危机的根源在于欧元区国家的财政赤字和债务比重过高，增长乏力及结构性失衡，导致主权债务危机，并发展为欧元危机和欧洲银行业危机。欧债危机的发展趋势使欧元能够经受住考验并趋稳健，欧洲财政联盟将列入日程。欧元的诞生曾经使欧共体走向货币联盟，银行业联盟将为财政联盟打下良好基础，欧债危机将成为其迈向财政联盟的契机。

一、欧元的国际地位受到了冲击但未根本动摇

欧债危机，全称欧洲主权债务危机，是指自 2009 年以来在欧洲部分国家爆发的主权债务危机，是美国次贷危机的延续和深化，根源是政府的债务负担超过了自身承受范围而引起的违约风险。早在 2008 年 10 月华尔街金融风暴初期，北欧的冰岛主权债务问题就浮出水面，而后中东欧债务危机爆发，鉴于这些国家经济规模小、国际救助比较及时，其主权债务问题未酿成较大的全球性金融动荡。2009 年 10 月 20 日，希腊政府宣布当年财政赤字占国内生产总值的比例将超过

12%，远高于欧盟设定的3%的上限。随后，全球三大评级公司相继下调希腊主权信用评级，欧洲主权债务危机率先在希腊爆发，2010年3月危机进一步发酵，开始向欧洲五国（葡萄牙、意大利、爱尔兰、希腊、西班牙）蔓延。德国与法国等欧元区主要国家也受拖累。欧债危机逐渐演变成经济危机、社会危机乃至政治危机。欧洲央行推出“无限购债计划”后，受债务危机困扰的欧元区主要经济体西班牙和意大利的融资压力才得到明显缓解。

欧洲央行2012年7月12日的报告认为，尽管欧债危机不断扩散，2012年欧元仍保持了国际储备货币的地位。海外市场对欧元区资产需求虽有下滑，但至2011年底，欧元在全球外汇储备中的比重仅从2010年的25.4%下降至25.0%。其国际地位并未因欧债危机受到削弱。[①] 欧债危机近两年，欧元兑美元汇率最高为1.49，2012年7月20日为1.22，仍高于欧元1999年问世以来兑美元平均约1.20的水平。如图15-1，从欧洲央行公布的欧元兑20只主要贸易伙伴货币的加权平均名义汇率指数来看，在过去24个月只贬值4.0%（至2012年5月底），在过去6个月其贬值幅度只有4.9%。在2012年5月跌势才告加快，整体而言其贬值幅度不算大。其原因：第一，欧元汇率受到德、法支持。德法两国经济规模相当于欧元区的一半，而欧债五国（希腊、爱尔兰、葡萄牙、西班牙、意大利）约占1/4，欧元所取代的“一篮子”货币里面马克和法郎比重最大。如欧元区解体，欧债五国货币大幅贬值，但马克和法郎将大幅升值。马克和法郎的内在价值支持了欧元汇率本身。第二，国际储备货币地位的支持。全球主要国际储备货币有美元、欧元、英镑、日元和瑞士法郎。新兴市场央行坚持外汇储备多元化也形成了对欧元的支持。尽管南欧的债息不断上升，但德法国债作为避险选择，其国债收益率曲线全线下降，德国10年期国债收益率从2011年的1.83厘降到1.36厘，2年期国债收益率为负。法国10年期国债收益率也从3.15厘降至2.54厘。德国国债余额有1.11万亿欧元，法国有1.36万亿欧元，其市场颇具广度和深度。欧洲避险资金和新兴市场外汇储备多元化驱使资金流向优质欧元资产。第三，利率水平高。欧元区利率为0.75厘，美国为0.00~0.25厘，英国为0.50厘，日本为0.10厘，瑞士为0.00厘。欧元区具有明显的息差优势。第四，欧元区财政状况优于美、日、英。欧元区2012年政府总债务及净债务相当于GDP的比率分别为90.0%和70.3%；美、日和英则为106.6%和83.7%，235.8%和135.2%，88.4%和84.2%。其财政预算据IMF预测，2012年相当于GDP的3.2%，接近稳定条约要求的3.0%的水平，而美、日和英则要严重得多。此外，欧元区仍有经常账户盈余。

① 中国工商银行. 金融危机风险传导机制研究［J］. 全球区域风险研究，2013.2.26.

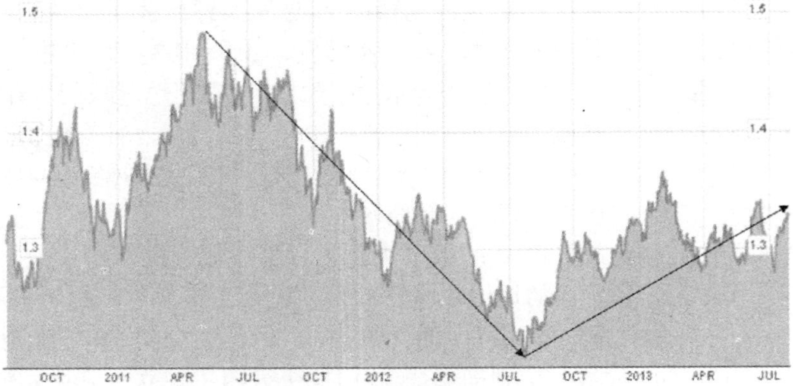

图 15-1　欧元兑美元汇率走势（2011~2013 年）

资料来源：卓亮. 欧债危机威胁尚存［J］. 中银财经述评，第 63 号，2013-08-19.

二、欧洲银行业危机将得到解决

欧洲财政和金融相互捆绑，如表 15-1 所示，欧洲银行持有债务比例中，53.5%为欧洲各国主权债（美国债券仅占 18.5%），70% 的“欧债五国”债也被其持有（5700 亿欧元）。这些债务曾属于高等级资产，风险权数甚至为零。随着一些国家主权信用被降级，其风险大大提升，银行风险资产迅速扩大，资本充足率迅速下降。经济减速和危机扩散给银行带来了许多企业坏账，欧洲银行监管局为提高银行应对风险的能力提高了银行的核心资本标准，银行资本缺口陡然扩大。对比欧美银行业，如图 15-2 所示，欧洲斯托克 600 指数中的银行业权重由 20%下滑至 10%，同期标普 500 指数的银行业权重则稳定在 3%。金融机构股票指数不断下跌，银行股权融资成本上升。如图 15-3 所示，从 2009 年 10 月至 2011 年，欧元区道琼斯 EURO Stoxx 金融指数累计下跌了 35%。银行体系由于股票市场融资成本上升，难以从金融市场筹集资金以弥补资本金缺口。在这次欧债危机中，国际三大评级机构只是在各国偿债高峰期到来之前对其降级，分阶段地降低欧洲债务评级和银行评级，把握着欧债危机的节奏，起到了落井下石的作用，评级水平受到质疑，很多欧洲国家提出要研究设立新的欧洲评级机构。在欧债危机中，欧元区的救助机制附带结构改革条件，借款给受援国政府，经由政府救助其银行。虽然 2011 年 12 月 21 日和 2012 年 2 月 29 日欧洲央行实施了两轮长期再融资操作，通过 ESM 注入了 10185 亿欧元的流动性，为欧元区银行补充了 3 年内所需的流动性，但是这种间接救助忽略了经济增长，使财政紧缩与经济下滑恶性循环。国债收益率不断攀高，如图 15-4 所示，西班牙、意大利的 10 年期国债收益率一度超过了 7%，引发了金融市场的恐慌，银行业信心无法恢复。主权债务危机和银行业危机呈恶性循环之势。2011 年底，欧元区银行间资金拆借规模较 2008 年下降了 60%，资金不再通过银行与银行间的正常渠道流动，也不愿向企业或个人提供贷款，只经由欧洲央行（ECB）流动。2012 年，银行系统性风险剧增，资产负债表不断恶化，存贷萎缩，陷入萧条，推进了 10 年之久的欧洲银行业一体化进程面临破裂。然而货币联盟之下，银行业危机和财政危机又会带来国际收支危机。欧元区迫切需要一个对银行的直接救助机制，打破银行与主权债务风险的恶性循环。

表 15–1 欧洲银行的全球债券分布

国家或地区	债权（百万美元）	占比（%）
全球	19460146	100.0
美国	3597570	18.5
欧洲	10404631	53.5
英国	2131953	11.0
德国	1296920	6.7
法国	804452	4.1
荷兰	692910	3.0
欧债五国	2947647	15.1
希腊	188598	1.0
爱尔兰	634560	3.3
意大利	1032804	5.3
葡萄牙	240616	1.2
西班牙	851069	4.4

资料来源：BIS。

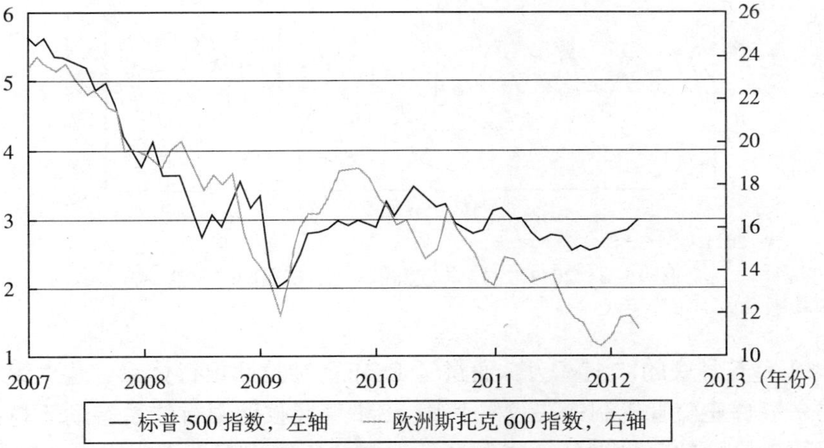

图 15–2 银行业部门比重（指数总市值占比）

资料来源：Datastream，HTI。

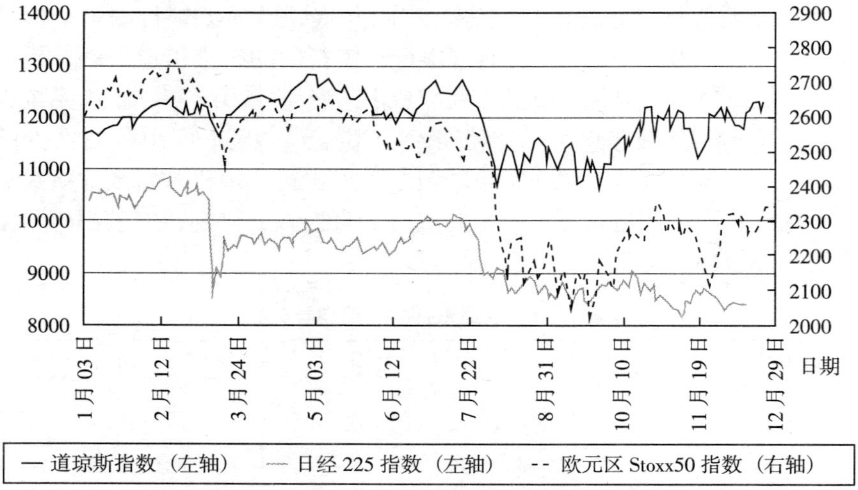

图 15-3　欧元区 EURO Stoxx 指数不断下行

资料来源：路透社。

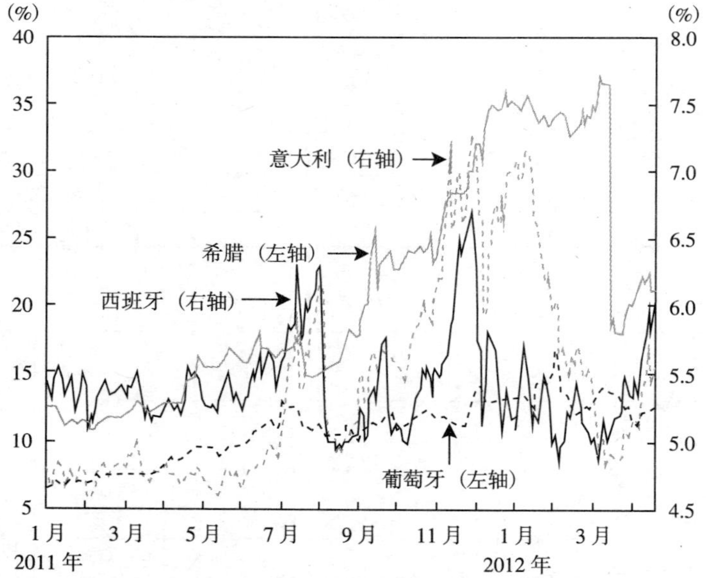

图 15-4　2011~2012 年欧洲国家 10 年期国债收益率

资料来源：Bloomberg。

2012 年 6 月底的欧洲峰会，通过了 ESM 直接救助银行体系、建立银行业联盟、建立银行业监管机制的决议。利用 ESM 直接救助银行体系有助于打破银行与主权债务风险的恶性循环，降低高负债国的负债比率及借贷成本。1200 亿欧元的“一揽子”经济刺激计划将有助于寻求紧缩财政和维持一定增长之间的平衡。银行业联盟则需要建立单一存款保险制度、清算基金、共同清算机构、单一银行监管机构，形成一个系统性的金融重组和救助框架，提供超越国界的银行存款保险，为区内银行提供必要的保障。欧元区银行业监管机构拟位于布鲁塞尔，对区内最大的25家银行进行监管，统一调控各国银行业监管机构。这都标志着欧元区银行业一体化进程的加快，将有助于维护欧元区的稳定，改善金融市场职能，彻底打破主权国家和银行之间的反馈环路并解决欧债危机。

三、欧盟由货币同盟走向财政同盟

自统一货币欧元和独立的欧洲中央银行建立，欧洲货币同盟完全建立。在成员国分享到低融资成本的巨大收益的同时并没有遵守相应的财政纪律，缺乏财政一体化前提的货币一体化加剧了成员国结构不均衡并最终分化，形成债务危机。欧债危机意味着欧元危机，缺乏集中财政支持的统一货币体制使成员国在失去传统应对危机方法的同时又难以获得新手段，欧债危机的展开和终结伴随着欧元体制的实质性改革。救助过程的两个关键机制决定了紧急援助的规模和欧元区防火墙的高度，即临时性机制和永久性机制。临时性机制和IMF措施一致：希腊、爱尔兰和葡萄牙为获得援助需暂时交出大部分经济政策方面的主权。永久性机制是欧元区国家在多大程度上把财政及相关领域（如银行监管）的主权交给新的欧元区治理机构。2012年6月底的欧盟峰会成果传达了欧盟正走向财政同盟的信号，意味着各国把财政主权让渡给新的欧元区银行财政监管体系。欧元区要彻底摆脱欧债危机，并将欧洲一体化提升到一个新水平，加快财政一体化就成为必然选择。将由货币联盟走向财政联盟，并走向完全经济一体化，从深层次看，欧债危机是欧洲一体化过程中的一个契机。

四、欧洲金融体系仍面临风险

欧债危机虽然已经接近尾声，但潜在风险仍然没有消除。欧元区的国债占GDP的比重仍然居高不下，2013年第一季度达到92.2%，并且还有继续升高的趋势，如图15-5所示。就各国情况来看，爱尔兰、葡萄牙、意大利、希腊的比重分别为125.1%、127.2%、130.3%、160.5%，加上比利时，这5个国家的国债都高于其一年GDP总值（见图15-6）。欧元区的GDP增长率在2011年开始持续下滑，于2012年成为负值，进入2013年前两个季度，仍然持续为-1%和0.7%。其经济增速仍然为负，是否走出谷底，仍待观察（见图15-7）。欧债危机揭示的高负债国财政结构和经济结构上的诸多缺陷，需要结构性改革方案解决，欧洲央行干涉过多，会放慢各国改革的步伐，导致欧债危机旷日持久。欧洲银行业持有

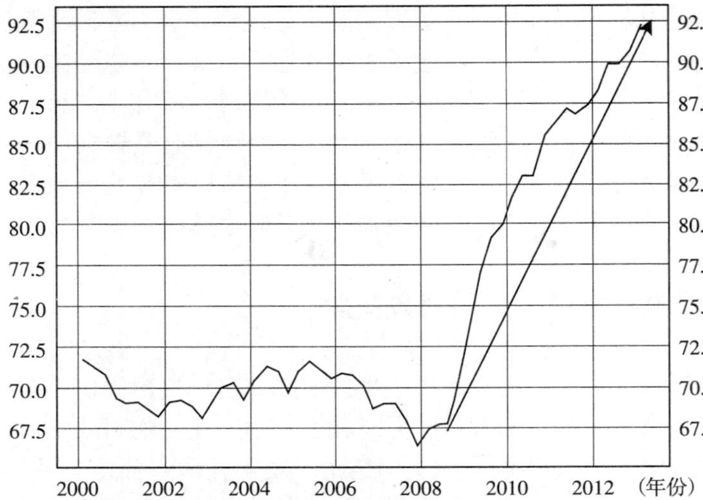

图 15-5　国债占比居高不下

资料来源：欧洲央行。

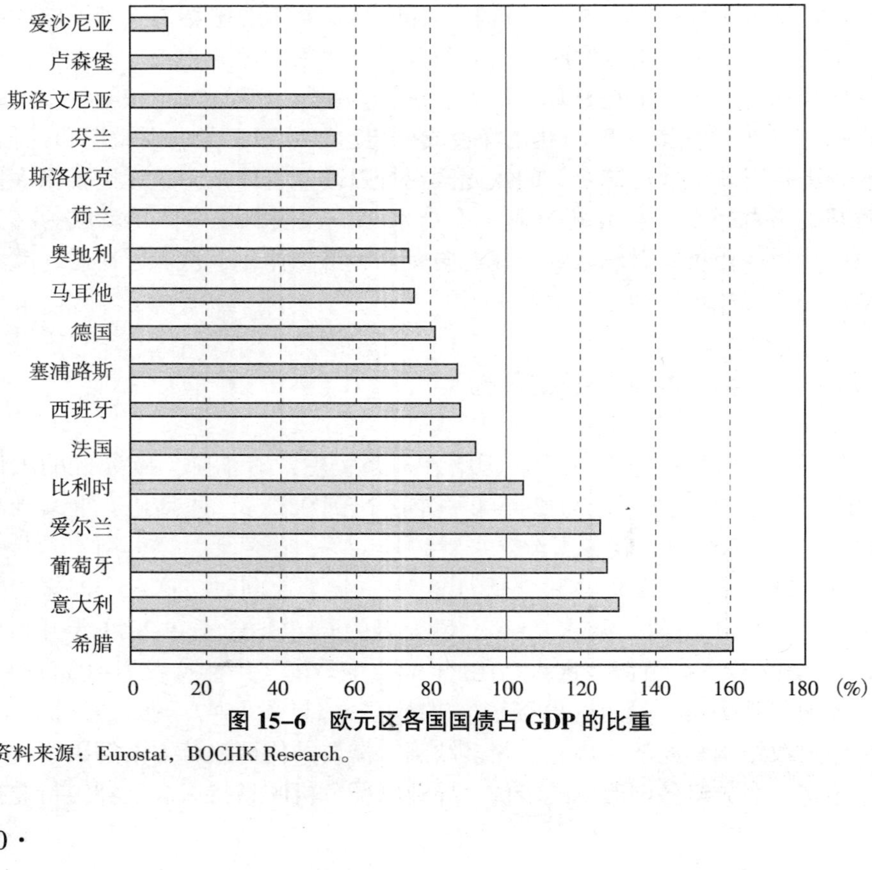

图 15-6　欧元区各国国债占 GDP 的比重

资料来源：Eurostat，BOCHK Research。

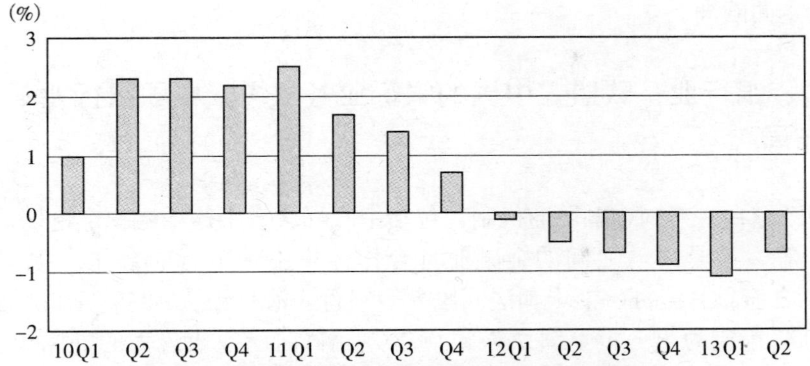

图 15–7　欧元区 GDP 的季度变化（2010~2013 年）

资料来源：Bloomberg，BOCHK Research。

太多本国国债现象极其普遍，欧元区政府主权债务与银行业资产联结“过度紧密”，以致金融业危机和主权债务危机互相牵制。欧洲央行应改变资本规定条款，把国债风险水平纳入银行业负债考量的基本要素，隔断主权债务违约与金融系统的内在联系，解决过度投资主权债务的问题。与此同时，停止对各国银行及主权债务的隐性担保，只有这样银行业才有能力应对主权债务违约的负面影响，高负债国也才有可能减少对欧洲央行和本国银行业的依赖。

目前，欧元区金融体系至少还面临以下四大风险：①银行业的利润水平因信贷减记损失和宏观经济环境疲软而进一步恶化；②经济萧条以及政府改革不力使部分国家主权债务危机风波又起；③欧元区财政困难国家银行业融资面临困难；④全球投资者正在对风险溢价状况进行重估，资金流动方向正发生改变。欧洲央行 2013 年 5 月发布的半年度金融稳定报告显示，欧元区金融体系所面临的压力近期已有缓解，但风险犹存，各国政府及银行需要努力确保银行业体系的稳固。可见，在欧洲金融一体化进程中，银行业体系的稳固性仍然面临考验。

第三节　欧债危机以来中欧金融合作的新变化

欧盟的金融体系以银行为主导，表现为全能银行的经营模式，银行可以参与证券、保险及投资银行等资本市场业务，银行业市场一体化程度很高，以欧洲 25 国作为客户。然而中国则以银行为主导，间接融资为主，资本市场不发达。因此，中欧建交 30 多年来，金融合作不断深化，主要以银行业合作为主。欧洲银行业已完成在华布局，受欧债危机影响，在华金融业务延缓。但是中国金融业却开始走向欧洲。

一、银行业：欧盟在中国的银行业务放缓，中国银行业则加速在欧洲布局

中欧存在一系列金融协商机制，包括中欧峰会、中德金融稳定论坛、中法金融论坛等，但是中欧之间的金融业务合作仍集中于银行业合作。中国市场在2005年之前只有渣打、汇丰和法国巴黎等银行。渣打银行1858年在上海开设分行，2007年成为第一批上海法人银行之一，目前已建成最大的外国银行网络，除中国香港、澳门地区以外，渣打银行在内地有22家分行、67家支行和1家村镇银行。汇丰银行1865年在上海设立分行，业务从未间断，是在内地投资最多的外资银行之一，入股内地中资金融机构的总投资超过了50亿美元。法国巴黎银行1860年在上海设立办事处，1993年设立合资银行，后来成为独资银行，成为支持大亚湾核电站、岭澳核电站等一些大型项目的领头银行，在中国已建成最大的外国银行网络之一。随着中国金融业的全面开放，欧洲银行业也开始了有序布局。2005年，荷兰ING集团、德国国际合作储备银行、苏格兰皇家银行集团、瑞银银行、花旗银行等进入中国。至2010年，欧盟在华共设立了8家独资银行，32家分行，占外资银行的比例分别为22%和36%。欧资银行在中国也以传统银行业务为主，个人理财等中间业务发展较快。欧债危机虽然爆发，其在中国的业务开拓放缓，但资金回撤少，比较稳定。汇丰、渣打、德意志等银行在中国确定基准利率中起到的作用还在不断增强。

中资银行也零星地进入欧洲（见表15-2）。其中中国银行最早，它于1929年设立伦敦分行，2007年成立伦敦子行。中国工商银行1999年在欧洲设立了两家分行，2009年又设立一家。2007~2009年，中资银行在欧洲陆续设立了14家营业性机构和5家代表处。尤其在欧债危机中，欧洲成为了布局重点，2010年以来，工、农、中、建、交等银行在法兰克福、伦敦、巴黎、卢森堡、阿姆斯特丹、米兰、布达佩斯等共建立了分行和代表处16家。中国银行和中国工商银行仍最有代表性。中国银行2010年后在欧洲设立了6家分行（目前有分行21家），工商银行2010年则设立了7家分行（目前有10家分行）。中国农业银行于2012年、交通银行于2011年设立了伦敦子行。北京银行也抓住时机，在阿姆斯特丹开设分行。由于欧洲央行所在地法兰克福的金融中心地位不断提升，巩固法兰克福的业务可及时把握欧元区金融市场的脉搏，中资银行是以法兰克福和伦敦为中心，通过兼并收购对欧洲市场战略布局，形成法兰克福、卢森堡、伦敦等的经营网络效应。欧元区银行业的特点是由各国几家大银行垄断国内金融市场，中国银行通过兼并收购大银行的成本较高，加上欧元区大银行又是欧洲中央银行贯彻货

币政策的重要渠道，各成员国政府对其严密监控，对欧元区大银行的兼并将受到诸多限制。中资银行主要是跟随企业走出去，设分支机构为企业提供融资支持，涉及商业银行、投行、保险、租赁等业务，海外并购则较少，收购则选择德国、法国等法律健全、金融市场发达的国家的中小银行，打造欧元区金融市场的资本运营以及投资平台。目前，中国银行业在欧洲的地域扩展战略基本完成。

表 15-2 中国在欧洲设立的金融机构

金融机构		时间
中国人民银行	中国人民银行法兰克福代表处	2002 年
	中国人民银行伦敦代表处	20 世纪 90 年代初
中国银行	中国银行伦敦分行	1929 年
	中国银行卢森堡分行	1979 年 6 月 7 日
	中国银行巴黎分行	1986 年
	中国银行法兰克福分行	1989 年 5 月
	中国银行汉堡分行	1993 年 6 月 7 日
	中银国际（英国）有限公司	1996 年 7 月
	匈牙利中国银行	2003 年
	中国银行（英国）有限公司	2007 年 10 月
	中国银行（英国）有限公司伦敦中国城分行	2008 年 3 月 25 日
	中国银行（英国）有限公司曼彻斯特分行	2007 年之前
	中国银行（英国）有限公司格拉斯哥分行	2007 年之前
	中国银行（英国）有限公司伯明翰分行	2007 年之前
	中国银行瑞士子行	2008 年 12 月
	中国银行（爱尔兰）有限公司	2009 年
	中国银行米兰分行	2010 年 1 月 22 日
	中国银行（卢森堡）有限公司	2010 年 7 月 7 日
	中国银行杜塞尔多夫分行	2010 年 12 月
	中国银行布鲁塞尔分行	2010 年 12 月 7 日
	匈牙利中国银行布达佩斯新分行	2011 年 12 月 9 日
	中国银行瑞典分行	2012 年 5 月
中国工商银行	中国工商银行法兰克福分行	1999 年 6 月
	中国工商银行卢森堡分行	1999 年 12 月 17 日
	中国工商银行伦敦分行	2009 年 10 月 23 日
	中国工商银行布鲁塞尔分行	2011 年 1 月 18 日
	中国工商银行巴黎分行	2011 年 1 月 19 日
	中国工商银行阿姆斯特丹分行	2011 年 1 月 20 日
	中国工商银行米兰分行	2011 年 1 月 21 日
	中国工商银行马德里分行	2011 年 1 月 25 日
	中国工商银行慕尼黑分行	2011 年 11 月 19 日
	中国工商银行波兰分行	2012 年 4 月

续表

金融机构		时间
中国农业银行	中国农业银行法兰克福代表处	2009 年 11 月
	中国农业银行伦敦子行	2012 年 2 月 9 日
中国建设银行	中国建设银行法兰克福分行	1999 年 9 月
	中国建设银行伦敦子行	2008 年 12 月 10 日
交通银行	交通银行法兰克福分行	2007 年 10 月
	交通银行伦敦子行	2011 年 11 月 9 日
招商银行	招商银行伦敦代表处	2009 年 7 月
北京银行	北京银行阿姆斯特丹代表处	2010 年 9 月 17 日

资料来源：笔者进行整理得到。

二、证券业：初步合作

外资参与中国证券业主要通过参股证券公司、期货公司、基金公司进行业务，以及通过成为境外合格机构投资者（QFII）在 A 股市场进行投资或直接投资 B 股。欧资参股证券公司到 2009 年共有 4 家，2010 年新增 1 家（苏格兰皇家银行参股的华英证券有限公司）（见表 15-3）。外资参股期货公司只有 1 家（2010 年苏皇金融期货有限公司参股银河期货经纪有限公司，出资为 16.68%）。欧资参股基金公司至 2009 年有 25 家（见表 15-4），受欧债危机影响，2010 年消失了 6 家。就 QFII 资格而言，至 2009 年底有 35 家获得，2010 年消失 1 家而又增加了 3 家，共 37 家。

表 15-3　5 家欧资参股证券公司

公司名称	境外股东名称	批准时间
财富里昂证券有限公司	法国里昂资本市场公司	2002 年 12 月
瑞银证券有限公司	瑞士银行有限公司 国际金融公司	2006 年 12 月
瑞信方正证券有限公司	瑞士信贷	2008 年 6 月
中德证券有限公司	德意志银行	2008 年 12 月
华英证券有限公司	苏格兰皇家银行公众有限公司	2010 年 11 月

资料来源：《中国金融年鉴》2011 年度。

表 15-4　欧资参股基金管理公司

公司名称	境外股东名称	国别	批准时间
国泰基金管理有限公司	意大利忠利集团	意大利	1998 年 3 月
鹏华基金管理有限公司	意大利欧利盛资产管理有限公司	意大利	1998 年 12 月

续表

公司名称	境外股东名称	国别	批准时间
国投瑞银基金管理公司	瑞银集团	瑞士	2002 年 6 月
招商基金管理公司	荷兰国际集团	荷兰	2002 年 12 月
华宝兴业基金管理公司	法国兴业资产管理公司	法国	2003 年 2 月
国联安基金管理公司	德国安联集团	德国	2003 年 3 月
海富通基金管理公司	欧洲海富通基金管理公司	比利时	2003 年 4 月
兴业全球基金公司	荷兰全球人寿保险有限公司	荷兰	2003 年 9 月
申万巴黎基金管理公司	法国巴黎资产管理有限公司	法国	2003 年 12 月
中海基金管理有限公司	法国爱德蒙得洛希尔银行	法国	2004 年 3 月
上投摩根基金管理有限公司	摩根富林明管理有限公司	英国	2004 年 4 月
中银基金管理公司	贝莱德投资管理公司	英国	2004 年 6 月
工银瑞信基金管理公司	瑞士信贷	瑞士	2005 年 6 月
交银施罗德基金管理公司	施罗德投资管理公司	英国	2005 年 7 月
信诚基金管理有限公司	英国信诚集团股份有限公司	英国	2005 年 8 月
汇丰晋信基金管理有限公司	汇丰环球投资管理有限公司	英国	2005 年 10 月
中欧基金管理有限公司	意大利意连银行	意大利	2006 年 7 月
金元比联基金管理有限公司	比利时联合资产管理公司	比利时	2006 年 11 月
浦银安盛基金管理公司	法国安盛投资管理公司	法国	2007 年 7 月
农银汇理基金管理公司	东方汇理基金管理公司	法国	2008 年 2 月

资料来源：《中国金融年鉴》。

伦敦交易所和法兰克福交易所是欧洲最核心的证券交易所。欧债危机虽然导致欧盟经济疲软，但是德国和英国的经济抗压能力强，宏观环境相对稳定。近年中资企业陆续到欧洲上市的热情没有受欧债危机的影响。在伦敦交易所（简称“AIM”）上市的共有 17 家中国企业，其中有 2 家是 2010 年上市的。第一家登陆伦敦交易所的企业是 1997 年的北京大唐发电股份有限公司，至 2011 年 7 月，有 5 家中国大型国有企业在其主板上市（见表 15-5），在其创业板市场上市（1995 年成立）的多为矿业企业（绿龙煤气、中国金矿、瑞祥资源等），有的在准备转主板。与伦敦交易所相比，法兰克福证交所的审批过程较短，市值 5 亿欧元的小盘股公司在法兰克福上市的费用是伦敦的 1/30。2007~2009 年，在法兰克福上市的中国企业达 13 家，2010 年有 9 家。在法兰克福高级市场上市共有 8 家中国企业（见表 15-6），2011 年 7 月有 2 家在法兰克福交易所高级市场 IPO，合计融资 0.37 亿美元。

欧洲可以进入中国的银行间债券市场，而中国在欧洲发债稀少，中国财政部 2001 年 5 月发行欧洲债券，由 10 亿美元的欧洲美元债券和 5.5 亿欧元的欧元债券组成。“万全科技药业”是首次在欧洲发行债券的企业，2007 年 9 月在瑞士日

表 15-5 伦敦证券交易所（主板）上市的中国企业

公司名称	英文名称	上市时间	行业（一级）	行业（二级）
中国国航	AIR CHINA	2004 年 12 月 15 日	其他	交通运输
中石化	CHINA PETROLEUM & CHEMICAL CORP	2000 年 10 月 18 日	能源及矿产	石油和天然气开采
沪甬高速	ZHEJIANG EXPRESS-WAY CO	2000 年 5 月 5 日	其他	交通运输
东南发电	ZHEJIANG SOUTHEAST ELECTRIC POWER	1997 年 9 月 23 日	能源及矿产	电力、燃气及水生产和供应
大唐国际	DATANG INTL POWER GENERATION	1997 年 3 月 20 日	能源及矿产	电力、燃气及水生产和供应

资料来源：清科数据库，2011 年 8 月，www.zdbchina.com。

表 15-6 法兰克福证券交易所（高级市场）上市的中国企业

公司名称	上市时间	行业（一级）	行业（二级）	筹资额（百万欧元）	VC/PE 机构	账面投资回报
优必胜纸业	2011 年 7 月 13 日	其他	包装	1.42	N/A	N/A
中国特种玻璃	2011 年 7 月 1 日	化工原料及加工	其他	23.85	N/A	N/A
联合动力	2011 年 6 月 10 日	机械制造	电器机械及器材制造	20.70	兰馨亚洲	0.69
保兰德	2011 年 4 月 11 日	纺织及服装	N/A	94.90	N/A	N/A
中宇股份	2010 年 3 月 30 日	建筑/工程	建材	104.65	优势资本	1.81
网讯无线	2009 年 10 月 1 日	电信及增值业务	其他电信业务及技术	55.60	深创投、中以基金	1.63
亚洲竹业	2007 年 11 月 16 日	农/林/牧/渔	环保	82.60	N/A	N/A
中德环保	2007 年 7 月 8 日	清洁技术	林业	108.82	N/A	N/A

资料来源：张兰. 11 年法兰克福 IPO 骤增，海外上市或转向欧洲市场. 中国经济网. http：//finance.ce.cn/rolling/201108/11/t20110811_16618113.shtml，2012-07-14。

内瓦发行了 1500 万瑞士法郎（约 1 亿元人民币）可转换债券。2012 年 4 月由汇丰银行在伦敦发行了 20 亿元人民币债券，伦敦同时发布了《伦敦：人民币业务中心》的报告，推动伦敦市场人民币产品和服务的发展及人民币的跨境使用，标志着伦敦人民币业务中心建设开始启动。

三、保险业：刚刚起步

汇丰、苏黎世、安达等欧洲保险公司均是全球重要的保险商，均进入了中国保险市场。2009 年欧盟在北京、上海、广州和深圳等地设立了 23 家外资保险公司，法国安盟、安联、德国科隆再保险、英国皇家太阳联合保险公司等设立了独资公司，入股中资保险机构的战略投资者有瑞士丰泰人寿认购泰康人寿1.33亿股（占比15.6%）、安达保险合计认购华泰人寿2.95亿股（占比21.33%）、安联保险持有中国太平洋保险股份、汇丰银行持有中国平安股份等，其他如英杰华、保诚等欧洲保险公司在华业务稳步增长。2010年欧债危机后，欧资保险公司运转正常，市场影响力逐步形成。

中资保险机构也进入了欧洲，中国人保、中国人寿等在英国、德国和卢森堡成立了5家保险公司、1家保险经纪公司、1家保险代理公司。平安集团2008年收购富通集团4.99%的股权，成为第一大股东，累计投资21.9亿欧元，受金融危机影响，这次收购出现巨亏，这也说明了金融合作既存在机遇也存在风险。

四、中德金融合作卓有成效

中德两国央行长期合作良好，在货币政策、金融稳定、金融基础设施等均有交流。根据《关于中央银行技术合作的框架协议》，德国央行每年向中国人民银行提供5~6期培训，中国人民银行2012年在法兰克福设立代表处，德国联邦银行2005年向德国驻华使馆派驻代表。中德金融稳定论坛2011年7月于法兰克福首次举行。在G20、国际货币基金组织、金融稳定理事会等多边平台中中德央行也都有密切合作。中国证监会、保监会和银监会于1998年、2001年和2004年与德国银监会、保监会和证监会合并而成的联邦金融监管署签订了合作谅解备忘录，在人员培训、技术支持、跨境监管、投资安全、养老与医疗保险等领域加强了技术合作。

两国也积极地互设金融机构。至2011年，共有13家德国银行在华设立1家法人银行、5家分行、1家批发分行和11家代表处，参股设立1家合资证券公司和1家合资基金公司，2家金融机构获得QFII资格，5家保险机构在华设立保险营业机构。德国在中国还设立了西门子财务、大众汽车金融等非银行金融机构。中国的工、中、建、交、农等行均在德国设立分行和代表处。中国投资者可通过境内合格机构投资者（QDII）投资德国证券市场。中资银行分行可从事德国信贷法允许的一切银行业务，如欧元清算、国际结算和贸易融资、银团贷款和零售业务等，以公司金融业务为主，突出中间业务优势，以个人金融业务为辅。中资银行的客户既有“走出去”企业如中石化、五矿、宝钢集团等，也有当地大企业如大众、奔驰、宝马、奥迪、西门子、汉莎航空等公司。中国银行于2010年在杜塞尔多夫市设立分行，主要为当地300多家中资企业提供服务。德国银行包括私人银行、合作银行、地方银行和储蓄银行，除了跨国巨头，中小型金融机构高度发达，在推进中小企业发展和微贷款领域方面经验丰富，中国可以积极借鉴其经验并进行项目合作。

五、欧债危机给中欧金融合作带来机遇

中欧金融合作有两方面的机遇，一是欧债危机的机遇，二是中国金融改革开放的机遇。这两方面相互作用给双边金融合作提供了更多的合作条件。欧债危机仍在继续，但在可控状态下。中欧金融合作基础良好，中国的人民币国际化战略和积极推进金融国际化进程，无疑对中欧金融合作是积极的促进因素。中欧金融合作也出现了更多的机会。

1. 欧元合作

一种货币的国际地位取决于其经济实力、金融市场的发达程度和币值的稳定性。从经济规模看，欧元区是与美国相差较小的第二大经济体，贸易规模远超美国，且欧元区仍有扩容空间。从金融市场看，欧元区是全球最大的银行业市场，资本市场仅次于美国。欧元的地位仍有很大的上升空间。2010 年中国外汇储备结构为美元 65%、欧元 26%、英镑 5%、日元 3%。欧元的重要性与中欧经贸关系非常密切以及欧元在国际货币体系中的重要地位紧密相关。随着财政联盟的推进，欧元会得到加强。要坚持外汇储备多元化，中国需要加强与欧元合作的深度。

2. 人民币国际化合作

人民币国际化的方向是走向国际储备货币。从人民币跨境结算开始，随着中国香港地区离岸人民币中心的逐步形成，人民币回流机制已经建立，目前已有向中国内地的银行间债券市场、RFDI、RQFII 等的投资功能，人民币的计价结算功能逐步发挥。随着中国企业走进欧洲，围绕着人民币国际化的各项业务也会逐步推开。

3. 中欧银行业合作

欧洲银行业在全球占据核心地位，2011 年，欧洲银行业的总资产为全球银行业总资产的 52.57%，欧元区银行存款的 34.2%和贷款的 31.1%都是非欧元业务，其国际化程度很高。这也是其未来金融一体化很好的基础。在银行一体化进程中，欧洲银行业会出现更多的并购和整合机会。在欧债危机中，中资银行难以收购经营状况良好的境外银行，而对存在经营危机的银行，如果没有丰富的整合和海外经营经验，收购可能失败。例如，平安集团收购富通集团遭受损失。中资银行目前应更注重在欧洲建立分支机构。欧洲银行业国际化和金融一体化，为中资银行跨国经营带来了新的市场机遇。

4. 企业上市、发债及保险等业务均有很大的合作空间

欧盟“低费用、时间短、门槛低”的优势明显，适合中小企业融资。国内企业赴欧洲上市所需费用仅需 600 万~700 万元人民币，相对于赴美国、中国香港地区上市，企业承担融资成本更小、时间比赴美上市缩短近一半时间（3~6 个

月），融资门槛也低。双方还可以探索企业债发行，可以赴欧开办保险业务和进行投资。

5. 加强与欧盟主要国家的金融合作

法兰克福作为欧洲国际金融中心，是欧洲央行所在地，其货币政策日益成为世界各国央行货币政策的重要参考。其全面的金融业务尤其是中小金融机构的发展经验特别值得借鉴。

中国银行在伦敦设立了6家分行，中国工商银行也以伦敦和法兰克福为中心进行欧洲布局。汇丰银行2012年4月在伦敦发行了第一笔人民币债券，伦敦提出了建设人民币离岸中心，这为打造伦敦人民币离岸中心奠定了基础。

瑞士作为中立的金融中心，卢森堡作为发达的资产管理中心，比利时作为欧盟所在地，金融合作的行业机遇巨大。

6. 抓住机遇的同时也要防范风险

欧洲是现代金融的发源地，虽遇欧债危机，其金融业的创新能力、管理理念、完善的金融服务都对中国有较强的补充。当然，注重风险防范是必须的。在欧债危机愈演愈烈时，为加强市场风险管控，中国四大行全部减持欧债五国（希腊、葡萄牙、爱尔兰、意大利和西班牙）高风险债券，至2012年第一季度均不再持有欧债五国的任何债券。未来中资银行在探索实施全球战略时要注意优化外币债券投资的国家和行业分布，防范风险。同时，中资金融机构和金融市场国际化程度不够高，在满足“走出去”企业的跨境金融服务需求方面仍需要努力。

第四节　深化中欧金融合作

欧债危机虽然还在继续，但中国要抓住金融机构“走出去”的机遇，总体布局，实现银行、证券、保险金融业务的全面推进，学习欧洲成熟的金融经验，在促进金融体制改革和开放的同时，深化中欧金融合作。

一、加强欧元合作的深度

一是加强欧元的国际储备货币地位，中国3.2万亿的美元外汇储备中，2/3以美元计价，受到美元制约较大，要继续增加欧元的比例，增持欧元区的优质债权，如德国、法国、芬兰、荷兰等国的债券。

二是在人民币与英镑直接交易的基础上，考虑签署人民币与欧元的直接兑换协议。

二、人民币成为欧盟国际储备货币的设想

人民币国际化目标是成为国际储备货币，这种地位是由贸易和金融投资中的结算和交易量决定的。应继续发挥人民币的计价和结算功能，争取 2015 年人民币跨境贸易结算达到中国贸易额的 50%，用 5~10 年成为东亚区域的主要储备货币，用 15 年时间成为世界主要储备货币之一。

第一，扩大人民币计价范围。鼓励中国与欧盟核心国德国、法国先开始使用人民币作为贸易计价货币，起到示范作用，再推广至欧盟其他国家使用人民币作为支付货币。

第二，尝试人民币与欧盟国家货币的直接兑换，使人民币成为欧盟的清算货币之一。

第三，加大向欧盟的人民币资本输出力度，输出路径应向“跨境结算+离岸中心”+“跨国公司+资本输出”转变。

第四，鉴于人民币已经成为马来西亚、菲律宾、柬埔寨等国的储备货币，应扩大与欧盟的贸易投资人民币结算，推进中欧货币合作，尝试推进人民币成为欧盟的储备货币。

三、增强欧盟金融业在人民币汇率和利率改革中的作用

中国在汇率形成机制改革上，首先，提高人民币汇率弹性，继续放宽人民币的每日波动区间。国际市场汇率日波动 1%~2%均属正常，应考虑将浮动区间扩大到 2%；其次，在中间价形成机制中加大市场力量，欧元在中国的有效利率形成权重为 19.4%，已超过美元，为人民币有效汇率中权重最大的货币，应继续增加商业银行特别是欧洲银行的参与，由市场来决定价格。欧资银行可以在人民币汇率改革中发挥更大的作用。

在利率市场化改革上，要加快存款保险制度的推出，择机放开存款利率上限，构建完善的收益率曲线，完善利率传导机制，形成统一的市场化利率体系。目前，汇丰、渣打以及德意志等银行在中国上海银行间同业拆放利率（Shibor）的形成中已经在发挥作用，欧洲银行业发达，未来应有更多的欧洲银行在其中发挥作用。

四、加快中国银行业向欧洲扩展，实现业务拓展战略

1. 经营模式向全能化银行转变

欧元区全能银行的比较优势是业务多元化，为适应其金融体系对银行的要求，中国的银行应按部就班进行业务整合：首先，可维持现有的业务板块，但要加大创新力度，突出业务和产品的特色，结合自身优势，加强与欧元区各金融机构内部的分工与协作，实现在欧元区既统一又分工协作的新格局。其次，在适当时机可进一步从广度方面拓展业务，在目前的国际结算和融资、外汇存贷款以及欧元清算等传统业务基础上，逐步开展投资银行业务等与资本市场相关的业务，向全能化银行的业务模式转变。最后，在业务拓展和经营能力达到一定程度后，应注重业务的整合和创新，通过银行间合理的分工合作，实现全面金融服务来赢得顾客，同时加强与欧元区国家金融机构的战略合作，实现与欧元区跨国金融机构的业务互补。

2. 人民币业务不断创新

应配合中国人民币国际化战略，择机多路径进入欧洲市场。开展欧洲的人民币业务，为企业的海外融资和海外发债进行配套服务。为当地企业提供人民币的贸易融资与项目融资，尝试在欧洲提供人民币信贷，建立人民币代理清算、人民币跨境金融市场、人民币海外融资等领域的全球领先优势。跨境人民币产品和服务范围十分广泛，基本上所有的国际业务都可以尝试开展相应的跨境人民币业务。

3. 目标市场选择上要发挥金融的先导力量

要为企业“走出去”提供全方位支持，加强为中小企业、节能减排产业、绿色产业、战略性新兴产业提供投融资服务。以设分行和收购形式加大对欧洲市场的投入，为驻欧中资企业提供更好的优质服务，稳固银行在欧洲的发展根基。积极尝试金融工具的研发与创新，开发符合中欧市场需求的金融避险工具。收购、入股欧洲金融机构，深化对欧洲金融经营模式和银行业同盟趋势的了解。鉴于中国大型银行在欧元区的经营状况，其目标客户可设定为以下五类：境外注册的大型跨国公司、透明度较高的上市公司、重大基础设施和能源项目的公用事业公司以及大型金融机构；规模大、信誉好的驻欧中资公司；与境内有业务往来、有市场、有竞争力的欧洲优质中小企业；信用等级较高的欧洲中小银行；欧洲华人与当地高端个人客户。

五、鼓励资本市场合作

1. 鼓励企业上市和股权融资

第一，鼓励中国企业到欧洲证券市场上市以及加大对金融机构的股权投资。欧洲重要的资本市场已经向中国企业进一步打开，企业赴欧洲上市具有融资优势，非常便捷。只是赴欧洲上市对于企业成长性要求较高，在财务及相关业绩审核时尤为谨慎，国内企业在赴欧洲 IPO 中要关注财务细节，防止融资失利。

第二，中小企业融资可优先考虑在欧洲上市。鼓励小企业选择法兰克福证交所，因其高效和注重降低成本，上市和入会成本全球最低，而且有为中国公司提供咨询的专家网。

第三，中国适时推出国际板。让欧洲及外资金融机构与企业在中国发行以人民币计价的股票。关于外资参股证券公司，第四轮中美经济对话成果有所推进，一是允许外国投资者在合资证券公司中持有不超过 49%的股份；二是将允许合资证券公司在持续经营满两年以上且符合有关条件的情况下申请扩大业务范围。那么，欧资参股证券公司显然也可这样参与，外资比例从 1/3 提升至 49%，合资证券公司有望涉足 A 股的经纪、自营等中资券商传统业务。

第四，鼓励欧洲企业以 RQF II 投资中国资本市场。

第五，中国的对欧援助均使用人民币。

2. 鼓励发行人民币债券

第一，中国政府、企业、金融机构及欧洲的中资银行可尝试在欧洲向境内外投资者发行人民币债券（政府债和企业债）。

第二，鼓励欧洲政府、金融机构与企业在欧洲发行人民币债券。

第三，鼓励欧洲金融机构来中国投资银行间债券市场。

第四，尝试在中国市场上发行欧元债券，在欧洲市场上发行人民币债券，采取在对方资本市场上发行本币债券促进金融合作。

3. 鼓励保险业合作

中国保险公司需积极研究保险资金境外运用管理办法，开拓欧洲市场，最重要的是学习其经验。历史悠久的欧洲保险业作为重要的金融领域为社会和经济发展发挥了重要作用，众多知名保险公司在全球化的市场竞争中积累了许多改进服务和提高效益的宝贵经验，加强合作可以为中国保险业提供有益参考。

六、外汇储备使用

应充分吸取此次欧债危机的教训，中国外汇储备资金除购买国家主权债外，应结合银行、证券、保险业务，多形式使用外汇储备资金。国家可以把外汇储备资金借给银行或保险公司由其对外投资，购买欧洲优质企业债权、股权，金融债权和股权，也可以由银行来购买优质欧洲国债等，以多元化配置外汇储备资金投资，提高收益，减轻外汇储备的负担。

七、着重打造伦敦人民币离岸中心

要利用欧洲金融市场发挥离岸市场的作用，推进人民币国际化。人民币离岸中心建设要有战略布局，要服务于中国跨国企业和带动银行的金融服务的全球化。在伦敦开展跨境人民币结算，人民币存贷款、跨境贸易和融资、继续发行人民币债券及以人民币计价的股票等业务，丰富人民币金融产品，形成人民币回流渠道，进一步放宽人民币限制，开发人民币业务，使伦敦尽快具备条件成为人民币离岸交易中心。同时，还可着手促进法兰克福人民币离岸中心建设。

八、中欧合作建立新的国际评级机构

中欧应携手建立评级机构，重新确立国际评级机构的客观公正性。目前，国际三大评级机构代表美元资本的意志，失去了市场公信力，应呼吁对其加强监管。中欧合作设立评级机构，欧洲央行和中国人民银行都应发挥作用。信用评级应当是前瞻性的，并非对以前的现象发表评论，要对未来进行前瞻性预估。

九、加强与欧盟主要国家的金融合作

（1）加强中德中小型金融机构的合作项目。利用德国经验，一是发展中小型金融机构。二是推进在微贷款领域的合作，通过国家开发银行与德国复兴信贷银行合作，通过技术援助和转贷款支持的方式引导国内金融机构进入微小企业贷款领域。三是加强引导中小企业赴法兰克福交易所上市进行海外融资。

（2）加强与英国在金融服务、银行、保险等行业的合作。继续吸引英方金融机构扩大在中国中西部地区和农村地区的业务，拓展中资银行在英业务。

（3）加强与法国的合作。法国有规模巨大的银行兼保险集团，可借鉴其经验发展金融控股集团，特别是银行兼保险集团的发展。

（4）加强与比利时的合作。中国人民银行应继续加强与欧洲央行和欧元区成员国中央银行之间的政策对话以及金融监管的合作。

（5）加强与瑞士在私人银行业务方面的合作。

（6）加强与卢森堡的资产管理合作，银行、资金、证券等都可选择在卢森堡设立欧洲总部，一些中国资产管理公司也可在卢森堡开设投资基金。

十、防范风险，加强金融监管和共同预警机制

要加强中欧金融合作，由于市场不断开放，要加强金融监管合作，要特别加强对证券投资与短期外债的监管。中国资本项目事实上可兑换的有16个子项，基本可兑换的有17个子项，部分可兑换的有7个子项，没有完全不可兑换的子项。从资本类型看，贸易信贷、FDI与ODI基本放开，只有证券投资与短期外债管制较严，因为这两项资金的大进大出在历次金融危机中都曾是引发危机的重要因素，对两个项目的开放要慎之又慎。金融市场的改革开放要有序推进。

由于人民币完全可兑换不断开放，要加强对跨境人民币的资本监管。一是全方位监测，采用价格型与数量型措施管理，监测中欧跨境资本规模、流向和用途。二是加强预警功能，包括对中欧之间的货物贸易、服务贸易、直接投资、证券投资、外债等，有效控制国际游资的大进大出。三是监测主体为进出口企业，建立信息共享体系，将人行、海关、工商、商务、税务整合在同一现场监测体系中。四是控制好人民币进出境的重要接口，包括人民币离岸中心和境内资金进出的监控。五是采纳国际监管标准，根据人民币国际化进程动态调整，央行要保持对外汇市场的适当干预。

总之，欧债危机给中欧金融合作提供了很好的契机，前进的方向已经明确，合作过程仍有困难，但是中欧金融合作的步伐不会停滞，会加速前进，未来双边的金融合作需求更大，金融市场合作更广阔，中欧金融合作将是人民币国际化战略和金融国际化进程的重要推动力。

第十六章　中美金融合作

中美的金融体系有很大不同，美国金融演进的推进力量是金融创新，形成了以市场为主导的模式，推动了产业升级，这种以市场为主导的模式也成为了中国金融的努力方向。中美在金融合作中也表现出了不同的特点，美国金融的对外开放程度低、监管多样化，而中国金融几乎对外全面开放，可能会带来相应的风险，因此也应该适当调整。中国应该在对外开放中借鉴国际先进经验，并同时按照自身的金融战略，加强金融合作，放松金融管制，深化金融改革。

第一节　中美金融体系比较

当前中美两国的金融体系处于银行主导和市场主导的两端。和美国相比，中国现有的金融体系与经济发展的要求还有很大的差距，市场主导模式是中国金融的发展目标。

一、模式不同

金融的核心功能，应是在不确定性条件下，实现一国或地区经济资源的跨时期或跨区域的优化配置（Merton 和 Robert C，1995）。

由于各国经济、政治背景差异，不同国家的金融体系差别很大。目前，根据金融机构（银行）和金融市场发挥相对作用的不同而划分的以德、日为代表的“银行主导型”和以美、英为代表的“市场主导型”两大模式。如果考察中国和美国的金融体系，可以发现两者不仅存在发展程度的明显差异，还存在显著的结构性差异。

美国是市场主导型金融模式最为典型的代表。相对于其高度分散的银行体系而言，美国金融市场在资源配置中起着重要的作用。从实践来看，以股票市场、债券市场以及金融衍生品市场等为核心的美国金融市场无论是从规模还是从产品多样性、创新速度来看都是世界上最为成熟的市场。2011 年，美国股票市场占全球股票市场的 23%，美国债券市场占全球债券的 34%~40%。风险投资、资产证券化、金融工程化等理念创新，以透明度为核心的金融市场监管等制度创新以及金融衍生品、结构化金融产品等工具创新几乎都是在美国率先出现并趋向成熟。美国的金融市场和其银行体系一起构成了目前世界上市场化程度最高也最为完善的融资体系。

目前，中国仍然是以银行为主导的金融体系。伴随着改革开放及经济的飞速发展，以“大一统”银行体系为起点的中国金融在经历了 30 多年的制度变迁和发展之后，发生了极为深刻的结构性变化，初步构建了一个市场化的金融体系。但从整体架构来看，虽然股票和债券市场从无到有、由小到大，从资金总量上看已排在世界金融市场的前列，但市场结构仍不合理，银行业仍然占据主导性地位，目前的中国仍然是一个较为典型的银行主导型金融体系。

二、作用不同

中美金融体系结构性差异对产业升级的作用不同。

美国金融市场与产业升级之间的关系是由金融与经济的相互促进关系决定的。从世界经济发展的历史看，一国经济结构调整都是从高新技术成果的商品化、产业化开始的，如航空、计算机、生物技术、网络等科技进步产业都最初发展并兴盛于美国。但是，对银行来说，高科技转化项目的复杂性、不确定性非常突出，风险很高，众多中小企业，尤其是那些处于创业初期的高科技企业，其资金需求与银行的信用原则相冲突，难以获得银行的信用支持。资本市场有投资高风险、获得高收益的特点，尤其是其中的风险投资和创业板市场，被誉为创新和高科技企业的“孵化器”。美国创业资本以及创业资本的主要退出机制——二板市场 NASDAQ 对科技创新也发挥了至关重要的支撑作用。资本的货币化、证券化，使资本市场具备了巨大的融资功能，通过金融资产价格的波动将资本资源直接在各行业中进行分配，使高成长性的企业获得外部融资，并进行扩张与重组，率先实现并推动其产业的升级换代。资本市场对产业结构调整的功能成为了资本市场最核心的功能。一个发达的资本市场及其高度市场化的激励约束机制，使科研创新能力与金融创新能力完美结合，成为维系美国经济核心竞争力最重要的制度基础，从而使美国产业结构不断升级，牢牢占据着国际经济分工格局中最有利的位置。

中国金融市场的结构性约束，困扰着产业结构升级和增长模式转型。中国以银行为主导的金融市场在储蓄动员、维持经济平稳运行上发挥了重大作用，但在资源配置效率和促进经济持续发展上的问题比较突出。中国的储蓄配置效率较低，金融体系中的民营经济融资和现有经济格局不匹配，农村金融极为落后，成为金融体系中最薄弱的环节。在这样一种金融市场结构约束下，资金价格的扭曲等金融抑制严重存在，技术向市场的转化或产业化依然非常困难。

三、推进力量不同

美国是最具创新性的市场主导型金融体系，特征明显。第一，创新是变革的主要力量。在20世纪30年代出现的美国投资银行，到70年代足可以与纽约大的商业银行相抗衡，市场竞争促进了现代美国金融制度的形成。70年代以来以资产证券化为核心的金融创新使美国的金融商品化达到了新高度，收益或风险可测度的产品就可以被定价和商品化，在市场中实现交易。伴随着金融风险被定价和标准化，可交易证券的发展突飞猛进。第二，以透明度为核心的有效监管。保持市场竞争性和信息有效性的法律环境的形成，保证了美国金融市场的健康发展。1934年美国证券交易委员会设立之后，制定了严格的信息披露标准，要求会计准则与之相适应，对内幕交易、市场操纵等违法行为重罚，市场透明度被极大提升。第三，储蓄或投资的机构化。20世纪50年代以来，金融脱媒渐成趋势，机构投资者对证券产生了巨大需求，共同基金、养老基金和保险基金等为证券需求提供了重要来源。60年代末共同基金产业的爆炸式增长成为了刺激美国普通公众参与证券市场的推动力量，大型退休金和人寿保险基金投资于一些高风险的中介机构。风险投资基金等私募股权基金迅猛发展。第四，对冲基金通过卖空和使用衍生品进行高杠杆投机或套利，借助5~30倍的杠杆率，成为市场中一个重要的机构投资者。第五，风险管理金融的形成。美国从20世纪70年代开始了以转嫁和防范风险为主的金融创新，外汇期货、利率期货、货币互换、利率互换、股指期货、期权交易等金融衍生品出现，使汇率风险、利率风险从传统的信贷与证券中分离、定价并交易。20世纪90年代开始了以信用衍生品、担保债务证券（CDOS）等为代表的结构性金融工具及以合成型资产证券化技术为核心的金融创新。这些创新对金融风险重新定义与分离，利用金融衍生产品及资产证券化等技术，将复杂风险分解成能定价的相对简单的风险，在流动性好的市场上进行交易。各类型的借款人能在证券市场上满足其短期资金、长期资本和风险管理的需求，美国金融进入了风险管理的时代。

中国与美国有显著差异，中国以国有银行为主导的金融市场结构和实体经济的适应性存在较大差距。1978年以来，从制度演进角度看，金融体制改革从一开始就是政府主导的强制性、自上而下的制度变迁过程，政府利用国有银行体系迅速集中起分散于民间部门随着货币化进程日益增加的储蓄，主导着金融体制的变革进程，而来自市场、民间的金融创新，包括对外开放引发的创新动力在中国一直是以辅助角色出现。在金融管制尚未完全放开，即金融压抑的背景下，中国微观主体的经济行为并非完全市场化。中国利率和汇率均尚未完全实现市场化，资金价格低估，企业投融资存在明显的扩张冲动，尤其是国有控股商业银行，存贷款利差高，经营环境轻松。居民的资产选择空间狭窄。中国地方政府对银行等金融活动的干预在一定程度上扭曲了企业、银行等主体的经济行为。金融监管体系不透明，银行违规违法事件不断出现，市场操纵、内幕交易常见。中国的产权保护、会计准则、法律法规等需要改进，金融基础设施建设需要不断完善。货币市场发展滞后使得中国经济在金融运行中的流动性缺乏足够的保障。中国证券投资基金较为短暂，尽管规模扩张迅猛，但远没有成熟。从中国的情况看，如果没有政府的强力改革措施推出，仅依靠市场的力量很难打破现有的金融格局。

第二节　中美金融合作的现状

中国的金融市场不够完善，政府对银行的管制程度高，银行间竞争较小，金融机构尚未完全参与国际竞争。美国的金融市场竞争力强，是世界上最大的全球市场，在利用金融体系配置全球资源以及金融定价权上具有全球影响力。由于两国金融市场发展程度不同，相互的金融开放程度并不一致，金融合作也需要深化发展。

一、中国金融对美国的开放

在经历了金融危机和欧债危机之后，全球性国际金融机构正在布局亚太地区的二次增长，中国是重中之重。各外资银行的母公司在危机中遭受的压力不同，中国策略也有所分化。据统计，2001 年在华外资银行的资产份额占比为 1.82%，2007 年为 2.38%，2011 年下降为 1.93%，即过去 10 年外资银行市场份额仅增长 0.11%。外资银行在中国的发展低于市场的平均速度。中资银行则在 4 万亿元信贷投放的带动下快速发展。2011 年外资银行在中国的业务重回快速增长的轨道上，整体增速快于中资银行。外资银行的分支机构布点呈加速状态，网点基本可覆盖一、二线城市，甚至一些西部地区。汇丰银行和花旗银行已开设村镇银行。东亚银行尽管没有涉足村镇银行，但开设了多家异地支行。截至 2011 年末，已有 48 个国家和地区的 98 家银行在中国设立了营业性机构。其中，在华外资银行的法人数量达到了 39 家，是 10 年前的 3 倍；营业网点达到了 782 家，是 10 年前的 4 倍多。目前，在华外资银行已覆盖了外币和人民币业务、零售业务与批发业务，经营范围和地域都在不断扩大，全国仅有 4 个省区没有外资银行机构。外资银行在中国开展业务的模式有三种：一是注册法人银行，享受与中资银行同样的待遇和监管政策；二是设立分行；三是在不具备设立分行的条件时，先在中国设立代表处。外资银行在中国成立法人银行后，可开展各种内资银行业务。然而后两种模式的业务开展受限较多。

外资银行对存款利率调整与中资银行不同，期限越长则利率越低，俗称长、短期存款利率倒挂，以花旗中国的定期存款利率、存款 10 万元为例，在花旗银行定存 1~3 年的利息分别为 3300 元、2000 元、3300 元，即定存 2 年、3 年，反而比 1 年期的利息要少 2300 元和 2200 元。原因在于，在中国利率市场化前，外资银行的利率管制很低，息差收入不是其主要盈利来源，因此没必要调高长期存款利率。利率衍生品是外资银行的一个优势，利率市场化带来了对利率产品的更大需求，也会给外资银行带来更多业务。

各家外资银行的中国业务策略有所区别。比如，汇丰银行偏向于全球业务，凭借海外经验为客户提供全球业务服务。东亚银行则一直倡导香港地区和大陆的密切联系，致力于推动陆港贸易和经济发展。星展银行强调亚洲的本土化经营优势，不断深耕大中华区市场，业务遍布东北亚、东南亚和南亚，提供业务无缝衔接。欧洲银行陷于欧债危机，虽然很重视中国市场的发展机会，但是自身还在修补资产负债表，没有更多能力拓展业务。美国的银行由于危机爆发得早，其资产负债表已经修复，以稳取胜。亚洲区银行则不一样，新加坡、日本、中国香港地区的银行都处于海外市场快速扩张期，本地业务增长机会有限，而亚太区整个贸易流和资本流密切，机会多，所以优先发展亚太区业务。

中国未来会提高对外资投资银行业的要求，已经准备修改在境内设立新银行的规定，旨在强化对外国公司的要求，放松对本土机构的要求。对于在华设立新的商业银行或成为中国各银行战略投资者的境外机构的最新要求是：其注册地银行业资本充足率平均水平不低于 10.5%，高于之前旧办法的 8%；单个境外机构向中资银行的投资入股比例不超过 20%，多个境外机构合计不得超过 25%。

二、美国金融对中国的开放

1. 中资银行进入美国

随着中国全球经济地位的提高，中资银行的国际化步伐也在加快。[①] 中国银行是最先在美国设立经营性机构的中资银行，1981 年中国银行纽约分行开业，此

① 国泰银行创办于 1962 年，是美国第一家由华侨投资经营的商业银行，已拥有资产大约 110 亿美元，1000 多名员工，50 家分行，并在纳斯达克上市近 30 年。

后又在纽约和洛杉矶分别开设分行。[①] 2008 年招商银行被批准设立纽约分行，成为美国 1991 年 《加强外国银行监管法》颁布后首家获准进入美国金融市场的中资银行。2012 年，美国批准中国工商银行等机构收购美国东亚银行股份，美联储还通过了中行设立芝加哥分行，以及农行设立纽约分行的申请。目前，在纽约设有分支机构或者代表处的中资银行有中国银行、交通银行、中国建设银行、中国工商银行、招商银行和中国农业银行。未来，中国银行业进入美国市场的速度或许会加快，但因为受到美国法律体系和金融审批程序的限制也不会快太多。由于美国各个州的标准有差异，即便是拿到美联储一个“准入证”，申请到其他城市开设新分行也不一定顺利。但是，美国大概 90%的自动取款机都能接受中国银联卡。中国银行业目前也还是在努力寻求进入美国，向在海外运营的中资企业提供融资，为希望开展人民币业务的外国投资者提供金融服务。中国的银行业在银行服务、产品、经营及数据处理方面，几乎与美国银行业不分上下，而中国政府对银行业的监管也日趋完善，但银行在实现自我发展的同时，应该注意承担当地的社会责任，这对于当地社会对这家银行的接纳尤为重要。对于近期来美国发展的外来银行，美国联邦政府的监管更趋严格，发生过一些外来银行被罚重金的事情。不管在美国还是中国，银行均是一个需要监管的行业，涉及许多法律和规定，如旨在防止和打击洗钱的《银行保密法》（Bank Secrecy Act）条款非常严苛，必须遵守。2012 年 12 月，汇丰银行因防范洗钱不力，被美国政府罚款 19 亿美元，其惨痛教训或许值得中国的银行借鉴。

2. 中国企业在美国上市

中国公司自 1992 年底首次赴华尔街上市，其后中国企业赴美频频上市，并受到欢迎。重要的原因是，近年来，世界经济增长乏力，中国经济却率先从国际金融危机中复苏，而且保持了高增长。国际投资者普遍看好中国巨大的消费市场，认为具有高成长性和广阔市场前景的众多中国企业具有极大的“想象空间”。例如，2010 年，赴美上市的中国大陆公司占到全美 IPO 市场交易金额的 35%，投资者的平均回报率达到 30%，高于整体 IPO 市场 19%的回报率。鉴于中国企业在全球股票市场的优异表现，面临 IPO 业务枯竭的华尔街投资银行在极力争取更多的中国业务，竞相与中国企业展开合作。纽约证券交易所、纳斯达克交易所表示，看好中国经济，欢迎中国企业来美上市。

---

① 某些日本金融机构先前在美国的扩张之路或许值得借鉴。1980~1997 年，几乎所有日本大银行均在美国开设分行，但后来都离开了，在加州地区只有两家银行依然拥有日本资本：一家是经营比较成功的加利福尼亚联合银行（Union Bank of California），老板是日本三菱东京 UFJ 银行；另一家银行是 Manufacturers Bank，资产较少，母公司是三井银行（Mitsui Bank）。加利福尼亚联合银行之所以比较成功，原因之一是其管理层大部分聘用美国职业管理人，并且“本土化”程度高，大部分员工也是美国人，而这样“本土化”的经营方式或许值得中国的银行借鉴。

纽约证券交易所（NYSE）上市的中国企业在 2011 年底共有 83 家，在纽交所上市的中国企业主要来自北京，占比为 42%，广东为 16%，上海为 11%（见图 16-1）。从行业分布上看，医药为 17%，互联网为 13%，新能源为 9%，石油化工为 9%（见图 16-2）。

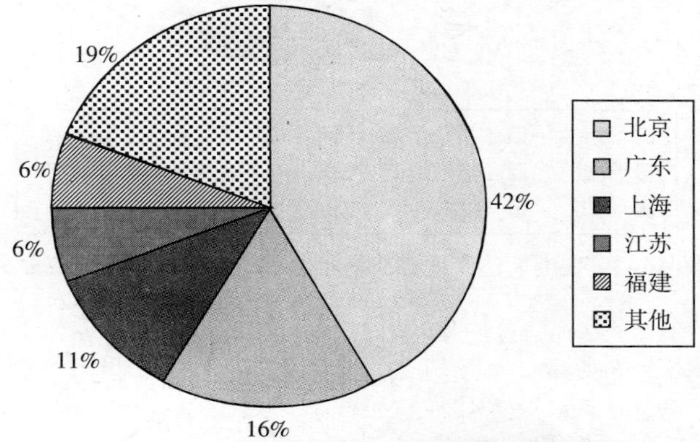

图 16-1 纽交所上市的中国企业的地域分布

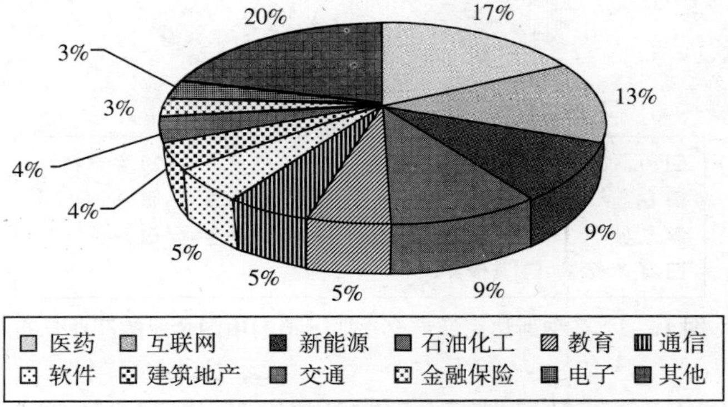

图 16-2 纽交所上市的中国企业的行业分布

在美国纳斯达克证券交易所（NASDAQ）上市的中国企业有 162 家。从地域分布看，北京企业占比为 28%，上海为 12%，广东为 12%（见图 16-3）。从产业分布看，互联网占比为 14%，通信为 9%，软件为 9%（见图 16-4）。

3. 中国对美国的直接投资

中国对美国的投资领域包括，第一，美国国债。2013 年 5 月，中国持有美债首次达到创纪录的 1.3159 万亿美元，成为了美国的最大债权国。第二，投资设厂，中国 3%~4%的对外投资流向了美国，包括绿色科技（如电动车、太阳

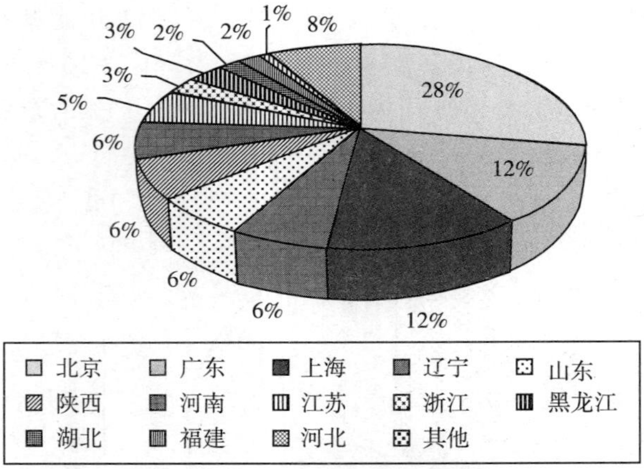

图 16-3　在纳斯达克证券交易所上市的中国企业的地域分布

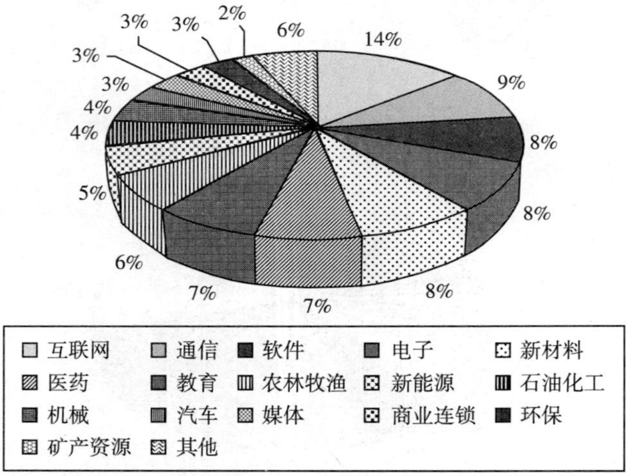

图 16-4　在纳斯达克证券交易所上市的中国企业的产业分布

能）、燃料、建筑业等领域。近年来中国对美投资增长迅速。据中方统计，2008 年、2009 年、2010 年，中国对美投资金额同比增幅分别达 135.7%、96.7%和 43.9%。如图 16-5 所示，中国对美投资快速上升趋势非常明显。截至 2011 年上半年，中国对美累计投资 53.1 亿美元，在美设立企业 1600 多家，中国对美投资涵盖多个领域，主要集中在制造业，批发和零售业，租赁和商务服务业，金融业，科学研究、技术服务和地质勘察业 5 个行业（见图 16-6）。根据中国贸促会上述调查报告，设立销售渠道成为中国企业赴美投资的主要目的和手段，已在美投资的中国企业中有 58%采用这一方式进行投资。此外，建立股份制合资企业（16%）、设立全新独资制造公司（10%）也是中国企业采用较多的投资方式，而兼并、收购国外资产（8%）则采用得相对少些（见图 16-7）。

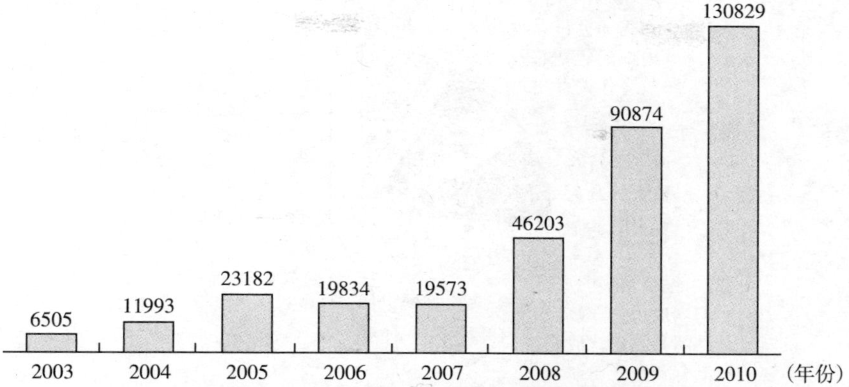

图 16-5　2003~2010 年中国对美国投资年度金额（单位：万美元）

资料来源：中国国际贸易促进委员会：《中国企业对外投资现状及意向调查报告》，2010 年 6 月。

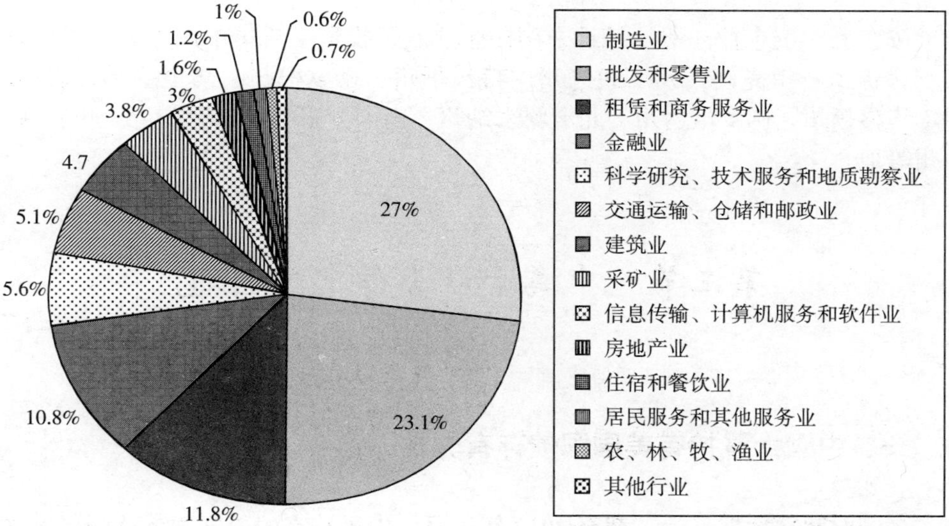

图 16-6　截至 2010 年中国对美国直接投资的主要行业分布

资料来源：中国国际贸易促进委员会：《中国企业对外投资现状及意向调查报告》，2010 年 6 月。

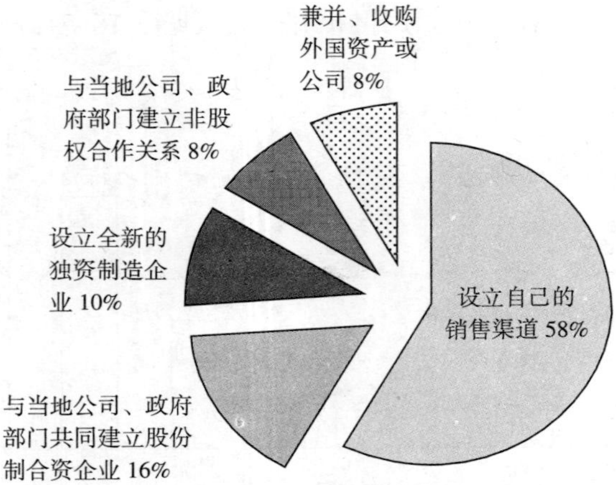

图 16-7 中国对美国投资的主要方式

资料来源：中国国际贸易促进委员会. 中国企业对外投资现状及意向调查报告［D］. 2010-06.

按在美中资企业注册地统计，中国企业赴美投资主要集中在加利福尼亚州、伊利诺伊州、得克萨斯州、纽约州、特拉华州、密歇根州、马里兰州、佐治亚州、华盛顿州、佛罗里达州、北卡罗来纳州、南卡罗来纳州、弗吉尼亚州和新泽西州等地。

第三节 中美金融合作中的问题

一、中国大量持有美国国债存有弊端

美国财政部数据显示，截至 2013 年 1 月，中国持有的美国国债达到了 1.264 万亿美元，而当时美国国债总额为 16.432 万亿美元，中国持有了其中的 7.69%；海外持有者持有了 5.616 万亿美元的美国国债，中国占了其中的 22.50%，是其最大的海外持有者。至 2013 年 5 月底，中国持有美国国债为 13159 亿美元，比 4 月环比增持 252 亿美元，首次突破 1.3 万亿美元关口，创下历史之最。中国大量的外汇储备被低收益的美国国债所占据，本可以用来提高中国居民收入和消费支出的投资被迫减少，美国政府却可以对此进行支配。美国的货币宽松政策导致的通货膨胀已经削弱了中国持有的美国国债的实际价值。中国人均收入低、人均资本贫乏，却巨额输出资本，其根源还是在于中国价格体系的严重扭曲而形成的金融抑制，分析如下：

（1）中国资本市场受到严格控制。政府控制存贷款基准利率，为确保国有银行有利可图，实际存款利率通常都是负利率。

（2）资本管制限制了投资选择。资本管制造成金融部门效率低，商业银行倾向于向国企发放贷款，个人缺少资本，严重限制了其投资和致富的能力。

（3）资本市场缺少竞争，存在大量的寻租和腐败。

（4）通过压低汇率来稳定出口，央行用人民币购买美元，造成了大量持续的外汇流入，引发通货膨胀压力，央行必须收紧货币供给（提高利率或控制数量）；提高利率会吸引更多资本流入，因而央行选择了数量控制的行政管制手段。

中国如果结束金融管制和通过市场重新调整经济，放松利率和资本管制，都能使中国摆脱资本管制和金融抑制。尽管中国经济保持了 30 多年的快速增长，但金融抑制不能无限期地持续下去，必须寻找新的增长方式，选择更符合优化资源配置的市场方式。

二、中美金融开放程度不对等

中国对美国的开放程度高，中国不断放宽美国金融机构准入和资本准入门槛，希望进一步拓宽中美金融领域合作。在第四轮中美战略与经济对话中，中国承诺继续按照法定程序，审批符合条件的、包括外资在内的汽车金融公司和金融租赁公司在中国发行金融债券；资产证券化方面，外资金融机构和中资享有同等待遇。中资放宽了外资金融机构在合资证券公司持有股份的上限，使其从原来的 33%提升至 49%；合资公司可以从事股份（包括人民币普通股、外资股）和债券（包括政府债券、公司债券）的承销和保荐，在持续经营满 2 年以上且符合有关条件的情况下可以申请扩大业务范围，如参与大宗商品交易和金融期货。中国将合格境外机构投资者（QFII）的投资额度增至 800 亿美元，人民币合格境外机构投资者（RQFII）的投资额度增至 700 亿元。中国承诺为美国企业提供融资便利，将金融业务范围扩大到保险业。在第五轮经济战略和经济对话中，中美承诺继续加强金融监管合作。但是，中美金融市场的发展程度不同，对美国过快开放会给中国带来较大风险。美国金融业高度发达，金融体系健全，应对金融风险能力较强，而中国处于初步发展阶段，金融体系不健全，监管水平和技术水平与发达国家差距大。如果金融市场不成熟，则容易遭受国际游资冲击引发危机，虚拟经济如果背离实体经济严重，金融风险将不断累积。中国应该警惕这种过快开放的金融风险。

三、美国金融市场门槛高，对中国的金融开放限制仍然很多

美国虽然是一个成熟的市场经济体制国家，但是对于金融服务业的开放程度并不高。在第四轮中美战略与经济对话中，美方欢迎来自包括中国在内的所有国家和国有企业的商业投资，承诺对主权财富基金坚持公开和非歧视原则。美国终于在海外机构特别是中资银行、中国国有投资公司收购兼并美国金融机构上开始放行。美国虽然批准了中资银行在美国设立分行，但是业务范围限制较多，业务面较窄，目前已经设立分行的工行、建行、中行、招行和农行，只能从事批发银行和贸易融资等业务。面向美国国内民众、华侨以及在美学习工作的中国公民的储蓄零售业务尚不能办理，这就大大限制了在美中资银行业务的拓展。同时，美国对于中资银行和其他投资资金收购和兼并美国金融机构还有诸多限制，审批程序复杂，条件较为苛刻。所以，中国银行业进入美国市场的门槛依然很高，中资银行要想进入和拓展美国市场，仍然面临很大的外部阻力。

四、两国的开放效果差距很大

美国通过金融开放，鼓励资本项目创造利润，弥补经常项目逆差，能够改善国际收支平衡，而中国金融制度不完善，国际资本可能利用这些市场缺陷进行套利和投机，可能给中国金融带来风险。

第四节　中美金融合作的基本策略

现阶段中美金融合作取得了显著进展，推动金融市场稳定和改革成为双方金融合作的重要议题。中国不断深化金融对外开放，提高对美国金融的开放程度，美国也需要提高对中国金融的开放程度，加大开放力度，以深化中美在金融服务领域的合作。

一、借鉴美国金融制度

美国金融市场是世界上最为成熟和有效的，但很难为其他国家所复制。中国金融市场结构是在中国政治经济环境中形成的，成为推动中国经济稳定发展的主要制度支撑，但笔者认为中国在过去 30 年间形成的经济增长模式并不具有可持

续性，应该对中国现有的金融市场结构做出较大的调整，发挥现代金融与经济的适应性和先导性功能，通过技术和金融的完美结合实现中国产业结构的升级换代。从世界范围内的金融发展来看，银行全能化的发展与资本市场相互竞争同时交叉互补的全新格局日益凸显，金融中介与金融市场之间的边界日益模糊，银行业务可以向金融市场延伸，而市场产品通过银行这个平台可以获得新的实现方式。美国以市场为核心的金融模式至少为中国金融市场的未来转型提供了一种目标模式。借鉴美国经验，银行业向全能银行发展，进一步发展资本市场是中国金融业的现实选择。

二、加强中美金融合作

中国要继续推动金融改革，稳步推进金融市场开放、资本项目可兑换、人民币国际化等步骤，积极参与国际金融规则制定，提升金融竞争力，加强中美金融的合作基础。中国可积极参与全球经济金融治理，深化双边、多边经济金融政策对话与合作，加强与主要经济体的经济金融合作政策的协调，主动参与国际金融监管和标准制定。

中美加强金融合作，应共同推进多元货币体系的建立。要求美国加强对其货币政策的“溢出”效应的自我约束，维护全球金融稳定；要求美国加强监管，尤其是对金融衍生品的监管；要求美国加大对中国的金融开放，对于中国金融机构的申请，提供与其他金融机构相同的监管标准，并加快审批进度；继续加强中美在国际规则制定方面的合作，在制定国际金融规则时要考虑中国等发展中国家的利益；提升中国在国际金融事务中的话语权，使之与中国在世界经济中的地位相对等。未来中美两国在促进国际金融稳定方面有广阔的合作空间。

三、调整对美金融战略

1. 降低美国国债在外汇储备中的比例

2011 年美国经常账户逆差 4500 亿美元，中国经常账户顺差 4500 亿美元。全球贸易失衡，中国累计了非常庞大的外汇储备，中国将累计的贸易顺差借给美国，购买大量美国国债。美国国债利率很低，随着美国经济复苏，其 10 年期国债利率从 2012 年底的 1.55%回升至 2013 年第一季度的 1.85%~2.05%，大大低于国内银行同期贷款利率，显然即使在国内使用也要大大高于购买美国国债效益。更严重的是美国搞量化宽松货币政策，全球通货膨胀，中国的美元外汇储备资产和购买的美国国债蒙受着美元实际贬值带来的巨大损失。因此，无论从中国经济自身发展的需要出发，还是从规避庞大的美元外汇风险的需要出发，中国都必须减少购买美国国债，减到与中国对美经济关系的恰当水平。目前，中国外汇储备资产为 3.3 万亿美元，其中购买美国国债 1.3 万亿美元，占 39.4%，为尽可能减少对美国国债的依赖，中国应采取逐步减退的方式，首先将其减到 30%，然后减少到 20%，如果各方面条件允许就再减到 10%的理想状态。退出来的资金用于对美投资、对欧投资、对全球有高收益价值的区域投资以及购买中国经济发展急需的战略物资——大宗商品等。

2. 加大对美国投资

呼吁美国进一步对中国金融机构和投资企业开放市场；探索和拓展外汇储备多层次使用渠道和方式；进一步提高外汇储备的经营管理水平，稳步推进多元化市场投资，实现外汇储备安全、流动和保值增值的目标；运用外汇储备支持国家战略外资储备、大型金融机构和有条件的各类企业走出去，推动海外投资公司的发展，企业投资要与美国的金融结合。

3. 中国要从世界制造业中心向世界金融中心迈进

全球失衡集中体现在全球制造业中心和货币中心的分离，目前全球制造业中心已经转移到发展中国家，重点是在中国。以中国为代表的东方国家及其他“金砖国家”成为了世界的财富创造中心，以美国为首的西方发达国家掌控着世界的货币中心，大量发行各种债券、股票，创造各种金融产品，中国等创造财富的国家用自己创造的财富换取美元等西方国家的货币，再用这些货币中的储蓄部分购买以美国为首的西方发达国家发行的金融产品。形成东方来储蓄，西方来消费，东方来节俭，西方来挥霍的局面。由于发达国家控制货币金融中心，发展中国家虽然成为了世界工厂，但是却没办法控制价格，这些矛盾集中体现在中美之间的贸易上，美国始终控制着中美贸易的话语权。如何解决这些矛盾、如何在矛盾中寻求共赢，这是中国也是中美之间面临的最大挑战。对于国际金融体系改革，中国和美国之间有很大分歧。笔者认为美国对于中国推进人民币国际化很担忧，因为这意味着人民币在将来有可能，至少是部分取代美元，这会动摇美国金融霸主的地位，中美的货币战争其实已经打响。因此，中国应当自觉减少对美国金融的依赖，构建自己的全球金融战略，在创造世界制造业中心的基础上，创造世界金融中心。

四、加强与欧洲和非洲的金融合作

笔者认为从中国世界经济战略出发，中国应支持欧元，加强对欧金融合作，让欧元成为抗衡美元的重要力量。中国可以减少购买美元国债，可以加大购买欧元国债的比例，联合欧元对抗美元。现在美元在全球储备货币里占比为 65%，如果欧元艰难，人民币国际化的道路也会艰难，支持欧元抗衡美元，是非常重要的。

应积极加强对非洲的资源投资，也需要加强中非金融合作。积极制定切实可行的政策措施，不断加大金融支持力度，推动国内金融机构和企业开展对非经贸投资和金融合作。以多边开发金融为平台，支持非洲减贫和一体化发展。目前，中国在非洲已加入非洲开发银行、西非开发银行、东南非贸易发展银行等区域和次区域多边开发机构，其中通过非洲开发银行的软贷款窗口——非洲开发基金，累计承诺捐资 6.15 亿美元。同时，通过建立双边技术合作基金对非洲进行技术援助，增强非洲的自主发展能力。还可以推动政策性金融机构开展多层次的金融合作。支持利用进出口融资、援外优惠贷款和对外投资贷款等金融服务，促进事关非洲长远发展的基础产业和基础设施项目建设。支持把开发性金融业务延伸到非洲，推动其与非洲区域和次区域多边金融开发机构合作，在双赢和多赢的前提下建立融资的新机制，开展出口信贷、项目融资、银团贷款等种类丰富的金融产品。充分发挥出口信用保险在推动中非经贸合作中具有的衔接保险、贸易、融资等多方面的优势，提供完善的风险保障机制。还要顺应市场需求，扩大人民币在跨境贸易和投资中的使用。目前，跨境贸易人民币结算试点范围已经扩大到全国所有进出口企业，业务范围涵盖货物贸易、服务贸易和其他经常项目，应全面开展对外直接投资和外商直接投资人民币结算。此外，积极开展国际间货币合作，便利双边贸易和跨境投资。截至 2012 年 6 月末，中国与其他国家（地区）的跨境贸易人民币结算量达到 3.86 万亿元，中国人民银行已与 17 个国家和地区的货币当局签订了双边本币互换协议。其中，中国与部分非洲国家间跨境贸易和投资人民币结算量已经初具规模，如中国与南非人民币跨境收付额累计达 43.29 亿元、与毛里求斯累计达 22.84 亿元，部分非洲国家央行已将人民币纳入外汇储备。

五、中国的金融布局

目前是全球金融的新时代，其主要体现在：第一，全球货币新格局。目前世界主要储备货币为美元、欧元、日元等几种货币。现在欧元暂时出现了问题，但是欧元不会垮掉，还是世界主要的货币，其他如人民币、日元、卢布、卢比，这几个货币能否和美元、欧元竞争，需要时间的考验，这是全球货币竞争的局面。未来全球出现三个主要的货币很可能是：欧元、美元、人民币。第二，人民币的战略机遇期。人民币能不能在未来的二三十年抓住这个全球金融时代的战略机遇期而成为真正的国际储备货币，成为重要的国际投资货币、贸易结算货币和交易的货币，这是中国最重要的战略任务之一。第三，金融中心的竞争。现在金融中心的竞争已经上升到国家战略层面。在未来二三十年，全球只会剩下 3~5 个金融中心，因为金融中心要求深度、广度和交易量，以及产品的无限丰富。美国在 19 世纪有很多小的金融中心，波士顿、芝加哥、洛杉矶，现在都没有了，集中在纽约。在欧洲，2000年，巴黎交易所、布鲁塞尔交易所、阿姆斯特丹交易所合并为泛欧交易所（Euronext N. V.），逐渐成为欧洲领先的证券与期货产品兼备、集交易与清算于一身的跨国证券交易机构。2006年，纽约交易所与泛欧证券交易所合并成纽约泛欧证券交易所（NYSE Euronext），成为第一个全球性证券交易所。伦敦证券交易所、德国证券交易所将来也可能合并其他的交易所。全球金融中心竞争将是全球金融时代最重要的事情之一。

1. 金融战略思维：深化改革，放松管制和实行金融约束

中国按照渐进性、主动性原则推进经济改革，通过制度安排，使得金融调控监管、金融服务及金融市场体系成熟。货币市场、资本市场、保险市场不断发展，使其成为资源配置、资产管理及资本形成的重要途径。应促进债券市场快速发展，加强金融创新，改善金融结构和金融运行基础，为深化利率、汇率在内的各项改革创造条件。加快金融转型，转变传统银行业务模式，不断改进证券市场治理，促进投融资需求。

要放松金融管制，推进利率和汇率的市场化改革，促进金融资源的市场化配置机制的形成。要利用金融调控监管市场化，从偏重运用数量型工具向价格型工具转变。金融监管更加市场化，引入一系列现代管理制度，加强宏微观审慎管理、资本监管以及偿付能力管理。金融业的市场化改革使金融业变化巨大：金融功能进一步发挥，金融业资本实力、资产质量和经营效益不断提高。经济转型对金融业的改革提出了更高的要求。需要加深对市场规律和金融发展规律的认识，更新观念，科学把握改革发展的方向和趋势，增强改革的主动性、系统性和前瞻性，进一步放松金融管制以及对各类资本的限制，减少政府对微观金融活动的干预，激发各类金融市场主体的活力，推动金融中介市场的全面发展，提高全社会的资本形成能力，使之更好地服务于实体经济。

金融约束是一种轻度的金融抑制，是金融深化中由金融抑制向金融自由化的过渡阶段。金融约束条件下，政府通过制定一些政策使金融部门和企业部门提高效率，并完善金融体制。推进“渐进式”金融自由化改革具有重要作用，因此在中国当前的金融改革中，一定程度的政府干预是不可或缺的。

2. 金融战略

“十二五”规划中中国的金融战略如下：一是消费金融和刺激内需战略；二是金融的创新，通过金融创新来支持自主的科技创新；三是通过政府金融的创新来支持政府的财政、税收体制的改革。

第一，要转变经济增长方式，调整经济结构，核心推动力量是金融的战略。要促进内需，就要有内需的长效机制，消费金融发达，现代金融服务普及，再加上现代金融和信用手段，刺激内需的战略才能有效。全球的虚拟经济、消费金融，各种金融产品，欧美发展得太早、太快，而中国远远落后。因此，这种刺激

内需的消费金融战略是调整经济结构的前提。

第二，要有自主的金融创新。美国的金融能走到世界第一，根本在于创新。中国的金融创新必须成为科技自主创新最重要的前提。研究硅谷历史可知，如果没有风险投资、没有 PE、没有金融手段的创新，硅谷是搞不起来的。中国如果没有债市，没有发达的资本市场，人民币国际化就会是一句空话。为什么要持有人民币，因为中国经济增长快，持有人民币，未来在中国能够买到需要的东西。最重要的是，持有人民币，就可以有非常丰富的金融产品投资。如果债市不活跃，资本市场不活跃，就不可能有人民币的国际化。美元如果没有这种国际性地位，2007 年、2008 年金融危机以后，美国就破产了，但是美国不担心破产，欠外债也没有关系，印钞票就可以了，因为美元有人用。

第三，发展债市，解决政府问题。房地产问题的核心是地方政府的土地财政问题，地方政府依靠土地融资搞基础建设。目前，多层次资本市场没有建立起来，债市必须要发展，通过金融创新把债市搞起来。美国金融市场的底层基础就是美国债市。全球金融产品、全球价格体系的出发点是美国的债市，美国的货币政策通过美国债市实施。看美国的货币政策，一定要看美国债市的收益率，因为债市是为整个资本市场定价的一个工具。

3. 人民币国际化的战略和策略

在区域布局上，人民币的国际化有三步：一是创建包括港澳台地区在内的人民币货币区；二是过渡到东南亚货币区；三是扩展到其他国家，这就是人民币国际化的基本路线图。从推进路径上，是从贸易结算货币到投资货币，成为国际储备货币。未来如果海外的人民币资金能够超过 5 万亿元，那么中国的货币、信贷、人民币的结汇政策都会发生根本性变化，并且会对中国的投资、资本市场的国际化、股票市场的国际化、VC、PE 等基金行业，都产生深远的影响。

第十七章　建设上海国际金融中心

上海国际金融中心从提出到现在初步确立，已经走过了20多年的历程，但与伦敦、纽约以及东京、中国香港等国际金融中心相比仍有相当大的差距，还有很长的路要走。随着世界经济的变化、中国的经济发展以及金融改革的深化，建设上海国际金融中心的目的也越来越清晰，就是中国的经济和金融要融入世界经济和金融的全球化进程，促进中国金融体系由银行主导转变为资本市场主导，由行政管制体制转变为基于合理监管基础上的市场化体制，以推动中国经济发展方式的转变，这个过程比之前20年更艰巨也更伟大。刚刚获批的上海自由贸易区作为中国金融改革和放开人民币资本项目可兑换的试验田，对于促进上海国际金融中心的建设具有重要意义。

第一节　上海国际金融中心的目标与现实差距

上海早在20世纪二三十年代就已经成为远东最大的国际金融中心。上海是中国银行业的诞生与集中地，其金融机构数量众多，资金庞大，逐渐形成了与国际接轨的各类金融市场，其交易的活跃程度在远东地区首屈一指。上海能够成为远东地区金融中心的原因在于：上海当时已经是国内最大的金融中心，金融自由化程度和开放度高，外贸、外商投资和国际航运等高度发达，是远东地区重要的经济枢纽。

一、上海金融中心的现状

1992年，中共“十四大”报告提出“把上海建成国际经济、金融、贸易中心之一”，经过20年的奋斗，上海国际金融中心在2011年度“伦敦金融城全球金融中心指数”、“新华—道琼斯国际金融中心发展指数”的最新排名分别上升到全球第五、第六位。数据显示，2011年，上海市全年实现金融业增加值2240.47

亿元，比2010年增长8.2%；上海证券交易所成交45.5万亿元，中国金融期货交易所成交43.8万亿元，上海黄金交易所成交4.4万亿元，银行间同业拆借与债券市场成交206.5万亿元（不含利率衍生品交易），银行间外汇市场人民币外汇即期成交3.6万亿美元，银行间外汇市场衍生品成交2.0万亿美元。上海在国际金融中心建设中取得了长足的进展，为开展资本项目可兑换试点创造了诸多有利条件。金融机构加速集聚，机构体系不断完善。上海已经成为中国最有影响的资金和资产管理中心，对外辐射和资源配置能力显著提高。截至2012年底，上海的金融机构总数达到了1227家。外资金融机构有423家，其中上海的外资法人银行22家，占全国外资银行法人数的一半，外资银行分行78家，外资银行支行100家，外资银行代表处83家。上海外资法人银行近5年累计获得增资约380亿元。从金融机构类型来看，中国金融期货交易所、上海清算所、各类商业银行总行业务营运中心、证券业和保险业资产管理公司等各类功能性、全国性金融机构相继落沪，货币经纪公司、养老金管理公司、汽车金融公司、小额贷款公司、村镇银行、金融消费公司等新兴金融机构加速涌现，有力促进了上海金融机构体系趋向完善，丰富了金融业的服务功能。

在上海证券交易所、上海期货交易所、中国外汇交易中心、银行间货币与债券市场、上海黄金交易所快速发展的同时，中国金融期货交易所、银行间清算所也先后落户上海，贷款转让市场启动运行、股权托管交易挂牌成立，上海金融市场正趋向健全，规模明显扩大，金融服务功能区域完善。

2012年金融市场交易总额达到了528万亿元，比2007年增长了3倍，股票交易额居全球第4位，股票的市值居全球第7位。黄金的现货交易量连续多年保持全球第一位。上海期货交易所商品期货和期权的成交量居全球第2位，在全球衍生品交易所交易量排名第13位。[①] 2013年来，上海市社会融资规模增长较快，企业融资结构日趋多元化，信贷结构继续优化。央行上海总部数据显示，2013年6月末，全市各项本外币存、贷款余额分别为67356亿元和42908亿元，同比分别增长9.1%和9.3%。银行间同业拆借市场和债券市场交易活跃。2012年，上海市金融机构同业拆入拆出合计21.8万亿元；质押式和买断式回购分别成交28.2万亿元和1.0万亿元，分别占银行间债券市场回购总交易量的20.6%和20.4%。现券买卖合计35.5万亿元，占现券交易总量的47.2%。

上海已基本形成了适合国内外投资者共同参与、具备较强交易、定价信息功能、具有国际影响力的市场资本体系，逐步形成了人民币跨境投融资中心、人民

① 徐静．2012年大商所在全球排名第11位［N］．期货日报，2013-03-14．http：//www.dce.com.cn/portal/info？cid=1325230937100&iid=1363226088100&type=CMS.NEWS.

币产品基准价格形成中心、大宗商品定价中心和金融资讯服务中心，培养出了一批规模比较大、治理机制比较健全、具有行业龙头地位的上市公司，营造了有利于资本市场创新发展和风险防范化解的机制和环境。

二、上海国际金融中心的建设目标

2009 年，国务院发布了《关于推进上海加快发展现代服务业和先进制造业建设国际金融中心和国际航运中心的意见》，2012 年国家发改委发布了《“十二五”时期上海国际金融中心建设规划》（以下简称《规划》），持续推动上海国际金融中心的建设。

如表 17–1 所示，“十二五”时期上海国际金融中心建设的目标是：瞄准世界一流国际金融中心，全面拓展金融服务功能，加快提升金融创新能力，不断增强上海金融市场的国际内涵和全球影响力，力争到 2015 年基本确立上海的全球性人民币产品创新、交易、定价和清算中心地位，形成人民币产品全球中心，到 2020 年确立上海的国际金融中心地位。《规划》明确“十二五”期间，上海将建“八个中心和一个聚集地”，即逐步形成人民币跨境投融资中心、人民币产品基准价格形成中心、大宗商品定价中心、金融资讯服务中心、人民币产品创新中心、人民币资产管理中心、航运贸易金融服务中心、人民币跨境支付清算中心以及逐步形成国际金融人才聚集地。人民币资产交易中心、定价中心和清算中心这三个功能是国际金融中心的核心与关键。

表 17–1　“十二五”时期上海国际金融中心建设的主要预期指标

“十二五”时期上海国际金融中心建设的主要预期指标				
类别	序号	指标	2010 年	2015 年
金融市场规模	1	金融市场交易总额	386.2 万亿元	1000 万亿元左右
	2	债权托管余额	全球第 5 位	进入全球前 3 位
	3	黄金市场现货交易量	全球第 1 位	保持全球第 1 位
	4	金融衍生品交易量		进入全球第 5 位
	5	保险市场保费收入	695 亿元	1400 亿元左右
	6	银行卡跨行交易额	10 万亿元	25 万亿元左右
金融国际化程度	7	境外投资者规模	参与上海金融市场的境外投资者规模较小	参与上海金融市场的境外投资者显著扩大
	8	上海金融市场国际影响力	国际影响力总体较小	上海证券交易主要指数、大宗商品期货价格国际影响力显著提升
金融服务功能	9	金融市场直接融资额占社会融资规模比重	16.7%	22%左右
	10	管理资产规模	约 15 万亿元	30 万亿元左右

续表

"十二五"时期上海国际金融中心建设的主要预期指标

类别	序号	指标	2010 年	2015 年
金融发展环境	11	金融从业人员	24.5 万人	32 万人左右
	12	金融发展环境的国际竞争力	国内领先	金融发展环境的国际竞争力明显增强，金融法律、税收、监管等与国际管理接轨程度明显提高

资料来源：上海市人民政府、上海市国民经济和社会发展第十二个五年规划纲要，2011。

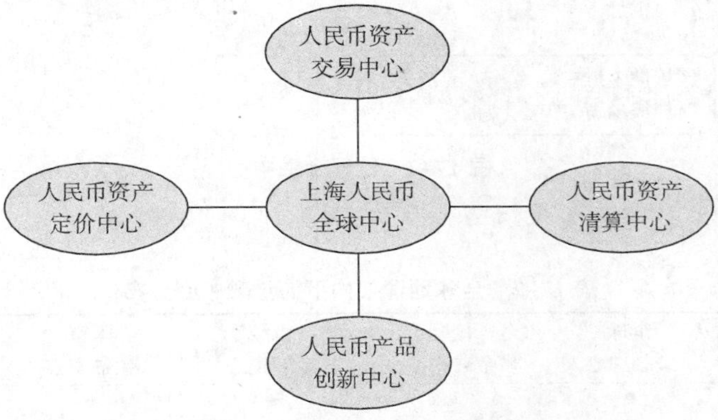

图 17–1　上海人民币全球中心

三、上海金融中心与国际金融中心的差距

国际金融中心是自然形成的。例如，13 世纪威尼斯由于兴旺的国际贸易和对君主的信贷而兴起；17 世纪阿姆斯特丹因为是整个欧洲的商业和信息交换中心以及国家强大的经济势力而兴起；19 世纪伦敦凭借着第一次工业革命获得了飞速的经济发展；20 世纪 40 年代纽约得益于优越的地理环境和本国的经济势力；20 世纪 70 年代东京是由于日本经济突飞猛进。可见，这些金融中心的兴起和繁盛是自然发展的结果，而非行政力量干预。①

纽约和伦敦是全球性金融中心，新加坡、东京、中国香港是区域性金融中心（见图 17–2）。这些金融中心都是先由国家金融中心发展到区域金融中心，再发展到国际金融中心的，它们的终极目标都是成为世界性的金融中心（见表 17–2）。从这些金融中心的经济自由化程度来看，瑞士、中国香港都非常高，英国、美国

① 王传辉. 国际金融中心产生模式的比较研究及对中国的启示［J］. 世界经济研究，2000（6）：73–77.

居中，而印度和中国则很低（见表 17–3）。

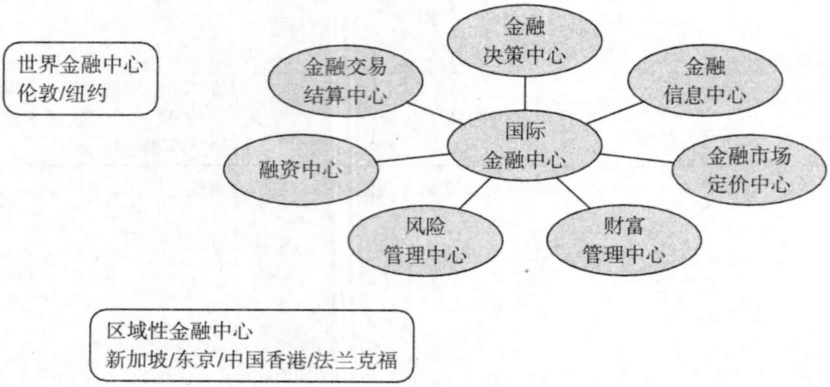

图 17–2　世界金融中心

资料来源：中银国际。

表 17–2　全球地理架构下的金融中心分布

城市	全球金融中心	国际金融中心	区域金融中心	国家金融中心	地区金融中心
伦敦	●	●	●	●	●
纽约	●	●	●	●	●
中国香港		●		●	
新加坡		●		●	
苏黎世		●	●	●	
法兰克福		●		●	
日内瓦		●	●		
芝加哥		●		●	●
东京		●		●	
悉尼		●		●	●

资料来源：同上。

表 17–3　世界国际金融中心的经济自由化程度比较

地区	总分	商业自由	贸易自由	财政自由	政府规模	货币自由	投资自由	金融自由	产权	政府廉洁	劳动力
瑞士	90.0	90.7	95.3	80.9	75.0	50.0	90	92	98.9	90	81.8
中国香港	89.7	98.7	90.0	93.0	93.7	83.1	90	90	90.0	81	87.4
新加坡	86.1	98.2	90.0	90.7	95.3	80.9	75	50	90.0	92	98.9
澳大利亚	82.6	90.3	85.1	61.4	64.9	82.9	80	90	90.0	87	94.9
加拿大	80.4	96.5	88.1	76.7	54.1	75.4	75	80	90.0	87	81.5
美国	78.0	91.3	86.9	67.5	58.0	78.1	75	70	85.0	73	94.8

续表

地区	总分	商业自由	贸易自由	财政自由	政府规模	货币自由	投资自由	金融自由	产权	政府廉洁	劳动力
英国	76.5	94.9	87.5	61.8	41.9	73.7	90	80	85.0	77	72.8
卢森堡	75.4	75.1	87.5	65.9	58.5	78.9	95	80	90.0	83	40.4
日本	72.9	84.5	82.4	67.2	61.1	88.9	60	50	80.0	73	82.4
德国	71.1	89.6	87.5	58.3	41.4	79.9	85	60	90.0	79	39.9
法国	64.2	86.3	82.5	51.9	17.9	79.7	50	70	80.0	69	54.7
印度	53.8	36.3	67.9	73.4	75.1	67.5	35	40	50.0	34	57.7
中国	51.0	49.7	72.2	70.2	88.1	70.6	20	30	20.0	36	53.2

资料来源：遗产基金会 2010 年《经济自由指数》。

就金融人才及素质来看，至 2011 年，上海金融人才达到 24 万，较北京、深圳有优势，但与世界金融中心相比，伦敦、纽约、东京在 2010 年的金融业就业人数也分别达到 31.5 万、42.6 万和 32.8 万，大大超过了上海（见图 17–3）。

图 17–3　上海金融从业人数及指标对比

资料来源：各地统计年鉴。

第二节　转变中国金融体制是建设上海国际金融中心的目标

一、中国金融体制的状况决定了上海金融中心的地位

中国现行金融体制有以下两个主要特征，一是以银行为主导，二是行政管制。在现有体制下，中国金融资源的配置主要依靠银行杠杆和行政计划安排。这种银行主导加行政管制的中国金融体制意味着北京而非上海才是目前真正的全国

金融中心。就银行主导和金融中心地位的关系而言，我们必须认识到，存款和贷款资源主要集中在中国工商银行、中国农业银行、中国银行、中国建设银行、交通银行等大型国有商业银行。而且，在总分行体制下，是总行而不是地区分行决定遍布全国的分支行的业务经营。虽然上海有着众多的中资、外资金融机构，但是，银行体系的金融资源分配显然是以北京为中心。就行政管制与金融中心地位的关系而言，虽然上海有外汇交易中心、证券交易所、期货交易所以及金融期货交易所等这些金融机构，但是，包括股票、国债、央行票据、金融债等在内的绝大多数金融产品的发行都是在北京审批完成的。在现有的中国金融体系下，上海更多的是一个物理集聚意义上的金融中心。

在过去30多年中，银行主导加行政管制的中国金融体制虽然帮助中国经济实现了储蓄的动员和资本的积累，但已经难以适应当前中国市场经济发展的需要，主要表现为以下三个方面：一是金融功能不完善，缺乏种类丰富的金融衍生品，尤其缺乏风险管理功能。二是金融效率低下，高新技术产业和中小企业在发行股票和债券上受到诸多抑制，金融资源更加倾向于配置到成熟行业和大型（国有）企业中。三是风险易于集中，吸收存款、发放贷款的银行业承担了本可以由其他经济当事人分担的利率风险、信用风险和汇率风险。这些缺陷造成的后果就是经济增长过度依赖投资，技术进步的动力不足；在对外经济关系上，其产生的后果是中国贸易顺差的不断扩大。

二、建设上海金融中心面临的两大难题

1. 人民币还没有成为国际货币

上海要成为国际金融中心，人民币就必须成为国际货币。人民币还没有实现自由兑换，离国际货币依然遥远。当人民币成为自由兑换货币之后，上海才有可能成为如新加坡、中国香港那样的区域性金融中心。当人民币成为具有国际清算、国际借贷和国际储备等功能的国际货币之后，上海才有可能成为真正意义上的全球国际金融中心。如果人民币不但在经常项目下实现人民币的可兑换，而且在与资本项目下也基本实现了人民币可兑换，那么人民币就成为可自由兑换的货币了。人民币要成为国际货币，还要由国际社会的接受度来决定。因此人民币成为国际货币的道路依然漫长。

2. 中国还没有实现金融自由化

金融自由化，一般来说包括金融机构的设立、金融机构的经营范围、金融产品的创造、金融产品的价格、金融产品的交易、利率、汇率以及资本流动性等多方面的自由化。就目前来看，中国金融业仍处于严格管制状态，金融机构设立、金融机构的经营范围、金融产品的创造、金融产品的价格、金融产品的交易、汇

率等金融自由化的内容都受到严格管制。利率虽然进一步放开，要实现真正的利率自由化仍需要时间。

三、促进中国金融体制转变是建设上海国际金融中心的主要目标

中国金融体系由银行主导和行政管制为主向市场主导为主转变是中国市场经济发展的必然要求，也是中国金融改革的方向，因此促进中国金融体制由银行主导转变为资本市场主导、由行政管制的体制转变为基于合理监管基础上的市场化体制是建设上海国际金融中心的主要目标。目前，上海已经是一个在物理意义上金融市场相对集聚的城市，而上海要成为真正的金融中心，就必须发挥市场配置资源的基本功能。

上海国际金融中心建设与中国金融现代化进程是一致的，前者的步伐决定了后者的进度，因此加快上海金融中心建设是中国金融现代化的要求。但建设上海国际金融中心必须把握好节奏。上海首先要成为真正意义上的国内金融中心，在资本市场发展到一定程度、金融监管体制趋于完善之后，再逐渐放开资本项目，向真正的国际金融中心迈进。

第三节 打造上海国际金融中心的建议

目前，全球金融机构、金融体系都面临着重大变革，这将给中国的经济和金融业的发展带来重大机遇。上海作为中国金融业的中心，抓住机遇积极打造国际金融中心，是中国经济发展和金融体制改革的客观要求。因此，如何转危为安、顺势而为，是中国金融业面临的重大挑战。到2020年，将上海基本建成与中国经济实力和人民币国际地位相适当的国际金融中心。从根本上说，上海能否建成国际金融中心，取决于中国经济发展和人民币走向国际货币的进程，这是中国崛起带来的历史性机遇，也是历史性的挑战。如何把握机遇，打造上海国际金融中心，主要有以下几个建议：

1. 扩大内需，拓展金融功能，促进储蓄向投资转换

金融危机集中反映了西方发达国家过度消费以及亚洲国家特别是中国高储蓄的特点。所以，中国应该改变经济发展模式，重视扩大内需，促使储蓄向投资积极转换。上海作为中国内地最大的融资中心，应拓展其融资功能。除继续吸引企业上市融资以外，还可以提供多元化的筹资渠道，将境内储蓄转化为投资。为达到此目的，中国既要吸取此次金融危机的教训，又要敢于进行金融创新。科学地

运用金融衍生工具，并进行审慎管理，加强金融监管，做到创新与监管并重。由于社会财富快速积累，对金融服务的要求由重视筹资转为重视资源配置的功能。我国金融结构的直接融资能力很弱，2007年银行业资产占全部金融机构总资产的89.8%，储蓄向投资转换的功能远远不够。金融市场配置储蓄的低效率的现状要求中国加速发展资本市场。因此，上海应进一步完善股票市场、发展债券和期货市场，提供多元化的金融服务，为资金融通（投资者和集资者的结合）提供一个有效平台，通过银行、证券、保险、企业并购、资产管理、财务规划等多元化的专业服务，满足企业的金融服务需求。

2. 搭建人民币国际清算平台，加速人民币的区域化和国际化

金融危机表明以美元为主导的国际货币体系已经不能适应全球经济发展的要求，一个新的世界货币的格局行将出现。因此，中国应审时度势，正确估计人民币在国际货币体系中的地位和作用，制定人民币走向世界经济的战略。从现在起，要打造人民币区域化的平台，奠定人民币国际化的基础。人民币区域化是指周边国家或区域接受人民币作为交易货币和国际清算手段，使人民币在境外区域流通的过程。目前，中国已经与俄罗斯、蒙古、韩国等国家进行了货币互换，与周边国家用人民币进行了小额贸易结算。此次国际金融危机为内地扩展人民币作为国际结算货币提供了机遇。内地允许符合资格的企业在香港地区以人民币进行贸易支付以及货币互换的协议，也标志着人民币区域化进程被再次推进。目前，需要建立相应的交易和支付信息系统及支付结算系统，和提供基本的交易和支付数据服务。应当继续在周边国家或区域签订货币互换协议，以扩大人民币贸易交易结算范围。上海是中国的外汇交易和资金清算中心，可以借“先行先试”的政策优势，创新和优化人民币清算功能，努力成为人民币的国际清算中心，提高上海国际金融中心的功能深度、国际影响力和辐射范围。鉴于此，建议上海建立人民币国际清算中心，为人民币国际结算提供服务。为此，上海应大力投资金融基础设施建设，为建立人民币国际清算中心建立物质基础。当然人民币国际化的前提是实现人民币可自由兑换和资本账户开放。这需要一个过程，因此，要加快金融体制改革步伐，实现人民币国际化的目标。

3. 深化金融市场改革，推动金融创新

（1）扩大人民币跨境使用，推动上海成为全球人民币产品创新、交易、定价、结算中心。具体举措包括推动人民币进入跨国企业的资产组合、启动跨境人民币贸易再融资市场、积极研究准备合格境内个人投资者境外投资的试点（QDII2）和合格私募人民币基金境外证券投资业务（RQDLP）等。

（2）加快金融市场对外开放，推动上海形成境内外投资者共同参与的、功能完善的多层次金融市场体系。

要推动债券发行市场双向开放，鼓励更多符合条件的国际开发机构发行境内

人民币债券，扩大国际开发机构在银行间债券市场上人民币债券的发行规模；允许符合条件且信用等级较高的境外商业性机构在中国发行人民币债券。

要扩大货币市场参与范围，继续支持外资商业银行及其分行、外资非银行金融机构进入银行间同业拆借市场和银行间外汇市场，扩大外资机构数量，并在核定的额度内扩大货币市场交易规模。在风险可控的情况下，支持境外人民币参加行和其他银行直接参与银行间同业拆借市场和银行间外汇市场交易，促进境内外人民币市场联动发展。

要拓展外汇市场的深度和广度，在港澳地区人民币清算行等的基础上，适时推进其他人民币清算行、参加行等境外机构进入银行间外汇市场，增强境内人民币汇率对境外的引导作用。在人民币对美元、日元、澳大利亚元直接交易的基础上，建立人民币对更多货币的双边直接汇率形成机制，推动人民币对新兴市场经济体和周边国家货币汇率在银行间外汇市场挂牌。

(3) 积极稳妥推进资本项目可兑换。各项具体开放措施在时间安排上也会有一定的灵活性，可以根据中国国内外经济金融形势和改革基础条件的变化择机实施，成熟一项，推动一项。国际经验也表明，资本项目可兑换后，仍然可以从宏观审慎角度对可疑资金、外债、短期资本流动等进行管理，从而有效防范跨境资本流动可能带来的风险，趋利避害，发挥好资本项目可兑换在多个方面的积极作用。

资本项目开放肯定会带来风险，但不开放同样有风险。随着经济全球化的发展和中国参与全球化程度的不断加深，维持资本管制的代价会越来越大，有效性也会不断下降。因此，要在开放中管理风险，采取有效措施将风险控制在可预见、可控制和可承受的范围内。在资本项目改革中要注意几个问题：一是放松对资本流动的管制，必须与国内金融体系市场化改革相配套。例如，实现利率市场化、发展间接货币工具、增加企业居民的金融自主权以及完善金融监管等。二是放松管制不等于撒手不管，而是将管理重点由事前审批转向事后监督。随着资本项目开放程度的提高，应不断加大跨境资本流动的监控力度，建立严密的监测预警体系，及时根据风险渠道和规模变化调整管理的方向和力度。三是处理好资本项目可兑换与人民币“走出去”的关系，既要放松管制，又要避免因过早、过快地取消资本管制而引发金融风险。

4. 深化金融体制改革，加强金融监管

国际金融业的自律与监管问题一直是最重要的问题之一。从全球网络的视角看，以国家和地区的局部监管对待全球金融市场，必然会产生许多盲点、缺口和重复，数学模型也从计算风险变成了掩盖风险的工具。今天的金融系统已经复杂到投资者、银行家和监管者难以厘清其中的关系，所以金融系统应该更加透明。在本次金融危机中，中国金融体制的弊端也充分暴露出来，如金融市场体系单一，对国际金融市场的变化反应迟缓，资本市场基础性制度建设不足，债券市场不发达，利率市场化程度不够，人民币汇率形成机制不完善，金融业对外开放不够，金融监管能力不足，监管协调配合不够，金融法制不够健全。同时，对金融衍生产品认识不足，对其监管不力，导致中国在国际金融市场上遭受了一定损失。例如，中国南航、中铁、远洋等特大国有企业的掉期期权业务的巨额损失，外资金融机构的理财产品遭到大规模的投诉等，都显示了对金融衍生品业务监管的缺失。所有这些问题的出现，为改革提供了时机和可能。因此，中国应吸取金融危机的教训，深化金融体制改革，加强对金融业的自律和监管，进一步提高金融业的市场化程度，加快金融业改革开放的步伐。

5. 上海与香港地区作为金融中心优势互补

香港地区的金融优势在于其多样化的金融工具和国际融资能力。上海的金融优势在于内地金融市场的资源优势（内地上市企业，国债和内地企业债券，以及期货市场资源），运作成本低，可以就近操作。香港地区未来需要继续提升其国际金融中心地位，积极发展债券市场，提高其金融创新能力。上海未来需要建设成为中国又一个国际金融中心。中国幅员辽阔，经济增长潜力巨大，需要多渠道融资。建立两个各具特色的金融中心才能与中国的经济发展现状相匹配。香港地区是中国融入世界经济的重要平台，应继续巩固和增强其国际金融中心的地位，支持内地经济发展。上海是中国内地最重要的金融中心，将其提升为国际金融中心将对中国的经济发展和金融改革具有重要意义。香港地区和上海金融市场应扬长补短，形成互补、互助、互动的关系。其未来合作可以包括以下方面：

（1）在推进人民币区域化进程中发挥各自作用。在香港地区试实行人民币可自由兑换。在进一步扩大人民币在周边国家的贸易结算及货币互换的基础上，以内地外汇储备支持香港地区外汇基金，使人民币成为香港地区外汇储备的重要组成部分。进一步发挥人民币区域化平台的作用，使上海可以成为人民币国际清算中心。

（2）发挥香港地区融资能力强和金融工具丰富的特点，国家主权财富基金可以尝试委托香港地区进行海外投资，提高市场化能力，规避市场风险，提高投资效益。上海可成为中国企业走出去的另一个平台。

（3）加强金融基础设施合作，完善香港地区和上海两地的支付结算体系。

（4）促进香港地区和上海两地商品期货市场和金融期货市场的合作。完善香港地区商品期货市场，为国家进口能源、原材料等大宗商品发挥调节供需的功能。寻求金融期货市场合作，上海应借鉴香港地区的经验，推出股指期货、人民币国债期货等交易品种。

（5）进一步发展沪港金融的互补、互助、互动的关系，完善沪港金融合作机制，加强沪港在金融市场、机构、产品、业务、人才等方面的交流合作，支持沪港金融市场产品和金融基础设施互联。积极推动沪港金融交流合作，研究建立合作机制，拓展合作空间和领域。

（6）加强金融监管合作。特别要完善对外资金融机构监管，并加强对外资银行监管的合作。通过质量审批和市场审批，加强对金融衍生产品的监管合作。

6. 阶段性打造上海的国际金融中心

国际金融中心可分成五种类型，即全球范围的金融中心、洲际性的国际金融中心、特定业务范畴的国际金融中心、一国对外的国际金融中心和国内地区性的国际金融中心。上海发展的阶段性目标如下：

第一阶段：缩小与中国香港、新加坡、东京金融中心的差距（3~5 年）。

第二阶段：打造成为亚洲最大、最具影响力的国际金融中心（5~10 年）。

第三阶段：缩小与纽约、伦敦的差距，发展成为全球金融中心（10~15 年）。

第四阶段：打造成与纽约、伦敦相比肩的全球金融中心（15~20 年）。

打造上海金融中心是中国经济改革与发展的必然选择，是世界经济发展的必然趋势，也是此次金融危机带来的重大机遇。因此，我们应当抓住机遇，把上海建设成为名副其实的国际金融中心。

第四节　上海自由贸易区对建设上海国际金融中心意义重大

上海自贸区的建设将对上海金融中心的建设具有重大推进作用。尤其是上海自贸区内开始人民币自由兑换和资本项目开放的试点，可以成为中国金融改革的示范，为未来金融进一步开放奠定基础，将增强上海的金融凝聚性和开放性，促进上海国际金融中心的建设。

一、上海自由贸易区

《中国（上海）自由贸易试验区总体方案》在 2013 年 7 月 20 日获批，10 月正式挂牌运营，年内将实施“境内关外”政策，即出口货物越过关境线即出口，进口货物在贸易区内，免于向海关申报。

新成立的上海自贸区，涵盖 28 平方公里，包括 4 个海关特殊监管区，即外高桥保税区、外高桥保税物流园区、洋山保税港区和浦东机场综合保税区。自贸区的试点内容涉及金融方面的包括资本项目可兑换、利率市场化、汇率自由汇兑、金融业的对外开放、产品创新、人民币离岸业务等。另外，上海将推动税收创新，包括离岸贸易、金融收取低税率，对境外投资收益采用分期缴纳所得税等优惠政策，支持自由贸易试验区内企业发展。其中，金融领域改革力度最大，包括离岸结算、适度放开货币自由兑换、多种方式解决园区内企业融资等内容。

上海自贸区争取“对区内符合条件的企业减按15%的税率征收所得税”政策，低于香港地区16.5%的水平，鼓励已成规模的高端制造业、高端服务业流入自贸区，部分在香港地区设立地区总部或分支机构的企业也可能会考虑转到自贸区。

上海自由贸易区将以贸易和金融体制改革推动上海国际金融中心建设。

历史经验表明，贸易是金融的生命线。中国香港作为主要金融中心的成功始于其作为转口港，与其他英联邦国家进行自由贸易。与中国香港类似，新加坡繁荣的银行业也始于它在英国殖民地时期为英国贸易活动提供服务。鉴于此，上海启动自由贸易区显然是迈出了正确的一步，上海是全国进出口贸易的主要枢纽，自贸区肯定大幅推动贸易额的攀升，这必然为上海创造新的金融需求，产生贸易和金融的“集聚效应”，使上海更快地融入国际金融链。

自贸区将吸引内外资金融机构来上海，会计、法律、咨询服务等相关产业也将由此蓬勃发展，期货、仓储设施将强化上海作为期货和商品市场的地位。推动自由贸易将带来连锁效应，助力上海国际金融中心的发展。

二、自贸区为金融创新创造了条件

上海自贸区将成为中国金融改革的试验田。按照先行先试的原则，上海自贸区将着手推动离岸金融业务与拓宽外商金融投资范围，如图17-4所示，其内容包括拟允许符合条件的外资金融机构设立外资银行、符合条件的民营资本与外资金融机构共同设立中外合资银行；允许外商投资支付机构参照《非金融机构支付管理办法》，向人民银行申请并取得《支付业务许可证》；允许设立外商投资资信调查公司；允许融资租赁公司在自贸区设立单机、单船子公司，不设最低注册资

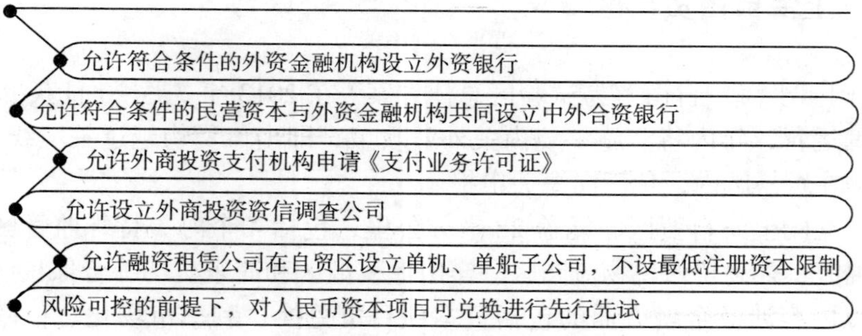

图17-4 上海自由贸易试验区金融创新政策

本限制等。自贸区将在风险可控的前提下，可先行试点人民币资本项目可兑换。目前，上海综合保税区正联合当地商委等部门，着手研究制定相关配套实施细则。

自由贸易区将加快上海向 2020 年建立成熟的国际金融中心迈进的步伐。

上海自贸区将会发展成为离岸金融中心。上海自贸区拟发展人民币离岸业务，包括跨境贸易结算，成立人民币交易和清算中心，形成人民币定价机制等。上海自贸区可以借鉴香港地区的经验，香港地区的离岸人民币业务起步最早，2004 年开始为个人客户提供人民币存款、兑换、汇款及信用卡等服务，现在已发展成为全球规模最大、最具效率的离岸人民币业务枢纽，拥有全球最大的离岸人民币资金池和以人民币定价的产品。上海有长三角经济区及全国经济做支撑，优势大于香港地区，国际资金可经由上海自贸区进入国内，国内资金也通过自贸区流向国外，资源配置将因此受到影响。对于在沪金融机构来说，自贸区的设立将带来更多业务，市场也可以扩大到为国际资本市场提供金融服务，上海自贸区为上海建设国际金融中心带来难得的重大机遇。

上海自贸区推动资本项目可兑换，就为人民币国际化迈出了实质性的一步。目前，中国境外共有约 1 万亿元存款，其中约 7000 亿元在中国香港。目前香港地区是全球最重要的人民币市场，随着自贸区资本项目可兑换的推行以及上海国际金融中心的发展和提升，人民币国际市场的中心可能要移到上海。中国已成为全球最大的出口国，国家积极鼓励境外使用人民币，以打破美元作为国际贸易主要结算货币的霸主地位。自贸区内允许企业使用人民币来结算贸易，将有助提升中国对全球经济的影响力。

三、自贸区为金融进一步开放创造了条件

自贸区的发展与金融的改革开放密切相关，贸易自由度的提高会对金融自由度提出更高要求，而金融自由度的提高又会促进贸易的发展。企业经营便利离不开金融服务的支持，自贸区的企业可享受人民币自由兑换、利率市场化、汇率市场化等先行先试的好处。外向型企业的利润很容易在汇率波动中受损。在自贸区内，企业可更方便地通过套期保值等手段来规避风险。上海建设自贸区不仅是建设自由贸易港，更重要的是为了开放金融，实现人民币自由兑换、自由清算、结算。自贸区还将培育海运保险等服务，解决上海国际航运中心建设中的金融支持问题。建自贸区意味着金融改革可以先行先试，金融开放的步伐进一步加快。

自贸区的建立有利于推进人民币国际化进程。人民币国际化的一个重要条件是人民币有国际计价功能，国际贸易投资及国际金融交易使用人民币计价。这需要中国企业与金融机构“走出去”，积极参与海外的贸易和投资。未来 3~5 年是中国资本走出去的最佳时机，美国逐渐退出货币量化宽松，利率回升，海外资本

回流，美元将走强。未来几年人民币也将相对稳定，甚至有轻微的贬值，有利于企业和金融机构“走出去”。国家会推动外汇制度改革，但制度的梳理需要时间，上海自贸区可以走得更快些。自贸区放宽外资银行的准入限制，允许外资银行自由设立子公司，外资银行为外资企业服务更有优势，更易对接，这会带动更多的外资银行和企业进入自贸区。

自贸区有助于上海国际金融中心的快速发展。2013 年 3 月，伦敦某智库集团发布最新全球金融中心指数（GFCI），上海排名比上期下滑了 5 位。原因是中国金融的市场化及对外开放滞后于实体经济，而日益加剧的金融脱媒、股市的长期低位徘徊和跨境贸易人民币结算的迅速增长，正对中国金融改革形成“倒逼”之势。对此，中国迫切需要加快利率市场化、汇率市场化、证券市场的市场化改革以及金融领域的对外开放水平。上海自贸区提供了一块“试验田”，所有金融改革开放的试点都可以先在自贸区推动和推广，试点成熟后再推向全国。目前，中国金融业最需要的就是制度创新，但囿于大的经济环境和经济政策难以起步，自贸区的建立正逢其时，为上海国际金融中心借鉴国际经验，进一步探索改革开放的路子提供了舞台，可以在这里撒下创意的种子，让它生根、开花、结果。上海自贸区和上海国际金融中心相辅相成、共赢、共进，一定会走出有中国特色的金融之路。

第十八章 加强监管合作，防范金融风险

金融监管是控制金融风险和预防金融危机最有效的手段。国际金融监管合作是指在一定时间内，各个国家的政府作为金融监管主体，采取合作策略共同维护金融稳定、优化监管金融资源分配、促进金融行业国际合作的健康发展。在金融创新推动下，金融资本在不同地区、国家之间的流动性逐渐增强，各国对金融不断放松管制，全球金融市场成为一个密不可分的整体，而各国监管标准和政策的差异性，容易引发跨国金融机构的监管套利行为，同时，金融危机也更容易在不同国家之间传导。例如，美国次贷金融危机和其后爆发的欧债危机，给欧美金融行业带来了严重影响，也对全球经济造成巨大冲击。改革开放 30 多年来，中国金融市场与国际金融市场积极融合，不断放松金融管制，扩大对外开放，取得了举世瞩目的成就。但在发展的同时也积累了不容忽视的风险，因此如何防范金融风险，加强全球金融监管合作，就成为中国金融市场稳定和可持续发展的首要问题。

第一节 国际金融监管合作的现状

一、国际金融监管的基本情况

现有的国际金融监管框架是伴随着全球经济和金融发展逐步建立的，由国际清算银行（BIS，1930 年成立）、国际货币基金组织（IMF，1945 年成立）、世界银行（WB，1945 年成立）、国际会计准则委员会（IASC，1973 年成立）、巴塞尔银行监管委员会（BCBS，1974 年成立）、国际证券委员会组织（IOSCO，1983 年成立）、国际保险监管协会（IAIS，1994 年成立）、世界贸易组织（WTO，1995 年成立）和金融稳定委员会（FSF，1999 年成立）等众多国际组

织组成。[①] 按照监管功能来看，国际货币基金组织、世界银行、世界贸易组织是早期在布雷顿森林会议上设想建立的，作为第二次世界大战后左右世界经济的“货币—金融—贸易”三位一体的机构，被称为世界经济发展的三大支柱。国际清算银行作为国际货币基金组织和世界银行的附属机构，其宗旨是促进各国中央银行在国际清算之间的合作，有成员国 45 个，已成为除国际货币基金组织和世界银行之外的最重要的国际金融机构。巴塞尔银行监管委员会、国际证券委员会组织和国际保险监管协会是在早期协调组织基础上成立的基于银行业、证券业和保险业的国际金融监控组织。国际会计准则委员会主要通过制定和公布在编制财务报表时应遵循的统一会计准则协调各国利益冲突。金融稳定论坛作为增强金融市场监督和监测方面国际合作与协调的平台，通过召开定期或特别会议对金融体系可能存在的不稳定因素交换意见，目前已经成为协调各个国际金融监管机构的重要协调者（国际金融监管框架见图 18-1）。

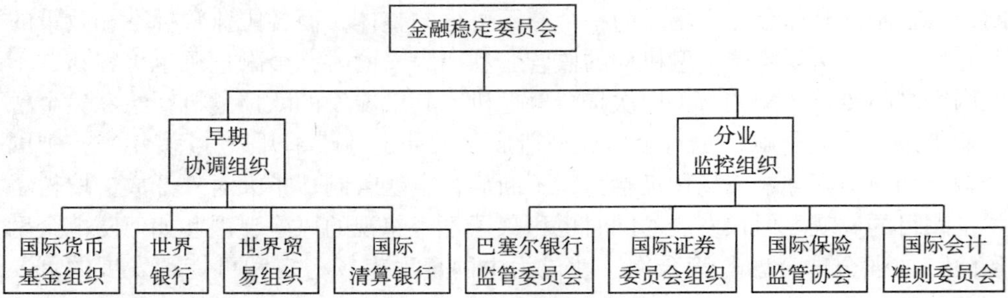

图 18-1 国际金融监管框架

现有的国际金融监管体系呈现出以下特点：一是在发达国家主导推动下完成。例如，国际货币基金组织与世界银行同是在美国主导的布雷顿森林会议上决定成立，国际清算银行由英、法、德、意、比、日等国的中央银行与代表美国银行界利益的摩根银行、纽约和芝加哥的花旗银行组成的银团共同组建，巴塞尔银行监管委员会由十国集团共同发起成立，金融稳定论坛由七国集团成立。这也就导致发达国家在进行国际金融监管制度、措施制定时没有对发展中国家和新兴经济体的市场结构、货币发展状况、金融及监管制度完善和金融风险差异性给予高度重视。二是每一个国际金融监管机构的成立与银行破产和金融危机都有密切关

① 金融委员会的前身为金融稳定论坛，是七个发达国家（G7）为促进金融体系稳定而成立的合作组织。在中国等新兴市场国家对全球经济增长与金融稳定影响日益显著的背景下，2009 年 4 月 2 日在伦敦举行的 20 国集团（G20）金融峰会决定，将金融委员会成员扩展至包括中国在内的所有 G20 成员国，并将其更名为金融委员会。

系。例如，成立巴塞尔银行监管委员会与德国赫斯塔特银行和美国富兰克林国民银行的倒闭直接相关。金融稳定论坛是为应对亚洲金融危机，维护全球金融稳定而设立的国际论坛。三是主要国际金融监管结构的定位与效能不匹配，“定位高，效能低”。国际货币组织和世界银行在国际金融监管中具有核心地位，但国际货币基金组织只在第四款磋商中对成员国金融体系的健康程度泛泛提及，而世界银行则对全球金融风险预警和防范不足。四是国际金融监管范围存在真空和漏洞。一方面，金融创新让不同金融机构之间的功能互相渗透，特别是新近出现的“影子银行”体系使得巴塞尔银行监管委员会无能为力；另一方面，对跨国银行、跨境交易存在监管漏洞。目前是母国对所在金融机构负有主要监管责任，这就可能导致因单个国家的监管不到位而引发全球监管漏洞。例如，冰岛政府允许其国内银行在国外急剧扩张，在荷兰、英国吸收了大量存款，但当其国内银行破产后，冰岛拒绝偿还荷兰和英国储户的存款。五是复杂程式化的监管原则与部分国家实际情况不符。国际监管合作不能代替各国国内的金融监管，统一的监管原则不一定适应每一个国家，如巴塞尔协议框架对市场力量存在一定的盲目自信，注重资本充足率，忽视流动性风险，同时过分依赖大银行的自我风险评估，这对于不成熟市场的发展中国家和新兴经济体显然不适用。六是主要金融机构之间缺乏协调机制。目前的国际金融监管框架呈现出各自为政，功能分散的态势，虽然也能够进行一定的协调，但有效性需要提升。

二、主要国家金融监管模式

金融监管模式的选择从根本上取决于一个国家的经济发展阶段、金融发展现状和政府管理体制等因素，各国根据自身的金融发展不断改革和完善自身的监管体制。美国危机前采取“双重多头”金融监管体制，双重指联邦和各州均有金融监管的权力；多头指有多个部门负有监管职责，如美联储（FRB）、财政部（OCC）、储蓄管理局（OTS）、存款保险公司（FDIC）、证券交易委员会（SEC）等近十个机构。这种监管制度使得在每一传统领域中都存在众多监管者，而对于部分高级金融衍生品则出现了兼管真空的现象。其中，美联储为综合一级的监管机构，全面负责监管金融控股公司，必要时可对银行、证券和保险子公司进行有限制的监管，行使裁决权；OCC 等其他银行监管机构、SEC 和保险监管机构分别对银行、证券公司和保险公司进行分业监管，一旦各监管机构认为美联储的限制监管不适当，可优先行使自己的裁决权。危机后在美国公布的金融监管改革方案中，希望美联储担任“市场稳定监管者”角色，确保金融市场的稳定，除监管商业银行外，还将有权监管投资银行、对冲基金等其他金融机构。中国在金融危机前采用分业经营、分业监管的体制模式，中国人民银行履行制定和执行货币政策的职能，负责金融体系的支付安全，发挥中央银行在宏观调控和防范与化解金融风险中的作用，保留部分监管职能，与银监会、保监会和证监会形成一行三会的监管体制。

英国采用高度集中的“单一制”监管模式，由单一的中央级机构，如中央银行或专门的监管机构对银行业进行监管。1997 年英国政府对金融监管体制进行改革，将包括英格兰银行、证券和期货监管局、投资管理监督组织、私人投资监管局等九家机构的金融监管职责移交给新成立的“金融服务监管局”（Financial Service Authority，FSA），统一负责对商业银行、投资银行、证券、期货、保险等九个金融行业的监管，其具有的独立性有助于消除道德风险，推动金融深化与创新。日本采用以金融厅为中心，独立的中央银行和存款保险机构共同参与，地方财务局等委托监管的金融监管体制。德国亦采用一体化监管机构 Bafin 与央行 Bundesbank 相互协调的监管模式。

第二节　中国参与国际金融监管合作的必要性

只有加强国际金融合作，才能把握发展机会和促进中国金融市场和实体经济发展，准确判断国际金融市场面临的问题，洞察国际金融市场发展方向以预防国际金融风险和金融危机，同时也要客观分析中国金融体系的特点，吸收国外成功经验，提高中国防范金融危机的能力。

一、全球金融危机反映出国际金融监管合作的缺失

有开放就有风险，有风险就需要监管。放松金融管制，不断开放金融市场，必然会带来相应的风险。美国金融危机就是因其金融市场高度自由化和杠杆化，而金融监管却严重缺失，导致了银行业危机和全球性金融风险，充分暴露了世界各国金融监管方面存在的问题。

1. 发展中国家金融监管不平衡性

全球金融市场紧密联结，但各国金融监管由于受到各自国情的影响，具有不同的特点。发展中国家由于经济发展落后，金融市场化程度低，很难达到国际监管标准，因为《巴塞尔协议》、IOSCO 标准、IAIS 标准等监管标准都是由发达国

家主导制定的，无法满足发展中国家的需要。[①] 由于世界各国金融监管各自为政，缺乏协调一致的监管，有些金融机构就会趋向于将其金融业务转移至监管标准较为宽松的国家或地区，实现监管套利，[②] 从而导致并加剧全球金融体系的系统性风险。20 世纪 80 年代以来，各国争相放松金融管制，监管合作缺失，金融风险累加，以致爆发世界性金融危机。在 1997 年的亚洲金融危机中，投机性资本利用东亚国家金融体系本身的脆弱性而予以攻击，对冲基金因有跨国银行作为强大后盾随时随地寻找攻击目标，而被攻击的发展中国家的国际储备和国家清偿力有限，随时都有被攻击的可能，而酿成金融危机。金融危机一旦发生即迅速跨国传递，随着国际间贸易和资本流动更加自由，危机的传导范围更广，传导速度更快。

2. 全球宏观审慎性监管薄弱

美国次贷危机爆发时，大多数国家还没有全面实施《巴塞尔新协议》。加拿大、中国香港和日本以及大多数国家都于 2008 年 1 月之前推行内部评级高级法，而美国直到 2009 年中期才开始推行，可见美国金融监管滞后其银行业发展。同时，美国等国的金融监管部门没有考虑到大型、关联和高杠杆金融机构破产会对整个金融体系造成的影响，没有统一的监管部门，将金融监管职责人为分割，缺乏金融监管协调机制，金融监管出现漏洞和真空，宏观审慎性监管薄弱。美国金融危机正好检验了巴塞尔新协议中关于资本质量与证券化风险监管框架的有效性，但由于其存在顺周期资本监管问题，没有将一些复杂的证券化产品计入风险资本金计量方法中，也没有将资产负债表外产品向表内转移而产生的信用风险和流动性风险等进行必要的压力测试和有效的信息披露，使金融监管机构不能及时做出金融风险预警，从而国际金融风险增大，产生国际金融危机。这次全球金融危机使得金融监管合作的必要性更为凸显。[③]

3. 微观金融监管缺失与低效

美国过度创新金融衍生产品，其规模发展迅速，远远超过了传统金融产品，由于金融衍生产品、投资银行及对冲基金等类似金融机构具有信息不透明、不对称和高杠杆性、高关联性，因此也就增大了金融市场的不稳定性，加大了金融风险的扩散性，成为系统性金融风险的新来源。美国金融衍生产品因过度杠杆化，

---

① 即使一国之内，逃避监管也常常存在，比如，新兴金融市场国家自由化和放宽管制是逐步进行的，由于这种差别性的监管政策存在，商业银行通过信托部门变相渗透到投资银行业务，而投资银行则通过金融控股公司进入到商业银行业务领域。监管真空和重复监管并存，影响了金融监管的实际有效性。

② “监管套利”作为官方的表述最初见于 G20 华盛顿峰会的声明当中。关于“金融监管套利”，目前尚无公认的定义，一般是指各种金融市场参与主体通过注册地转换、金融产品异地销售等途径，从监管要求较高的市场转移到监管要求较低的市场，从而全部或部分地规避监管、牟取超额利益的行为。（杨柏国. 避免“监管套利”—合作而非竞争. 第一财经日报，2009-02-12.）

③ 陈建华，程杞国. 金融危机与金融监管有效性研究［J］. 金融研究，2000（1）.

从而无论在国际金融风险预警框架，还是监管制度、会计标准和评级体系，都没有跟上全球金融业与金融市场的发展，致使金融创新与金融监管不协调，金融监管低效，金融风险增加（张华健、张雪春，2008）。

4. 信息不对称导致跨境金融机构风险增大

随着金融全球化与跨国并购的深入，全球跨国金融机构迅速发展，而由于美国跨境金融机构对投资者提供虚假信息，信息资源不能共享，金融风险与日俱增。又因美国金融业务和影响遍及世界，一些大型跨国金融机构拓展非传统金融业务，规避金融监管，增大了跨国金融机构系统性金融风险和跨境资本流动性风险，很难实现跨境金融信息共享，如此种种，导致金融风险迅速传导，最后酿成全球性的金融危机。[①] 因此，加强国际金融监管合作，实现跨境金融信息共享，各国联手共同抵御国际金融危机势在必行。

5. 对跨国银行的监管存在巨大的漏洞

目前世界通行的金融监管模式是各国政府负有主要的监管责任，有些国家在金融危机来临时，只顾及本国而不顾他国，导致危机蔓延。例如，冰岛政府在金融危机前允许国内银行在国外急剧扩张，在荷兰、英国吸收了大量存款，但是当其国内的银行破产以后，冰岛又拒绝偿还荷兰和英国储户的存款。雷曼兄弟在美国和英国有大量业务，但是，2008 年 9 月，雷曼兄弟濒临倒闭时，美国政府和英国政府都袖手旁观，这才导致了危机的进一步恶化。就在其宣布破产之前，还从伦敦向纽约汇款 80 亿美元，虽然保护了美国的利益，却损害了欧洲的利益。除了银行业，其他的金融业，如证券业、期货业和保险业，都缺乏对跨境交易的监管。金融危机以后，各国纷纷提出加强监管合作，推动金融改革，加强对跨国公司的监管等。

二、中国金融市场开放与监管风险

1. 发展中国家发生的金融危机大都与外部因素有关

国际流动资本对发展中国家经济造成巨大冲击。外资银行资本的大量进入虽然对发展中国家的经济发展发挥过重要作用，但是经济一旦出现波动，国外资金流入突然中止，资金流出量增加，资金链断裂，就会引起和加剧经济危机。例如，1998 年拉美 7 个地区大国的资金流入突然中断，信贷规模急剧减少，债务链条断裂，经济危机使 GDP 的增长率由 7%下降到-2%。另外，对银行有效监管不足，贷款规模膨胀，不良资产累积，银行系统对国外客户的负债迅速扩大，也

① 杜莉，张鑫. 欧洲金融：创新危机监管［J］. 管理世界，2010（11）.

增加了发展中国家的资金流动性风险。[①] 欧债危机发生的主要原因是公共债务占贷款总额的比重过高，政府通过银行获得大量贷款，公共债务数量庞大，成为银行有价证券不稳定的根源。如果银行债务过度集中到某一种国际货币上，一旦该货币出现问题，就会牵动负债国的金融市场。据测算，在银行负债高度集中到一种国际货币的国家中，资本流动突然中断导致金融危机的概率是 75%。负债币种的高度集中导致了风险的增加。因此，如何加强金融监管，规范金融市场秩序，为中外企业创造公平竞争的环境，维护金融运行和金融市场的整体稳定，防范系统性风险，对中国金融的健康发展是至关重要的。

2. 外资金融机构对中国监管制度形成的挑战

外资金融机构进入中国市场后，促进了中国金融业服务水平在竞争中的提高，促进了中国金融改革的深化，为中国经济发展和改革开放做出了积极贡献。但是外资金融机构在给我们带来机遇的同时，也给中国的金融监管制度带来了如下挑战：

（1）外资金融机构混业经营模式对分业监管体制的挑战。根据中国加入 WTO 的承诺，2006 年底，我们全面开放金融服务市场，此后外国金融机构纷纷涌入中国。外国金融集团在本国是混业经营，接受综合监管。进入中国市场后，它们按中国法律仅从事银行、证券、保险的某一方面业务，但是它们可以凭借混业经营的先天优势，利用集团优势将金融服务或产品，放到成本最低或监管最少的部门中，规避中国的金融监管。使中国金融机构在与之竞争中处于不利地位，这不利于金融业的公平竞争环境的建立。

（2）外资金融机构风险传递的挑战。进入中国的外资机构大多为金融集团，在当前大型跨国综合金融集团的经营模式体制下，若在他国境内的金融公司出现经营或财务问题，极容易殃及总公司内其他各地分公司，产生风险传递。金融集团内部风险传递的主要途径：一是破产救助，金融集团总部或者有资金往来关系的成员对面临破产危机的成员进行救助，从而影响到金融集团内部其他成员资金的清偿力、流动性或盈利性。二是无形的风险传递。金融控股公司内部某一部门出现问题，将损害整个金融控股公司的形象、声誉和信用等级。风险传递的最终后果是金融集团总体偿付能力和稳定性的下降。

（3）外资金融机构间的关联交易风险挑战。在中国设立分支机构的金融集团内部关联交易逐步增多，并且关联交易的形式极为复杂。复杂的关联交易使得集团内各子公司的经营状况相互影响，这就增大了外资金融集团的内幕交易和利益

① 赫国胜，白钦先，张荔，徐明威. 反思国际金融危机 推动中国金融可持续发展［J］. 经济研究，2010（12）.

冲突的风险。集团内的关联交易包括资金和商品的相互划拨、相互担保、抵押以及为了避税和逃避监管而相互转移利润。在金融集团内部，有些子公司之间利益在本质上是相互冲突的，如银行储蓄投资者的主要目的是金融资产的安全性。但如果银行把资金用于自己控股公司的证券交易，追求股票的高额利润，则违背了投资者的“安全性”的意愿。

（4）外资金融机构金融创新带来的挑战。外资金融机构在进入中国前，都在本土经历了成熟市场环境下的发展，金融创新速度快、效益高，对各种新型金融产品的消化、吸收能力强。在中国的金融市场还未稳健成熟的条件下，外资金融机构很可能利用其在母国掌握的金融创新技能在中国金融市场创造新的衍生产品，而中国的监管体制对新产品的了解、熟悉还需要一定的过程，监管措施明显滞后于金融创新。

（5）金融体制改革滞后于经济发展的挑战。改革开放以来，中国金融体制改革不断推进，包括货币市场、股票市场和债券市场在内的金融市场体系初步建立，市场优化配置资源开始发挥作用。但是，金融体制改革滞后于经济发展的要求，突出问题是：商业银行的现代企业制度和区域性的股份制中小金融机构虽然都已建立，但商业银行尚未形成充分竞争；资本市场发育不完善，上市公司质量不高，债券市场仍处在起步阶段；社会资金的分配过度依赖银行，直接融资的比重过低，既降低了金融市场对资源配置的功能，又加大了商业银行的风险压力；金融机构的内控机制和风险防范体系尚不完善，特别是如何适应金融全球化的要求，在积极吸收国外投资的同时，有效防范金融风险，避免国际金融波动和投机资本对国内金融市场的冲击方面，还缺乏必要的经验。

（6）缺乏国际金融监管合作的经验。中国还缺乏与国外监管当局的有效交流与合作，虽然中国为加强监管合作交流，参加了很多国际组织，与一些国家的监管当局建立了交流机制，但是整体合作程度不高。比如，中国的监管机构没有与外资金融机构母国监管当局明确各自的责任，存在着外资金融机构利用中国监管当局和其母国监管当局责任不明的漏洞而逃避监管的可能，在比较重要的信息共享、法律法规的接轨上还有许多亟待改进之处。

第三节　加强国际金融监管合作的建议

目前国际金融监管存在的主要问题是，没有一个协调国际金融监管活动的超国家的监管组织，现存的国际金融机构都不愿意将权利让渡出去。现行的国际金融监管协调机制，很难改变国家对短期利益追求和资本充足率成本过低的现实问题，导致国际金融监管合作流于形式。

一、参与国际金融监管合作

亚洲金融危机促成了亚洲地区经济财政金融的合作，促成了“10+3”地区政治经济合作。美国次贷危机促成了20国集团的世界经济合作。鉴于金融全球化条件下金融国际监管协调与合作的不足，目前，国际货币基金组织强调要加强政府金融监管部门间的协调；欧盟已着手加强成员国监管机构的合作；金融稳定论坛升级为“金融稳定理事会”，体现了世界向国际统一监管方向努力。一些大型跨境金融机构还采取了监管团制度：金融机构母国监管为主导者，联合其他东道国监管机构共同监管。

中国在世界经济中占有越来越重要的地位，国际金融监管合作范围也在不断扩展。20世纪90年代以来，中国先后重返IMF和WB，加入了亚洲开发银行、国际清算银行、金融特别工作组等，发展了与其他国家监管当局的双边或多边合作关系，积极探讨系统重要性银行机构的监管、国际金融改革以及跨境危机处置和跨境监管合作等议题。实践证明，[①] 只有加强国际金融合作和国际金融监管，才能建立一个新的、有效的、健康的全球金融体系。[②] 中国参与国际金融监管合作的设想如下：

首先，在各国相互尊重对方国家主权的前提下，强化与其他国家金融监管部门的金融监管协调合作，建立与其他国家的信息共享机制，对于重要的金融问题要做好及时信息沟通和反馈。对信息及时披露，确保国际金融体系稳定。要设立专属的国际金融监管协调机构，职责是分析各金融监管合作国的经济情况，收集各个国家资金拥有量和资金的经营情况，随时监控跨国资本的流动速度和数量。[③]

其次，积极参与国际金融监管合作，扩大金融市场、产品和参与者的监管覆盖面。同时积极参与对金融危机干预和救助的国际协调，为中资金融机构海外经营创造良好外部环境，积极开展双向互利的金融业对外谈判；在风险可控的前提下，积极创造条件推动中资金融机构和机构投资者参与国际市场。尽管目前包括

---

① 例如，2011年，中国证监会、财政部与美国公众公司会计监察委员会、美国证券交易委员会就资本市场跨境审计监管合作问题讨论，认为通过加强资本市场审计监管领域合作，将有助于提升公众公司的会计信息质量，进一步保护投资者的利益，维护两国资本市场的健康发展。

② 金融危机之下，各国尤须加强国际金融合作. 证券日报，2011-08-10.

③ 中国金融管理当局积极参与国际金融监管合作. 2010年，中国人民银行、中国银监会、中国证监会和中国保监会积极参与国际金融监管合作，全面参与金融稳定理事会（FSB）、国际清算银行（BIS）、巴塞尔银行监管委员会（BCBS）、国际证监会组织（IOSCO）和国际保险监督官协会（IAIS）等国际组织和国际标准制定机构的工作，为有关国际金融标准的形成做出了贡献。同时，配合国际货币基金组织和世界银行，顺利开展了中国金融部门评估规划（FSAP）工作。

信用违约互换（CDS）在内的场外债券及其衍生品市场在中国还有待发展，但有必要未雨绸缪，研究构建中国场外债券及其衍生品市场的集中结算机制。建设人民币跨境和境外支付清算体系与建立人民币现钞境外流通和回流渠道，继续为境外投资者持有境内金融资产创造条件。考虑进一步引入境外机构参与中国外汇交易中心的外汇交易，进一步研究红筹企业回归A股市场以及推进国际板建设的相关问题。[①]

最后，中国各金融监管机构要积极参与国际金融监管合作。中国人民银行要积极利用国际清算银行这个平台，参与研究金融政策领域的重要问题。[②] 作为金融稳定理事会（FSB）和巴塞尔银行监管委员会（BCBS）的成员，要深入参与国际金融监管改革政策、银行体系资本和流动性、宏观审慎管理框架等金融监管标准的制定与修改。中国人民银行充分借鉴BCBS的改革成果，避免监管真空、制定金融控股公司及交叉性金融工具的监管规范，加强对系统重要性金融机构的管理。此外，人民银行、财政部、银监会通过加入FSB识别不合作国家（地区）专家组、脆弱性评估工作组和跨境危机管理工作组等，加强金融稳定国际交流与合作。

中国银监会作为FSB和BCBS的成员，曾参与了资本定义、杠杆率、流动性指标的全球定量测算（CQIS）工作，完善资本充足率、动态拨备率、杠杆率和流动性比率等监管工具，推动了国内银行业向新的国际标准过渡。应与有关国家和地区的金融监管当局就银行集团的经营情况进行信息交换，就监管手段和方法进行沟通协调，协助对中资银行设立海外分支机构的申请审批；加强与海外机构东道国监管当局的信息沟通和监管合作；与境外监管当局合作，实施跨境现场检查。

二、加强跨境金融监管合作

建立全球金融风险预警机制。加强跨境金融机构系统性风险和流动性风险的监管，改善会计标准，建立新的信用评级体系。加强与外资银行母国合作，设立与其他国家监管部门的协调机构，负责对外资银行母国经济状况进行分析，并与其母国监管部门进行信息交流与合作，掌握母国资金实力与经营活动情况，加强对跨境资本流动的监管，以抵御金融危机。要加强与各国金融监管部门的协调与合作。在尊重双方国家主权的情况下，与各国金融监管部门合作建立金融监管信

① 中国人民银行．2008年国际金融市场报告．http://cn.reuters.com/article/currenciesNews/idCNnCN054708520090313? rpc=311&sp=true.

② 自2006年周小川行长当选为BIS董事会成员以来，中国人民银行进一步加强与全球主要中央银行和监管机构的对话与合作，及时了解和把握世界经济形势和国际金融热点问题，并就全球经济平衡、货币合作等重要政策进行协调。

息共享机制，加强信息反馈，针对重大事项及时进行沟通并予以解决。中国应与各国金融监管部门联手，及时披露金融风险信息，以保证全球金融体系稳定。注重金融监管手段与金融监管方式的改革，提高金融监管效率，要注重培养国际化的金融监管人才，改革金融监管手段与金融监管方式，实现对跨境金融机构的全方位监管，提高金融监管水平和监管效率，以防范国际金融危机。

建立全球金融风险监管与处置机制。一是要改善对全球金融市场的监管，监管当局应按照 G20 集团倡议，改进对信贷衍生品和其他场外衍生品市场的监管，尤其是通过中央清算对手的运用，通过国际协调提高相应标准。二是加强对跨国金融机构的监管，建议金融稳定委员会（FSB）和各国监管部门按照 G20 集团倡议，通过监管联席会议加强对全球跨国金融机构的共同监管。三是改革危机预防和管理权利与程序，建议巴塞尔银行监管委员会加快改进全球金融机构跨境危机处置程序，并敦促各国监管部门改善信息共享制度安排，实施金融稳定委员会有关危机跨境管理的原则。四是强化金融稳定委员会监管职能，包括委员会可以向美联储建议对大型金融机构在资本、杠杆、流动性、风险管理等方面制定更加严格的监管规定，强化公司治理，加强并表监管等。通过对跨境金融机构和金融市场的全面监管，弥补金融监管过程中存在的各种漏洞与不足，以避免系统性新金融风险的产生，并实现跨境信息共享。巴塞尔银行监管委员会应对全球跨境金融机构监管发挥重要的作用，以保证全球跨境金融机构稳健发展。

三、加强双边和多边的相互监管

增强中国在国际金融组织和金融机构中的话语权。IMF 在全球金融稳定与经济增长中发挥着重要作用，但发达国家与发展中国家在投票权上不对等。[①] 中国的政策选择：一是共同努力改善国际金融机构治理机构，增加中国的话语权。二是增强国际金融机构的融资能力，提高国际金融机构的有效性，增强防范和应对未来金融危机的能力。三是加强与 IMF 和 WB 的合作，发挥中国在全球金融稳定与经济增长中的作用。四是加强与 G20 集团成员国的合作，建立有效的对话机制，并使之制度化，更有效地进行国际金融监管合作，以保证全球金融体系稳定。

金融监管机构必须有效地保护境内和境外个人消费者和投资者，维护市场纪律，避免对其他国家造成负面影响，减少“监管套利”，加大市场创新的步伐，在全球范围内促进经济繁荣、体制完善和提高透明度；抵御风险和缩小金融和经济周期；降低经济对不适当的风险融资来源的依赖性以及阻止过度的冒险活动。

---

① 吴凤云，赵静梅. 统一监管与多边监管悖论：金融监管组织结构理论初探［J］. 金融研究，2002（9）.

建立分层次、分区域的金融监管合作。各国开放程度、金融结构、监管模式等差异显著，因此国际金融监管合作应分层次、分区域地渐次展开，最终达到全球范围内的统一。首先，区域经济由于高度相关性，可以率先达成一体化的金融监管合作，例如欧元区模式合作可以作为东亚金融合作的范式。其次，在金融结构相似的国家之间推进金融监管国际合作，发挥结构优势，提高合作效率。

建立国家间的谈判及沟通协调机制，① 建立统一的会计准则规则。首先，统一、透明、准确的信息是高效金融市场和有效监管的基础，能够及时有效地反映金融市场的动态，加强国际监管。建立国际统一的信息披露及共享原则，赋予各国监管者迅速掌握国际投资、短期资本流动、汇率和利率相关方面动态的能力，协调彼此的监管行动以维护国际金融市场稳定。其次，应建立统一的国际会计准则，有利于控制系统风险和跨境资本流动，帮助市场及监管者进行有效的监管，避免国际间的会计准则套利行为，为金融监管的国际合作创造有利的条件。

四、完善中国金融监管体系

重构中国金融监管体系框架，增强宏观审慎性监管。一是加强中国人民银行金融稳定的职能作用。除了注重制定和执行货币政策，应建立一个信息交流的平台，为金融业与金融市场提供及时准确的信息，建立公平与透明的机制，加强经济周期对金融稳定的影响与评估，全方位监控影响金融稳定的系统性风险因素，提高系统性金融风险的预警，以避免新的金融风险产生。二是重构金融监管体系框架。从宏观上和微观上加强风险监管体系，注重重构宏观审慎监管体系框架，避免金融监管漏洞与真空。三是加强资本监管，提高资本质量与数量标准。按照巴塞尔银行监管委员会的要求，提高银行资本充足率和核心资本充足率，增加银行资本的质量与数量，建立长效的资本补充机制，加强逆周期资本监管以提高资本的使用效率。四是加强各监管机构间的协调与合作。中国金融监管模式是“一行三会”模式，即中国人民银行、银监会、证监会和保监会共同监管。应加强四方协调，定期协商和信息沟通，并使其制度化。可考虑建立新的金融服务监管局，对各金融监管机构协调，加强宏观审慎性监管，保证中国金融安全。

完善金融监管法律制度，增强政府金融危机处理能力。针对美国金融危机后出现的许多新问题，现有的规章制度存在严重缺失，中国应完善金融监管法律制

① 1987 年巴塞尔委员会通过的《巴塞尔协议》及 2001 年所颁布的《巴赛尔新资本协议》，都为国际银行业的监管提供了法律依据，也为各国制定和完善银行业的监管法律提供了指导原则，因此，建立国家间的谈判及沟通机制显得十分重要，可以为开放程度、经济体制、金融结构等方面有差异的国家提供一个高效的平台进行协调和磋商，以更好地推进金融监管国际合作的进程。

度。尽快制定新形势下的各项金融监管法律法规，尤其是制定对衍生产品和结构性产品监管的法律法规以及跨境金融机构监管的法律法规，全面完善风险监管体系，增加信息透明度，以弥补现有金融监管法律法规的缺失和漏洞。尽快建立存款保险制度，加大对商业银行风险承担行为的市场约束，以保护消费者利益。增强政府金融危机处理能力。今后中国应注重提供政府应付金融危机所必要的金融工具，建立政府处置金融危机的程序与标准，增强政府金融危机干预能力和处置能力，以维持金融体系稳定。

世界发生了多次金融危机，但每一次金融危机的成因都不一样。各国监管者应该把更多的精力放在加强本国监管上。一个好的金融监管体制，必须要符合该国的实际情况。只有结合国情制定的监管框架和监管目标，才能真正发挥监管效能，防范金融风险。[①]

① 霍华德·戴维斯. 国际金融监管标准不应“一刀切”［J］. 中国金融家，2004（9）.

参考文献

［1］Aaron Tornell，Frank Westermann and Lorenza Martínez. The Positive Link between Financial Liberation，Growth and Crises ［R］. Washington：Brookings Panel on Economic Activity. January，2004.

［2］Abdourahmane Sarr. Financial Liberalization，Bank Market Structure，and Financial Deepening ［J］. Bethesda，MD：Congressional Information Service，Inc.，2000.

［3］Allan M. Malz. Financial Risk Management ［M］. Hoboken，N.J.：Wiley Publication House，2011.

［4］Amy Verdun. European Responses to Globalization and Financial Market Integration ［M］. New York：St. Martins Press，2000.

［5］Augusto de la Torre，Erik Feyen and Alain Ize. Financial Development ［DB/OL］. Proquest，2012.

［6］Andersen，T，and TraP，F. Financial Liberalization，Financial Development and Economic Growth in LDCs ［J］. Journal of International Development，Vol. 15，2003.

［7］Ang，J.，McKibbin，W. Ang，James B. and McKibbin，Warwick J. Financial Liberalization，Financial Sector Development and Growth–Evidence Malaysia ［J］. Journal of Development Economics，Vol.84，2007.

［8］Arestis，P.，Demetriades，P. Financial Liberalization，the Experience of Developing Countries ［J］. Eastern Economic Journal，Vol.25，1999.

［9］Arturo Galindo，Fabio Schiantarelli，and Andrew Weiss. Does Financial Liberalization Improve the Allocation of Investment? Micro Evidence from Developing Countries ［R］. Working Papers in Economics. Boston：Boston College，2002.

［10］Adjaoute，K. and Danthine，J. European Financial Integration and Equity Returns：A Theory Based Assessment，in V. Gaspar; P. Hartmann and O. Sleijpen eds.，The Transformation of the European Financial System ［C］. Proceedings of the 2nd ECB Central Banking Conference. Frankfurt：ECB，2003.

[11] Allen, F. and Gale, D.A Welfare Comparison of Intermediaries and Financial Markets in Germany and the U. S.[J]. European Economic Review, vol. 39, 1995.

[12] Allen, F. and Gale, D. Financial Markets, Intermediaries, and Intertemporal Smoothing [J]. Journal of Political Economy, vol.105, 1997.

[13] Allen, F. and Gale, D. Comparing Financial Systems. Cambridge, MA: MIT Press, 2000.

[14] Barbara Stallings. Financial Liberalization, Crisis, and Rescue: Lessons for China from Latin America and East Asia? [R]. LAEBA (Latin America/Caribbean and Asia/Pacific Economics and Business Association) Working Paper, No.32.December, 2004.

[15] Basle Committee, Risk Management Guidelines for Derivatives (OL). http://www.bis.org/publ/bcsc211.pdf.Jan.29, 2010.

[16] Bekaert, G., Harvey, C., Lundblad, C. Does Financial Liberalization Spur Growth [J]. Journal of Financial Economics, vol.77, 2005.

[17] Benveniste, L. M. and Berger, A. N. Securitization with Recourse [J]. Journal of Banking and Finance, vol. 11, 1987.

[18] Bottazzi, L. and Da Rin, M. European Venture Capital [J]. Economic Policy, vol.17, 2002.

[19] Boot, A., S. Greenbaum and A. Thakor. Reputation and Discretion in Financial Contracting [J]. American Economic Review, vol.83, 1993.

[20] Boot, A., and A. Thakor Banking Scope and Financial Innovation [J]. Review of Financial Studies, vol.10, 1997.

[21] Brown. Financial Futures Markets [M]. London : Macmillan Pub. 1983.

[22] Carlin, W. and Mayer C. Finance, Investment and Growth [J]. Journal of Financial Economics, vol.69, 2003.

[23] Carlos A. Primo Braga, Gallina A. Vincelette. Sovereign Debt and the Financial Crisis [M]. Ann Arbor, MI: ProQuest , 2011.

[24] Campbell, J. Y. and R. J. Shiller. The Dividend-Price Ratio and Expectations of Future Dividends and Discount Factors [J]. Review of Financial Studies, vol. 1, 1988.

[25] Cardarelli, Roberto and Panagiotis Konstantinou. International Financial Adjustment: Evidence from the G6 Countries [C]. Mimeo. Crete: International Monetary Fund and University of Macedonia, 2007.

[26] Carroll R. Melton and Terry Vance Pukula. Financial Futures [M].

Reston, VA : Reston Pub. Co., 1984.

[27] Cabral, I. ; Dierick, F. and Vesala, J. Banking Integration in the Euro Area [C]. Frankfurt: European Central Bank Occasional Paper, 2002.

[28] Cecchetti. Legal Structure, Financial Structure and the Monetary Policy Transmission Mechanism [J]. Economic Policy Review, vol.5, 1999.

[29] Crane, D.B., Froot, K.A., Mason, S.C., Perold, A.F., Merton, R.C., Bodie, Z., Sirri, E.R., and Tufano P. The Global Financial System: A Functional Perspectiv [M]. Boston: Harvard Business School Press, 1995.

[30] Cochrane, J..Explaining the Variance of Price Dividend Ratios [J]. Review of Financial Studies, vol.5, 1992.

[31] Ce'sar Caldero'n, Lin Liu. The Direction of Causality between Financial Development and Economic Growth [J]. Journal of Development Economics, vol. 72, 2003.

[32] Chang Roberto. Financial Integration with and without International Policy Coordination [J]. International Economic Review, vol.38, 1997.

[33] Chinn, M.D., Ito, H. What Matters for Financial Development? Capital Controls, Institutions, and Interactions [J]. Journal of Development Economics, vol. 81, 2006.

[34] Chung H. Lee. Financial Liberalization and the Economic Crisis in Asia [M]. London New York: Routledge, 2003.

[35] Courtenay C. Stone. Financial Risk [M]. Boston: Kluwer Academic Publishers, 1989.

[36] Davis, E. P. Comparing Bear Markets: 1973 and 2000 [J]. National Institute Economic Review 183, 2003.

[37] Davis, E. P. and Steil, B. Institutional Investors [M]. Cambridge, MA: MIT Press, 2001.

[38] Dara Khambata. The Practice of Multinational Banking. Macro-Policy Issues and Key International Concepts [M]. Second Edition. Westport, CT: Quorum Books, 1996.

[39] Demirgue-Kunt, A., and Detragiaehe, E. Financial Liberalization and Financial Fragility [J]. IMF Working Paper, vol.83, 1998.

[40] Demirguc-Kunt, and R. Levine, eds. , Financial Structure and Economic Growth: A Cross Country Comparison of Banks, Markets, and Development [M]. Cambridge (Mass.) and London: MIT Press, 2001.

[41] Dermine, J. European Banking: Past, Present and Future [C]. In V.

Gaspar, P. Hartmann and O. Sleijpen eds. , The Transformation of the European Financial System. Proceedings of the 2nd ECB Central Banking Conference. Frankfurt: ECB, 2003.

[42] Dimitris N. Chorafas. Sovereign Debt Crisis [M]. Houndmills, Basingstoke, Hampshire New York : Palgrave Macmillan, 2011.

[43] Eales. Financial Risk Management [M]. London: McGraw-Hill Book Co., 1995

[44] Edward B. Flowers and Francis A. Lees. The Euro, Capital Markets, and Dollarization [M]. Lanham, MD: Rowman & Littlefield Publishers , 2002.

[45] Eli Remolona. The Recent Growth of Financial Derivative Markets [J]. Federal Reserve Bank of New York, Quarterly Review, vol.17, 1993.

[46] Eichengreen B. J., Mathieson D. J. The Currency Composition of Foreign Exchange Reserves-Retrospect and Prospect [M]. Washington D.C.: International Monetary Fund, 2000.

[47] Estrada. Financial Development and Economic Growth in Developing Asia [M]. Manila: Asian Development Bank, 2010.

[48] Fabio Pizzutilo.Eurozone Equity Market Diversification: Is It Still Worth? [J]. Chinese Business Review, vol.1, 2012.

[49] Fratzscher, M. Financial Market Integration in Europe: On the Effects of EMU on Stock Markets [C]. Frankfort: ECB Working Paper 48, 2001.

[50] Gale, D. and M. Hellwig. Incentive-ComPatible Debt Contracts: The One-Period Problem [J].Review of Eeonomies Studies, vol.52, 1985.

[51] Gerard Caprio, Patrick Honohan, Joseph E. Stiglitz. Financial Liberalization [M]. Cambridge New York: Cambridge University Press, 2001.

[52] Gerschenkron. Economic Back Wardness in Historical Perpective, a Book of Esssays [M]. Cambridge: Belknap Press of Harvard University Press, 1962.

[53] Gold Smith, R.W. Financial Structure and Development [M]. Yale: Yale University Press, 1969.

[54] Gourinchas, P.O. and H. Rey. From World Banker to World Venture Capitalist: US External Adjustment and the Exorbitant Privilege, in R. Clarida edit. G7 Current Account Imbalances: Sustainability and Adjustment. Chicago: University of Chicago Press, 2007.

[55] Gourinchas, P.O. and H. Rey. International Financial Adjustment [J]. Journal of Political Economy, vol.115, 2007.

[56] Gourinchas, P.O. Valuation Effects and External Adjustment: A Review,

in Current Account and External Financing [C]. Kevin Cowan, Sebastian Edwards and RodrigoValdes, eds. Series on Central Banking, Analysis and Economic Policy, vol.8, Banco Central de Chile, 2008.

[57] Gros and Thygesen. European Monetary Integration: From the European Monetary System to Economic and Monetary Union. London: Longman, 1998 (2nd-Ed).

[58] Hester D. Financial Disintermediation and Policy [J]. Journal of Money, Credit and Banking, vol.1, 1969.

[59] Helen Milner. International Theories of Cooperation among Nations: Strengths and Weakness [J]. World Politics, vol. 44, April, 1992.

[60] IMF. Globalization and External Imbalances [R]. IMF World Economic Outlook. Washington.D.C.: April, 2005.

[61] Ingo Walter and Roy C. Smith. High Finance in the Euro-Zone [M]. London: Financial Times /Prentice Hall, 2000.

[62] Jagdish Handa, Shubha Rahman Khan, Financial Development and Economic Growth: A Symbiltic Relationship, Applied Financial Economics [J]. Taylor and Francis Journals, vol.18, 2008.

[63] Jarrow, Robert A. Derivative Security Markets, Market Manipulation, and Option Pricing Theory [J]. Journal of Financial and Quantitative Analysis, vol. 29, 1994.

[64] Joan Robinson. The Generation of the General Theory, in The Rate of Interest and Other Essays [M]. London: Macmillan, 1952.

[65] Jonathan, A. European Fixed Income Markets: Money [M]. Hoboken, N.J. : Wiley Publication House, 2004.

[66] Joseph S. Nye, Jr., Understanding International Conflicts [M]. New York: Harper Collins, 1993.

[67] Klaus Liebscher. Financial Development, Integration and Stability [M]. Cheltenham Glos: Edward Elgar Publishing, 2006.

[68] Lane, P., and Milesi-Ferretti, G. M. The External Wealth of Nations Mark II: Revised and Extended Estimates of Foreign Assets and Liabilities, 1970-2004 [J]. Journal of International Economics, vol.73.no.2, 2007.

[69] Levine.R. Financial Development and Economic Growth: Views and Agenda [J]. Journal of Economic Literature, vol.35, 1997.

[70] Lucas, Robert E. On the Mechanics of Economic Development [J]. Journal of Monetary Economics, voloum22, no.1, 1988.

[71] Luiz Fernando de Paula. Financial Liberalization and Economic Performance [M]. London New York: Routledge, 2011.

[72] L. W. Murray Alev M. Efendioglu. Financial Crises: Impact on State Budgets and Impetus for Change [J]. China-USA Business Review, vol.2, 2011.

[73] Mckinnon R.L. Money and Capital in Economic Development [M]. Washington DC: Brookings Institution, 1973.

[74] Mckinnon, R. The Unloved Dollar Standard: From Bretton Woods to the Rise of China [M]. Oxford University Press, 2012.

[75] Merton, Robert C. Financial Innovation and the Management and Regulation of Financial Institutions [J]. Journal of Banking & Finance, vol.3-4, 1995.

[76] Neil R. Ericsson, Sunil Sharma. Broad Money Demand and Financial Liberalization in Greece [J]. Empirical Economics, vol.23, 1998.

[77] Niels Hermes, Robert Lensink. Financial Development and Economic Growth: Theory and Experiences from Developing Countries [M]. London New York: Routledge, 1996.

[78] National Futures Protection Fund. Articles of Incorporation (DB/OL). http://www.hogokikin.or.jp/articles.pdf, Jan.29, 2010.

[79] Nicholas M.Odhiambo. Interest Rate Reforms, Financial Deepening and Economic Growth in Tanzania: A Dynamic Linkage [J]. Journal of Economic Policy Reform, vol.13, 2010.

[80] Noah Vardi. The Integration of European Financial Markets [M]. Abingdon, Oxon New York, N.Y.: Routledge-Cavendish, 2011.

[81] Obstfeld, M. and K. Rogoff. The Intertemporal Approach to the Current Account [R]. In Handbook of International Economics, vol. 3, edited by Gene M. Grossman and Kenneth Rogoff. Amsterdam: North-Holland, 1995.

[82] Patrick. Hugh T. Financial Development and Economic Growth in Underdeveloped Countries. Economic Development and Cultural Chang, Voloum14, No.2, January, 1966.

[83] Philip Arestis and Malcolm Sawyer. Financial Liberalization. Houndmills, Basingstoke, Hampshire [M]. New York: Palgrave Macmillan, 2005.

[84] Philippe Aghion and Peter Howitt. The Effect of Financial Development on Convengence Theory and Evidence [J]. The Quarterly Journal of Economics, MIT Press, 2005 (1).

[85] Paul J. J. Welfens, Cillian Ryan, editors.Financial Market Integration and Growth [C]. Berlin : Springer-Verlag Berlin Heidelberg, 2011.

[86] Phillippe Jorion, Sarkis Joseph Khoury. Financial Risk Management [M]. Cambridge, Mass.: Blackwell Publishers, 1995.

[87] Reed H. C. The Preeminence of International Financial Center [M]. New York: Pradeger Publishers, 1981.

[88] Richard A.Falk and Saul H. Mendlovitz ed. Regional Politics and World Order [M]. Lexinton: D.C.Heath and Company, 1973.

[89] Robert Merton , Zvi Bodie. A Functional Perspective of Financial Intermediation [J]. Financial Management, vol.24, 1995.

[90] Robert Keohane. After Hegemony: Cooperation and Discord in the World Political Economy [M]. Princeton : Princeton University Press, 1984.

[91] Santos, J. and Tsataronis, K. The Cost of Barriers to Entry: Evidence From the Market for Corporate Euro Bond Underwriting [C]. Paper Presented at the Launching Workshop of the ECB-CFS Research Network on "Capital Markets and Financial Integration in Europe". Frankfurt: 2002.

[92] Saunders, A. and Walters, I. Universal Banking in the United States [M]. New York: Oxford University Press, 1994.

[93] Stijn Claessens and Tom Glaessner. Internationalization of Financial Services in Asia [M]. Bethesda, Md.: Congressional Information Service, Inc., 1998.

[94] Robert M. Townsend and Kenichi Ueda. Financial Deepening, Inequality, and Growth [M]. Washington, D.C.: International Monetary Fund, 2003.

[95] Romer, Paul M. Increasing Returns and Long-Run Growth [J]. Journal of Political Economy, vol.5, October, 1994.

[96] Ross Levine. Finance and Growth: Theory and Evidenee [R]. NBER Working PaPer, No.10766, 2004.

[97] Shaw. E.S. Financial Deepening in Economic Development [M]. Oxford: Oxford University Press, 1973.

[98] Stiglitz, J. Credit Markets and the Control of Capital [J]. Journal of Money, Credit and Banking, vol.15, 2000.

[99] Tang, Donny. The Effect of Financial Development on Economic Growth: Evidence From the APEC Countries, 1981~2000 [J]. Applied Economics, Volume38, No.16, 2006.

[100] Thomas Gries, Manfred Kraftand Daniel Meierrieks. Financial Deepening, Trade Openness and Economic Growth in Latin America and the Caribbean. Applied Economics, vol.43, 2011.

[101] Thomas A. Russo. Regulation of the Commodities Futures and Options

Market [M]. Sheppard's: McGraw-Hill, Inc., 1994.

[102] Thomas Pedersen.Germany, France and the Integration of Europe: A Realist Interpretation [M]. London: Pinter, 1998.

[103] T.M. Rybczynski. The Internationalization of the Financial System and the Developing Countries [M]. Washington, D.C.: World Bank, 1986.

[104] Trevor M. Sikorski, Chetlenham. Financial Liberalization in the Developing Countries [M]. UK: Edward Elgar, 1996.

[105] Tobin. J. A Proposal for International Monetary Reform [J]. Eastern Economic Journal, July-October, 1978.

[106] William K. Maready, Jr. Regulating for Disaster: Federal Attempts to Control the Derivatives Market [J]. Wake Forest Law Review, vol.31, 1996.

[107] Yongfu Huang. Determinants of Financial Development [M]. Basingstoke, Hampshire: Palgrave Macmillan, 2011.

[108] Yung Ckul Park. RMB Internationalization and Its Implications for Financial and Monetary Cooperation in East Asia[J]. China & World Economy, vol.2, 2010.

[109] 爱德华·肖. 经济发展中的金融深化 [M]. 上海：上海三联出版社，1988.

[110] 巴罗·萨拉伊马丁. 经济增长 [M]. 北京：中国社会科学出版社，2000.

[111] 巴曙松. 将小微金融发展作为下一步金融改革的重点 [N].中国经济时报，2012-06-19.

[112] 巴曙松. 压力测试在银行风险管理中的应用 [J]. 经济学家，2010 (2).

[113] 巴曙松. 防范与化解地方债风险的途径 [J]. 中国对外贸易，2011 (9).

[114] 巴曙松，吴博. 人民币国际化进程中的金融监管 [J]. 中国金融，2005 (10).

[115] 巴曙松，牛播坤. 巴塞尔新资本协议在亚洲的实施及前景 [EB/OL]. http://www.doctor-cafe.com/detail1.asp?id=3760，2005-01-14.

[116] 巴曙松，矫静. 亚洲债券基金的兴起及其发展：金融市场框架与研究综述 [J]. 金融与经济，2006 (1).

[117] 巴曙松. 金融改革三部曲：股改、汇改与金融重组 [J]. 财经界，2005 (9).

[118] 白当伟. 全球化的新进展与货币政策国际协调 [J]. 国际金融研究，2010 (5).

[119] 白川方明. 宏观审慎监管与金融稳定 [J]. 中国金融，2010 (4).

[120] 白钦先. 发达国家金融监管比较研究 [M]. 北京：中国金融出版社，2003.

[121] 贝多广. 宏观金融论 [M]. 上海：上海三联书店，1988.

[122] 蔡纯. 大宗商品与金融市场研究 [M]. 北京：中国金融出版社，2012.

[123] 曹凤岐. 金融国际化、金融危机与金融监管 [J]. 金融论坛，2012 (2).

[124] 曹凤岐. 中国证券市场发展、规范与国际化 [M]. 北京：中国金融出版社，1998.

[125] 曹凤岐. 中国金融改革、发展与国际化 [M]. 北京：经济科学出版社，1999.

[126] 曹凤岐. 改革与完善中国金融监管体系 [J]. 北京大学学报（哲学社会科学版），2009 (4).

[127] 曹凤岐. 货币金融管理学 [M]. 北京：北京大学出版社，2008.

[128] 曹凤岐. 美国经验与中国金融监管体系改革 [J]. 国际金融，2011 (1).

[129] 曹啸，吴军. 中国金融发展和经济增长关系的格兰杰检验和特征分析 [J]. 财贸经济，2002 (5).

[130] 曹啸. 金融体系的内生演进与制度分析 [M]. 北京：中国金融出版社，2006.

[131] 常璐等."内生性"增长是金融机构海外扩张首选 [N]. 中国信息报，2009-06-15.

[132] 陈炳才. 全球化下的中国金融安全 [J]. 中国金融，2011 (22).

[133] 陈岱孙，厉以宁. 国际金融学说史 [M]. 北京：中国金融出版社，1991.

[134] 陈彪如. 经济全球化与中国金融开放 [M]. 上海：上海人民出版社，2002.

[135] 陈听雨. 欧洲央行：欧元区金融体系出现分化 [N]. 中国证券报，2012-09-04.

[136] 陈邦强，傅蕴英，张宗益. 金融市场化进程中的金融结构、政府行为、金融开放与经济增长间的影响研究 [J]. 金融研究，2007 (10).

[137] 陈晗. 金融衍生品：演进路径与监管措施 [M]. 北京：中国金融出版社，2008.

[138] 陈虹. 培育亚洲债券市场 [J]. 世界经济与政治，2005 (6)

[139] 陈启清. 竞争还是合作：国际金融监管的博弈分析 [J]. 金融研究，2008 (10).

[140] 成思危. 东亚金融危机的分析与启示 [M]. 北京：民主与建设出版社，1999.

[141] 陈欣. 衍生金融交易国际监管制度研究 [M]. 北京：北京大学出版社，2006.

［142］陈亚温，李双. 欧元论［M］. 太原：山西经济出版社，1998.

［143］陈雨露，王芳，杨明. 作为国家竞争战略的货币国际化：美元的经验证据——兼论人民币的国际化问题［J］. 经济研究，2005（2）.

［144］储敏伟等. 2012 年上海国际金融中心建设蓝皮书［M］. 上海：上海人民出版社，2012.

［145］崔津渡. 推进全球的资本流动和金融国际化［J］. 中国金融，2008（13）

［146］道格拉斯·诺斯著. 经济史中的结构与变迁［M］. 厉以平评. 北京：商务印书馆，1992.

［147］道格拉斯·诺斯著. 制度、制度变迁与经济绩效［M］. 刘守英译. 上海：上海三联书店，1994.

［148］戴道华. 香港推出人民币期货简评［J］. 银行家，2012（7）.

［149］戴金平，熊性美. 东亚货币合作的阶段确定与形态选择［J］. 南开经济研究，2001（4）.

［150］戴金平，万志宏. APEC 的货币金融合作：经济基础与构想［J］. 世界经济，2005.

［151］戴相龙. 关于金融全球化问题［J］. 金融研究，1999（1）.

［152］戴相龙，黄达. 中华金融辞库［M］. 北京：中国金融出版社，1998（10）.

［153］党剑. 利率市场化与国债期货［J］. 南开经济研究，2002（1）.

［154］对外金融资产负债双增长，跨境资本呈现双向流动［N］. 第一财经日报，2012-07-16.

［155］樊纲，王小鲁，张立文，朱恒鹏. 中国各地区市场化相对进程报告［J］. 经济研究，2003（3）.

［156］范学俊. 金融体系与经济增长：来自中国的实证检验［J］. 金融研究，2006（3）.

［157］方星海. 上海金融发展史报告［M］. 上海：上海人民出版社，2010.

［158］弗朗索瓦·沙奈著. 金融全球化［M］. 齐建华等译. 北京：中央编译出版社，2006.

［159］高兰根，王晓中. 中国金融制度演进的逻辑与困境［J］. 金融研究，2006（6）.

［160］戈德史密斯. 金融结构与金融发展［M］. 上海：上海三联书店，1994.

［161］格利·肖. 金融理论中的货币［M］. 上海：上海人民出版社，2006.

［162］顾雪金. 中美金融监管体制的比较与启示［J］. 金融经济，2011（12）.

［163］国泰君安证券. 股指期货境外市场操纵案例——股指期货系列报告之十五［OL］. http：//www.kancj.com/view-7714-1.html，2011-03-25.

［164］国家外汇管理局国际收支分析小组.2012年中国国际收支报告［EB/OL］. 新华网，http：//news.xinhuanet.com/fortune/2005－11－28/content_3845728_3.htm，2013-08-09.

［165］宫占奎，冯兴艳.韩国金融账户自由化的经济效应研究［J］. 东北亚论坛，2006（3）.

［166］韩廷春. 金融发展与经济增长——理论、实证与政策［M］. 北京：清华大学出版社，2002.

［167］韩雪萌. 银监会：中国金融衍生产品交易将步入新阶段［N］. 金融时报，2011-01-30.

［168］胡邦. 金融发展中的衍生市场研究［M］. 北京：中国经济出版社，2000.

［169］胡茂刚. 金融期货市场法律监管制度研究——以股指期货为中心［D］. 上海：华东政法大学博士学位论文，2008.

［170］胡颖，胡洁. 亚洲金融合作的重点：发展亚洲债券市场［J］. 国际金融研究，2004（5）.

［171］何德旭. 中国金融创新与发展研究［M］. 北京：经济科学出版社，2001.

［172］何帆，张斌，张明. 对"清迈协议"的评估及改革建议［J］. 国际金融研究，2005（7）.

［173］海梅·卡鲁阿纳. 金融改革的进展与挑战［J］. 中国金融，2012（14）.

［174］霍华德，戴维斯. 全球金融监管［M］. 北京：中国金融出版社，2009.

［175］何帆. 帮倒忙的国际金融监管合作［J］. 国际经济评论，2010（3）.

［176］何建雄. 建立金融安全预警系统：指标框架与运作机制［J］. 金融研究，2001（1）.

［177］何泽荣. 论经济、金融全球化［J］. 经济学家，2000（5）.

［178］洪崎. 金融深化理论与实证分析［M］. 北京：中国金融出版社，2000.

［179］胡坚，杨素兰. 国际金融中心评估指标体系的构建［J］. 北京大学学报，2003（5）.

［180］胡章宏. 金融可持续发展论［M］. 北京：中国金融出版社，1999.

［181］滑冬玲. 转轨国家制度与金融自由化关系的实证研究［J］. 金融研究，2006（1）.

［182］黄金老. 金融自由化与金融脆弱性［M］. 北京：经济科学出版社，2001.

［183］黄金老. 论金融脆弱性［J］. 金融研究，2001（3）.

［184］黄静茹. 金融约束与金融有序发展［M］. 北京：首都经贸出版社，

2005.

[185] 黄梅波，林洋. 东亚金融危机之后东亚新兴债券市场［J］. 世界经济，2007（4）.

[186] 黄梅波. 国际货币合作的理论与实证分析［M］. 厦门：厦门大学出版社，2002.

[187] 黄少安. 产权经济学导论［M］. 北京：经济科学出版社，2004.

[188] 黄少明. 从老虎管理公司结业看对冲基金的命运［J］. 国际金融研究，2000（6）.

[189] 黄泽民. 建设人民币外汇期货市场［N］. 中国证券报，2013-03-07.

[190] 黄泽民，邢哲. 论开设国债期货交易的必要性和可行性［J］. 经济界，2010（3）.

[191] 惠湄. 抓住历史机遇，促进中国金融期货市场发展［C］. 2011 年第五届中国期货分析师论坛专刊，2011.

[192] 贾康. 地方债危机的体制性成因［J］. 上海国资，2011（7）.

[193] 姜洪，焦津强. 国家金融安全指标体系研究［J］. 世界经济，1999（7）.

[194] 姜凌. 当代国际货币体系与南北货币金融关系［M］. 成都：西南财经大学出版社，2003.

[195] 焦瑾璞. 中国银行业竞争力比较［M］. 北京：中国金融出版社，2000.

[196] 江春，许立成. 金融监管与金融发展［J］. 金融研究，2005（4）.

[197] 凯恩斯. 就业、利息和货币通论［M］. 北京：商务印书馆，1988.

[198] 兰德尔·亨宁著. 东亚金融合作［M］. 陈敏强译. 北京：中国金融出版社，2005.

[199] 郎咸平. 外资参与股指期货会使中国经济崩溃［N］. 证券日报，2010-11-24.

[200] 雷志卫. 欧洲货币联盟的理论基础与运作机制［M］. 北京：中国金融出版社，2000.

[201] 雷蒙德·W. 戈德史密斯. 金融结构与金融发展［M］. 上海：上海三联书店，1995.

[202] 里斯本小组. 竞争的极限：经济全球化与人类未来［M］. 北京：中央编译出版社，2000.

[203] 理查德·保兹. 全球经济失衡下的中欧经济金融合作［J］. 中国货币市场，2006（8）.

[204] 李和. 国家金融风险论［M］. 北京：商务印书馆，2000.

[205] 李翰阳. 从全球金融危机看中国银行业金融创新的进一步发展问题［J］. 国际金融研究，2009（2）.

[206] 李宏明. 金融发展新论 [M]. 北京：中国金融出版社，2007.

[207] 李木子. 金融机构鼎力合作将成为“走出去”助推器 [N]. 证券日报，2011-10-25.

[208] 李妍. 金融监管制度、金融机构行为与金融稳定 [J]. 金融研究，2009 (9).

[209] 李扬，王国刚. 中国金融发展报告 [M]. 北京：社会科学文献出版社，2012.

[210] 李杨. 金融全球化的三大特征 [N]. 国际金融报，2002-07-04.

[211] 李扬，黄金老. 金融全球化研究 [M]. 上海：上海远东出版社，1999.

[212] 李扬. 债券市场发展：亚洲面临的挑战 [J]. 国际金融研究，2003 (11).

[213] 李扬，何德旭. 经济转型中的中国金融市场 [M]. 北京：经济科学出版社，2007.

[214] 李艺等. 大宗商品国际定价权研究 [M]. 北京：科学出版社，2007.

[215] 林伯强. 外债风险预警模型及中国金融安全状况评估 [J]. 经济研究，2002 (7).

[216] 林毅夫，姜烨. 经济结构、银行业结构与经济发展 [J]. 经济研究，2006 (1).

[217] 林苍祥，郑振龙，吴承康. 台湾金融期货市场发展策略及借鉴 [J]. 证券市场导报，2009 (5).

[218] 刘明志. 金融国际化 [M]. 北京：中国金融出版社，2008.

[219] 刘曼红. 中国中小企业融资问题研究 [M]. 北京：中国人民大学出版社，2009.

[220] 刘辉煌. 金融全球化与发展中国家的金融安全 [J]. 金融理论与实践，2001 (7).

[221] 罗伯特·蒙代尔，保罗·扎克编. 货币稳定与经济增长 [M]. 郭树勇译. 北京：中国金融出版社，2004.

[222] 罗伯特·特里芬编. 黄金与美元危机 [M]. 陈尚霖，雷达译. 北京：商务印书馆，1997.

[223] 罗纳德·麦金农. 经济发展中的货币与资本 [M]. 上海：上海三联书店和上海人民出版社，1988.

[224] 罗纳德·麦金农. 经济自由化的次序 [M]. 上海：上海三联书店，1995.

[225] 罗纳德·麦金农. 经济自由化的顺序——向市场经济过渡中的金融控制 [M]. 北京：中国金融出版社，1993.

[226] 马庆泉等. 中国证券史（第一卷）[M]. 北京：中国金融出版社，2009.

[227] 米什金著. 货币金融学 [M]. 李扬，施华强，高培勇等译. 北京：中国

人民大学出版社，1998.

［228］梅新育. 固本培元——从亚洲债券基金看东亚金融合作发展［J］. 国际贸易，2003（8）.

［229］孟龙. 金融监管国际化［M］. 北京：中国金融出版社，1999.

［230］米建国，李建伟. 中国金融发展与经济增长关系的理论思考与实证分析［J］. 管理世界，2002（7）.

［231］欧明刚. 危机十年：东亚金融合作的新起点［J］. 世界经济与政治，2007（11）.

［232］倪权生，潘英丽. 谁在补贴美国？——美国对外资产负债规模及收益率差异分析［J］. 上海金融，2011（4）.

［233］庞瑞. 股指期货风险存在的原因及对策研究［J］. 商业经济，2012（16）.

［234］裴长洪，彭磊，郑文. 转变外贸发展方式的经验与理论分析——中国应对国际金融危机冲击的一种总结［J］. 中国社会科学，2011（1）.

［235］彭兴韵. 金融危机管理中的货币政策操作——美联储的若干工具创新及货币政策的国际协调［J］. 金融研究，2009（4）.

［236］祁斌. 各国金融监管体系报告［J］. 当代金融家，2006（10）.

［237］祁斌. 全球金融危机下的中国资本市场发展［J］. 中国金融，2009（1）.

［238］钱小安. 金融期货的理论与实践［M］. 北京：商务印书馆，1997.

［239］秦凤鸣. 金融全球化与银行业重构［M］. 北京：经济科学出版社，2004.

［240］饶余庆. 现代货币银行学［M］. 北京：中国社会科学出版社，1983.

［241］人民币货币期货香港起步［N］. 期货日报，2012-08-23.

［242］尚福林. 稳步发展金融期货，推进资本市场制度创新［N］. 上海证券报，2010-10-16.

［243］上海期货交易所，境外期货法制研究课题组.新加坡期货市场法律规范研究［M］. 北京：中国金融出版社，2007.

［244］慎海雄，叶国际. 国际金融中心的“上海步调”［J］. 瞭望，2006（17）.

［245］施兵超. 金融期货与期权［M］. 上海：上海三联书店，2004.

［246］苏珊·斯特兰奇著. 疯狂的金钱——当市场超过了政府的控制［M］. 杨雪冬译. 北京：中国社会科学出版社，2000.

［247］孙杰. 亚洲债券市场的发展与全球性国际收支失衡的调整［J］. 世界经济与政治，2006（1）.

［248］孙杰. 深化亚洲金融合作的途径：日本的作用与影响［J］. 世界经济与政治，2007（5）.

［249］孙瑞. 浅析 CME 人民币期货［J］. 经济研究导刊，2008（14）.
［250］谈儒勇. 金融发展理论与中国金融发展［M］. 北京：中国经济出版社，2000.
［251］谭雅玲，王中海. 国际金融与国家利益［M］. 北京：时事出版社，2003.
［252］唐吉荣. 从温州民间融资发展看中国金融改革［J］. 发展研究，2012（1）.
［253］陶非，王献立. 期货经济学教程［M］. 北京：商务印书馆，2003（2）.
［254］滕书圣，阮锋. 拉美美元化的可行性与前景分析［J］. 国际金融研究，2001（4）.
［255］田彦. 美国利率体系及其定价基准［J］. 银行家，2005（12）.
［256］王冬胜. 变化中的中国金融格局［J］. 中国金融，2011（23）.
［257］王华庆. 银行业金融创新审慎监管问题［J］. 中国金融，2010（9）.
［258］王广谦. 经济发展中金融的贡献与效率［M］. 北京：中国人民大学出版社，1997.
［259］王广谦. 现代经济发展中的金融因素及金融贡献度［J］. 经济研究，1996（5）.
［260］吴玮. 联邦基金利率发展经验及对 Shibor 推广的启示［J］. 中国货币市场，2007（9）.
［261］王建国. 金融自由化与金融深化［J］. 金融研究，1998（9）.
［262］王家强. 新世纪全球银行业发展：新特征、新风险［J］. 国际金融研究，2008（10）.
［263］王金龙. 金融国际化效应研究［M］. 北京：中共中央党校出版社，1989.
［264］王晋斌. 金融控制政策下的金融发展与经济增长［J］. 经济研究，2007（10）.
［265］王胜邦. 国际金融监管改革的进展与启示［J］. 银行家，2010（12）.
［266］王宪磊. 当代世界经济与欧元［M］. 北京：社会科学文献出版社，1998.
［267］王晓芳. 中国金融发展问题研究［M］. 北京：中国金融出版社，2000.
［268］王元龙. 中国金融安全论［M］. 北京：中国金融出版社，2003.
［269］王天龙，钟伟. 金融全球化与经济增长关系研究进展［J］. 经济学动态，2009（7）.
［270］吴昊. 日本金融自由化及启示［J］. 东北亚论坛，2002（11）.
［271］吴晓灵. 东亚金融合作：成因、进展及发展方向［J］. 国际金融研究，

2007（8）.

［272］吴晓求，赵锡军，翟强等．市场主导与银行主导：金融体系在中国的一种比较研究［M］．北京：中国人民大学出版社，2006.

［273］吴晓求．全面推进金融市场化改革，逐步建立风险防范与化解机制［J］．金融与经济，2004（3）.

［274］吴晓求．市场主导型金融体系：中国的战略选择［M］．北京：中国人民大学出版社，2005.

［275］汪同三，郭金龙．亚洲区域金融合作有多远［J］．银行家，2002（3）.

［276］王伟东．经济全球化中的金融风险管理［M］．北京：中国经济出版社，1999.

［277］王允贵．金融国际化对中国经济的影响及对策研究［J］．中国人民大学书报资料复印中心，金融与保险，1999（9）.

［278］王自力．中国金融市场化与国际化论纲［M］．北京：中国金融出版社，1997.

［279］王自力．金融稳定与货币稳定关系论［J］．金融研究，2005（5）.

［280］王志军．欧盟监管的新发现［J］．国际金融研究，2004（2）.

［281］王志军．欧洲金融体系变革与发展研究［M］．天津：南开大学出版社，2009.

［282］夏斌，陈道富．"十二五"中国的金融改革与发展［J］．中国发展观察，2011（4）.

［283］肖辉，刘文财．股票指数现货市场与期货市场关系研究［M］．北京：中国金融出版社，2006.

［284］肖崎．金融体系的变革与系统性风险的累积［J］．国际金融研究，2010（8）.

［285］谢家智，王文涛．金融发展的经济增长效率及其分布特征［J］．中国经济问题，2013（1）.

［286］邢精平．香港衍生品跨市场监管机制与启示［J］．深交所，2008（3）.

［287］熊彼特．经济发展理论［M］．北京：商务印书馆，1990.

［288］熊鹏，王飞．中国金融深化对经济增长内生传导渠道研究——基于内生增长理论的实证比较［J］．金融研究，2008（2）.

［289］徐克恩，鄂志寰．美国金融动荡的新发展：从次贷危机到世纪性金融危机［J］．国际金融研究，2008（10）.

［290］徐奇渊．人民币国际化进程中的汇率变化研究［M］．北京：中国金融出版社，2009.

［291］杨先道．国际微型金融发展的经验及对中国的启示（上）［J］．国际金

融研究，2013（3）.

[292] 杨咸月. 金融深化理论发展及其微观基础研究 [M]. 北京：中国金融出版社，2002.

[293] 杨迈军. 美国期货市场法律规范研究 [M]. 北京：中国金融出版社，2007.

[294] 杨迈军. 德国期货市场法律规范研究 [M]. 北京：中国金融出版社，2007.

[295] 杨迈军. 新加坡期货市场法律规范研究 [M]. 北京：中国金融出版社，2007.

[296] 杨迈军，汤进喜. 金融衍生品市场的监管 [M]. 北京：中国物价出版社，2001.

[297] 杨大楷，牟忠凯. 中国投资银行发展战略 [M]. 北京：上海财经大学出版社，1999.

[298] 杨光华. 美国期货管理法规概论 [M]. 北京：中国商业出版社，1993.

[299] 易纲. 中国金融资产结构分析及政策含义 [J]. 经济研究，1996（12）.

[300] 易纲. 中国的货币、银行和金融市场 [M]. 上海：上海三联书店和上海人民出版社，1996.

[301] 易纲. 中国的货币化进程 [M]. 北京：商务印书馆，2003.

[302] 易纲. 中国的金融资产结构分析及政策含义 [J]. 经济研究，1996（12）.

[303] 易宪容. 美国次贷危机的信用扩张过度的金融分析 [J]. 国际金融研究，2009（12）.

[304] 易宪容. 中国银行业改革如何走 [N]. 中国经济时报，2003-12-10.

[305] 俞可平. 全球化与国家主权 [M]. 北京：社会科学文献出版社，2004.

[306] 金立群. 新国际金融体系与中国 [M]. 北京：经济科学出版社，2000.

[307] 余同申. 国际货币区域化与发展中国家的金融安全 [M]. 北京：中国人民大学出版社，2005.

[308] 余永定，何帆，李婧. 亚洲金融合作：背景、最新进展与发展前景 [J].国际金融研究，2002（2）.

[309] 银国宏. 中国资本市场与产业绩效关系研究 [M]. 北京：经济管理出版社，2005.

[310] 亚当·斯密著. 国民财富的性质和原因的研究 [M]. 郭大力，王亚南译. 北京：商务印书馆，1974.

[311] 袁征. 国债期货复出与市场风险监管 [J]. 中国证券期货，2006（12）.

[312] 约翰·赫尔（John C. Hull）等. 风险管理与金融机构 [M]. 北京：机械工业出版社，2010.

[313] 约翰·奥德尔著. 美国国际货币政策 [M]. 李丽军，李宁译. 北京：中国金融出版社，1991.

[314] 约翰·伊特维尔等. 新帕尔格雷夫经济学大辞典 [M]. 陈岱孙译. 北京：经济科学出版社，1996.

[315] 约翰·伊特维尔，艾斯·泰勒. 全球金融风险监管 [M]. 北京：经济科学出版社，2001.

[316] 张纯威. 美元本位，估值效应与季风型货币危机 [J]. 金融研究，2007 (3).

[317] 张定胜，成文利. “嚣张的特权”之理论阐述 [J]. 经济研究，2011 (9).

[318] 张洪涛，段小茜. 金融稳定有关问题研究综述 [J]. 国际金融研究，2006 (5).

[319] 张宏鸣. 上海国际金融中心形成路径研究 [M]. 上海：复旦大学出版社，2011.

[320] 张华健，张雪春. 美国次贷危机与金融制度重构 [J]. 金融研究，2008 (12).

[321] 张光华. 中国金融体系 [M]. 北京：中国金融出版社，2000.

[322] 张杰. 国有银行的存差：逻辑与性质 [J]. 金融研究，2003 (6).

[323] 张杰. 民营经济的金融困境与融资次序 [J]. 金融研究，2000 (4).

[324] 张杰. 中国的货币化进程、金融控制及改革困境 [J]. 经济研究，1997 (8).

[325] 张杰. 注资与国有银行改革：一个政治经济学的视角 [J]. 金融研究，2004 (6).

[326] 张金城，李成. 金融监管国际合作失衡下的监管套利理论透析 [J]. 国际金融研究，2011 (8).

[327] 张礼卿. 改革开放 30 年后的中国金融发展 [M]. 北京：中国金融出版社，2010.

[328] 张茉楠. 中国对外资产负债的三大风险 [J]. 中国经济周刊，2012-08-14.

[329] 张渝敏. 美、日金融自由化进程比较及其启示 [J]. 当代经济，2006 (5).

[330] 张蕴岭. 世界经济中的相互依赖关系 [M]. 北京：经济科学出版社，1989.

[331] 张宇燕. 经济发展与制度选择 [M]. 北京：中国人民大学出版社，1992.

[332] 郑振龙. 构建金融危机预警系统 [J]. 金融研究，1998 (8).

[333] 郑振龙，张雯. 各国衍生金融市场监管比较研究 [M]. 北京：中国金融出版社，2003.

[334] 赵长峰. 国际金融合作：一种权力与利益的分析 [M]. 北京：世界知识出版社，2006.

[335] 赵锡军. 中国资本市场开放的路径选择 [N]. 经济参考报，2011-04-07.

[336] 赵锡军，刘炳辉，李悦. 亚洲统一债券市场的推出背景、效用及策略研究 [J]. 国际金融研究，2005 (7).

[337] 郑海青. 东亚国家金融结构比较研究 [J]. 亚太经济，2006 (1).

[338] 郑海青. 东亚外汇储备库的收益：理论和实证研究 [J]. 国际金融研究，2008 (5).

[339] 郑海青. 东亚股票市场合作：现状及发展战略 [J]. 亚太经济，2008 (3).

[340] 中国期货业协会. 期货市场教程 [M]. 北京：中国财政经济出版社，2007.

[341] 中华人民共和国国家统计局 [R]. 中国统计年鉴，2012.

[342] 中国金融学会. 中国金融年鉴 [R]. 北京：中国金融出版社，2012.

[343] 中国人民银行. 中国金融稳定报告 [R]. 北京：中国金融出版社，2013.

[344] 中国人民银行. 中国区域金融运行报告 [R]. 北京：中国金融出版社，2013.

[345] 中国中小企业年鉴编委会. 中国中小企业年鉴 [R]. 北京：经济科学出版社，2012.

[346] 仲彬，刘念，毕顺荣. 区域金融风险预警系统的理论与实践探讨 [J]. 金融研究，2002 (7).

[347] 钟伟. 资本浪潮：金融资本全球化论纲 [M]. 北京：中国财政经济出版社，2000.

[348] 钟伟，冯维江. 开放经济条件下的国际货币合作 [J]. 国际金融研究，2001 (11).

[349] 朱孟楠. 金融监管的国际协调与合作 [M]. 北京：中国金融出版社，2003.

[350] 朱永红，谷衡. 合力推进 SHIBOR 产品创新与机制创新 [J]. 中国货币市场，2007 (7).

[351] 祝小兵. 东亚金融合作与制约因素 [J]. 国际问题研究，2006 (6).

[352] 周立，王子明. 中国各地区金融发展与经济增长实证分析（1979~2000）[J]. 金融研究，2002（10）.

[353] 周道许. 现代金融监管体制研究 [M]. 北京：中国金融出版社，2000.

[354] 周定真. 国债期货和期权 [M]. 上海：上海三联书店，1997.

[355] 周业安，赵坚毅. 中国金融市场化的测度、市场化过程和经济增长 [J]. 金融研究，2005（4）.

[356] 周业安. 金融抑制对中国企业融资能力影响的实证研究 [J]. 经济研究，1999（2）.

[357] 周新辉. 金融危机预警系统研究 [J]. 金融研究，1999（2）.

[358] 朱青. 欧元与欧洲经货联盟——欧洲货币统一的理论与实践 [M]. 北京：中国人民大学出版社，1999.

[359] 庄晓玖. 中国金融市场化指数的构建 [J]. 金融研究，2007（11）.

[360] 左连村. 国际离岸金融市场与金融自由化 [J]. 世界经济与政治，1998（6）.